The Rotterdam Rules in the Asia-Pacific Region

アジア太平洋地域における
ロッテルダム・ルールズ

藤田 友敬 編著

商事法務

は し が き

　2008年12月11日、国連総会において、「全部又は一部が海上運送による国際物品運送契約に関する国際連合条約」（いわゆる「ロッテルダム・ルールズ」）が採択された。同条約は、ヘーグ・ヴィスビー・ルールズ、ハンブルグ・ルールズといった海上物品運送に関する既存の国際条約に代わる新たなルールとして、2002年以来、国連国際商取引法委員会（UNCITRAL）において審議が続けられてきたものである。2009年9月23日、オランダのロッテルダムにおける記念式典において署名のために開放され、25カ国が署名し、そのうち2カ国が批准している[1]。また、アメリカ、デンマーク、ノルウェー、オランダ等、いくつかの国が、批准のための国内手続を進めていると言われる。

　本条約は、96条からなる大部のもので、電子商取引に関する諸規定、運送品処分権や物品の引渡に関する規律、強行法規性に関する例外である数量契約の特則といった注目すべき内容が含まれている。業界団体も、本条約の行方について強い関心を寄せ、各々意思表明を行っており、世界各地で同条約に関するシンポジウム、セミナー、コロキアム等が数多く開催されてきている。しかし、わが国を含むアジア地域においては、政府・業界・学界いずれにおいても、現在までのところロッテルダム・ルールズに関する検討は十分進んでいない。本書は、2011年11月21日・22日、日

---

[1] 2013年9月現在、ロッテルダム・ルールズの署名国は次の通りである。アルメニア（2009年9月29日）、カメルーン（2009年9月29日）、コンゴ共和国（2009年9月23日）、コンゴ民主共和国（2009年9月23日）、デンマーク（2009年9月23日）、フランス（2009年9月23日）、ガボン（2009年9月23日）、ガーナ（2009年9月23日）、ギリシア（2009年9月23日）、ギニア（2009年9月23日）、ギニアビサウ（2013年9月24日）、ルクセンブルク（2010年8月31日）、マダガスカル（2009年9月25日）、マリ（2009年10月26日）、オランダ（2009年9月23日）、ニジェール（2009年10月22日）、ナイジェリア（2009年9月23日）、ノルウェー（2009年9月23日）、ポーランド（2009年9月23日）、セネガル（2009年9月23日）、スペイン（2009年9月23日、2011年1月19日批准）、スウェーデン（2011年7月20日）、スイス（2009年9月23日）、トーゴ（2009年9月23日、2012年7月17日批准）、アメリカ合衆国（2009年9月23日）。

本海法会と東京大学グローバルCOEプログラムの共催により、同条約の作成に関与した専門家、アジア・太平洋地域の国際的に著名な研究者・法律家、関連業界の関係者を招聘して行われた国際シンポジウムの記録である。同シンポジウムは、わが国及びアジア地域におけるロッテルダム・ルールズに関する理解を深めることを目的として企画されたものである。

　本書は3部からなる。第Ⅰ部は、シンポジウムにおける講演原稿を収めたもので、大きく5章に分かれる。「ロッテルダム・ルールズへの導入」と題する第1章は、条約の特徴、条約の制定過程と現況、条約作成に関与した諸団体の役割といった点を紹介する。第2章「ロッテルダム・ルールズの適用範囲と当事者の責任」は、条約の定める責任法制を対象とする。運送人・荷送人の義務と責任、運送人の責任期間、条約の適用範囲と強行法規性といった問題がとりあげられる。第3章「ロッテルダム・ルールズにより規律される運送の諸局面」は、条約の規定する責任法制以外の諸局面、運送書類・電子的運送記録、運送品処分権、権利の譲渡、運送品の引渡といった問題を扱う。これらのほとんどは、既存の海事運送条約において触れられていない新たな問題である。条約の内容に関する以上の議論を受けて、第4章「ロッテルダム・ルールズと関連業界」では、運送実務にかかわる諸業界――運送人、荷主、フレイト・フォワーダー、保険者――の目から見た条約の評価が語られる。最後に、第5章「ロッテルダム・ルールズをめぐるアジア太平洋諸国の状況」では、アジア太平洋諸国におけるロッテルダム・ルールズの受容状況が説明される（なお本章は、読者にできるだけ有用な情報を提供するという観点から、講演時点以降の進展をも踏まえアップデートされた内容となっている）。

　第Ⅱ部は、「ワークショップ　ロッテルダム・ルールズの解釈と運用」である。シンポジウムにおいては、事前に用意された詳細な設例をもとに、パネリストが答えるという形のワークショップが行われた。2日間で合計約4時間に及ぶワークショップでは、ロッテルダム・ルールズが具体的な事例の解決においてどのように機能するか、それがヘーグ・ヴィスビー・ルールズとどのような違いをもたらすのかといった点について具体的に検討された。わが国の実務界・学界の精鋭による詳細かつ緻密な問題提起と、それに対する条約の作成に関与した専門家らによる詳細な回答は非常

にレベルの高いものである。

　最後に第Ⅲ部として、ロッテルダム・ルールズを対訳の形で収録した。なお採択時におけるロッテルダム・ルールズの条文文言に2カ所の誤りが発見されたため、2012年10月11日、本条約の寄託者である国連事務総長によって訂正の手続がとられ[2]、2013年1月9日にその効力が生じた[3]。本書では、訂正を反映したテキストを収録している。

　末尾になったが、シンポジウム開催については、UNCITRAL、万国海法会（CMI）、外務省、法務省、国土交通省、早稲田大学海法研究所の後援を受け、社団法人国際商事法研究所、公益財団法人社会科学国際交流江草基金、社団法人商事法務研究会、社団法人日本インターナショナルフレイトフォワーダーズ協会、社団法人日本海運集会所、公益財団法人日本海事センター、社団法人日本船主協会、日本船主責任相互保険組合、公益財団法人野村財団から支援いただいた。さらにシンポジウムの実行に当たっては商事法務研究会松澤三男、菅野安司両氏の多大なご助力をいただいた。また本書の刊行に当たっては、株式会社商事法務岩佐智樹、澁谷禎之、奥田博章三氏のお世話になった。ここに記して深甚な謝意を表したい。

　2013年11月

藤田　友敬

---

[2] "United Nations Convention on Contracts for the International Carriage of Goods Wholly or Partly by Sea, New York, 11 December 2008: Proposal Of Corrections to the Original Text of the Convention（Arabic, Chinese, English, French, Russian and Spanish Authentic Texts）and to the Certified True Copies"（C.N.563.2012.TREATIES-XI.D.8（Depositary Notification））
[3] なお条約の訂正手続については、条約法に関するウィーン条約79条2項参照。

目　次

はしがき　i
執筆者紹介（50音順）　x

第Ⅰ部　　　　　　　　　　　　　　　　　　　　　　　　　　　　1

第1章　ロッテルダム・ルールズへの導入

1　国連国際商取引法委員会（UNCITRAL）の役割とロッテルダム・ルールズの現状 …………………… ルカ・カステラーニ〔藤田友敬 訳〕　2

2　変革の必要性と万国海法会の役割
………………………… スチュアート・ベア〔藤田友敬 訳〕　9

3　ロッテルダム・ルールズの基本的な要素と性格：条約についての5つの標語 ………………… ラフェエル・イエスカス〔藤田友敬 訳〕　18
　　Ⅰ　はじめに　18
　　Ⅱ　現代化　19
　　Ⅲ　柔軟性　21
　　Ⅳ　自由性　23
　　Ⅴ　包括性　24
　　Ⅵ　バランス　25

第2章　ロッテルダム・ルールズの適用範囲と当事者の責任

4　適用範囲と契約自由
………………………… マイケル・スターレイ〔笹岡愛美 訳〕　34
　　Ⅰ　はじめに　34
　　Ⅱ　適用範囲　35
　　Ⅲ　契約自由　57
　　Ⅳ　結語　77

5　責任期間、複合運送的側面及び履行者 ………………… 藤田友敬　79

- Ⅰ　はじめに　79
- Ⅱ　運送人の責任期間：条約のドア・トゥ・ドアな適用　80
- Ⅲ　複合運送的側面　83
- Ⅳ　「履行者」に関する諸ルール　87
- Ⅴ　むすび　92

6　運送人の義務と責任 …………………… ハンヌ・ホンカ〔藤田友敬 訳〕　94
- Ⅰ　背　景　94
- Ⅱ　物品運送に関する運送人の義務　95
- Ⅲ　物品の減失・損傷に関する運送人の責任　96
- Ⅳ　物品の延着についての運送人その他の問題　103
- Ⅴ　結　論　104

7　荷送人の責任 ………………………………… 金　仁顯〔藤田友敬 訳〕　106
- Ⅰ　はじめに　106
- Ⅱ　種々の荷主　107
- Ⅲ　過失責任に従う荷送人の義務　109
- Ⅳ　無過失責任に従う荷送人の義務　117
- Ⅴ　契約自由とその限界　121
- Ⅵ　他人の行為による荷送人の責任　123
- Ⅶ　その他の問題　124
- Ⅷ　むすび　125

第3章　ロッテルダム・ルールズにより規律される運送の諸局面

8　運送書類及び電子的運送記録
　　　　……………………… スティーヴン・ガーヴィン〔藤田友敬 訳〕　128
- Ⅰ　はじめに　128
- Ⅱ　電子的運送記録　129
- Ⅲ　運送書類　132
- Ⅳ　適用が除外される書類　133
- Ⅴ　運送書類の発行　135
- Ⅵ　運送書類に含まれる情報　136
- Ⅶ　署名の要件　143

Ⅷ　提供された情報の留保　144
　　Ⅸ　記載の不備の効果　147
　　Ⅹ　証拠的価値　147
　　Ⅺ　その他の問題：誰が運送人か？　149
　　Ⅻ　結論　151
⑨　運送品処分権と権利の譲渡 ………… 宋　迪煌〔藤田友敬　訳〕　152
　　Ⅰ　はじめに　152
　　Ⅱ　なぜロッテルダム・ルールズにおいて運送品処分権が必要か　152
　　Ⅲ　誰が運送品処分権者となるか　158
　　Ⅳ　運送品処分権の行使と実行　159
　　Ⅴ　ロッテルダム・ルールズのもとでの権利の譲渡　160
　　Ⅵ　中国法への影響　161
⑩　運送品の引渡し
　　　　　………ヘルトヤン・ファン・デル・ツィール〔後藤　元　訳〕　166
　　Ⅰ　はじめに　166
　　Ⅱ　運送品の引渡しとは何か　169
　　Ⅲ　運送契約の性質　170
　　Ⅳ　43条──荷受人は引渡しを受ける義務を負うか、また負う場合
　　　にはいつ、どこで引渡しを受ける義務を負うか　171
　　Ⅴ　運送品は誰に引き渡されなければならないか──45-48条の構造　174
　　Ⅵ　45条──通常の譲渡不能運送書類・記録が発行されている場合
　　　または運送書類・記録が一切発行されていない場合の引渡し　175
　　Ⅶ　46条──提出を要する譲渡不能運送書類が発行された場合の引
　　　渡し　180
　　Ⅷ　船荷証券システムのエッセンスは正統化機能にあること　184
　　Ⅸ　47条──譲渡可能運送書類・電子的運送記録が発行されている場合
　　　の引渡し　186
　　Ⅹ　48条──引渡未了の運送品　190
　　Ⅺ　47条2項──補償状と引換えでの引渡しに対する代替策　196
　　Ⅻ　私見の結論と提言　207

第4章　ロッテルダム・ルールズと関連業界

11　運送人から見たロッテルダム・ルールズ……………早坂　剛　214
　Ⅰ　はじめに　214
　Ⅱ　総　論　214
　Ⅲ　運送人の視点から懸念することおよび運送人に求められること　215
　Ⅳ　運送人の視点から見て、評価したい点　220

12　荷主から見たロッテルダム・ルールズ（Cargo claim の観点から）
　　………………………………………………………………平田大器　222
　Ⅰ　はじめに　222
　Ⅱ　カーゴクレーム　222
　Ⅲ　運送人および船主に対する請求　225
　Ⅳ　個別問題　237
　Ⅴ　結　論　240

13　フレイト・フォワーダーから見たロッテルダム・ルールズ
　　………………………………………………………………山口修司　242
　Ⅰ　緒　論　242
　Ⅱ　運送人としてのフレイト・フォワーダー　242
　Ⅲ　荷送人としてのフレイト・フォワーダー　247
　Ⅳ　結　論　250

14　保険者から見たロッテルダム・ルールズ……………石井　優　251
　Ⅰ　はじめに　251
　Ⅱ　保険との関係　251
　Ⅲ　貨物から見て有利と思われる点　252
　Ⅳ　運送人から見て有利と思われる点　254
　Ⅴ　共同海損　255
　Ⅵ　救　助　257
　Ⅶ　統一性　257

第5章　ロッテルダム・ルールズをめぐるアジア太平洋諸国の状況

15　中華人民共和国………………………宋　迪煌〔藤田友敬　訳〕　260

⑯	日　　本	………………………………………… 藤田友敬	262
⑰	大韓民国	………………………… 金　仁顯〔藤田友敬　訳〕	265
⑱	シンガポール	……… スティーヴン・ガーヴィン〔藤田友敬　訳〕	268
⑲	アメリカ合衆国	………… マイケル・スターレイ〔藤田友敬　訳〕	270

第Ⅱ部　ワークショップ
　　　　ロッテルダム・ルールズの解釈と運用　　　　　　277

設例 1　運送人の義務：現行船荷証券に挿入されている裏面約款条項の
　　　　有効性　278
設例 2　責任期間　282
設例 3　運送人の義務・責任とFIO条項　286
設例 4　運送人の責任(1)：基本的な問題　291
設例 5　運送人の責任(2)：延着・滅失・不履行　294
設例 6　運送人の責任(3)：物品にかかわるさまざまな責任と条約
　　　　の規律　299
設例 7　運送人の特定　305
設例 8　運送契約をめぐるさまざまな関係人：運送人、履行者、代理人等
　　　　　308
設例 9　海事履行者の責任　313
設例 10　複合運送と限定的ネットワーク原則　318
設例 11　荷主の責任　328
設例 12　物品の受取義務　331
設例 13　物品の引渡し　336
設例 14　数量契約　340

第Ⅲ部　〈資料〉ロッテルダム・ルールズ条文対訳表　　　　　347

執筆者紹介 (50 音順)

雨宮正啓（あめみや・まさひろ）

　　弁護士（小川総合法律事務所）。早稲田大学法学部卒業（1986 年）、株式会社日通総合研究所入社（1989 年）。早稲田大学大学院法学研究科民事法学専攻修了（1991 年）。司法修習終了（1999 年）。小川総合法律事務所（1999 年〜現在）。英国・中国海事事務所にて研修（2004〜2005 年）、大連海事大学客員教授（2011 年）、早稲田大学客員准教授（2012 年）。

ラフェエル・イエスカス（Rafael ILLESCAS）

　　カルロス 3 世大学（マドリッド）社会科学・法学部教授（商法）、修士課程（私法）専攻長。セビリア大学（スペイン）修士（1966 年）、ボローニャ大学（イタリア）博士（1968 年）、セビリア大学准教授（商法）（1968〜1979 年）、サラゴサ大学教授（商法）（1980 年）、カディス大学教授（1981〜1985 年）、セビリア大学教授（1986〜1989 年）を経て現職。

　　国連国際商取引法委員会（UNCITRAL）第 3 作業部会（運送法）に、スペイン代表団の一員として参加し、条約草案が検討され承認された UNCITRAL 作業部会議長（2002〜2008 年）及び UNCITRAL 総会（2008〜2009 年）議長を務める。

池山明義（いけやま・あきよし）

　　弁護士（阿部・阪田法律事務所）。東京大学法学部卒業（1989 年）。日本郵船株式会社勤務（1989〜1992 年）。司法修習終了、東京弁護士会弁護士登録（1994 年）。阿部・峰・阪田法律事務所入所（1994 年）、所属事務所が阿部・阪田法律事務所に名称変更（1994 年〜現在）。ロンドン大学ユニバーシティ・カレッジ法学修士号取得（優等）（1995 年）、早稲田大学法科大学院非常勤講師（2007 年〜現在）。

石井　優（いしい・まさる）

　　一橋大学法学部卒業、東京海上火災保険（現東京海上日動火災保険）入社（1976 年）、海損部門で貨物クレームに従事、2002 年より貨物求償専門職を務め（〜2013 年）、現在、一橋綜合法律事務所顧問、東京海洋大学大学院非常勤講師（海上保険）、日本海運集会所「海事法研究会誌」編集委員、日本海法学会会員。

スティーヴン・ダリル・ガーヴィン（Stephen Darryl GIRVIN）

　　南アフリカのナタール大学を卒業し、BA（1984）、LLB（1986）、LLM（1987）を得る。アバディーン大学で法学史の PhD を取得（1991）。シンガポール国立大学法学

部教授（2008 年～）であり、副学部長（2010 年～）を務める。シンガポール国立大学准教授（2002～2005 年）、ナタール大学（1986～1988 年）、アバディーン大学（1989～1992 年）、ノッティンガム大学（1992～2002 年）、バーミンガム大学（2006～2008 年）において海事法教授を務める。またケープタウン大学客員講師・客員教授、シドニー大学では Parsons Fellow、シンガポール国立大学海事法 MPA 客員教授、クイーンズランド大学 TC Beirne ロースクール客員教授。著作として、CARRIAGE OF GOODS BY SEA, 2ND ED（OXFORD UNIVERSITY PRESS, 2011）, CHARLESWORTH'S COMPANY LAW 18TH ED（SWEET & MAXWELL, 2010）があり、D. RHIDIAN THOMAS（ED）, A NEW CONVENTION FOR THE CARRIAGE OF GOODS BY SEA : THE ROTTERDAM RULES（LAWTEXT, 2009）にも寄稿している。

ルカ・カステラーニ（Luca CASTELLANI）

　トリノ大学法学部（JD）、トリエステ大学で比較法の博士号（SJD）、ニューヨーク大学で国際法の修士号（LLM）。イタリアにおいて弁護士資格取得後、イタリア及びエリトリアで講師につく。ニューヨークにおいて国連事務局法務部（2001 年）、ウィーンにおいて国連国際商取引法委員会（UNCITRAL）事務局（2004 年）に勤務し、またアジスアベバ（エチオピア）における国連エチオピア・エリトリア派遣団（UNMEE）に法務顧問として招聘された（2008 年）。国際貿易法と比較法の分野での著作がある。

　カステラーニ氏は、UNCITRAL 事務局においてリーガル・オフィサーを務め、ロッテルダム・ルールズの審議中、第 3 作業部会（運送法）の活動を補助した。

金　仁顯（In Hyeon KIM）

　高麗大学教授。韓国海洋大学工学部卒業（1982 年）、高麗大学修士（1996 年）、博士（1999 年）。テキサス大学オースティン校修士（2004 年）、高麗大学法学士（2007 年）。三光汽船株式会社において航海士・船長を務める。金・張法律事務所（韓国）海事コンサルタント（1996～1999 年）、木浦国立海事大学准教授（2007～2009 年）、釜山国立大学法学部准教授（2007～2009 年）、高麗大学ロースクール教授（2009 年～）。韓国海法会副会長（2008 年～）。国際油濁補償基金及び国際海事機関法律委員会韓国政府代表を務める。

　金教授は、国連国際商取引法委員会（UNCITRAL）第 3 作業部会（運送法）韓国政府代表を務め（2002～2008 年）、国連総会に提出する条約草案を採択した UNCITRAL 第 41 回総会にも出席した（2008 年 6 月）。UNCITRAL 事務局内に設けられた専門家グループ・メンバーでもある。

後藤　元（ごとう・げん）

　東京大学大学院法学政治学研究科准教授。東京大学法学部卒業（2003 年）。東京大学大学院法学政治学研究科助手（2003～2006 年）、学習院大学法学部専任講師・准教

授（2006～2010 年）を経て、現職（2010 年～）。

笹岡愛美（ささおか・まなみ）

流通経済大学法学部准教授。立命館大学法学部卒業（2003 年）、慶應義塾大学大学院法学研究科修士課程（2006 年）、慶應義塾大学大学院法学研究科博士課程（2009 年単位取得退学）、流通経済大学法学部専任講師を経て、現職。

マイケル・スターレイ（Michael STURLEY）

テキサス大学オースティン校教授（Fannie Coplin Regents Chair in Law）。イェール大学学士（歴史学）(1977 年)、オックスフォード大学マグダーレン・カレッジ学士（法哲学）(1984 年)、イェール大学法学博士（1981 年）、オックスフォード大学修士（法哲学）。第 2 巡回控訴裁判所（1981～1982 年）、連邦最高裁判所（1982～1983 年）においてロー・クラークを務め、ニューヨーク Sullivan & Cromwell 法律事務所においてアソシエイト（1983～1984 年）。テキサス大学ロースクールにおいて、准教授を経て教授、冠講座付教授（1984 年～）。

万国海法会（CMI）の運送法作業部会及び国際小委員会（最終的にロッテルダム・ルールズとなった条約原案を作成した）においてレポーターを務める。またロッテルダム・ルールズを審議した国連国際商取引法委員会（UNCITRAL）第 3 作業部会に、アメリカ政府シニア・アドバイザーとして参加。また国連総会に提出する条約草案を採択した UNCITRAL 第 41 回総会（2008 年 6 月）に出席。UNCITRAL 事務局内に設けられた専門家グループのメンバーでもあった。ロッテルダム・ルールズに関する著作として THE ROTTERDAM RULES : THE UN CONVENTION ON CONTRACTS FOR THE INTERNATIONAL CARRIAGE OF GOODS WHOLLY OR PARTLY BY SEA がある（Tomotaka Fujita, Gertjan van der Ziel と共著）がある。

宋　迪煌（Dihuang SONG）

弁護士。Wang Jing & Co.（中国・北京・大連）パートナー。大連大学卒業（1983 年）、サザンプトン大学修士（1995 年）。中国海法会事務局長代行。中華全国律師協会海事法委員会事務局長。中国海事仲裁協会仲裁人、中国国際経済貿易仲裁協会仲裁人、ロンドン海事仲裁人協会支援会員、パリ仲裁会議所仲裁人。万国海法会執行評議員。

宋氏は、万国海法会運送法国際小委員会のほとんどの会合に出席し（1999～2001 年）、UNCITRAL 第 3 作業部会（運送法）に中国代表団の一員として、中国代表の準備会合及び UNCITRAL 第 3 作業部会のいくつかの会合に参加した。

執筆者紹介　xiii

早坂　剛（はやさか・つよし）

　　1948 年生まれ。京都大学法学部卒業（1975 年）、川崎汽船株式会社入社（1975 年）。定期船・不定期船の運航・チャータリング等を担当した後、依願退職まで法務担当（1989～2011 年）。日本海運集会所仲裁人。

戸塚健彦（とづか・たけひこ）

　　弁護士（岡部・山口法律事務所）。京都大学法学部卒業（1989 年）、司法修習終了（1991 年）、福岡県弁護士会弁護士登録（1991 年）。東京弁護士会へ登録替（1993 年）。岡部・山口法律事務所入所（1993 年～現在）。

平田大器（ひらた・おおき）

　　弁護士（一橋綜合法律事務所）。名古屋大学法学部卒業（1981 年）、司法修習終了（1983 年）、東京弁護士会弁護士登録（1983 年）。山道魚野中田法律事務所入所（1983 年）、田川法律事務所入所（1990 年）、島田・瀬野・網谷・平田法律事務所パートナー（1993 年）、所属事務所が一橋綜合法律事務所に名称変更（1995 年～現在）。ロンドン大学ユニバーシティ・カレッジ海事法コース修了（ディプロマ・イン・シッピング・ロー）（1989 年）、クライド法律事務所（ロンドン）勤務（1989 年）、南山大学法科大学院非常勤講師（2006 年～現在）。

ヘルトヤン・ファン・デル・ツィール（Gertjan Van der Ziel）

　　エラスムス大学（ロッテルダム）名誉教授。オランダ運輸省勤務の後、長年にわたり、いくつかの運送会社（とりわけ Nedlloyd, European Rail Shuttle）の法務部長を務め、またロッテルダムのエラスムス大学において、運送法を教える。万国海法会ティチュラリー・メンバー、海事仲裁人、オランダ海法会前会長。Van der Ziel 教授は、国連国際商取引法委員会（UNCITRAL）第 3 作業部会に、オランダ政府主席代表として参加した。また国連総会に提出する条約草案を採択した UNCITRAL 第 41 回総会（2008 年 6 月）に出席。UNCITRAL 事務局内に設けられた専門家グループのメンバーでもあった。ロッテルダム・ルールズに関する著作として THE ROTTERDAM RULES : THE UN CONVENTION ON CONTRACTS FOR THE INTERNATIONAL CARRIAGE OF GOODS WHOLLY OR PARTLY BY SEA がある（Michael Sturley、Tomotaka Fujita と共著）。

藤田友敬（ふじた・ともたか）

　　東京大学大学院法学政治学研究科教授。東京大学法学部卒業（1988 年）、東京大学法学部助手（1988～1991 年）、成蹊大学法学部専任講師・助教授（1991～1998 年）、東京大学大学院法学政治学研究科助教授（1998～2004 年）を経て、現職。国連国際商取引法委員会（UNCITRAL）第 3 作業部会日本政府代表（2002～2008 年）、

UNCITRAL 第 41 回総会（国連総会に提出する条約草案を採択）副議長、日本政府代表を務める（2008 年）。UNCITRAL 事務局内に設けられた専門家グループのメンバーでもあった。万国海法会ティチュラリー・メンバー、万国海法会（CMI）ロッテルダム・ルールズに関する国際作業部会委員長。

ロッテルダム・ルールズに関する著作として、The Rotterdam Rules : The UN Convention on Contracts for the International Carriage of Goods Wholly or Partly by Sea がある（Michael Sturley、Gertjan Van der Ziel と共著）。

スチュアート・ベア（Stuart BEARE）

Richards Butler 法律事務所に海事法専門のソリシターとして勤め（1966〜1996年）、その後も顧問として数年間在籍。英国海法会の副会長。万国海法会（CMI）名誉会員に選出された（2008 年）。

国連国際商取引法委員会（UNCITRAL）第 3 作業部会（運送法）での議論の原案である CMI 条約草案を準備した「運送法に関する CMI 国際小委員会」の議長を務め、現在ロッテルダム・ルールズとして知られる条約草案が議論された UNCITRAL 第 3 作業部会のすべてのセッションに、CMI のオブザーバーとして出席（2002〜2008年）。また国連総会に提出する条約草案を採択した UNCITRAL 第 41 回総会にも出席（2008 年 6 月）。UNCITRAL 事務局内に設けられた専門グループのメンバーでもあった。

ハンヌ・ホンカ（Hannu HONKA）

フィンランドの ÅboAkademi 大学教授。国際商事法専攻。スカンジナビア海事法機関（ノルウェー・オスロ大学）の理事（前理事長）、チュレイン大学（ニューオリンズ）客員教授、スカンジナビア海事法機関客員教授。フィンランド海法会会長。フィンランド海損精算人。ロシア連邦商業・産業会議所海事仲裁委員会会員、海損清算人国際協会（AMD）理事。

Honka 教授は、ロッテルダム・ルールズを審議した国連国際商取引法委員会（UNCITRAL）第 3 作業部会にフィンランド政府代表として参加し、国連総会に提出する条約草案を採択した UNCITRAL 第 41 回総会（2008 年 6 月）にも出席した。UNCITRAL 事務局内に設けられた専門グループのメンバーでもある。

山口修司（やまぐち・しゅうじ）

弁護士（岡部山口法律事務所代表パートナー）。1980 年京都大学法学部卒業、1982年弁護士登録。日本海法学会・日本空法学会会員。国際法曹協会（IBA）会員。環太平洋法曹協会（IPBA）海事法委員会委員長（2009〜2011 年）。国際海上保険連合（IUMI）プロフェッショナル・パートナー。日本海運集会所仲裁人。日本商事仲裁協会仲裁人。

第 I 部 第 1 章

ロッテルダム・ルールズへの導入

1 国連国際商取引法委員会 (UNCITRAL) の役割とロッテルダム・ルールズの現状

ルカ・カステラーニ[*]
藤田友敬　訳

　国連国際商取引法委員会 (UNCITRAL) の任務は、国際取引法の調和と現代化を進めることにある[(1)]。伝統的に、UNCITRAL の立法作業は大きな注目を浴びてきた。とりわけ世界中の国から構成されることにより、議論への最も幅広い参加と、その結果、成果である条文の最も広範な正統性とが確保されているという事実により、UNCITRAL は、国際的な法的基準を用意する国際的なフォーラムとして広く認知されている。

　しかしながら、文書の起草は国際取引法の調和の過程における1つのステップに過ぎない。このステップの前には、適切な議題を特定する必要があり、後には、統一文書の利用や採択を効果的に促進する必要がある。最後に、文書が発効したり、広く立法されたり、あるいはその他の方法により広く利用されるようになった後、その適用について監視する必要がある。そのような活動は、単に統一的な解釈を普及させるのみならず、将来の改訂や補充的な条文の準備のために必要な情報を収集することも含んでいる。

　条文の普及に関する活動の重要性、さらにより一般的に技術的な援助協力の必要性は、UNCITRAL が作られた早い段階から明らかであったが、いくつもの要因から立法作業の方が UNCITRAL 及び UNCITRAL 事務局の作業アジェンダの中で優先されてきた。そのような要因の中には、UNCITRAL 会合の定期的なスケジュールによって要請される厳格なタイミングだとか、調査やルール作りといった作業をより知的に魅力ある活動

---

[*]　本稿で示された見解は、筆者個人のものであり、国連の見解を反映したものではない。
(1) United Nations General Assembly Resolution 2205 (XXI) of 17 December 1966, "Establishment of the United Nations Commission on International Trade Law".

だと感じる態度、さらに事務局の資源——予算・人員を含め——は、おおむね UNCITRAL 及び UNCITRAL 作業部会の会合を助ける必要性を中心に割り当てられ続けているという事実が含まれている。このような枠組みの中では、立法作業以外の仕事は、アド・ホックになされるものとして放置されざるを得なかった。

　加えて、UNCITRAL 作成にかかる条文の普及を目指す作業は、一定の外部的制約によって阻害される。国際取引法の改正は、国連システムにおいても、国内的にも、必ずしも優先順位の高い事項とみなされていない。国連システムでは、国際取引法の改正は、それが潜在的には経済発展に貢献し、ひいては貧困の撲滅に資するにもかかわらず、中核的な活動ではない周辺的なものに過ぎないと認識されている。国内的には、重要な政治的関心をひきにくい。したがって、国際取引法の改正は行政権・立法権のアジェンダの中で、常に目立つものとなっているわけではない。立法を行おうという機運は、必ずしも時宜を得た形では始められず、たとえ始められても、不完全なまま放っておかれることもある。後者の場合、作業は、後に重複したり、折角の機会が失われてしまったりするかもしれない。

　国際取引法改正に対する注目度を上げることは UNCITRAL 及び UNCITRAL 事務局の行うべき仕事である。この目的を達成するために、各国の首都を短期訪問する他に、UNCITRAL 事務局には2つのコミュニケーション・チャネルがある——外交官が配置されている政府代表部と会合に出席する各国代表である。しかし、外交官は、取引法の専門家であることは稀であるし、自らの有する相矛盾する多くの優先順位を前提に一定程度の助力を与えることしかできない。各国代表は、当該領域の専門家であり条約採択過程やモデル法の作成の技術的な細部にも慣れていることが多いが、政府のアジェンダを設定するわけではなく、法改正のタイミングに当然に影響を与えられるわけではない。

　そのうえ、条約の採択には、モデル法の立法の場合以上に、追加的な難題がある。なぜなら複数の役所——最低限外務省とその他実質を所轄する役所——の間の調整を要するからである。このような調整は、そうでなくても足りない時間と労力（特に途上国の場合）を必要とする。それゆえ、取引法条約の実質規定が——あたかもその条約がモデル法の条文であるか

のように——国内法としてそのまま立法されるということも稀ではない[2]。

　このような難題を認識し、数年前、国連総会はUNCITRAL事務局の技術協力活動に対して追加的な資源を割り当てる決定をした。かくして専門の部門が作られ、最善の実務がまとめられた。その結果、特に適切かつ効果的であると思われる一連の基本的活動のいくつかを明示する形で、技術協力活動の戦略的枠組みが明確化された[3]。すなわち、すでに広く受け入れられている条約——1958年の外国仲裁判断の承認及び執行に関する条約（ニューヨーク条約）、1980年の国際物品売買契約に関する国連条約（CISG）——の普及[4]、より多くの利害関係者に接触し、また地域的経済統合機関によって進められている類似の提案との整合性を確保するための地域的アプローチの採用、そして最後に採択された文書が早期に発効し広く受容されることを助けるべく、それらの文書に関する情報を広めることである。この最後の範疇には、「2008年の全部又は一部が海上運送による国際物品運送契約に関する国際連合条約（ロッテルダム・ルールズ）」についての普及活動も含まれる[5]。

　実際、過去の経験からすると、採択直後の数年の間に重要な締約国が集まらなければ、条約は広く採択されるようにはなりにくい。近時の文書に対する注意を喚起するに当たっては、いくつかのステップが有益である。

　第1に、署名式が条約に対する各国の支持を示すよい場となることであろう。実際、条約は、伝統的には署名のための全権を有する代表が出席した外交会議によって交渉されるか、少なくとも確定されてきたものであった。この慣行は、UNCITRALにおいては、予算その他の理由から中断せざ

---

[2] たとえば、2005年の電子商取引に関する国際契約における電子的通信の使用に関する国際連合条約のいくつかの規定は、同条約を採択していない法域においても、国内法に取り込まれている例がある。そのような法域のリストは、下記のウエブサイトで参照することができる。http://www.uncitral.org/uncitral/en/uncitral_texts/electronic_commerce/1996Model_status.html、（1996年の電子商取引に関するUNCITRALモデル法の状況）sub footnote（e）参照。

[3] UN Doc. A/CN.9/724, "Technical cooperation and assistance — Note by the Secretariat", paras. 10-48, available at http://www.uncitral.org/uncitral/commission/sessions/44th.html 参照。

[4] United Nations, *Treaty Series*, vol. 1489, p. 3.

[5] UN Sales No. E.09.V.9（未発効）.

るを得なかった。最近では、UNCITRALによって起草された条約は、技術的には、外交会議として機能する国連総会によって正式に採択されている。しかし、このアプローチは、それに特化した署名式と言えるものではない。2005年以来、署名式がUNCITRALの実務に再び導入され、このアプローチは問題の条約への署名の数を何倍にも増やす結果となっている[6]。

第2に、最初の数年の間、条約の状況について効果的な情報のやりとりがなされることが不可欠である。これは、UNCITRAL事務局において定期的なプレスリリースをすることや、条約の状態や目的から参考文献に至る豊かな情報を提供する多国語のUNCITRALウェブサイトにおける専用のウェブページを作り上げることによってなされている。

第3に、条約の採択を検討しようとしているが、その能力の限界に直面している国にとって、その調査を容易にしてやるべく、支援目的の資料を作成するための努力がなされなくてはならない。

しかしながら、これらの手段は、いまだ期待された結果をもたらしていない。UNCITRALによって用意された条約――そして国際取引法についての条約一般についても――幅広い受容がなされているものはあまりない。発効したもののほとんど重要性のないままのものもあれば、何年も前に採択されたにもかかわらず発効していないものもある。最も成功した文書であるニューヨーク条約とCISGの統計によると、採択率は、1年あたり約2.7カ国の加盟・批准ということになる。これが国際取引法に関する条約について、近時の状況のもとで現実的に期待できる最高の採択率である。

もしこの最高の採択率がロッテルダム・ルールズにも当てはめられるとすれば、2016年に発効することになる。実際には、そうはならないであろう。適切な立法の枠組みを用意し、議論し、承認するためにさらなる時間が必要とされるからである[7]。このスケジュールは、そうたやすくは短縮できない。このことが条約発効の目標日をさらに将来のものとしてしまう

---

(6) ロッテルダム・ルールズの署名式に関するウェブサイトは次の通り。
  http://www.rotterdamrules2009.com/cms/index.php.
(7) 同様の意見として、たとえばD. Chard, *The Rotterdam Rules: two years on*, BIMCO Bulletin vol. 106, No.4, p. 38 (2011) 参照。

ことになる。

　もちろんロッテルダム・ルールズの早期採択を促進するための追加的な措置を探して、実行する必要はある。しかしながら、資源が減らされている時期に、UNCITRAL事務局がこの作業に専従する追加的スタッフを割くことは、理論的にはありえないことはないにせよ、あまり現実的ではない。これに加えて、事務局の実質的な専門性も、この問題を何十年も研究してきた専門家と比べると、限られたものである。他方、事務局は、各国政府に対して、法改正のための提言をしたり、政策レベルでのアドバイスをしたりすることには一日の長がある。事務局は、このような方面で、ロッテルダム・ルールズを普及させたいと考える他の利害関係人の作業を、特に有効に補完することができるであろう。

　実際、事務局の外のリソースは実に豊かである。したがってUNCITRALは、その恩恵を最大限に得るために、これらのリソースを動員することに専念すべきである。とりわけ事務局としては、独力では海事法の改正を行う十分な能力を有していない国々にとってこれらのリソースが利用可能となるようにしてやらなくてはならない。

　さらにUNCITRAL事務局は、数々の公的・私的な関連機関と絶えず連絡をとっており、海事法改正についての利害とありうべき機会を注視し続けている。同様に、事務局が、一般的な取引法についての会議の主催者と協働して、それが適切であれば、ロッテルダム・ルールズについての議論を会議の予定に入れ、普及のためのまたとない機会を活用することもありうる。この観点からは、アジア太平洋地域における技術援助を行うために最初のUNCITRAL地域センターが韓国の仁川において開設されることは、ロッテルダム・ルールズのこの地域における普及のためのさらなる支援を得る直接の機会を与えるものと言える。東アジアは、適用される法規定をも含めた、国際的なサプライチェーンの統合を志向しており、このチェーンの運送部門においてロッテルダム・ルールズが果たしうる中心的な役割を示すことの重要性は明らかだと思われる。

　これまで述べてきたことを実行するためには、いくつもの実務的なステップが想定されるであろう。

　第1に、現在進行中の採択過程についての情報交換のレベルを向上させ

ることが非常に重要に思われる。実際、いくつかの国がロッテルダム・ルールズへの加入やその批准の向けて着実に進んでいるということを認識しているのは、ごく一部の専門家に限られている。こういった過程についての情報を、公開していい範囲で、できるだけ広めることで、ロッテルダム・ルールズの採択は検討されていないという印象をぬぐうことができるであろう。またこの情報は、署名と批准の間の期間を埋め、法律家のコミュニティからの関心を呼び起こし、国から十分な支持を得ていないため重要な条約が批判されたり、安易に無視されたりしてしまうことを防ぐことにもなるであろう。

　第2に、加入・批准手続に関する情報を集めることが、特に重要であろう。前述の通り、少なからぬ国——特に途上国——は海事法改正の領域で深刻な能力不足に直面しており、ロッテルダム・ルールズの検討及び採択についてのアドバイスを受けることで大いに得るところがある。既存の諮問文書も、とりわけ援助を求める国と同じ法原理を共有する法域のものが利用可能であれば、示唆を得る元として利用できるかもしれない。ロッテルダム・ルールズについてはこのような文書はまだ利用可能ではない。世界の各地域の国々は定期的に海事法改正に乗り出しているものの、特定の法域においてこの領域の新立法が成立する機会は、滅多に到来しないものなのである。したがって、能力に限りがあるけれども海事法改正に取り組んでいる国は、ロッテルダム・ルールズだけを検討するという立場にはなく、また既存の諮問文書に依拠できるわけでもない。こういった国々が支援を必要としていることは明らかである。理想的には、情報を集めて整理することは、加入キットを用意することにつながりうる。そのような加入キットは、これまでの先例に従えば、必ずしも UNCITRAL や UNCITRAL 事務局によって用意されなくてはならないものではない。そして加入キットは、ロッテルダム・ルールズの当事国となる際に提出する宣言に関する議論のような、実務的な論点も扱わなくてはならない。すでに加入・批准に近づいている国により提供される実例を利用し、関連する問題を明らかにしたり、補完的な立法の選択肢についての手引きを与えたりすることによって、単にロッテルダム・ルールズの採択に関する狭い議論を超えたものともなりうる。船荷証券のモデル条項のような、ロッテルダム・ルール

ズの現実的な施行の例を示すところまでいければ理想的であろう。

　実際、ロッテルダム・ルールズの効果的な施行のためには、国内法との相互作用が必要である。この点に関しては、問題の法域の性格——憲法レベルのそれを含め——に応じて、数々の疑問が関係してくる。たとえばロッテルダム・ルールズはどの範囲で自動執行力があると考えられるか？　条約の文言の外ではあるものの条約と調整されなくてはならないような領域は何か？　加入したとすれば海事法の改正のための包括的アプローチの枠組みの中に入ると考えられる他の国際条約にどのようなものがあるか？　こういった問題も、加入キットにおいて扱われうるものであろう。

　最後に、やはり非常に重要な論点として、リソースの問題がある。いくつかの組織がすでに事務局と協働している。うまくいけば、今後もそのような状態が続くであろう。しかし、それだけでは十分ではないであろう。したがって、ロッテルダム・ルールズを含む統一的な取引法の採択が、明らかな経済的な利益をもたらすのみならず、法の支配やよき統治を支えるものでもあるということを強調することが、とりわけ重要に思われる。そのような議論は、海事法の専門家の世界の外の意思決定者の支持を得るために、立法者の注目を集めるために、そして国際的な法支援のため国際的なコミュニティによって使われる多くの資源との取り合いをするために、必要なものなのである。繰り返しになるが、資源は存在する。むしろ、より広い法の支配の論議の中で国際取引法の改正をそのメインストリームに押し上げることによって、潜在的に関心を持っている供与者に対して、適切な時期に効果的に必要性を訴えかけるという話なのである。世界経済にとっての海上運送の重要性に鑑みると、これは決して不可能な仕事とは思われない。

2 変革の必要性と万国海法会の役割

スチュアート・ベア*
藤田友敬　訳

　「全部又は一部が海上運送による国際物品運送契約に関する国際連合条約（ロッテルダム・ルールズ）」は、2008年12月11日、国際連合第63回総会における第122号決議により採択され、2009年9月23日から署名のために開放された。24カ国が署名し、スペインが批准している[1]。

　採択決議前文は、国際海上物品運送を規律する現在の法制度が統一性を欠き、また現代的な運送実務――コンテナ化、ドア・トゥ・ドアの輸送契約及び電子的運送書類の利用を含む――を十分に考慮していないという懸念を述べている。決議は、このように業界における主要な変化が生じ、海上物品運送法制の変化が必要とされる3つの領域を明らかにしているわけである。

　統一性については詳言することはここでは避け、後でもう一度触れることにしたい。現在の統一性の欠如についてはすでに多くが語られており、この問題はすでによく知られている[2]。この問題は海事法のあらゆる局面において統一に貢献することを目的とした万国海法会（CMI）の長きにたる懸念事項であった。最も新しい作業は1988年に、フランチェスコ・ベルリンジェリ教授を委員長とする国際小委員会が立ち上げられた時に開始された。当時の最新の問題は――ヘーグ・ヴィスビー・ルールズに基づ

---

*　本稿は万国海法会ブエノスアイレス・コロキアム（2010年10月27日）において発表され、CMI Yearbook 2010 146頁以下に収録された原稿を改訂・補筆したものである。
(1)【訳者注】この講演後、ギニアビサウが署名し（2013年9月24日）、トーゴが批准した（2012年7月17日）。
(2) たとえば、Michael F. Sturley, *The Development of Cargo Liability Regimes*, in Hugo Tiberg, ed., Cargo Liability in Future Maritime Carriage, Hässelby, 1997 10, pp.60-64 参照。

くものではあったが——、1990年の万国海法会パリ国際大会における主要議題であった。その後5年を経て、「統一についての国際小委員会」として知られる新しい国際小委員会が、やはりベルリンジェリ教授を委員長として作られた。ベルリンジェリ教授の1999年の報告書[3]は、国連国際商取引法委員会（UNCITRAL）事務局のために用意しようとしていた条約草案に含められるべき運送人の義務と責任についての作業の出発点となったものである。

この条約草案は、UNCITRAL第29会期（1996年）——そこでUNCITRALは、さらなる法の統一を達成するという目的のために、海上物品運送の領域における現在の法と実務を改正することを作業プログラムに加えることを検討した——にその起源を有する。この提案は、UNCITRAL電子商取引モデル法の作業——それは船荷証券と海上運送状の機能のように大きなギャップが見られる論点が存在することを明らかにした——から生まれてきた。CMIは、このプロジェクトの準備段階を率先して行った。それは、実務において生じている問題について情報、考え方、意見の収集と考えうる解決にかかわるものであった。当初は、この作業は電子的運送書類のように、既存の条約において規律されていない事項に関するものであった。しかし、作業はヘーグ・ヴィスビー・ルールズやハンブルク・ルールズのいくつかの規定の見直し、そしてさらにはベルリンジェリ報告に基づく運送人の義務と責任の見直しにもかかわることが明らかになっていった[4]。

CMIは、2001年12月、UNCITRAL事務局に対して条約草案を提出した[5]。作業文書21（Working Paper 21）の補遺として収録された条約の準備草案は、実質的にはCMI草案の形をとっており、それがUNCITRAL第3作業部会におけるその後の政府間交渉の出発点となった。6年間の交渉によって、準備草案は詳細なドラフティングという点では、すっかり新しい条約草案へと変わってしまったものの、CMI草案の基本構造はそのまま残っている。

---

(3) CMI Yearbook 1999, p.105 所収。
(4) 1996年から2001年の間のプロジェクトの進展についての完全な説明については Introduction to Working Group III, Working Paper 21（A/CN.9/WG.III/WP.21）参照。
(5) CMI Yearbook 2001, p.532 所収。

ここで現代的な運送実務という論点に戻ろう。ヘーグ・ルールズは、1924年——つまり90年近く前——に採択された。1924年における、英国P&Iクラブのメンバーの大半は、"6-10クラス"と呼ばれる不定期の蒸気船の運航者であった。"6-10クラス"というのは、6～10トンの石炭で、蒸気機関によって6～10ノットで進み、その貨物積載能力は6,000～10,000載貨容積トンであるという意味である[6]。20年後には、最大速力11.5ノット、貨物積載能力10,685載貨容積トンのリバティ船が2,000隻以上建造されるに至った[7]。これらの多くの船は、私が実務に入った1960年代初めには、まだ商業航海に従事していた。積み荷は、しばしば船舶の策具によって操作されていた。ウインチは、しばしば破損し、碇泊期間や滞船料についての紛争を生じさせた。検数人は、積み荷が船側の欄干を超えたところでこれをチェックし、袋が破れたり、緩んだり、腐食したりしていないか記録し、そしてヘーグ・ルールズ3条3項のもと、船荷証券は物品の受取りに従って記載されたものである。

その50年後、エマ・マースク号[8]が進水した。そのスピードは毎時22.5ノットを超え、貨物積載能力は157,000載貨容積トンで、20フィートコンテナを11,000個輸送することができる[9]。コンテナ輸送は、1924年当時は夢想だにされておらず、国際コンテナ輸送は1960年代後半になってようやく始まった[10]。新しいコンテナ船を迎えるために新たな深水港が必要とされ、ターミナル・オペレーターは港湾施設に大規模な投資をする必要があった。港湾当局がほとんど倉庫業務に専念し、ステベドア会社は港湾労働者を（多くの場合臨時に）雇うだけの時代は過ぎ去ったのである。2006年11月、エマ・マースク号がヨーロッパへの処女航海の目的地とし

---

(6) Peter Young, Mutuality The Story of the UK P&I Club, Granta Editions, 1995, p.31 参照。
(7) 【訳者注】第二次世界大戦中、アメリカ合衆国で大量に建造された規格型輸送船。
(8) 【訳者注】デンマークのマースク・ラインの保有する世界最大のコンテナ船。
(9) www.emma-maersk.com 参照。
(10) 1956年4月、Ideal-X号がニュージャージー州ニューアークからテキサス州ヒューストンまで、コンテナ船による最初の航海を行った。大西洋航路における最初のコンテナ・サービスは、Moore-McCormack Linesによって1966年3月に開始された。コンテナ革命についての詳細な説明として Marc Levinson, The Box How the Shipping Container made the World Smaller and the World Economy Bigger, Princeton, 2006 参照。

てフェリクストウを訪問した際には、300人の港湾労働者が6機の岸壁設置のクレーンを用い、24時間で3,000個ものコンテナを陸揚げした[11]。船積み、陸揚げ及び積付け作業のすべてはコンピューター化され、検数人なるものはもはやいない。

　このような船舶の構造と運航の変化は、物品運送法制の変革を要求する。変革の必要がいかにロッテルダム・ルールズに反映しているか、いくつかの例を挙げることにしよう。25条は、ハンブルク・ルールズにおいていささか暫定的にもたらされた甲板積法制についての変化を、さらに発展させたものである。同条は、セルラー構造を持つコンテナ船――かつてのリバティ船の甲板とは異なった作りをしている――を考慮に入れ、甲板積みに関する法制をアップデイトした。40条は、ヘーグ・ルールズ3条3項を書き換え、閉鎖式コンテナという概念を導入した。14条(c)は、ヘーグ・ルールズ3条1項(c)を運送人によって提供されるコンテナに特に拡張したものである。

　これらの変更は、商業的な変更によって導かれたものである。2006年11月にエマ・マースク号から荷揚げされたコンテナの多くは、ドア・トゥ・ドアの運送契約に従いトラックに載せられ卸業者や大手小売業者の内陸貯蔵庫に直接持ち込まれたことであろう。ドア・トゥ・ドア――つまり売主の工場から買主の倉庫までの一貫した輸送は、コンテナ革命から不可避的にもたらされたものである。CMIは、1969年に採択された「東京ルール」によって、一貫輸送の法的なフレームワークを作り上げる先鞭をつけた[12]。このルールは、コンテナ輸送業界が複合運送のための契約書式――海上運送と内陸運送が組み合わされ1つの契約によってカバーされるもの――を発展させる基礎を築いた[13]。同ルールは、海上運送以外の各輸送手段のための法制（とりわけ道路運送、鉄道運送に関するもの）に含まれる責任条項を考慮するネットワーク・システムを規定している。この考え方は、運送人の責任期間内ではあるが、船舶への船積みあるいは船舶

---

(11) *The Times* 6 November 2006.
(12) CMI Report of the Tokyo Conference, 1969 所収。
(13) たとえば International Maritime Council (BIMCO) 発行の "Combicon" と呼ばれる船荷証券書式コード参照。

からの荷揚げの後に物品の滅失・損傷が生じた場合に限定的ネットワーク法制を規定する 26 条において、ロッテルダム・ルールズにも取り入れられている[14]。

ロッテルダム・ルールズは運送法制の適用範囲を、このようにヘーグ・ルールズ及びヘーグ・ヴィスビー・ルールズ流のテークル・トゥ・テークルやハンブルク・ルールズ流のポート・トゥ・ポートから、ドア・トゥ・ドア輸送にまで拡張した。しかし、ロッテルダム・ルールズの適用は、運送契約がそのように規定した場合に初めてそのように拡張されるのだということは強調されなくてはならない。たとえば運送人は、物品が船舶のマニフォールドを越えた時に、自己の管理下に運送品を受け取ったものとし、また引き渡したものとすると契約において規定することはできる。そのような条項は、ロッテルダム・ルールズの適用をテークル・トゥ・テークルに限定する。しかし今日では、ドア・トゥ・ドア輸送はコンテナ貨物の主要な特徴であり、最新の法制はこれを取り込む必要はある。私見では、この点がロッテルダム・ルールズのもたらした運送法制の最も重要な変更の 1 つである。

海上物品運送は、もはや単に運送人と荷送人だけが関与するものではない。契約運送人に対する「実行運送人」なる概念は、ハンブルク・ルールズによって導入されたが、運送の履行だけに関するものであり、かつポート・トゥ・ポートの輸送の局面に限られるものであった。そこで、ロッテルダム・ルールズにおいては、ドア・トゥ・ドアの運送契約と現代的な輸送ロジスティックスに関与する多くの関係者、たとえば NVOC、フレイト・フォワーダー、ターミナル・オペレーター、ステベドア、内陸トラック業者、内陸鉄道業者を考慮に入れるべく、この概念を拡張する必要があった。このためロッテルダム・ルールズは、「履行者（performing parties）」に言及するが、同ルールズは、船積港における物品の到着と陸揚港から物品が出て行くまでの間において運送人の義務を履行する「海事履行者（maritime performing parties）」——これについてはロッテルダム・

---

[14] 一般的な概観として、Christopher Hancock QC, *Multimodal Transport and the New UN Convention on the Carriage of Goods,* Journal of International Maritime Law, vol.14, p.484（2008）参照。

ルールズによってその責任がカバーされる——と内陸トラック業者のような「非海事履行者（non-maritime performing parties）」——これについてはロッテルダム・ルールズによってその責任がカバーされない——との間で、明確な線を引いている。

　私は、ロッテルダム・ルールズは、海上物品運送法の問題を引き起こし国際的な調和の欠如をもたらしてきた局面を明確にし、条文化しているとも信じている。改訂前のヘーグ・ルールズは、英国判例である Adler v. Dickson（ヒマラヤ号事件）によって浮き彫りにされた問題について扱っていなかった[15]。この事件は、旅客運送にかかわるもので物品運送に関するものではないが、物品運送の場合においても、運送人の被用者・代理人が運送人の有する抗弁を援用できるものとした一連の判例法として記憶されている。この事件の判決によって、4条の2が1968年のヴィスビー議定書によってヘーグ・ルールズに取り込まれ、その被用者・代理人のみならず独立の契約者にまで保護を与える「ヒマラヤ条項」が運送人によって発展させられてきた。ロッテルダム・ルールズは、業界の慣行を反映し条文化した[16]。18条は、他人の行為による運送人の責任を規定し、4条は、そこに規定された者に運送人の抗弁と責任制限を適用する。19条は、海事履行者の責任を規定する。他の履行者はロッテルダム・ルールズ上は責任を負わない。その責任は各準拠法によって規律される。

　さて2006年11月にエマ・マースク号から荷揚げされた貨物は、主として消費財であり、中国からの運送途上において取引されることのないものであった。したがって、これらの物品の輸送は、流通性のある運送書類によってカバーされる必要はなかった。このような進展は、UNCITRAL事務局により用意されたハンブルク・ルールズの解説において記されており、ハンブルク・ルールズは、ポート・トゥ・ポートの輸送の局面においてであるが、同ルールズ1条6項に定義されるあらゆる運送契約に適用される。1990年のCMIパリ国際会議において、船荷証券や類似の権原証券によってカバーされない運送契約に任意で摂取することのできる「海上運送

---

[15] *Adler v Dickson, The Himalaya* [1955] 1 QB 158.
[16] BIMCO発行の"Conlinebill 2000" 15条参照。

状に関するCMI規則」が採択された[17]。この規則は、船荷証券あるいは類似の権原証券が発行されたとすれば強行法的に適用されるであろう国際条約あるいは国内法を運送契約に適用するものである。この規則は業界において広く採用されており[18]、ヘーグ・ルールズ、ヘーグ・ヴィスビー・ルールズあるいはハンブルク・ルールズをそのような契約へ適用することにより、流通性のある運送書類と流通性のない運送書類の間に、一定程度の調和がもたらされてきた。ロッテルダム・ルールズが、5条の要件に合致する運送契約を証するあるいはそれを内容とする運送書類について、流通性のあるもの、ないものの双方を規律するべく適用範囲を拡張したことは、自然な帰結であった。

　エマ・マースク号によってフェリクストウまで輸送された多くの消費財は、クリスマス市場を狙ったものであった。同号は、約22日の航海の後、11月に到着した。もし1月に到着したとすれば遅すぎたであろう。部品の適時の引渡しは、建設プロジェクトでは当たり前になってきている。1924年では、6～10ノットの蒸気船が到着期日を守ることを期待するのはおよそ非現実的であった。しかし、ハンブルク・ルールズの解説は次のように述べる。

「しかしながら、近代的な輸送技術、適切な海図の作成、洗練された効率的な航海技法の結果、航海は、遅延することがより少なく、より予見可能なものとなった。荷送人は、運送人による一定期間内の物品の引渡の約束が守られることを信頼・期待するようになっている。」。

　1978年当時に言われたことは、今日ではより説得力がある。
　CMI草案は、明示的に合意された期限までに運送品が引き渡されなかった場合に、運送人に延着責任を負わせていたが、これに加えて、合理的な期間内に物品が引き渡されなかった場合に責任を課す条項を置くこと

---

(17) CMI規則とそれに関するLloyd判事（Lord Justice Lloyd）の報告は，CMI Yearbook 1990 Paris II, pp. 190-206に収められている。
(18) CMI統一規則に従うBIMCOの"Genwaybill"参照。もっとも、同書式にはヘーグ・ルールズあるいは必要であればヘーグ・ヴィスビー・ルールズを適用する至上約款が含まれている。

をめぐっては、CMI 内部でも合意がなかった。それゆえ、このような趣旨の条項は、UNCITRAL 第 3 作業部会において検討されるべく、CMI 草案には［］付きで含められていた。当初、作業部会は、いずれの条項についても好意的であり、［］は除かれた。しかし、この論点は後に蒸し返され、ほとんど行き詰まってしまった。最初の条項（現 21 条）の「明示的」という文言を削除し、第 2 の条項は削除する、それと同時に荷送人の延着責任に関するすべての言及を削除するという形で、最終的な妥協が合意された。

　ある論者は、作業部会は、このように「その文言がもたらそうとしている効果については合意のないまま、文言の形式について合意した」と見ている[(19)]。21 条において言及されている合意は、書面によるものや明示的なものである必要がないことは明らかだと思われる。合意は黙示によるもの、おそらくは運送人の航海計画といった既存の書類や付帯的な約束といったものから導くこともできよう。そのような契約書以外の書類や約束は、流通性のある運送書類の譲受人によって援用されうるかという問題はある。また 21 条の射程外の延着について、11 条、13 条及び 14 条違反に基づく損害賠償を請求することが可能かという問題もある。このような重要な領域においてロッテルダム・ルールズが明確性を欠き、裁判所による判断が必要である結果、法域ごとで同ルールの適用に相当な違いの出る余地を残したことは、不幸なことだと思う。

　変革の必要性についてのこの短い論評を、より積極的な考察で締めくくることとしたい。技術的な変化については先に述べ、コンピュータ化された船積み、積付けについて触れた。今日、生産者から輸出者、輸入者、卸業者・小売業者を経て消費者に至るサプライ・チェーンは、しばしば完全にコンピューター化されている。流通性ある運送書類をペーパーレスのシステムに取り込むことの困難さはよく知られているが、ロッテルダム・ルールズは第 3 章において、電子的通信について柔軟かつ技術中立的な方

---

(19) Anthony Diamond QC, *The Rotterdam Rules,* [2009] LMCLQ p.445, p. 479. Francesco Berlingieri, *Revisiting the Rotterdam Rules,* [2010] LMCLQ p. 583 も参照。

法で規定している。電子的運送書類に関するロッテルダム・ルールズの最終的な条文文言は、第3作業部会と電子契約条約[20]を作成した第4作業部会（電子商取引）の専門家の合同会合を経て合意された。専門家による修正勧告は、第3作業部会によってほぼ承認された。それゆえ私は、ロッテルダム・ルールズは、将来の技術的進展を許す柔軟な方法によって、既存の国際文書を補充し、複雑で急速に発展しつつある領域における国際法を統合していると信じている[21]。

　この短い講演で、私は船舶の構造と運航及び技術について1924年以降生じた最も重要な変化――それらはほとんど過去50年の間に生じたものである――を概観してきた。これらの変化は、商業的な変化をもたらした。しかし業界が発展させてきた解決は、断片的に進展してきた。私見によれば、国際的な法制の変革の必要性は疑いようのないものである。ロッテルダム・ルールズは、業界の反応を単一の最新かつ包括的な法典へと統合しようと試みるものなのである。

　最後に一点。私が述べてきた変化は世界中で起きてきたものである。主としてコンテナ化によって、運送業界は今日真に国際的なものとなっている。それは1924年の比ではない。それゆえ地域的な解決の試みは十分なものではないのである。私は、国際条約のみが国際海上物品運送のための健全な法的枠組みを提供し、完全に国際化した産業の要請を満たすものであると信じるものである。

---

[20] 2005年の国際契約における電子的通信の使用に関する国際連合条約（United Nations Convention on the Use of Electronic Communications in International Contracts 2005）。

[21] Miriam Goldby, *Electronic Alternatives to Transport Documents and the New Convention: A Framework for Future Development?*, Journal of International Maritime Law, vol.14, p. 586 (2008) 参照。

3 ロッテルダム・ルールズの基本的な要素と性格：条約についての5つの標語

ラフェエル・イエスカス
藤田友敬 訳

I はじめに

ロッテルダム・ルールズの基本的な要素と性格に関する一般的な概観をお話しできる機会を与えられたことは、大変光栄なことである。東京に招待しこの催しに参加するようお誘い下さったシンポジウムの主催者・後援者・協賛者に対して感謝したい。とりわけ、このシンポジウムのすべてを作り上げた絶対的な神（*deus ex macchina*）であるのみならず、ロッテルダム・ルールズの起草者の一人であり、同ルールについての優れた研究者の一人でもあると世界的に認められている藤田友敬教授には、感謝申し上げたい。この国にとって容易ならざる状況にある時期[1]に開催されたこのシンポジウムは、環太平洋地域において行われたロッテルダム・ルールズについての最も重要なイベントである。このように多数・多様な聴衆を迎えて報告することは、なかなか大変ではあるが、できるだけご期待に沿えるようにしたい。

ロッテルダム・ルールズの基本的な要素と特徴は複数あり、主に既存の法制である1924年のヘーグ・ルールズ（1968年のヴィスビー議定書による改訂を含む）、1978年のハンブルク・ルールズと比較すると、さまざまな領域に影響を与えている。このようなロッテルダム・ルールズの要素と特徴はいろいろあるが、それらは5つの語に要約することができる。これら5

---

[1] 【訳注】本シンポジウムは2011年5月に予定されていたが、東日本大震災の影響で11月に延期された。

つの語は、ロッテルダム・ルールズの精神を明らかにするだけではなく、ロッテルダム・ルールズがその全部又は一部が海上運送である国際物品運送についての最も優れた規範を形作るため、ロッテルダム・ルールズの目的とそれが作り上げた諸手段を統合するものである。その5つの語とは、現代化、柔軟性、自由性、包括性、バランスである。これらの語はいずれも厳密な意味と内容を持っている。そこで続けてこれらを見ていくことにしたい。

II　現代化

ロッテルダム・ルールズは、国際的運送規制に関する新しい種類の思考への道を開いた。前世紀の初めに形作られた海上運送あるいは航空運送だけについての条約の伝統から、今日強力かつ高く信頼されている陸上運送についての地域的な文書という手本に至るまで、新たな条約条文作成のためのアプローチの先例となるものはない。失敗した1980年の国連複合運送条約[2]ですら、ロッテルダム・ルールズの方法論的な先例と考えることはできない。実際、この条約においては、出発点は可能なあらゆる運送手段の地位を完全に平等に扱うということではない。逆に、海上運送がロッテルダム・ルールズの中心に置かれることとなっており、海上運送区間——単独のものであれドア・トゥ・ドアの運送契約に組み込まれたものであれ——がなければ適用はないのである。これは国際輸送法制について、直接の先例のない新しいアプローチである。

ロッテルダム・ルールズは、国際運送条約には含まれてこなかったいくつもの事項について立ち入るものとなっている。追って検討する通り、運送法制に関するいくつもの論点が、初めて国際的な統一文書の規律に服せしめられることとなった。とりわけ電子的運送書類、運送品処分権とその流通、（限定的な）契約の自由、荷送人・運送人の義務と責任といった点に触れるだけで、わざわざ強調しなくとも、新条約が取り込んだルールが高度に革新的であることが明らかになるであろう。

---

(2) 国際複合運送に関する国際連合条約（1980年5月24日ジュネーブにおいて採択）。

現代化を示す強力なシンボルとして、条約交渉の最初から、電子的運送書類の問題を解決することが必要であった。この現代化の試みは、大部分、UNCITRALが国際貿易における電子商取引に関する権威ある諸文書——1996年と2000年のモデル法及び2005年条約（最後のものはUNCITRAL第3作業部会におけるロッテルダム・ルールズの議論と同時並行的に議論された）——を作成した後に行われた。しかし、世界各地における海運業者の技術的発展の程度が異なることから、海上貿易を統一する目的の条約の中に、電子的な契約書類についての一般的なルール（当事者の事前の合意内容）を取り入れることは不可能であることが、すぐに明らかになった。難局を打開する方法として、作業部会は、この問題についてのやや異例なルールを伴う電子書類に関する種々の規定の策定を始めた。ロッテルダム・ルールズ8条(a)項は次のように定める。

「本条約により運送書類に記載できる全ての事項は、電子的運送記録に記録することができる。ただし、電子的運送記録の発行及びその後の利用について運送人及び荷送人が同意している場合でなければならない。」。

この問題についてロッテルダム・ルールズの採用した立場は、電子契約書類を使用するためには、国際運送契約の当事者間において事前に合意が存する必要があるという原則である。これは電子商取引に関するUNCITRALの一般的な諸規則——これらの規定によれば契約の電子化のために当事者の事前の合意は法的には要求されない[3]——とは相容れない。このアプローチは、現代化の証拠であると同時に、海上運送法制と契約の成立・文書化・一部の義務の履行の電子化との両方について、新しく

---

(3) UNCITRALモデル法11条1項は、契約の諸段階の履行のために電子的方法を用いることについて、国際契約の当事者間の事前の合意を不要とするものである。同項は、「契約成立の文脈において、当事者による別段の合意がない限り、申込および申込の承諾は、データ・メッセージの方法によって表明することができる。契約の締結においてデータ・メッセージを使用した場合、その契約に対してデータ・メッセージをその目的に対して使用したことを唯一の根拠として、有効性又は執行力を否定してはならない」と規定する。ほぼ同様の文言は、2013年3月1日から発効している、「2005年の国際契約における電子的通信の使用に関する国際連合条約」の8条にも見られる。

強力な内容を与えるロッテルダム・ルールズが有しなくてはならない微妙なバランスを示す証拠でもある。

　現代化のさらなる現れとしても、またより実質的な観点から見ても、ロッテルダム・ルールズは海上航行、さらには運送全体についての新たな実態を考慮するものとなっている。中でも、業界におけるコンテナの大幅な導入、気象学の絶え間ない発展、汎世界測位システム（GPS）によってもたらされる船舶の継続的管理、貨物の電子的追跡方法（「トラッキング・ナンバー」等）といったものが挙げられる。これらの新たな実態のすべてが航行に大きな影響を与え、法的な観点からも、賠償請求や航行に関する事故の証明を大幅に容易にするものである。同時に、本条約は、技術革新から成果を引き出し、それらを海上運送の統一的な法制の中に取り込むことができるということを示している[4]。

III　柔軟性

　ロッテルダム・ルールズは、ヘーグ・ヴィスビー・ルールズ——それは多かれ少なかれハンブルク・ルールズでも同じあるが——のように運送人の責任という単一だが複雑な問題を解決するのみならず、もっと広い適用範囲を持つものである。条約の広い適用範囲は、その一部又は全部が海上運送による国際物品運送のための契約についての全面的な規律を確立すべく、実際の海上運送ビジネスの多様な面を反映している。そのような適用範囲は、最も控えめに言って、その全部が海上運送である契約についての規範とその一部が海上運送である契約についての規範との二重の構造があるということを意味する。これらの2種類の契約に加えて、さらにすでによく知られた数量契約（volume contract）がある。かくして、ロッテルダ

---

[4] コンテナの幅広い使用の実際的な法的帰結は、ロッテルダム・ルールズの以下のような条項に見られる。13条2項（積込み・荷揚げに関する運送人の特定の義務とFIOS条項について定める）、31条2項（契約明細の作成のための情報）。またドア・トゥ・ドア輸送の関連する諸局面を規律するルールにも、その帰結が見られる。とりわけ26条（海上運送の前後の運送）、40条（契約明細中の物品に関する記載についての留保）、48条（引渡未了の物品）参照。これらのすべてのルールは、ロッテルダム・ルールズのもとでのコンテナ輸送の新たな規制の成果である。コンテナを想定しなければ、上記の諸ルールはよく理解できないことになる。

ム・ルールズは、3種類の海上運送契約を規律するという基本的な目的を有していると言うことができる。

　そしてこれらは、複合運送のフォーミュラに頼らない形で達成された。実際、この条約は、複合運送体制ではなくいわゆる「海上運送プラス（maritime plus）」と呼ばれる体制を作り上げている。ロッテルダム・ルールズの「海上運送プラス」としての側面を規律する規定は、「海上運送の前後の運送」という見出しのもと、26条に規定されている。さらに26条は82条と一緒に読む必要がある。82条はロッテルダム・ルールズと、各単一運送手段による物品運送を規律しつつ複合運送的側面についていくつかのルールをも含む他の国際条約との関係についての規律を含む条文である。道路運送と海上運送の間の相互干渉を規律する道路運送条約（CMR）2条がそのような他の国際条約の例である[5]。

　両条文は、ロッテルダム・ルールズの上記の通りの「海上運送プラス」としての性格に基礎付けを与えているだけではない。これらは、ロッテルダム・ルールズが国際海上物品運送契約のためのみならず、他の2種類の契約――その一部が海上運送である国際物品運送契約及び国際的な数量契約――のためにも新しい法制を作り上げているという結論を導く中核となる条文なのである。

　さらなる基礎付けは、海事履行者の責任に関する19条に見いだすことができる。ここでは非海事履行者については言及されておらず、非海事履行者の責任を条約は作り出していない。非海事履行者の責任はロッテルダム・ルールズの射程外に置かれている。

　上記両条文から、われわれは、ロッテルダム・ルールズは、1種類ではなく3種類の国際運送契約を調和させていると結論づけることができ、ま

---

(5) 道路運送契約に関する条約（CMR）（1956年5月19日、ジュネーブにおいて採択。1978年、及び2008年の議定書によって改定）。特に興味深いのはCMR2条1項である。同条によれば、「物品を積載している車両が、貨物を車両から降ろさないまま、その行程の一部を海上運送、鉄道運送、内水運送あるいは航空運送される場合、第14条の規定が適用される場合を除いて、本条約は運送全体に適用される……」。もっと限られた場面ではあるが、同様のルールは、国際鉄道運送に関する条約の付属書である国際鉄道物品運送契約に関する統一規則（COTIF-CIM）（1999年議定書によって改定されたもの）38条の「鉄道＝海上輸送に関する責任」においても見られる。

た両条文は、とりわけ「海上運送プラス」契約との関係で、ロッテルダム・ルールズ自体と海上運送ではない運送あるいは海上運送のドア・トゥ・ドアの側面を規律する他の国際的文書——地域的なものであれ全世界的なものであれ——との間の境界とそれらとの結びつきを定めていると言える。

加えて、ロッテルダム・ルールズは、将来契約を結ぶ当事者に、3つの既存の法制の中から、自分達の運送の必要性に最も適したものを選択することを可能にしている。これは、新条約の柔軟性を最もよく示すものと言える。

IV　自由性

数量契約及び条約に含まれている3つの法的な体制の中から当事者が自由に選択できるということについては、すでに触れた。

ロッテルダム・ルールズにおける数量契約の導入は、まさに国際海上物品運送に関する法に契約の自由を初めて取り込むのに必要な法的技術に対応するためのものである。確かに契約の自由という問題は、多くの国にとって非常にデリケートなものであり、これに対する答えはいつも同じであった。すなわち問題の条約は強行法でなくてはならず、契約当事者は運送人の責任を量的・金額的に引き上げる自由はあるが引き下げる自由はない、というわけである。

ロッテルダム・ルールズは、運送法における契約の自由という議論の分かれる事項について、いくつかの条文——79条と80条——を置き、海上運送に関して、積極的で実際的な妥協をもたらした。契約当事者がいわゆる「数量契約」を締結し、そして締結された契約が上記条約条文によって規定されたすべての条件を満たしていれば、条約の強行法規の多くを免れることができるのである。その条件とは次の通りである。

① 数量契約が条約からの逸脱について顕著な記載を含むこと
② 契約が個別に交渉がされたか、又は条約からの逸脱を含む当該数量契約の条項を顕著に特定していること

③　荷送人が、本条に基づく本条約からの逸脱がなく本条約に依拠した条件での運送契約を締結する機会を与えられ、かつ、その機会がある旨の通知を受けていること
④　条約からの逸脱が、他の書類を参照する方式で合体されるものではなく、交渉の対象でない附合契約に含まれるものではないこと[6]

　私見では、単に事前に印刷された契約書式では80条に規定された要件に合致するとは言えないというのが、条約の要求するところだと思う。

V　包括性

　本条約は、運送契約の仕組みを包括的に規律する海上運送条約である。新条約は、契約の定義と規律に関して、ほぼ完全かつ標準的な特徴を与えるものであり、運送人の責任という単一であると同時に複雑な問題だけを解決するものではない。逆に、ロッテルダム・ルールズは、現実の海事ビジネスの法的に必要とされる豊かな多様性を反映した、はるかに広い適用範囲を持つものなのである。

　そのような広範な範囲を規律する条約のアプローチは、徹底して契約ベースで機能するものであるが、ごく一部の法制度に大きく従った契約の特徴に偏ったり、限られたりしたものではない。定義、当事者の義務、当事者の責任、運送種類、契約の履行、電子的書類、運送品処分権者の権利、時効、管轄・仲裁が、条約に含まれる最も重要な特徴である。契約に関するこのような完備した、あるいはほぼ完備した法制は、ロッテルダム・ルールズのもとでの包括的な契約アプローチの規律の中核的な構成要素である。

　こういったアイデアについてはすでに触れたので、ここでは繰り返す必要はない。

---

(6) ロッテルダム・ルールズ80条2項。

VI バランス

　運送人と荷送人の利益の間のバランスについては、すでにいくらか述べた。条約のもとでのバランスと妥協が最も顕著に表れているのは、私見によれば、運送人の責任に関する統一的な規律である。

　条約 17 条[7]——条約交渉の過程で何度も条文番号は変わったが——はこのバランスの中核となる構成要素である。この条文は作業部会内での最初の意見交換の時から非常に議論を呼んだものである。実際、先例がいろいろと異なるために、それらの中のどれを選択するかあるいはそれらに代えてまったく新しいフォーミュラを作るかということは、最初から激しい議論の対象となる判断であった。ヘーグ・ルールズの長い免責条項のリストとハンブルク・ルールズのすっきりした簡略型とが、いずれも各人に魅力ある理由を与え、このためいつまでも反対意見が残ることで、いずれの選択肢をとる決定をするのも難しかった。

　このような中、作業部会は最初の 3 年間の交渉の間に、運送人の責任についての複雑な中間的ドラフトにたどり着いた。それは両方の歴史的な要素——免責条項のリストと抽象的なルール——が残るものであったが、その意味の大きな変更を伴うものであった。長い交渉の過程で、新たな要素が基本的なルールに加えられていった。ロッテルダム・ルールズの最終的な文言に現れた合意の要素は、以下のようなものである。

　(1)　責任主体となるべき人の決定、責任期間の範囲、責任原因と責任の法的性格について、まずは萌芽的な合意に達した。責任主体となるのは、運送人（契約運送人）と海事履行者である[8]。非海事履行者には責任が課せられない。責任期間は、「運送人あるいは履行者が運送品を受け取ったときに始まり、運送品を引き渡したときに終わる」[9]。運送人の責任は、物

---

(7)　当初から多くの会合において、さらにはこの条文について合意がなされた会合において、本条文は 14 条とされていた。UNCITRAL 作業部会の最後のいくつかの会合において条文番号の変更が行われ、最後に UNCITRAL 41 会期において 17 条とされた。
(8)　14 条 1 項及び 19 条。運送人の定義は 1 条 5 項に、海事履行者の定義は 1 条 7 項にある。
(9)　12 条 1 項。ただし詳細については条約第 4 章全体を読まなくてはならない。

品の滅失、損傷あるいは物品の引渡遅延によって生じる[10]。

　責任法制は、3つの性格を含んでいる。すなわち、①責任は過失責任であり、厳格責任やいわゆる客観責任ではなく[11]、②複数の人間が責任を負う場合は、それらの者の間の連帯責任であり、③荷主側が証明しなくてはならないのは、原則として、運送人の責任期間中に損害が生じたことだけであるという過失推定責任である。

　(2)　17条1項の規定する通り、「物品の滅失、損傷若しくは延着又はそれらの原因となったもしくはそれらに寄与した事象が運送人の責任期間内に生じたことを証明したとき」に、物品の滅失、損傷あるいは物品の引渡遅延について運送人は責任を負う。

　ハンブルク・ルールズと違う第1の要素は、証明責任法制である。ロッテルダム・ルールズでは、荷主側が証明責任を負う対象が、①滅失、損傷、引渡遅延が現に生じたこと、②それが運送人の責任期間内に生じたことの2つの点に及ぶ。運送品の滅失が責任期間後に生じたが、それらの原因となったもしくはそれらに寄与した事象が運送人の責任期間内に生じることもありうる。そのような場合には、後に生じた損害と原因あるいは寄与事由との適切な因果関係まで証明しなくてはならないことになる。

　(3)　荷主側の示した上記の証拠に対して、運送人は17条2項に規定された反証をすることができる。運送人は、「滅失、損傷又は延着の原因又は原因の一が自己の過失又は第18条に規定する何れかの者の過失に帰し得ないことを証明したときは」責任を免れる[12]。このルールが運送人・荷主によって交互になされるその後の立証のやりとりの始まりである。そしてその立証のやりとりこそが17条のエッセンスであり、同条のバランスなのである。この場合、証明の対象は、滅失、損傷あるいは引渡遅延の原因が運送人の責めに帰すべきものではないということである。

---

(10) 14条1項。
(11) 伝統的な責任システム及び17条は、被告の側でいつでも過失あるいは免責事由を証明することができ、その証明の成否がその者の免責の可否を決めるということを前提としている。なお連帯責任について20条参照。
(12) 18条の規定する者は、運送人に従属する者あるいは履行者である。ロッテルダム・ルールズの他の条文と併せて、本条はある種の法定ヒマラヤ条項として働く面がある。

(4) ヘーグ・ルールズにおける免責される危険のリストは、運送人の利用できる今一つの反証の方法として、現在もロッテルダム・ルールズ17条3項に残されている。運送人は17条2項に従って無過失の反証をするか、それとも滅失、損傷あるいは引渡遅延が17条3項のリストの1つから生じたものであるということを証明するか、事実上選択できる。

このリストは、明らかに現在の実態に適応するように変容されており、航海過失免責がなくなっていることは非常によく知られている。火災免責は、船舶の火災に限定されている。人道的あるいは環境的な理由に基づく新たな免責事由も付加されている。しかし注意しなくてはならない最も重要な点は、17条3項に規定された現行のリストに含められた事象の意味と機能が進化――あるいは変化――しているということである。ロッテルダム・ルールズのもとでは、これらの事象は、運送人の免責の原因ではなくて、物品の滅失、損傷あるいは引渡遅延が生じたにもかかわらず、運送人が契約上の義務を履行するに際して、過失がなく、相当な注意を尽くしたということについての、反証可能な推定をもたらすに過ぎない[13]。このことは17条4項から得られる結論である。これらの列挙事由が生じたことは、請求者が運送人の過失が、運送人の免責の根拠としようとしている事象・状況を引き起こしたか、それらに寄与したか証明することができた場合には、運送人の責任には影響を与えない[14]。

(5) 17条5項は、前述の17条の最初の4項で規律されている責任法制と直接関係なく、運送人が実際には免責されるのが難しい特定の責任原因

---

(13) マドリッド・カルロスⅢ世大学（マドリッド・ヘタフェ、スペイン）における「国際コンファレンス　ロッテルダム・ルールズ　統一運送法の新時代（"Congreso Internacional Las Reglas de Rotterdam, una nueva era en el Derecho uniforme del transporte"）」（2009年9月17～18日）におけるプレゼンテーションである、Kofi Mbiah, *The Rotterdam Rules: A New Beginning?* 及び Francesco Beringieri, *The Carriers Obligations and Liability* 参照（各々、ILLESCAS ORTIZ, R.-ALBA FERNANDEZ, M., LAS REGLAS DE ROTTERDAM: UNA NUEVA ERA EN EL DERECHO UNIFORME DEL TRANSPORTE. ACTAS DEL CONGRESO INTERNACIONAL, DYKINSON, MADRID, 2012（英語・スペイン語の2カ国語版）の53頁以下、225頁以下に所収）。

(14) 17条4項は次のように規定する。「(i) 船舶の不堪航性、(ii) 船舶に関する船員の乗組、艤装及び需品の補給の不適切、又は (iii) 船倉その他船内の物品を積み込む全ての場所又は物品をその内若しくは上部に積み込むコンテナで運送人が提供したものが物品の受入、運送及び保存に適する良好且つ安全な状態でなかったという事実」。

をいくつか定めている。それらは17条5項(a)号に列挙されており、先ほどの17条3項のリストに掲げられた事象とは区別された一層強力な事象である第2のリストを作り上げている。一層強力というのは、請求者がこれらの事象を証明すれば、運送人は免責を得るためにさらなる反証をしなくてはならないからである。そして運送人がこの反証に失敗すれば、17条5項(a)号のリストに掲げられたいずれかの事象によって生じた滅失・損傷あるいは引渡遅延について責任を負うことになる。

17条が、1つではなくて2つのリスト——長いものと短いもの——を有していることは興味深い。また各リストが果たしている目的は、それぞれ非常に異なるものだということもまた興味深い。本条3項のもとでの列挙事由がある場合、運送人が各事由を主張し、請求者側は主張されている事象が適切ではないことを証明しなくてはならない。17条5項の規定する第2のリストに関する立証と反証のやりとりのゲームは、請求者による事象の証明は反証可能な推定として機能するが、今度は逆の方向にである。今度は運送人が、原則として責任を負うこととされ、運送人の方で、主張されている責任を負わない旨の反証をしなくてはならない。

17条に含まれる運送人の責任原則のシステムはバランスのとれたものである。条約には免責事由は存在せず、滅失、損傷又は引渡遅延が生じたにもかかわらず相当な注意を尽くした旨の単なる反証可能な推定があるだけなのである。

21世紀の初めにおけるバランスとして、なんとか均衡に達した規定の仕組みや機能は、20世紀の最初のそれほど、単純明快なものではない。今日の法、経済、商業は、100年前のそれよりもはるかに複雑である。それゆえ統一法の中に単純さを求めることは、絶対的な優先順位を持つものとは言えないのである。いつものことであるが予見可能性、確実性そして公正な取扱いは、海事法においても統一法においても、もっと重要なのである。

運送人の責任法制だけが、2008年に条約が達成したバランスを示すものではない。条約の特徴をなすバランスの現れは、ロッテルダム・ルールズの他の章にも見られる。重要なのは以下のものである。①運送書類の電子化にかかるルール、②数量契約を許容するルール、③管轄に関するルー

ル、④仲裁に関するルール。これらの4つの革新的な事項について、各々の荷主と運送人の利益の間で満足できる程度のバランスを保つことを可能とする明確なセーフガードを条約は用意している。

　運送書類の電子化については、バランスのとれた萌芽的規範がロッテルダム・ルールズ8条(a)項に規定されている。この規定については、この報告の最初で取り上げたので[15]、そこで述べた考えをここで繰り返す必要はないと思われるが、運送書類及びその他の運送契約の履行に関係する他の多くの書類の電子化を進めるために当事者間で要求される合意は、条約がこの事項について達成しようとするバランス――運送契約の当事者は紙の書類を電子的なものに代えることを強制されないという――の、この上ない証拠であるという事実については注意を喚起しておきたい。ロッテルダム・ルールズの条文によって事前の合意が要求されているので、契約の両当事者の個人的な技術――及び利用可能な装置――に応じて各契約は適合したものとなるわけである。この条約に示されている書類の現代化に向けての大胆な前進は、それゆえ荷送人と運送人の能力に従うものとされているわけである。

　数量契約とこれに関しロッテルダム・ルールズが契約の自由を部分的に容認していることも、契約当事者とその対立する利益の間の的確なバランスのために譲歩することとなった規範固有の限界を示すものである。前に触れたルールについて、ここでも評価しなくてはならない。というのも、それらは契約自由の限界をなすものだからである[16]。ここでは、80条2項から4項の法的制限が契約の自由の利用及び数量契約の自由な締結に関してもたらす機能だけが重要な結果である。実際、数量契約の締結前に課される要件である「荷送人が本条に基づく本条約からの逸脱がなく本条約に依拠した条件での運送契約を締結する機会を与えられていること」という条件は、バランスの明白な現れである[17]。運送契約の締結の際に、条約に従った通常の契約と数量契約の間の選択肢を必ず荷送人に与えなくてはならないという運送人の義務は、ロッテルダム・ルールズに含まれてい

---

(15)「Ⅱ　現代化」を参照。
(16)「Ⅳ　自由性」を参照。

る微妙なバランス——弱い当事者には、アプリオリに強い契約当事者と想定されている運送人にとって有利な逸脱条項を含まない契約内容を選ぶ権利が原則として与えられる——の、さらなる現れと言うことができるであろう。

　条約が達成しようとしている——そして実際有効に達成した——バランスの最後の証拠は、管轄について、ついで仲裁について作られた革新的なルールに見ることができる。すでによく知られているように、管轄に関する条約第14章は、一見したところ、強行法的ではない。ロッテルダム・ルールズ74条は、「本章の規定は、第91条に従いこれに拘束される旨を宣言した締約国に対してのみ、拘束力を有する」と規定しているからである[18]。仲裁に関する条約第15章についても、78条[19]に規定されたルールによって、同様の状況がもたらされている。採用されたフォーミュラは、次の3つの異なる立場——①その加盟国が商事管轄に関する条約制定権限を有しておらず、加盟国の代わりに欧州理事会とEU委員会に交渉権限が与えられている（ただしこの点について加盟国全部の意見が一致しているわけではない[20]）EUの立場、②専属管轄合意について自由に完全な有効性を認めたい国（ヘーグ・ルールズでは管轄について何も触れていないことからこういうことが認められる）、③専属管轄条項に対してより高い程度の法的制約を望む国——の対立によって性格づけられる複雑な交渉の状況からの脱出口だったのである。

　第14章、第15章にオプト・イン条項を入れた結果は、すべての国にとって、管轄・仲裁の事項に関する自国の利益を生かすことを認めるものである。管轄条項や法廷選択条項に——ロッテルダム・ルールズ66条(a)項に個別に規定された制限を受けることなしに——完全な有効性を維持し

---

(17) ロッテルダム・ルールズ80条2項(c)。「本条約の条件に適合した契約」とは、運送人は、荷送人に対して、第2の選択肢として逸脱条項を含む数量契約を提示する前に、通常の契約——17条や59条の適用されるもの——を提示しなくてはならないということである。
(18) 言及されている91条は、長くて形式的なものであるが、条約法に関するもので、運送法に関するものではない。しかし、適用法及び第14章及び第15章によって拘束される旨のオプト・インの宣言をする方法を確認することは興味深い。
(19) 「本章の規定は、第91条に従いこれに拘束される旨を宣言した締約国に対してのみ、拘束力を有する。」。

たいすべての締約国は、オプト・インの宣言をしないことも認められる。またいずれの締約国も逆の行動をとることも可能である。オプト・インの宣言をすることで、締約国は第14章の規定する制限に服することになる。EUに関して言えば、いずれの加盟国も、この論点に関するEUの共通の立場がない限り、オプト・インの宣言をすることはできない。この共通の立場は、当面存在していない[21]。

　これらの特徴を見ると、採用された解決の持つバランスは非常に明白である。これらの点について到達した妥協のもたらす満足は、いっそう明らかとさえ言える。管轄・仲裁に固有の、他のバランスに示されているところとの唯一の違いは、最終的な解決が権限ある締約国の適切なオプト・インの決定によっており、運送契約当事者の決定によっているわけではないという点にある。なおEU加盟国については例外で、この問題についての権限はEUの統治機関に与えられることになっている。

---

(20) EU加盟国についての明示的な言及が国連総会においてなされている。すなわち「作業部会は、EUが管轄についてはブラッセル規則Iに体現される共通規則を有しているが（Council Regulation (EC) No 44/2001 od 22 December 2000 on jurisdiction and the recognition and enforcement of judgments in civil and commercial matters）、そのことはEU加盟国が、必要とあれば、それとは異なる条約のルールを交渉することを妨げるものではないとの説明を受けた」（A/CN. 9/572, 21 December 2004, Report of Working Group III (Transport Law) on the work of its fourteenth session (Viena, 29 November-10 December 2004）というのである。最後の「必要とあれば」という点が重要であり、EU委員会、EU理事会が交渉者として出席した理由である。なおデンマークがEU規則1条3項により拘束されないことも上記声明で明らかにされている。EU規則全文については、OJEC, No. L 12/1, 16 January 2001参照。

(21) 現在のところ唯一の締約国であり（【訳者注】2012年7月17日、トーゴが批准した）、EU加盟国でもあるスペインは、まさにこういうケースである。スペイン政府の批准書の寄託に際しては、ロッテルダム・ルールズ第14章・第15章に関するオプト・インの宣言はなされていない。スペインは、「EUの共通の立場」を待っているわけである。

第Ⅰ部 第2章

ロッテルダム・ルールズの適用範囲と当事者の責任

4 適用範囲と契約自由

マイケル・スターレイ*
笹岡愛美 訳

I はじめに

　適用範囲と契約自由は、1枚のコインの表と裏のようなものである。前者はロッテルダム・ルールズ[1]がカバーする領域を確定し、後者は、ある事項についてこのルールの強行法的な適用を排除できる当事者の能力を確定する。そうである以上、これらの2つの問題はあわせて考察されることが望ましい。

　適用範囲の問題は、万国海法会（CMI）および国連国際商取引法委員会（UNCITRAL）における交渉の過程では、とくに論争の対象となるようなものではなかった。主たる論点は、すでに合意のある目標を達成するための最良の手段についてであった。ロッテルダム・ルールズの適用範囲は先行条約のそれより広いにもかかわらず、その適用範囲の広さに関する実質的な反対は起こらなかった。

　これに対して、契約自由の問題は、本条約の交渉過程においてもっとも論争を巻き起こした事項の1つであった――結局は、作業部会の圧倒的多数が、契約自由を含めた最終的な妥協案を支持したけれども――。私の考

---

* 本稿は私が学者として著すものであり、ここで表明する意見は私個人のものである。これは必ずしも、私が参加した（および共同作業をした）グループや組織（または個人のメンバー）のいずれかの意見を反映するものではないし、そこで支持または承認されたものでもない。

(1) 全部または一部が海上運送による国際物品運送契約に関する国際連合条約（United Nations Convention on Contracts for the International Carriage of Goods Wholly or Partly by Sea, General Assembly Resolution 63/122, U.N. Doc. A/RES/63/122（11 Dec. 2008））。

えでは、契約自由に関する規定はここまでの対立を生じさせる性質のものではなかった。基本的なアプローチは、すでに存在する海事条約、すなわち、ヘーグ[2]、ヘーグ・ヴィスビー[3]、およびハンブルク[4]・ルールズのもとで採用されたアプローチと実質的に同じである。数量契約に関する特別規定でさえ、これまでの慣行に重大な変更をもたらすようなものではない。

II 適用範囲[5]

あらゆる法制度——それが私的な契約、国内法または国際条約であるかを問わず——にとって最も重要性の高い課題の1つは、その制度がいつ適用されるのかを決定することである。20世紀に海上物品運送に関する関連条約を成立させた交渉の過程においても、適用範囲の確定はしばしば議論の対象となっていた。1920年代における主たる争点は、ヘーグ・ルールズは、傭船契約に基づく運送を含めたすべての形態の海上運送を規律すべきかどうか、それとも、強行法的なルールの適用は定期船運送に限定されるべきなのかという点であった。40年以上後のヴィスビー議定書に関する交

---

(2) 船荷証券統一条約（International Convention for the Unification of Certain Rules of Law Relating to Bills of Lading, Aug. 25, 1924, 120 L.N.T.S. 155）［以下では、ヘーグ・ルールズ］。

(3) 「ヘーグ・ヴィスビー・ルールズ」という表現は、ヴィスビー議定書によって改正されたヘーグ・ルールズを意味する。1968年ヴィスビー議定書（Protocol to Amend the International Convention for the Unification of Certain Rules of Law Relating to Bills of Lading, Feb. 23, 1968, 1412 U.N.T.S. 121, 128（1977年6月23日発効））参照。多くの国において、1968年ヘーグ・ヴィスビー・ルールズは1979年の特別引出権（SDR）議定書によってさらに改正されている。1979年SDR議定書（Protocol Amending the International Convention for the Unification of Certain Rules of Law Relating to Bills of Lading, Dec. 21, 1979, 1412 U.N.T.S. 121, 146（1984年2月14日発効））参照。

(4) 1978年国連海上物品運送条約（United Nations Convention on the Carriage of Goods by Sea, Mar. 31, 1978, 1695 U.N.T.S. 3）［以下では、ハンブルク・ルールズ］。

(5) ロッテルダム・ルールズの適用範囲に関するより詳細な議論については、MICHAEL F. STURLEY, TOMOTAKA FUJITA & GERTJAN VAN DER ZIEL, THE ROTTERDAM RULES: THE UN CONVENTION ON CONTRACTS FOR THE INTERNATIONAL CARRIAGE OF GOODS WHOLLY OR PARTLY BY SEA, SWEET & MAXWELL, 2010 の第2章を参照。本稿の叙述は、この章を大幅に引き継ぐものである。なお、Michael F. Sturley, *Solving the Scope-of-Application Puzzle: Contracts, Trades, and Documents in the UNCITRAL Transport Law Project*, 11 J. Int'l Mar. L. vol. 11, p.22（2005）なども参照。

渉過程において、唯一かつ最も論争を引き起こした問題は、ヘーグ・ヴィスビー・ルールズが（伝統的な、締約国からのアウトバウンド輸送に加えて）締約国へのインバウンド輸送を規律すべきかどうかという点である。そして1970年代には、ハンブルク・ルールズのための交渉に参加した代表たちが、伝統的な船荷証券への限定をやめてすべての運送契約（傭船契約を除く）を規律すべく、制度の拡張に取り組むこととなった。

ロッテルダム・ルールズの適用範囲に関する章も、UNCITRALにおける交渉過程では大いに議論されたけれども、それはこの章の内容について重大な反対があったためではない。それどころか、どの取引を適用対象とし、どれを除外すべきかについては、すぐにコンセンサスが形成された。その代わりに異論が出たのは、すでに確定した目的を達成するための最良の手段は何かという点であった。これについては、3つのアプローチが提案され、各アプローチともに支持者がいた。最終的に、適用範囲に関する章では、提案された3つのアプローチのすべてが組み合わせられることとなる。これは、各アプローチの支持者の理解を得るために考えられた妥協案ではない。むしろ、各アプローチにはそれぞれ利点と欠点があった。3つすべてを組み合わせることで、1つのアプローチの良い部分によってその他のアプローチの弱点を相殺できる。その結果、最終的な草案は、本条約の適用対象となる取引をより明確に特定することができたのである。

1 ヘーグおよびヘーグ・ヴィスビー・ルールズにおける証券アプローチ

ヘーグ・ルールズの背景には、規制が必要なのは定期船船荷証券であって、不定期船輸送で利用される傭船契約ではないとの発想があった。そこで、ヘーグ・ルールズの適用範囲は、様々な類型の取引を区別するために、発行される証券の種類という点から画定されていた[6]。中心的な概念である「運送契約」とは、「船荷証券その他これに類似する権原証券によってカバーされる運送契約[7]」のみを意味した。傭船契約については、ある妥協策が合意された。まず、傭船契約が当該取引を規律している限り（実

---

(6) 言い換えると、証券アプローチは取引アプローチの代替物として用いられた。後掲注(20)に対応する本文を参照。
(7) ヘーグ・ルールズ1条(b)。

際には、争いが傭船契約上の当初の契約当事者間にとどまっている限り、ということを意味する)、ヘーグ・ルールズは適用されない。船舶所有者が定型的に優越した交渉力を有しているわけではない以上、傭船者を自動的に保護する必要性は見いだされないし、専門知識のある当事者であれば、市場でも自身を防衛することができるためである。一方で、傭船契約に基づいて船荷証券が発行され、第三者である所持人に譲渡された結果、発行者と所持人との間に新たな契約が成立する場合には、ヘーグ・ルールズが適用される[8]。傭船契約をヘーグ・ルールズの適用範囲から除外することの理論的な前提は、傭船契約上の船荷証券には妥当しない。この場合には、当初の傭船契約についての交渉に参加していなかった所持人を保護することが、やはり必要であると判断されたためである。

ヘーグ・ヴィスビー・ルールズは、ヘーグ・ルールズの証券アプローチを維持するだけでなく、締約国からの発送のみを対象とすることも継続している[9]。さらにヴィスビー議定書は、傭船契約の適用除外や傭船契約上の船荷証券の取扱いについても変更しなかった。

2　ハンブルク・ルールズにおける契約アプローチ

ハンブルク・ルールズが採用したのは、適用範囲に関する全く新しいアプローチであった。ハンブルク・ルールズのための交渉に参加した代表たちは、ヘーグおよびヘーグ・ヴィスビー・ルールズの証券アプローチは、伝統的な定期船船荷証券による運送と機能的には共通する取引の多くを適用対象外としてしまっている点で、狭すぎると判断した。運送人が、1条(b)の「船荷証券その他これに類似する権原証券」(いくつかの法域では、譲渡性のない証券もすべてこれに含まれるだろう)と性質決定されない証券を発行した場合や、運送人が証券を一切発行しなかった場合には、ヘーグおよびヘーグ・ヴィスビー・ルールズは適用されないということになってしまう。

---

[8] ヘーグ・ルールズ1条(b)、5条。
[9] ヘーグ・ヴィスビー・ルールズは、ヘーグ・ルールズよりも若干適用範囲を広げている。10条(c)によって、ヘーグ・ヴィスビー・ルールズは、至上約款によって(直接または間接に)その適用が求められる場合にも適用される。後掲注(44)と、これに対応する本文を参照。

このような問題に対処するため、ハンブルク・ルールズは、「契約アプローチ」と称すべきものを海事について導入した[10]。これによれば、条約の適用は、当事者が特定の類型の契約を（この契約を証明するために特定の証券が発行されたかどうかにかかわらず）締結したかどうかによって定まる。ハンブルグ・ルールズの規定は、明文上、締約国と十分な関連性を持つ「すべての海上運送契約に適用され[11]」、さらに「海上運送契約」は、「運送人が、運賃と引換えに、ある港から他の港まで海上で物品を運送することを引き受ける契約[12]」と定義されている。ハンブルク・ルールズでは、荷送人に船荷証券の発行を請求する権利が与えられ[13]、「船荷証券その他の証券が海上運送契約を証明［しうる］[14]」可能性が認められているにもかかわらず、船荷証券の発行はこのルールが適用されるための要件ではない。実際、ハンブルク・ルールズは、証券が全く発行されない場合も想定している[15]。

契約アプローチに依拠しているとは言っても、ハンブルク・ルールズは証券アプローチを完全に捨て去ったわけではない。ハンブルク・ルールズは、傭船契約の適用除外[16]という、ヘーグおよびヘーグ・ヴィスビー・ルールズ[17]を通じて採用されてきた枠組みを維持しており、多くの者が、この適用除外は、特定の種類の証券——傭船契約書——が運送契約を証明するために発行された場合を想定したものと理解するだろう[18]。さらにハンブルク・ルールズは、通常は証券アプローチに位置づけられる、傭船契約上の船荷証券についての伝統的な取扱いも継続している。すなわち、

---

(10) 他の運送手段による運送を規律する条約はすでに契約アプローチを採用していた。1956年国際道路物品運送条約（Convention on the Contract for the International Carriage of Goods by Road (CMR), May 19, 1956, 399 U.N.T.S. 189）1条1項など参照。
(11) ハンブルク・ルールズ2条1項。
(12) ハンブルク・ルールズ1条6項。
(13) ハンブルク・ルールズ14条1項。
(14) ハンブルク・ルールズ2条1項(d)、(e)。
(15) ハンブルク・ルールズ6条2項(a)など参照。
(16) ハンブルク・ルールズ2条3項。
(17) ヘーグ・ルールズ1条(b)、5条、ヘーグ・ヴィスビー・ルールズ1条(b)、5条。
(18) これに対してある者は、傭船契約書を、ある種の契約を証明する書類というよりむしろ、ある種の契約そのものとして捉えている。

「船荷証券が傭船契約にしたがって発行される場合であって、それが運送人と傭船者ではない船荷証券所持人との間の関係を規律するとき、条約の規定はそのような船荷証券に適用される[19]」。換言すれば、ハンブルク・ルールズは、適用範囲についての一般的な通則を確立するために契約アプローチを採用し、その通則からの除外を認めるために、異論はあるけれども、証券アプローチに依拠し、また、この除外の例外を認めるために、さらに証券アプローチを採用するものと言える。

3 「取引アプローチ」の導入

ロッテルダム・ルールズの交渉過程においては、「取引アプローチ」と呼ばれるべきものを導入するための新たな提案が行われた。これは、運送人が関与する取引の種類によって条約適用の有無を定めるというものである。提案では、定期船による運送は一般的に見て強行法の適用を正当化するような状況のもとで行われているという理解に基づいて、この運送が条約の適用対象とされた。定期船についての契約は、(船荷証券や海上運送状のような) 定型的な契約書式が契約規範となるために個別に交渉されない傾向があり、さらに定期船取引においては、荷送人と運送人の間に同等の交渉力がある場合が稀であることも広く認知されている。これに対して、この取引アプローチによれば、不定期船による運送、すなわち、均衡した交渉力に基づき個別に交渉された傭船契約によって規範が形成される場合については条約の適用範囲から除外されることとなった。

取引アプローチは新しいものに思えるかもしれないが、その理論的な正当化作業は少なくとも1920年代にまで遡る。ヘーグ・ルールズにおける船荷証券と傭船契約の区別は、何よりもまず、定期船による発送と不定期船による発送を区別することを目指すものであった[20]。したがって、取引アプローチの意義は、ヘーグ・ルールズの証券アプローチが間接的に実現しようとしたものを直接的に達成している点にある。

---

(19) ハンブルク・ルールズ2条3項。
(20) 前掲注(6)-(7)と、これらに対応する本文を参照。

4　証券、契約および取引アプローチの長所と短所

　証券、契約および取引アプローチは、海上運送条約の適用範囲を画定するという面では、それぞれに一定の利点と欠点がある。いずれのアプローチを採用しても、少なくとも事前に特定できるほど（特殊な事案について一定の変更はあるにしても）一般に見解の一致がある取引については、条約の適用対象に含めることができる。また、3つのアプローチの各々は、いくつかの点では他の2つのアプローチよりも優れている。しかし同様に、いくつかの点では、目標としたすべての結果を達成するためには不十分なものでもある。

(1)　証券アプローチ

　80年以上もの間効力を持ち続けてきた証券アプローチには、実務にとって馴染みが深いという大きな利点がある。しかしながら、ヘーグおよびヘーグ・ヴィスビー・ルールズにおける証券アプローチは、現代的な要請を考慮するとあまりにも狭い。今日の実務では、伝統的な船荷証券の他にもたくさんの書類が使用されているが、これらの多くは、（少なくともいくつかの法体系では）「これに類似する権原証券」とは性質決定されないものである。さらに、本条約には電子取引の利用を円滑に進めるための手当をすることが求められたが、このような取引ではおよそ紙の証券は用いられない可能性がある。

　この2つの問題は、適用対象となる証券（またはこれと機能的に同じもの）のリストを更新することによって解決できたかもしれない。すぐに思いつくのは、海上運送状、データ交換による受取証、電子的記録についても明示的に規定することである。しかしながら、このような解決は、即座に実効性を失うことになってしまっていただろう。実務では、間違いなく新たな形式の書類が開発されるであろうし、そのスピードは国際的な法曹界がそれを適用対象とする新たな条約（または改正議定書でさえ）を作るのよりも早いはずである。あるいは、適用対象となる証券の範囲を拡張するリストの最後に、ヘーグおよびヘーグ・ヴィスビー・ルールズが船荷証券だけではなく、「類似する」権原証券を適用対象としているのと同じように、抽象的な文言を付加することもできた。そうなると、本条約は、「船荷証券、海上運送状、データ交換による受取証、およびこれに類似する運送

証券」(電子的な同等物も含む)を適用対象とする可能性もあった。たしかに、このような漠然とした文言によって、変化の激しい実務に対応するように条約を更新することを裁判所に委ねることができたかもしれないが、少なくとも適用範囲に関しては幾分かの曖昧さが残ることになっていただろう。明確な結論は、訴訟という、費用がかかり、さらに異なる法域において異なる判決の出る可能性がある手段を通じてしか得られないというような事態になっていたかもしれない。

　もっと根本的には、証券アプローチでは(対象となる証券をいかに広く定義しようとも)、特定の船積みについて証券を発行する予定が全くない場合に対処することはできない。証券のない取引が徐々に一般的なものとなり(たとえば、ヨーロッパの近海輸送)、これも本条約の適用範囲に含まれることに鑑みれば、証券アプローチだけでは、本条約の適用範囲を十分に画定することはできなかっただろう。

(2)　**契約アプローチ**

　契約アプローチは、証券アプローチのように長い歴史を持つものではないが、それでも実務にとっては馴染みのあるものである。1993年以降、一定の国においてハンブルク・ルールズが施行されているため、このアプローチについて探求し、その問題点を特定する十分な機会があった。さらにこのアプローチは、証券アプローチの重大な問題点を解決している。ヘーグおよびヘーグ・ヴィスビー・ルールズのもとで生じていた、適用範囲に関する深刻な空白は、契約アプローチによってすべて補充されるだろう。証券が発行されないとしても、運送契約は締結されるためである。

　契約アプローチの大きな問題点は、過度に包括的になる可能性を秘めていることである。すなわち、適用除外となる取引と機能的には同一であるが、適用除外を定める文言には該当しない取引を、図らずも適用範囲に含めてしまうかもしれない。たとえばUNCITRALでは、傭船契約を適用除外とすることについてはすぐに意見が一致し、また、「COA、数量契約その他これに類似する合意」を同様に適用除外とするという提案も検討の対象となった[21]。ところが、重量物輸送契約については、その中では明示的に言及されなかった[22]。これは傭船契約ではないが、「類似する合意」に該当しただろうか？　この契約を適用除外とするための論拠があったと

すれば、それは、傭船契約、COAおよび数量契約を適用除外とするための論拠と相違ないものとなっていただろう。それにもかかわらず、重量物輸送契約が明示的に適用除外とされていない限りは、（広範な運送契約概念を適用して）これを条約の適用範囲に含める裁判所が出てきたかもしれない。この目下の問題は、重量物輸送契約自体を適用除外のリストに追加することで解決できただろうが、深刻に懸念されたのは、将来、専門的かつ個別交渉による不定期船契約――UNCITRALが定義付けに際して考慮することができなかった新たな契約書式――が考えだされた場合に、裁判所が、（とりわけ、いかなる種類の類似性が重要となるのかを確定できなかったとき）これを列挙された合意と十分に「類似」するものと理解せず、あるいは、その「類似」性を適切な形で判断しないために、この契約が条約の適用対象に含まれてしまうかもしれないということであった[23]。

(3) 取引アプローチ

取引アプローチには、論理の面で大きな魅力がある。船荷証券と傭船契約という伝統的な区分が第一義的に目的としていたのは、定期船取引と不定期船取引とを区別することであった[24]。つまり、取引アプローチが構想されたのは、ヘーグ・ルールズの証券アプローチが間接的に達成しようとしたことを直接的に実現するためである。もっと実用的なレベルでは、取引アプローチは、契約アプローチに対する主要な批判に対処している。

---

(21) Transport Law: Draft instrument on the carriage of goods［wholly or partly］［by sea］, art. 2(3), U.N. doc. no. A/CN.9/WG.III/WP.32 (4 September 2003)；Transport Law: Preliminary draft instrument on the carriage of goods by sea, art. 3.3.1, U.N. doc. no. A/CN.9/WG.III/WP.21 (8 January 2002)［以下では、Preliminary Draft Instrument WP.21］。

(22) 重量物輸送契約については、今回の作業が始まって数年後に初めて言及された。Report of Working Group III (Transport Law) on the work of its fourteenth session, para. 85 (Vienna, 29 November-10 December 2004), U.N. doc. no. A/CN.9/572 (2004) 参照。当然のことながら、「重量物輸送契約が草案の適用対象から除外されるべきことについては、……大筋で一致していた」(*id.*, para. 89)。それでもやはり、重量物輸送契約は、より一般的な問題の1つの現れに過ぎない。同様の考察は、UNCITRALにおいては明確に議論されず（たとえば、供給契約）、あるいは、作業のかなり後半になるまで明示的に議論されなかった（たとえば、曳航契約）種類の契約についても可能であろう。

(23) ロッテルダム・ルールズでは、6条2項がこの問題を扱っている。後掲注(64)と、これに対応する本文を参照。

(24) 前掲注(6)-(7)と、これらに対応する本文を参照。

実務が次に生み出す、重量物輸送契約のような専門的かつ個別交渉による契約を、事前に予測することは不可能かもしれない[25]。しかし、この種の契約は、まさにその性質ゆえに定期船取引では利用されないだろうということは、少なくとも予期できる。条約の適用範囲を定期船取引に限定することによって、意図された射程を超えて条約が適用されるという重大なリスクが回避されることになる。

　それにもかかわらず、取引アプローチは多くの批判にさらされている。まず、これが新しいアプローチであるため、証券アプローチのような長い伝統も、契約アプローチのような短い経験さえ有していないという点が指摘される。歴史がないため、裁判所がそれをどのように解釈するかを予測することは難しい。そのために、このアプローチでは、条約が達成しようとしている統一性と予測可能性を損なってしまうかもしれない。さらに、定期船輸送とトランプ船輸送を区別すること、あるいは定期船輸送とそれ以外の輸送を区別すること自体にも問題がある。ほとんどの事案において、その取引がどのカテゴリーに属するかについて疑いを挟む余地はないだろうが、その境界線はなお曖昧なまま残されている。

　いずれにしても、取引アプローチだけでは、どの取引を条約の適用対象とすべきかについての実質的なコンセンサスを完全に実現するように条約の適用範囲を画定することはできないだろう。このことを最も顕著に表すのが、実務によって長い間、少なくともヘーグ・ルールズの採用以降、傭船契約のもとで発行された船荷証券が第三者に譲渡される場合を含む一定の不定期船取引が、強行法の適用対象とされてきたという事実である[26]。反対に、少なくともスロット・チャーターや定期傭船のような一定の定期船取引は条約の適用対象に含められるべきではないということについても、基本的なコンセンサスがあった。

　さらに、定期船取引とトランプ船取引という区分によって、すべての取引が網羅的に捕捉されるわけではない。一定の船主は、実質的には定期船

---

(25) 前掲注(21)-(23)と、これらに対応する本文を参照。
(26) ヘーグ・ルールズ1条(b)、5条、ヘーグ・ヴィスビー・ルールズ1条(b)、5条、ハンブルク・ルールズ2条3項。

の運送人として、ただし定期船取引の要件は完全には充足しないまま、2つの取引の中間の領域で活動している[27]。たとえば、定期船取引と性質決定されるためには、規則的に予定された運航、すなわち、時刻表か、少なくとも事前に予告された出帆日のいずれかに従って行われるサービスの提供が要件になると一般に理解されている[28]。しかしながら、運送人の中には、規則的に予定されたサービスではなく「オンデマンドで」運航し、それ以外は定期船輸送と理解されるような取引を提供する者もある。これは、荷主側に大きな需要がある場合には運航頻度を多くし、荷主側の需要が小さい場合は、運航頻度を少なくするというものである。このような運送人は、伝統的な船荷証券を発行しているため（したがって、ヘーグまたはヘーグ・ヴィスビー・ルールズの適用対象となる）、厳密な意味での定期船運送の場合と同じくらい強く、この取引に強行法を適用すべきことが要請される[29]。

5 ロッテルダム・ルールズにおける証券、契約および取引アプローチの結合

　条約の適用範囲の画定に関するこれら3つの理論アプローチは、UNCITRALにおける各国代表間での実質的な意見の対立を反映したものではない。3つのアプローチの各々が、同種の取引を条約の適用範囲に含めようとしており、また、これらの取引がそのようにあるべきことについては基本的な意見の一致があった。問題は、むしろ実際的なものである。すなわち、これらのアプローチの内のどれによれば、包含すべき取引を明確かつ予見可能な形で適用対象に含め、かつ、同じくらい重要な、適用除外とすべき取引を同様に条約の適用から除外するという目標を、最も望ましい形で実現できるのかという点である。どの法体系のもとでも、いかな

---

[27] コモン・ローにおける、「コモン・キャリッジ」と「プライベート・キャリッジ」という区別の方が、取引アプローチが描こうとする境界線をもっとはっきりと示すかもしれない。しかし、こういった法概念は、すべての法体系において広く理解されているものではないだろう。
[28] 後掲注(71)-(72)と、これらに対応する本文を（「定期船」と「不定期船」の定義について論じている）参照。
[29] ロッテルダム・ルールズでは、6条2項がこの問題を扱っている。後掲注(65)-(67)と、これらに対応する本文を参照。

る場合に条約が適用されるのかを各国の裁判所が明確に判断できるだけでなく、取引当事者が、いかなる場合に自らの行為を強行法に適合させなければならないかを判別（および、いかなる場合に自らの選択した条項のもとで契約する自由が与えられるのかを認識）できることも必要となる。

　各アプローチともに利点と欠点を有しているという事実は、条約に関して単一のアプローチを採用するのは不可能であるということを示していた。どんなアプローチでも、それだけでは何らかの点で妥当性を欠くものとなっていただろう。そのため、ロッテルダム・ルールズは、これらすべてのアプローチを組み合わせ、どれか1つの欠点を補充するために別のアプローチの長所を利用している。言うまでもなく、適用範囲を画定するためにいくつかのアプローチを組み合わせるということは、過去に例がないものではない。すでにハンブルク・ルールズが、一般的な通則を確立するための契約アプローチと、多数説に従うならば、この通則からの除外を認めるための、少なくともこの除外の例外を作り出すための証券アプローチとを組み合わせていた[30]。

　ロッテルダム・ルールズにおいて採用された解決は、決して政治的妥協策ではない。それどころか、これらの3つの選択肢は、妥協にはつきものである対立する価値や基本的な立場を反映したものではない。むしろ、これらはすべて、すでに定められた1つの目的地への幾分か異なる道順を示すものであった。結果として、これら3つのアプローチを組み合わせるということが、難解な問題に対するエレガントな解となった。この複合的解決策は、契約アプローチの問題点、すなわち、適用範囲が過度に広がり、また、どの取引を適用除外とすべきかを確定できないという点に、適用除外を定めるための証券および取引アプローチを用いることによって対応している。証券アプローチの問題点、すなわち、適用対象とされるべき取引のすべてを包含することができないという点には、対象となる取引のすべてではないがいくつかにおいて特に用いられる書類を列挙することによって対応する。空白領域に属する取引をどちらかに分類するという課題には、まずはこのような領域に属さない取引を除外するために取引アプロー

---

[30] 前掲注(16)-(19)と、これらに対応する本文を参照。

チを用い、空白領域に属する限られた取引については、大部分を証券アプローチに委ねることによって対処する。そして、証券アプローチおよび取引アプローチにおける概念定義の問題には、契約アプローチを本条約の適用範囲に関する出発点とすることによって対処している。

6 適用範囲に関する通則：契約アプローチに基づく包括的な適用範囲

　ロッテルダム・ルールズ5条は、一般的な適用範囲について規定しており、まずは条約が適用される取引を確定する。しかしながら、5条は過度に包括的なものであって、条約によって規律されるべきではない取引もその一般的な文言の中に含められている。そこで、そのような取引を除外するために、6条および7条が一般原則を調整する[31]。この調整の詳細について触れる前に、まずは5条の一般原則を確認する必要があろう。

(1) 契約アプローチ

　5条の適用範囲に関する一般原則は、契約アプローチから始まる。すなわち、「本条約は運送契約に適用される[32]」。次に、「運送契約」とは、1条1項において、「運送人が、運賃の支払と引き換えに、ある場所から他の場所まで物品を運送することを引き受ける契約[33]」と定義される。この定義は、さらに明確化のための一文に続く。すなわち、「当該契約は、海上運送を規定していなければならないが、海上運送に加え他の運送手段による運送を規定していてもよい[34]」。

　この「運送契約」の定義は、いくつかの重大な要素を含んでいる。最も重要なのは、この定義が、運送人による「物品を運送することの引受け」、すなわち、実際の履行ではなく履行の約束に重点を置いているということである[35]。契約を中心に置くということは、1条5項が、「運送人」を「荷送人と運送契約を締結する者[36]」(すなわち、物品を運送することを約束した者)と定義し、実際に物品を運送した者としていない点、および、1条8

---

(31) したがって、5条は、「6条に従う」ことを認める文言で始まっている。
(32) 5条1項。本条約の正式名称——全部または一部が海上運送による国際物品運送契約に関する条約——も、契約アプローチを強調する。
(33) 1条1項。
(34) 1条1項。

項が、「荷送人」を「運送人と運送契約を締結する者[37]」(すなわち、運送人が義務を負う相手方) と定義し、船積みのために運送人に物品を引き渡した者としていない点からも明らかである。

この「運送契約」の定義からさらに、条約が適用されるために満たされるべき2つの要件が導かれる。このうち比較的重要でない要件は、荷送人が、運送人の役務に対して対価を支払うことに同意していなければならないという点である。運送人が「運賃の支払と引き換え」にすることなく物品の運送に同意する場合には、条約は適用されない。もちろん、運送人はほとんどすべての場合において運賃の支払いを請求するだろうから、このようなことは実際にはあまり問題とならないが、仮に商業的でない無償の取引があるとすれば、これは条約の適用範囲外に位置づけられる。

もっと重要な1条1項の要件は、取引における海事的要素の必要性である。条約を適用するためには、契約が「海上運送を規定」していなければならない。ただ、この契約が海上運送に限られる必要はない。「海上運送に加え他の運送手段による運送を規定していてもよい」。この許容を表す「してもよい (may)」は、運送手段を追加するかどうかは当事者に委ねられていることを示している。つまり、海上運送 (すなわち、港から港への契約) はそれだけで問題なく条約の適用対象となる。その結果、条約の正式名称にもある通り、ロッテルダム・ルールズは、「全部または一部が海上運送による……物品運送契約」(傍点追加) を適用対象とする。したがって、この条約は完全な複合運送条約 (種類を問わず2つの異なる運送手段を対象とする場合がこれに該当するだろう) ではなく、むしろ「海上プラス [その他の運送]」条約なのである。

(2) 国際性の要件

運送契約が1条1項の定義に該当するとしても、条約が適用されるまでには、5条1項における3つの地理的要件がさらに満たされなければな

---

(35) 契約に着目することは、本条約の適用範囲を確立するという本稿の文脈において意義を有するものである。その一方で、実際の履行よりも契約を強調するということは、本条約の大部分において重要な意味を持つ。
(36) 1条5項。
(37) 1条8項。

らない。最初の2つの要件は、運送が十分な国際性を備えていることを確保するものである。運送に関するすべての国際条約がそうであったように[38]、ロッテルダム・ルールズでも純粋に国内的な取引を規律することは企図されていない[39]。交渉の開始段階から確認されていたのは、新たな体制をもたらす前提として、その対象は国際的な運送である必要があるということであった。完全に一種類の運送手段のみを対象とする場合には、これは極めて分かりやすい要件である。たとえば、ハンブルク・ルールズは、港から港への海上運送のみを規律し、「異なる二国間での海上運送契約[40]」に、(その他の一定の要件も同時に満たされた場合に) 適用される。これに対してロッテルダム・ルールズは、港から港への海上運送だけでなく、戸口から戸口へ、港から戸口へ、または戸口から港への複合運送も規律対象とする可能性がある。国際性の要件は、これに応じてより複雑なものとなる。

　長い議論の末にUNCITRALが下したのは、全体としての運送とその海上の部分の両方が国際的でなければならないという結論であった[41]。国際性についての第1の要件に基づき、本条約は、契約上の受取地と引渡地がそれぞれ異なる国にある場合に初めて適用される。つまり、全体としての運送が国際的でなければならない。これは、運送に関する先行の条約（単一運送手段という観点からではあるが、同じように全体としての運送を対象としている）と一致し、かつ本条約における契約重視の姿勢（必然的に、契約は全運送区間を特定することになるため）とも一致する。

　国際性についての第2の要件に基づき、本条約は、契約上の船積港およ

---

(38) たとえば、ヘーグ・ヴィスビー・ルールズ10条、ハンブルク・ルールズ2条1項参照。

(39) 当然のことながら、締約国は、国内法の問題として、純粋に国内的な取引にまでロッテルダム・ルールズの適用を拡張することはできるだろう。

(40) ハンブルク・ルールズ2条1項。ヘーグ・ヴィスビー・ルールズも同様に、「異なる二国にある港の間での物品運送に関連するすべての船荷証券に」、その他の一定の要件も同時に満たされた場合に「適用される」(ヘーグ・ヴィスビー・ルールズ10条)。

(41) 海上運送の前後に行われる陸上運送部分が国際的でなければならないとする要件や要請は存在しない。たとえば、ミラノから、ジェノヴァとニューヨークを経由してシカゴに至る運送は、国際性の要件を満たしているだろう。全体としての運送（ミラノからシカゴ）は国際的であり、かつ海事運送（ジェノヴァからニューヨーク）も国際的である。ミラノ・ジェノヴァ間の国内運送にも、ニューヨーク・シカゴ間の国内運送にも、国際性の要件は適用されない。

び荷揚港がそれぞれ異なる国にある場合にのみ適用される。つまり、海上運送が国際的でなければならない。これも、運送に関する先行の条約と、これらの条約が、規律対象とする1つの運送モードの国際性に着目している点で意味は異なるけれども、一致する。また、「海上プラス［その他の運送］」という本条約の特質にも適合する。海上区間は、本条約が規律する戸口から戸口までの運送過程の単なる一区間ではなく、条約適用の要件となる運送区間である。海上区間がなければ、本条約が1つの複合運送のその他の区間を規律することもないだろう。

(3) 締約国との関連性

5条1項における第3の地理的な要件は、ロッテルダム・ルールズ適用の前提として、当該取引が締約国と十分な関連性を有していることを確保するものである。何年にもわたって、運送法に関する様々な条約が様々なレベルでの関連性を求めてきた。ワルソー条約は、出発地と到達地の両方が締約国であることを要求する[42]。海事条約には、ここまで制限的なものはない。ヘーグ・ルールズは、船積国が条約の締約国である場合に（到達国の加盟状況は問わずに）適用される[43]。言い換えると、ヘーグ・ルールズはアウトバウンド運送（締約国からの運送）のみを適用対象とする。ヘーグ・ヴィスビー・ルールズは、至上約款によって条約の適用が（直接または間接に）望まれる場合を追加することによって、若干ではあるが適用範囲を拡張している[44]。ハンブルク・ルールズは、船積国または到達［荷揚］国のいずれかが締約国である場合に適用される[45]。つまり、ハンブルク・ルールズは、インバウンド運送とアウトバウンド運送（締約国から、または締約国への運送）の両者を適用対象とする。

ロッテルダム・ルールズは、「関連性の要件」をより簡単に充足できるよ

---

(42) ワルソー条約1条2項。

(43) ヘーグ・ルールズ10条参照。厳密には、ヘーグ・ルールズは、「締約国のいずれかで発行されたすべての船荷証券に適用される」（同条）。実際の問題として、船荷証券は通常は運送品が船積みされる国において発行されると想定されていた。

(44) ヘーグ・ヴィスビー・ルールズ10条(c)（運送契約が、「これらのルールまたはこれに効力を与える国内法が当該契約に適用されることを規定する」取引に適用範囲を拡張している）。10条(c)は、*Vita Food Products, Inc. v. Unus Shipping Co.*, [1939] AC 277［ヴィタ・フード事件］において、イギリス枢密院が生み出した法的な空白を埋めている。

うにすることによって、適用範囲を拡張するというこれまでの傾向を維持している。ハンブルク・ルールズ同様、ロッテルダム・ルールズはインバウンド運送とアウトバウンド運送の両方に適用される。もっとも、複合運送の場合適用範囲は拡張する可能性がある。「発送国」については、受取地[46]（海上運送前の最初の国内運送区間の開始地点）または船積港[47]（海上運送の開始地点）のいずれかを、「到着国」については、引渡地[48]（海上運送後の最後の国内運送区間の終了地点）または荷揚港[49]（海上運送の終了地点）のいずれかを基準とすることができるためである。ロッテルダム・ルールズは、それらの4つの場所のいずれかが締約国にある場合に適用される[50]。

　次の2点において、ロッテルダム・ルールズの適用範囲は先行する海事条約よりも狭くなる。これは、UNCITRALにおいて、それまでは認められてきた2つの連結要素が削除されたためである。ヘーグ・ヴィスビー[51]およびハンブルク[52]・ルールズは、運送証券が締約国において発行された場合に適用される。しかしUNCITRALは、証券が発行される物理的な場所は、電子商取引の時代においてはあまり重要ではなく、いずれにしてもその背後にある取引と十分な関連性を有するものではないと判断した。

　さらに、ヘーグ・ヴィスビー[53]およびハンブルク[54]・ルールズは、運送契約が「これらのルールまたはこれに効力を与える国内法が当該契約に適用されることを規定する」場合にも適用される。この規定は、もともと

---

(45) ハンブルク・ルールズ2条1項。ヘーグおよびヘーグ・ヴィスビー・ルールズの国内法化に際して、同様にインバウンドとアウトバウンド運送の両方を適用対象とした国もある。たとえば、アメリカ海上物品運送法13条（「本法は、国際取引に際して、アメリカ合衆国の港に向けて、またはそこから出発する、すべての海上物品運送契約に適用される」）（傍点追加）。
(46) 5条1項(a)。
(47) 5条1項(b)。
(48) 5条1項(c)。
(49) 5条1項(d)。
(50) 港から港への運送については、受取地と船積港は同じ場所となる。同様に、引渡地と荷揚地も同じ場所である。したがって、港から港への運送では、ハンブルク・ルールズとロッテルダム・ルールズは同じ地理的要件となるだろう。
(51) ヘーグ・ヴィスビー・ルールズ10条(a)。
(52) ハンブルク・ルールズ2条1項(d)。
(53) ヘーグ・ヴィスビー・ルールズ10条(c)。前掲注(44)、およびこれに対応する本文も参照。
(54) ハンブルク・ルールズ2条1項(e)。

は、ヘーグ・ルールズの適用を縮小する過度に制限的な判決を克服するためにヴィスビー議定書[55]によって導入され、その後、とくに異論もなくハンブルク・ルールズに引き継がれたものである。しかし、UNCITRALは、実質的に同様の原則をロッテルダム・ルールズに導入するという草案規定[56]を採用しなかった。UNCITRALの判断は、法的効力を伴う本条約の適用を、取引当事者の合意によって定めることができるというのは、とりわけ本条約が管轄および仲裁に関する章を有している以上、不適切であるということであった。このような状況は、多くの法域における法選択準則と合致しないであろうし、いずれにしても、法定地国の手続法を遵守しない余地を当事者に認めることになるだろう[57]。

7 適用範囲を限定するための証券および取引アプローチ：通則からの除外と除外の例外

5条およびその契約アプローチに基づき、外形上本条約によって規律されうるすべての取引が適用対象に含められた後は、6条に基づいて、強行法によって規律されるべきではない取引が除外されている。そして、6条2項(b)および7条が、6条の適用除外についても2つの例外を認めている。この2つの例外は、ヘーグ、ヘーグ・ヴィスビーおよびハンブルク・ルールズにおける伝統的な適用範囲を維持するために不可欠なものである。

適用範囲に含める取引と除外する取引との間の境界線を明確かつ正確に画定することは、とりわけ現代の実務において多種多様な契約類型が出現しているだけに、契約アプローチを採用する者にとっての積年の課題となってきた[58]。そのため6条は、伝統的な証券アプローチと新しい取引アプローチとを組み合わせ、必要不可欠な区分ができるようにしている。

---

(55) Hague-Visby *Travaux Préparatoires* 714-741 参照。

(56) Transport Law: Draft convention on the carriage of goods [wholly or partly] [by sea], art. 8 (1) (c), U.N. doc. no. A/CN.9/WG.III/WP.56（8 September 2005）など参照。

(57) Proposal by Japan on scope of application, U.N. doc. no. A/CN.9/WG.III/WP.65（27 January 2006）（［ヘーグ・ヴィスビー・ルールズ10条(c)に相当する提案の］問題性を説いている）を参照。

(58) 前掲注(21)-(23)と、これらに対応する本文を参照。

先に述べたように、ヘーグ[59]、ヘーグ・ヴィスビー[60]およびハンブルク[61]・ルールズはすべて、一般的な適用範囲から傭船契約を除外するために、異論の余地はあるけれども、証券アプローチを採用し、さらに傭船契約上の船荷証券を適用範囲に含めるために、ふたたび証券アプローチを利用する。6条および7条はこの経験に基づいたものである。

(1) **傭船契約の適用除外**

UNCITRALにおける交渉が始まった時、伝統的な傭船契約の適用除外を継続することには、すでに十分な了承が得られていた。実務界はこれを維持することに強く賛成しており、これを変更することについて説得的な根拠を提示する者はいなかった。それにもかかわらず、そのコンセンサスを実行に移すことは、1920年代のときよりも複雑なものとなった。中心概念である「傭船契約」の意味は、（商業慣行がまだそこまで複雑ではなかった）1920年代でさえ、（定義付けのための努力にもかかわらず）十分には確定されていなかった。新たな商業慣行の成長に伴い、今日における運送人と荷主は、船荷証券よりは伝統的な傭船契約に類似するものの、実際にはどちらのカテゴリーにも属さない多様な契約を締結している。「新たな」契約の両当事者が、対等な交渉力を備えた専門知識ある商人である限り、傭船契約の当事者と法律上同じように取り扱うことが合理的である[62]。しかし、新たな契約のどれが傭船契約と十分な共通性を有し、どれがそうではないのかを判断することは、とりわけ重要な基準についての合意がない場合には、必ずしも容易ではない。重量物輸送契約に関する問題[63]は、すべての可能性を予測することがいかに困難であるかを示している。

各アプローチの問題点を回避するため、最終的にUNCITRALは、取引および（異論の余地はあるが）証券アプローチを組み合わせることによって、傭船契約の適用除外を実行することとした。定期船取引は、通常はロッテルダム・ルールズの適用範囲に含まれるけれども、UNCITRALで

---

(59) ヘーグ・ルールズ1条(b)、5条。
(60) ヘーグ・ヴィスビー・ルールズ1条(b)、5条。
(61) ハンブルク・ルールズ2条3項。
(62) 「数量契約」についての取扱いは全く別の問題を生み出したが、これについては、本稿Ⅲで述べる。後掲注(112)-(166)参照。
(63) 前掲注(21)-(22)と、これらに対応する本文を参照。

は、傭船契約およびこれに相当する合意のもとで、ときには定期船が利用されることも認識されていた。そこで、6条1項(a)に従って定期船によるすべての「傭船契約」を適用対象から除外し、さらに6条1項(b)を利用して、定期船によるその他の契約であって、「船舶または船腹の一部を利用するため」のもの（たとえば、スロット・チャーターやスペース・チャーター）を除外している。

　実際には、6条1項(a)の対象となる「傭船契約」は、6条1項(b)のより広い定義によっても適用除外となるため、6条1項(a)は、多くの場合は必要ないだろう。しかしながら、このようにして傭船契約を適用除外とすることは、すべての傭船契約をカバーできないかもしれない適用除外規定を1つ置くよりも、思い切って不要な項を設ける方が賢明であると考えられたほどに定着したものである（さらに、強く支持されている）。同様に、6条1項(b)の定義を満たす書類は、いずれにせよ6条1項(a)の「傭船契約」であると考えられるから、6条1項(b)も、多くの場合は余計なものとなるだろう。ここでも、スロット・チャーターやスペース・チャーターによる取引について、これらが一定の法体系において文理的に「傭船契約」と性質決定されないとしても条約の適用対象から除外するという意思は、これを確実なものとするために、余分なものとなるかもしれない項を設けることが支持されるほどに強かった。

　6条1項は、伝統的にほとんどの傭船契約が利用してきた不定期船による運送は対象としていない。そのため、6条2項は、一般原則としてすべての不定期船を適用除外としているが、一部の例外を認めるために証券アプローチを採用している（包括的な適用除外では広すぎたためであろう）。ほぼすべての不定期船運送を適用除外とすることで、伝統的な傭船契約の適用除外によってカバーされてきた事例のほとんどは、取引アプローチによって簡単に解決される。加えて、傭船契約と類似し、同様に適用範囲から除外されるべきであるような契約に関する例の難しい問題も解決する[64]。たとえば、重量物輸送契約は、不定期船運送においてしか用いられない。したがって、6条2項によって、この契約が傭船契約に類似するかどうか

---

(64) 前掲注(21)-(23)と、これらに対応する本文を参照。

という非常に難解な問いに答えを出さなくても、これらの契約を適用除外とすることができる。

　一方で、すべての不定期船の事案を全体的に適用除外とするのは広すぎるだろう。UNCITRALでは、すべてのトランプ船運送を適用除外とすることに同意があったけれども、「トランプ船」運送というのは、「定期船運送でない（non-liner)」運送よりも若干狭い概念である。たとえば、「オンデマンドで」引き受ける運送人は、一般的に公衆に対して運送サービスを提供し、船荷証券を発行するという意味では、本質的には定期船輸送会社として活動しているものの、規則的な時刻表に基づいて活動しているわけではない[65]。このような会社は、傭船契約ではなく船荷証券を発行するため、この運送は、定型的にヘーグ、ヘーグ・ヴィスビーおよびハンブルク・ルールズの射程に含まれてきた。これを引き続き適用対象とするため、6条2項における不定期船の一般的な適用除外は、1つの例外によって修正されている。すなわち、傭船契約またはこれに類似する書類が使用されず[66]、その代わりに船荷証券や今日ではこれと同等のものが発行される場合については、依然として本条約が適用される[67]。

　ここで要約すると、ロッテルダム・ルールズでは伝統的な傭船契約の適用除外が拡張されており、その結果現在では、機能としては伝統的な傭船契約に類似する次の3つの種類の取引がロッテルダム・ルールズの適用対象から除外されている。すなわち、(1) 傭船契約による取引（定期船または不定期船を問わない）[68]、(2)「船舶または船腹の一部を利用するため」の契約による取引（定期船または不定期船を問わない）[69]、および、(3)「運送書類または……電子的運送記録が発行されて」いない不定期船運送取引[70]である。

---

(65) 前掲注(27)-(29)に対応する本文を参照。
(66) 6条2項(a)。
(67) 6条2項(b)。
(68) 6条1項(a)（定期船における傭船契約の適用除外）、6条2項(a)（不定期船における傭船契約の適用除外）。このカテゴリーは、ヘーグ、ヘーグ・ヴィスビーおよびハンブルク・ルールズにおける傭船契約の適用除外の継続を単に反映するものである。
(69) 6条1項(b)（定期船輸送）、6条2項(a)（不定期船輸送）。

(2) 定期船および不定期船取引の定義付け

　取引アプローチが機能するためには、「定期船」および「不定期船」取引という語によって意味されるものが十分に明確でなければならない。1条3項は、「定期船輸送」を次のように定義する。

　出版物またはそれに類似する方法により公衆に対して提供される輸送サービスであって、公開された出帆日程に従って特定の港の間を定期的なスケジュールで運航する船舶による輸送を含むものをいう[71]。

　「不定期船輸送」は独自には定義されておらず、これは単に「定期船輸送ではない輸送」を意味する[72]。
　「定期船輸送」と性質決定されるためには、当該輸送サービスは2つの要件を満たしていなければならない（将来的な商業の発展や規制の状況に対応できるような柔軟性を持たせるため、それぞれが一般的な文言で表現されている）。第1に、このサービスは、出版物またはそれに類似する方法によって公衆に対して提供されていなければならない。一定の法域においては、定期船サービスを提供する方法が立法によって定められている（たとえば、タリフの登録による等）。そうでなくても、定期船サービスを提供するための慣習的な方法は、ほとんどの法域において広く認知されている。第2に、このサービスは、公開された出帆日程に従って定期的に予定された運送を含んでいなければならない。定義によれば、輸送サービスがこのような要素を単に「含んでいる」ことだけが要求されているが、これは、定期船輸送サービスの中で、倉庫保管のような付随的なサービスを提供することもできるためである。

---

(70) 6条2項(b)。「運送書類または電子的運送記録が発行される」場合については、6条2項(b)が、ヘーグ、ヘーグ・ヴィスビーおよびハンブルク・ルールズにおける伝統的な適用領域を引き継ぐ。
(71) 1条3項。
(72) 1条4項。

(3) 適用除外となる取引における第三者の取扱い

　先に述べたように[73]、伝統的な傭船契約の適用除外は、当初の当事者にしか影響を与えない。運送人が船荷証券を発行し、これが第三者（当初の当事者以外の者）に移転する場合、ヘーグ、ヘーグ・ヴィスビーおよびハンブルク・ルールズはすべて、（それ以外の適用要件を満たした事案について）運送人と当該第三者との関係を規律する[74]。ロッテルダム・ルールズ7条は、6条の傭船契約の適用除外に対する第2の例外として、傭船契約上の船荷証券についての伝統的な取扱いを維持している。しかし、本条約は適用範囲を拡張しているため、これに対応した（傭船契約や船荷証券に限定されない）より広いアプローチが求められる。

　7条の例外は、傭船契約の文脈に限定されない。6条の適用除外もそのように限定されていないためである。6条が傭船契約に相当する（しかし、おそらくこれとは異なる）合意を適用除外とするのと同様に、7条は、適用除外となる合意がどのようなものであっても、それに従って荷送人の権利を行使することのできる第三者と運送人の関係に本条約を適用させている。

　同じように、本条約の適用が全体として船荷証券に限定されていないことに対応して、7条の例外は船荷証券の発行や移転にも左右されない[75]。実際、7条は（本条約上のその他の多くの規定がそうしているように）運送書類または電子的運送記録の存在を前提にすらしていない。その代わりに7条は、適用除外となる合意によってこのような地位を得ることのできる者――荷受人、運送品処分権者および所持人――を列挙している。同時にこれらの者は、その地位に基づいて当初の荷送人の権利を主張できる者であり[76]、したがって、伝統的な狭い見方における傭船契約上の船荷証券所

---

(73) 前掲注(8)および(19)と、これらに対応する本文を参照。
(74) ヘーグ・ルールズ1条(b)、ヘーグ・ヴィスビー・ルールズ1条(b)、ハンブルク・ルールズ2条3項を参照。
(75) ヘーグ・ルールズ1条(b)、ヘーグ・ヴィスビー・ルールズ1条(b)、ハンブルク・ルールズ2条3項と比較せよ。
(76) たとえば、荷受人とは、単に運送品の引渡しを受ける権利を有する者である。1条11項参照。「運送品処分権者」は1条13項において定義され、さらに51条でも言及される。「所持人」は、1条10項で定義されている。

持人に、機能的には対応する者である。ただし、ロッテルダム・ルールズは、荷送人自身が荷受人、運送品処分権者または所持人になることを許容しているため、7条では、この特殊な取扱いは当初の契約当事者間では適用されないという明確化のための一文が最後に加えられている。

8 当事者の国籍または船籍

50年前、最終的にヘーグ・ヴィスビー・ルールズとなった条約の準備作業中に提起された問題は、同一国民間での訴訟に、国際条約が当然に適用されうるのかどうかという点であった。そこで、曖昧な部分を完全に排除するため、適用範囲に関する条文の最後に、「船舶、運送人、荷送人、荷受人その他のあらゆる関係者」の国籍は問題とならないことを明確にする条項が追加された[77]。実質的に同じ文言がハンブルク・ルールズに引き継がれ[78]、現在では、(本条約の広範な適用範囲に合わせた) やや広い文言が5条2項で繰り返されている。この規定は、今日ではおそらく必要ないだろう。しかし、UNCITRALが危惧したのは、この文言を削除することが、船舶または当事者の国籍が実は本条約の適用範囲に関連しているというサインとして捉えられるのではないかということであった[79]。

III 契約自由[80]

「契約自由」という語は、長い間、いかなる範囲で国際的な条約のルー

---

(77) ヘーグ・ヴィスビー・ルールズ10条。
(78) ハンブルク・ルールズ2条2項参照。
(79) 5条1項は、ある規定——先行する海事条約では継続して規定してきた——の削除が、実は重大な意味を持つとの疑いを避けるために、ロッテルダム・ルールズでも維持される規定の1つである。
(80) ロッテルダム・ルールズにおける契約自由に関するさらに詳しい議論については、Sturley, Fujita & Van der Ziel, *supra* note 5, ch. 13; Michael F. Sturley, *The Mandatory Character of the Convention and Its Exceptions: Volume Contracts*, in Las Reglas de Rotterdam: Una Nueva Era en el Derecho Uniforme del Transporte: Actas Del Congreso Internacional [The Rotterdam Rules: A New Era in Uniform Transport Law: Proceedings of the International Congress] p.271, Rafael Illescas Ortiz & Manuel Alba Fernández eds, 2011 参照。本稿における議論の大部分は、これらの文献に基づくものである。

ルが強行法的なものとなるのか——すなわち、条約の適用対象となる取引の当事者は、いかなる範囲で条約のルールに従うことが求められ、そしていかなる範囲で、契約によってそれらのルールを改廃することが禁止されるのか——に関する議論の一般的な表題となっていた。「条約」であるからといって、必然的にすべてのルールが強行法的なものでなければならないわけではない。たとえば、国際的な売買契約の当事者は、契約上そのような文言がある場合にはウィーン条約の適用を完全に排除することができる[81]。しかしながら、20世紀の運送条約が打ち立てたのは、相当な範囲での強行法という伝統であった。ただし、ロッテルダム・ルールズはこの伝統を再度検証し、余分なものを取り去っている。

1　既存の海事条約の強行法的性質

　ロッテルダム・ルールズにおける契約自由を理解するためには、多少の経緯を振り返ってみることが必要となる。19世紀の初め、運送人は、しばしば（少し不正確ではあるが）「保険者」の責任と呼ばれてきた責任に服していた。すなわち、ごくわずかな免責リストの1つに該当することを証明できないかぎり、すべての貨物損害について責任を負っていたのである[82]。しかし、19世紀の半ばになって、ほとんどの貨物損害についての責任を免除することを目的とした一般的な免責条項を船荷証券に挿入することによって、この責任に対処し始めた[83]。そして、19世紀のイギリスの裁判所は、「契約自由」を尊重し、運送人自身の過失による場合にも運送人を免責するところまで、このような一般的な免責条項の有効性を認めようとした[84]。ヨーロッパおよび英連邦の国々は、概してこのイギリスの

---

(81) 国際物品売買契約に関する国際連合条約（United Nations Convention on Contracts for the International Sale of Goods, 1489 U.N.T.S. 3, 11 April 1980）6条（「当事者は、この条約の適用を排除することができるものとし、第12条の規定に従うことを条件として、この条約のいかなる規定も、その適用を制限し、又はその効力を変更することができる」）参照。

(82) 概説的には、Jan Ramberg, *Freedom of Contract in Maritime Law*, LLOYD'S MAR. & COM. L.Q., 1993, p.178, 178（1993）; Michael F. Sturley, *The History of COGSA and the Hague Rules*, J. MAR. L. & COM., vol. 22, p.1, 4-5（1991）［以下では、*History*］などを参照。

(83) 一般的には、Ramberg, *supra* note 82, at 179 などを参照。

(84) Sturley, *History, supra* note 82, at 5 & n.23 参照。

例に従った[85]。これに対して、アメリカおよびその他の国々では、契約自由は制限されていた。すなわち、運送人は、自身の過失から生じた結果、または、堪航性のある船舶を提供しなかった場合について責任を免れることはできなかった[86]。このような状況に対して、アメリカ議会は、1893年にハーター法[87]を施行させ、最終的にヘーグ・ルールズの基礎となるあの有名な妥協[88]を採用した[89]。その後20年間、多くの国がアメリカの例にならい、ハーター法を模範とした立法を取り入れていった[90]。

　1920年代初頭におけるヘーグ・ルールズのための交渉過程では、契約自由が最も主要な論点となった。当時の唯一にして最大の問題は、新たな体制が強行法的なものであるべきかどうか、仮にそうであるとすれば、いかなる範囲でそうあるべきなのかという点である。主要な論争は、荷主側の利益を代表する者、すなわち、貨物の滅失または損害について最低限の義務を運送人に課すような強行法を求める者と、運送人側の利益を代表する者、すなわち、無制限の契約自由を主張する者との間で起こった[91]。最終的にこの論争は、一定の取引（通常は[92]、船荷証券による取引）には強行法が適用される一方、その他の取引（なによりもまず、船舶所有者と傭船者との間の取引）に関しては十分な契約自由が享受できるという商業的妥

---

(85) *Id.* at 5 & nn.24-25 参照。
(86) *Id.* at 5-6 参照。
(87) ハーター法は、現在では合衆国法典46編30701-07条に編入されている。
(88) ハーター法上の妥協によれば、運送人は、運送品の運送と保管に関する過失について責任を負うが、堪航性のある船舶を提供することにつき注意を怠らなかったかぎり、船員の航海上の過失については免責される。一般的には、Sturley, *History, supra* note 82, at 12-14 などを参照。
(89) 一般的には、Ramberg, *supra* note 82, at 179; Sturley, *History, supra* note 82, at 18-21 などを参照。
(90) Sturley, *History, supra* note 82, at 15-18 参照（ニュージーランド、オーストラリア、カナダおよびモロッコの立法を取り上げている）。
(91) たとえば、新体制に向けた最初の会合において、メンバーたちは、当該計画の基本的限界を定めるため、4つの問題を検討することに着手した。その中の第1が、「海上物品運送に関する船舶所有者側の契約自由を、絶対的なものとするべきか、それとも立法によって制限すべきか？」という点であった。International Law Association, *Report of the 30th Conference,* vol. 2, p. xxxix（Hague Conference 1921）［以下では、*Hague Conference Report*］, *reprinted in* THE LEGISLATIVE HISTORY OF THE CARRIAGE OF GOODS BY SEA ACT AND THE *Travaux Préparatoires* OF THE HAGUE RULES, vol. 1, p. 94（Michael F. Sturley ed. 1990）［以下では、HAGUE RULES *Travaux Préparatoires*］。

協によって解決された。

　その後数十年間、定期船取引業界は契約自由の問題にさほど関心を示さなかった。1950年代および60年代にヴィスビー議定書が議論の対象となった時、ヘーグ・ルールズの改正に向けて2ダースもの提案が検討されたが[93]、契約自由の可能性を広げるような実質的な試みはなかった。どちらかといえば、ヴィスビー議定書は、適用範囲に関する処理を厳密にすることによって、契約自由の理論的な可能性を減少させた。

　ハンブルク・ルールズは、条約の強行法的な適用範囲を拡張しているために、(ヘーグおよびヘーグ・ヴィスビー・ルールズと比較すると) 契約自由をさらに制限している。もっと重要なのは、ハンブルク・ルールズが、単に船荷証券その他これに類似する権原証券によって証明される契約ではなく、(伝統的な傭船契約の適用除外に服することを条件として[94]) すべての海上物品運送契約に適用されるということである[95]。しかし、ハンブルク・ルールズにおける交渉の中心は、責任体系の本質的な変更についてであって、契約自由に与える間接的な影響という点ではなかった。

2　既存の海事条約のもとでの商業慣行

　ヘーグおよびヘーグ・ヴィスビー・ルールズのもと運送人に留保される自由にもかかわらず、一般的に運送人は、これらの体制によって課される強制を避けようとはしてこなかった。反対に、標準的な状態となっていたのは、通常は強行法が適用されない取引（または取引の一部）に、契約によってヘーグまたはヘーグ・ヴィスビー・ルールズを拡張するということであった[96]。たとえば、傭船契約の適用除外が確立しているにもかかわ

---

(92) 船荷証券を用いた取引ではあるが、一定の例外的なもの、たとえば生動物やほとんどの甲板積貨物の運送も、ヘーグ・ルールズの強行法的な適用から除外された（ヘーグ・ルールズ1条(c)参照）。

(93) COMITÉ MARITIME INTERNATIONAL, REPORT OF THE 26TH CONFERENCE 74-102 (Stockholm Conference, 1963)（ストックホルム会議に先だって提出された24の提案を検討している）。

(94) ハンブルク・ルールズ2条3項参照。

(95) 同2条1項、1条6項参照。

(96) 概説的には、Michael F. Sturley, *The Application of COGSA as a Matter of Contract*, BENEDICT ON ADMIRALTY, vol. 2A, § 43 (7th rev. ed. 2011) 参照。

らず、傭船契約の書式には、定型的にヘーグまたはヘーグ・ヴィスビー・ルールズが組み入れられている[97]。複合運送証券についても、[ヘーグ・ヴィスビー・ルールズ] 7 条によって他の責任体制を採用する自由が許容されているにもかかわらず、可能な場合には[98]、海事上の制度[99]を運送の陸上部分にまで拡張することが多い。さらに海上運送状——一定の法域では、1 条(b)における船荷証券その他これに類似する権原証券に該当せず[100]、したがってそこでは、強行法的にヘーグまたはヘーグ・ヴィスビー・ルールズに服さない——も、契約のレベルではヘーグまたはヘーグ・ヴィスビー・ルールズを定型的に組み入れている[101]。

運送人が契約自由という有利な機会を利用しないことについては、様々な説明が可能である (そして、背景事情の違いや運送人の状況によって妥当な説明は異なるかもしれない)。1 つのありうる説明は、単なるマーケティングである[102]。法的な問題としては、運送人は、1 条(b)に該当しない、海上運送状、DFR、その他の証券を発行することだけで、ヘーグまたはヘーグ・ヴィスビー・ルールズの適用を排除することができるかもしれな

---

(97) ニューヨーク・プロデュース定期傭船契約書 (The New York Produce Exchange Time Charter 1993, NYPE 93) 31 条(a)、2003 年 BIMCO 穀物用標準航海傭船契約書 (BIMCO Standard Grain Voyage Charter Party, GRAINCON) 34 条 (1997 年 BIMCO 標準至上約款 (BIMCO's Standard General Clause Paramount) を組み入れている) などを参照。

(98) 多くの国では、道路および鉄道に適用される強行法によって、海事上の制度を陸上運送に拡張することが不可能となっている。たとえばヨーロッパでは、CMR (前掲注(10)参照) および CIM-COTIF として知られる地域的な条約が、道路および鉄道運送を規律している。

(99) もっとも、海事制度を陸上に拡張するといっても、常に国際条約と正確に同じ条件となっているわけではない。たとえばアメリカでは、ヘーグおよびヘーグ・ヴィスビー・ルールズ 3 条 6 項にはない送達に関する付加的な要件を含んだ上で出訴期間を陸上運送に拡張することが珍しくない。一般的には、Michael F. Sturley, *Time-for-Suit Provisions*, BENEDICT ON ADMIRALTY, vol. 2A, § 163, at 16-14 to 16-15 & nn.29-30 (7th rev. ed. 2011) 参照。

(100) Ramberg, *supra* note 82, at 187 などを参照。

(101) 1995 年 BIMCO 複合運送証券 (Combined Transport Bill of Lading, COMBICONWAYBILL) 11 条 2 項などを参照。

(102) 運送人側は、マーケティング上の努力の一部として、ほぼ間違いなく責任に関する条項を持ち出す。シーランドがまだ独立した企業であった頃、顧客に対して、最低限必要となる責任体制よりも高い責任制限を提供していた。*Sea-Land Hikes Its Liability For Damaged, Lost Cargoes*, Journal of Commerce, July 18, 1991, at 8B などを参照 (より高い責任制限を引き受けるプランを広告することによって)。この会社は、より高い責任制限の約定に惹かれて取引が増加することによる利益が、通常の責任よりも重い責任を負うことの費用を補って余りあると見積っていた。

い[103]。しかし、顧客がそのような取扱いに異議を唱えて別の会社と取引をすることになれば、その勝利は意味のないものになるだろう。貨物についての損害賠償訴訟を専門とする法律家は、運送人が荷主の利益となるような何事かをする可能性を考慮していないように思われる。これは、おそらくは、運送人の動機に関する彼らの認識に影響を与えてきたのが、訴訟という闘争的な局面における運送人側の交渉上の地位であったためであろう。しかし、一般には、ほとんどの企業が、その顧客および潜在的な顧客を、何かがうまく行かなくなったときに訴えてくる者よりも寛大に扱っている。この区別は、多くの事案において、運送人や当初の当事者がもはや訴訟に関わっていない(双方とも保険会社が訴訟行為を行っているため)ということを想起すれば、もっと説得的になる。

　運送人が強行法から解放されるという有利な機会を利用しないことについてのもう1つの説明となりうるのは、よく知られる統一性の利益[104]である。運送人にとって簡単なのは、船舶内のすべてのコンテナーが完全に同じであって[105]、完全に同じ方法で取り扱われるという想定のもとで活動することである。運送人は、より多くの利益を得る可能性を損なうにもかかわらず、荷送人が(価格に応じた高いレートの運賃を負担しつつ)より高い価額を明告しようとするのをまったく勧めていない。同じ理由で、より低い責任制限に服する貨物を引き受けることもさほど重視していない(少なくとも、より低い責任制限を得るために何らかの譲歩をするというようなことはほとんどない)。ごくわずかな[106]事案について、もしかしたら軽くなるかもしれない責任から運送人が得られる利益は、すべての事案について特別な取扱いが必要となることの費用によって、吹き飛んでしまうだろう[107]。したがって、ほかと統一されない低い責任制限は、ある特定の事

---

(103) もっと言えば、運送人はペーパーレス手法を採用し、一切の証券の発行を拒絶できるだろう。
(104) 概説的には、Michael F. Sturley, *Uniformity in the Law Governing the Carriage of Goods by Sea*, J. MAR. L. & COM., vol. 26, p.553, 556-559(1995)などを参照(海上物品運送を規律するルールに関する統一性の利益が、一般に認知され、実現されてきたことを示している)。
(105) もちろん、実際には、一定のコンテナーは別様に取り扱われる必要があるだろう。たとえば、危険物については特別な積付条件に従わなければならない可能性がある。

案においては願ってもいない幸運をもたらすかもしれないが、なんらかの継続的な利益を提供するものとはならないのである。

　長年の運送人の行動をいかにして説明するかはともかく、強調すべきなのは、何十年もの間、運送人にはヘーグおよびヘーグ・ヴィスビー・ルールズの「強行法的な」制限を回避する機会が与えられてきたにもかかわらず、この有利な機会を実際に利用しようとはしてこなかったということである。その理由については定かではないが、少なくとも、これまで運送人が、国際条約の強行法を回避する機会に直面したときにどのように反応してきたかについては明らかである。

3　ロッテルダム・ルールズにおける契約自由

　ロッテルダム・ルールズに向けた交渉の中で、契約自由は中心論点に返り咲いた。79条が、少なくとも運送人の責任については、「片面的[108]」強行法というヘーグ[109]、ヘーグ・ヴィスビー[110]およびハンブルク[111]・ルールズを実質的に引き継いだ性質を維持しているにもかかわらず、80条では、運送契約の当事者がより広い契約自由を享受できる場面を特定するという新たな商業的妥協が導入されている。

(1)　CMIにおける交渉過程

　契約自由の問題は、既存の責任体制を更新し現代化するというロッテル

---

(106) 公表された判決しか読まない者は、ごく少数の貨物しか目的地に安全に辿り着かないという印象を持っているかもしれない。当然のことながら、実際には貨物の滅失や損害というのは例外的な場面である。

(107) ロッテルダム・ルールズへの支持を正式に表明してきた運送人は、統一性と予測可能性の利益を強調する。Knud Pontoppidan, *Shipowners' View on the UNCITRAL Convention on Contracts for the International Carriage of Goods Wholly or Partly by Sea*, CMI YEARBOOK 2009, p.282 などを参照。

(108) 先行の海事法制は「片面的」強行法と考えられてきた。これは、これらの体制が、契約によって運送人の責任を軽減する当事者の自由を制限する一方、これを契約上過重することは認めているためである。このリスクバランスが前提としていたのは、定期船の運送人は、ほぼ間違いなく個人の荷主との交渉において優越的な交渉力を有しているということであった。

(109) ヘーグ・ルールズ3条8項。

(110) ヴィスビー議定書は、この点においてヘーグ・ルールズを変更していないため、ヘーグ・ヴィスビー・ルールズ3条8項は、ヘーグ・ルールズ3条8項と同じである。

(111) ハンブルク・ルールズ23条。

ダム・ルールズの要請と一体となって現れた。現在の法体系は、傭船契約のもとでは契約自由を認めているが、船荷証券を用いた取引についてはこれを認めていない[112]。この単純な二分法は、ほとんどの取引がどちらかのカテゴリーに適切に当てはまる場合には十分に機能していた。しかし、新たな条約の準備作業において、CMIは、今日では多くの取引がどちらのカテゴリーにも完全には合致していないということを認めた。そこで、数量契約、COA、サービス・コントラクト、曳船契約および、（スロット・チャーターやスペース・チャーターのような）伝統的な「傭船契約」でないものをどのように取り扱うべきかが検討されることとなった[113]。外形上傭船契約と呼ぶことができるのは、それらの曖昧な合意の中のいくつかだけであるが[114]、ある面では、これらすべてが傭船契約と共通性を有するものである。とりわけ、これらの取引は、実質的な交渉力を備えた専門知識ある当事者によってなされる傾向にあり、このことは両当事者にとって強行法による保護は必要ないということを示している[115]。そのため、CMIにおける準備作業のほとんどの期間と、UNCITRALでの交渉の当初の段階で問題となったのは、これらの曖昧な合意を傭船契約と類比させ、同様に新たな法体制の適用対象から除外すべきなのかという点であった[116]。

---

(112) 前掲注(92)およびこれに対応する本文と比較せよ。
(113) *Report of the Fourth Meeting of the International Sub-Committee on Issues of Transport Law* (London, 12-13 Oct. 2000), CMI YEARBOOK 2000, p.263, 267; CMI Draft Instrument on Transport Law, CMI YEARBOOK 2001, p.532, 544-545 などを参照。前掲注(21)-(23)およびこれらに対応する本文と比較せよ。
(114) 当然のことながら、問題の1つは、傭船契約についての確立した定義がないことである。ロッテルダム・ルールズにつながる交渉過程において、1条に「傭船契約」の定義を入れることを主張する者がいた。作業部会は、最終的にはこの提案を拒絶している。実務自体がこれほど不明確であるときに、作業部会が、実効的かつ有益な定義を定式化することができるようには思われなかった。
(115) Ramberg, *supra* note 82, at 180（COAおよび数量契約については、「強行法による保護を提供する必要性は、多くの傭船契約の場合よりも低い」ことが指摘されている）などを参照。
(116) したがって、準備草案（WP. 21、前掲注(21)）3.3.1条は、その基礎となったCMI草案（CMI YEARBOOK 2001, p.532, 544）と同様に、伝統的な傭船契約の適用除外を踏襲し、併せて「COA、数量契約その他これに類似する合意」を角括弧内（さらなる議論が必要であることを示すもの）で列挙している。この点は注釈でより詳しく説明されている。Preliminary Draft Instrument WP.21, *supra* note 21, paras 37-43 参照。CMI YEARBOOK 2001, pp.544-545 も参照。

2001 年 11 月、運送法に関する CMI 国際小委員会の最終会議において[117]、すなわち CMI が UNCITRAL に草案を提出する直前になって[118]、議論が変容し始めた。全米産業運輸連盟（NITL）および世界海運評議会（WSC）——アメリカにおいて荷送人および運送人の利益を代表する主要な業界団体[119]——が、現代的な契約書式に関する全く新しい提案を行い、契約自由に関する議論を再び喚起したのである[120]。NITL と WSC の提案によれば、新たな法体制は原則として「サービス・コントラクト[121]」も規律対象とするものの、この契約の当事者には、その希望に従い、条約の適用を受けずに契約を締結する自由が与えられる[122]。第三者の権利については（現在の傭船契約上の船荷証券と同様に[123]）なお強行法によって保護されるけれども、直接の契約当事者間では、双方の当事者を拘束する条項を自身で設定できることとされた。

(2) UNCITRAL における交渉過程

CMI の小委員会はこの NITL と WSC の提案を拒絶したが[124]、UNCITRAL での初期の交渉段階において、UNCITRAL 第 3 作業部会にお

---

(117) *Report of the Sixth Meeting of the International Sub-Committee on Issues of Transport Law* (Madrid, 12-13 Nov. 2001), CMI YEARBOOK 2001, p.305 ［以下では、*Report of the Sixth Meeting of the International Sub-Committee*］参照。

(118) CMI Draft Instrument on Transport Law, CMI YEARBOOK 2001, p.532 参照。

(119) 全米産業運輸連盟（the National Industrial Transportation League, NITL）は、アメリカにおける荷主の利益を代表する主要な業界団体である。この団体の存在は、1920 年当時、すなわち、アメリカにおいてヘーグ・ルールズを批准する際の議論に、荷主側の主要な代弁者として参加した時にはすでに確固たるものとなっていた。Sturley, *History, supra* note 82, at 41 n.320（1920 年代および 30 年代のアメリカでの条約批准に関する議論における NITL の初期の役割について指摘している）などを参照。もっと新しい団体である世界海運評議会（the World Shipping Council, WSC）は、アメリカに就航する主要な定期船運送人の利益を代表する。

(120) 2001 年 9 月に、NITL および WSC は、*Joint Statement of Common Objectives on the Development of a New International Cargo Liability Instrument*（available at http://www.worldshipping.org/jointstatement.pdf）に同意していた。契約自由に関する提案は、この共同声明（*Joint Statement*）のB条(11)に納められている。これに先立つこと 5 年、アメリカ海法会（the Maritime Law Association of the United States, USMLA）が、アメリカ海上物品運送法（COGSA）の改正案を提出しており、ここにも、サービス・コントラクトについて共同声明と同様の取扱いをする提案が含まれていた。概説的には、Michael F. Sturley, *Proposed Amendments to the Carriage of Goods by Sea Act*, HOUSTON J. INT'L L., vol. 18, p.609, 655-656（1996）（USMLA 提案におけるサービス・コントラクトの取扱いについて検討している）などを参照。

けるアメリカ代表がかなり似通った提案を提出した[125]。実のところ、この契約自由に関する提案は、とりわけ拙速に検討されるべき性質のものではなかった。作業部会は、すでに傭船契約の適用除外を拡張することを表明しており[126]、その結果、(数量契約のような) 同様の合意も新たな条約の適用範囲から除外されることとなっていたのである[127]。仮にこの伝統的な適用除外アプローチが採用されていたとしても、契約当事者はなお、適用除外となった取引に条約を適用させるために (今日の傭船契約において一般に行われているように[128]) これを拡張することはできただろう。したがって、契約自由に関する提案を採用した場合の具体的な影響は、当事者がこれに反する行為を行わない場合に適用されるデフォルト・ルールを変更することにすぎなかった。この問題に意識的に対処することを選択した当事者であれば、それがどのような形であれ (条約の文言または個別に交

---

(121)「サービス・コントラクト」とは、アメリカからの運送を規律する連邦法上確定した用語である。1984年海事法の3条21項に由来する現行法典によれば、この用語は、
　　1人もしくは複数の荷送人と、単独の海上運送人との間で締結される、船荷証券もしくは受取証以外の書面契約、または、複数の海上運送人間での同盟であって、
　　　(A) 荷送人もしくは複数の荷送人が、一定量もしくは一定部分の貨物を、一定の期間にかけて発送することを約し、かつ
　　　(B) 海上運送人もしくは同盟が、一定の料金もしくは料金体系と確定したサービスレベル、たとえば、船腹の確保、運送期間、寄港順位その他の特殊なサービスを約するもの
を意味する (合衆国法典46編40102条20項)。NITLとWSCが当初その提案の中で定義した際には、やや異なる「サービス・コントラクト」の定義が用いられた。合衆国法典46編付録1702条21項 (2000年) (1984年海事法3条2項を編入するもの) 参照。UNCITRALでの交渉過程におけるかなりの作業は、アメリカ主体のこの定義を国際条約に相応しいものに変更するという要請に対応するものであった。後掲注(137)と比較せよ。
(122) *Report of the Sixth Meeting of the International Sub-Committee, supra* note 117, CMI YEARBOOK 2001, pp.315-317, 343-347 参照。
(123) ヘーグおよびヘーグ・ヴィスビー・ルールズ1条(b)および5条、ならびに、ハンブルク・ルールズ2条3項は、傭船契約上の船荷証券の所持人である第三者を保護している。前掲注(8)、(19)、(26)および(73)-(74)と、これらに対応する本文も参照。
(124) *Report of the Sixth Meeting of the International Sub-Committee, supra* note 117, CMI YEARBOOK 2001, p.347 参照。
(125) Proposal by the United States of America, paras 18-29, U.N. doc. no. A/CN.9/WG.III/WP.34 (7 Aug. 2003) 参照。
(126) 前掲注(113)-(116)と、これらに対応する本文を参照。

渉された文言のいずれかによって潜在的な責任は確定されるので)、契約自由アプローチと適用除外アプローチのどちらでも同じように望ましい結果に至ることができたのである。この場合、当事者は、当該取引に適用させようとする責任体系を単に特定するだけでよい。2つのアプローチの重大な違いは、契約自由についての先の提案によって、当事者がこの問題に意識的に対処していなかった場合が新たな条約の適用対象となることで、条約の適用範囲が広げられた点にある[129]。しかし、本条約の適用範囲を拡張するというようなことが論争の対象となるべきではなかった。

実務的な現実がどのようなものであったかを無視するように、原則によれば条約に服することになる取引に関して、当事者に何らかの契約自由を許容するという提案には、多くの代表が否定的に反応した[130]。事実、契約自由についての提案は、全交渉過程を通じて最も激しい議論をもたらす事項となった。反対意見のいくつかは、結局は直感的なものであり、海上物品運送に関する国際条約において契約自由を許容することはあまりにも「革新的」すぎる旨を訴える代表によって主張された[131]。別の反対意見は、様々な法律関係において公正に機能しうる制度を構築するための各論部分をまず問題としていた[132]。最も説得的な反対意見は、より広い契約自由が許容される類型の取引を確定することの難しさに着目するものである[133]。しかし、適用除外アプローチのもとでも、強行法的な適用対象に

---

(127) Report of the Working Group on Transport Law on the work of its ninth session para. 62 (New York, 15-26 April 2002), U.N. doc. no. A/CN.9/510 (2002) [以下では、Ninth Session Report] などを参照。また、Preliminary Draft Instrument WP.21, *supra* note 21, para. 37 も参照。

(128) 前掲注(96)-(97)と、これらに対応する本文を参照。

(129) 概説としては Michael F. Sturley, *The United Nations Commission on International Trade Law's Transport Law Project: An Interim View of a Work in Progress*, 39 TEXAS INTERNATIONAL LAW JOURNAL 65, 90-92 (2003)（この提案の詳細に触れている）参照。

(130) Ninth Session Report, *supra* note 127, para. 69; Report of Working Group III (Transport Law) on the Work of its EleventhSession (New York, 24 Mar. to 4 Apr. 2003), paras 208-211, U.N. doc. no. A/CN.9/526 (9 May 2003) [以下では、Eleventh Session Report] などを参照。

(131) Eleventh Session Report, *supra* note 130, para. 210 参照。一定の取引について、それを強行法から完全に排除することは革新的ではないのに、契約自由を許容することは「革新的」すぎるとされる理由については全く説明されなかった。前掲注(113)-(116)およびこれらに対応する本文と比較せよ。

含まれる取引と、適用除外とされる取引との間に境界線を引く必要があれば、確定に際して同じような問題が生じていたはずである[134]。

最終的には、契約自由に関するアメリカ提案がほぼ異論なく——ただし、いくつかのかなり痛烈な批判が提起され[135]、延長会議[136]の後に、真に契約自由が可能となる場合にのみ適用されることを確実にするための幾多もの改定を経て[137]、さらに作業部会の最終会合の終わりの最終的な妥協法案の中に納められてはじめて[138]——承認された。

(3) 条約における契約自由の取扱い

契約自由に関する問題についてのロッテルダム・ルールズの最終的な解決は、79条および80条に示されている。79条1項では、運送人の責任に

---

(132) Eleventh Session Report, *supra* note 130, para. 210 参照。国際貨物輸送業者連合会（FIATA）の主たる懸念は、フレイト・フォワーダーおよびNVOCが、契約自由が許容された取引を締結する運送人（VOC）と同じ権利を有することができるのかという点であった。これが認められなければ、運送人の方が、フレイト・フォワーダーおよびNVOCと比較して有利な立場に置かれるかもしれない。これは契約自由そのものに対する反対ではなく、定義上の問題である。UNCITRALが、契約自由の代わりに傭船契約の適用除外を現代的な同等物（前掲注(113)-(116)と、これに対応する本文を参照）にまで拡張する案を採用していたとすれば、傭船契約と十分に共通し、強行法からの除外が正当化されるような取引を確定する方法を作業部会が決定したときに、同様の懸念が、同じ形で提起されたであろう。

(133) Eleventh Session Report, *supra* note 130, para. 208 などを参照。

(134) 前掲注(131)および(132)と比較せよ。おそらく、適用除外アプローチの場合も、作業部会が適用に関する詳細を定める段階までこの選択肢を推し進めていたとすれば、同じように論争の対象となっていただろう。

(135) Joint Proposal by Australia and France on Freedom of Contract under Volume Contracts, U.N. doc. no. A/CN.9/612（22 May 2006）など参照。

(136) 契約自由に関する提案に関する主な討論の要約については、Report of Working Group III (Transport Law) on the Work of its Nineteenth Session (New York, 16-27 Apr. 2007), paras 164-170, U.N. doc. no. A/CN.9/621 (2007)［以下では、Nineteenth Session Report］; Report of Working Group III (Transport Law) on the Work of its Twenty-First Session (Vienna, 14-25 Jan. 2008), paras 235-242, U.N. doc. no. A/CN.9/645 (30 Jan. 2008)［以下では、Twenty-First Session Report］などを参照。

(137) 対象となる取引を記述するための用語でさえ、何度も書き直された。当初のNITLとWSCの重点は、「サービス・コントラクト」という用語にあったが（2001 CMI YEARBOOK at 315 参照）、この用語は、すぐに「海上輸送契約」に変更された（*Id.* at 343）。アメリカ提案（前掲注(125)参照）では、「海上定期船サービス協定」であった。最終的にロッテルダム・ルールズは、契約自由が許容される合意を示すのに「数量契約」という用語を用いている（80条参照）。

(138) Twenty-First Session Report, *supra* note 136, para. 197 参照。

ついての一般原則に関しては、ヘーグ、ヘーグ・ヴィスビーおよびハンブルク・ルールズにおける有名な「片面的強行法」アプローチが採用された[139]。これによれば、当事者は運送人の責任を加重することを合意できるが、これを直接または間接に軽減することはできない。作業部会は、CMR（ヨーロッパ内および近郊の道路運送を規律する地域的な条約）にあるような「双方的強行法」アプローチ[140]の採用可能性も検討していた[141]。これによれば、運送人の責任は過重も軽減もできないことになる。しかしながら検討の結果、作業部会は、強い荷主の優越的交渉力から運送人を保護する一般的な要請は存在しないと結論づけた[142]。運送人の責任を任意に加重することを認める現在のすべての海事法制において、その濫用があったという証拠は上がっていないためである。

　79条2項では、荷送人の義務が加重されまたは軽減されてはならないとして、「双方的強行法」アプローチが採用されている[143]。この一般原則の一見必要のない――荷送人の義務が加重されてはならないと規定する――部分は、すでに確立した伝統と、交渉力の格差がある場合に荷送人を保護するという79条1項の根本的な原理の両方に従ったものである[144]。荷送人の義務を加重することは、通常は、79条1項が明示的に禁止する運送人の義務を軽減することを意味するだろう。さらに作業部会は、この文脈において、強い荷主の優越的交渉力から運送人を保護すること[145]、および、すべての荷送人に危険物についての義務を課すことを確実にするだ

---

(139) ヘーグ・ルールズ3条8項、ヘーグ・ヴィスビー・ルールズ3条8項、ハンブルク・ルールズ23条1項参照。実際、79条1項は、保険利益享受約款を禁止する規定を含むところまで、先行する条約の内容を厳密に引き継いでいる（79条1項参照）。この規定は、90年以上、実務上は存在したことのない問題に対する解決を提示する（Michael F. Sturley, *Benefit of Insurance Clauses*, BENEDICT ON ADMIRALTY, vol. 2A, § 165, at 16-28 & n.2（7th rev. ed. 2011）参照）。しかしUNCITRALは、すでに確立した禁止規定を削除することによってこの問題を復活させるかもしれないリスクは選択しなかった。

(140) CMR（前掲注(10)）41条1項参照。

(141) Report of Working Group III (Transport Law) on the Work of its FifteenthSession (New York, 18-28 Apr. 2005), paras 45-48, U.N. doc. no. A/CN.9/576（13 May 2005）[以下では、Fifteenth Session Report] 参照。

(142) Fifteenth Session Report, *supra* note 141, para. 49 参照。

(143) 前掲注(140)およびこれに対応する本文と比較せよ。

けでなく[146]、荷送人が適切な状態で運送人に物品を引渡し[147]、運送に必要な情報を提供すること[148]を確実なものとすることが妥当であると判断した。したがって、当事者は、契約によってこの荷送人の義務を軽減することはできない。

次に80条では、「数量契約に関する特則」が規定される。数量契約については、デフォルト・ルールとしては本条約が適用されるけれども[149]、当事者は、(当事者間に関しては[150])契約によって条約のリスク配分を変更する自由を有する[151]。「超強行法的」規定のリストに属する一定の条項を逸脱の対象とすることはできないが[152]、そうでなければ、数量契約は(零細または無知な荷主を保護するために設けられた)一定の要件を満たすことを条件に[153]、その権利の強化または低減を規定できる。より明確にいうと、このためには、契約当事者が少なくとも反復継続的なプレイヤー(かつおそらく通常は専門知識のある者)であることが保障されている「数量契約[154]」が存在していなければならない[155]。これに加えて、一連の手

---

(144) Eleventh Session Report, *supra* note 130, para. 205; Fifteenth Session Report, *supra* note 141, para. 79; Report of Working Group III (Transport Law) on the Work of its Seventeenth Session (New York, 3-13 Apr. 2006), para. 151, U.N. doc. no. A/CN.9/594 (2006)〔以下では、Seventeenth Session Report〕; Nineteenth Session Report, *supra* note 136, para. 159 など参照。

(145) Nineteenth Session Report, *supra* note 136, para. 160 など参照。

(146) ロッテルダム・ルールズ32条参照。作業部会は、数量契約となる取引についても逸脱が許されない「超強行法的」規定の1つとして明記するほど、この荷送人の義務を強いものと認識していた。同80条4項参照。後掲注(152)と、これに対応する本文も参照。

(147) ロッテルダム・ルールズ27条参照。

(148) 同28-29、31条参照。

(149) 同79条参照。

(150) 第三者は、これに同意した場合に限って、条約からの逸脱に拘束される。同80条5項参照。概説的には、Fifteenth Session Report, *supra* note 141, paras 24-28, 101-103; Seventeenth Session Report, *supra* note 144, paras 163-168 など参照。

(151) ロッテルダム・ルールズ80条1項参照。

(152) 同80条4項参照。たとえば、14条(a)(b)における堪航性のある船舶を提供すべき運送人の義務は、合意によっても軽減できない。一般的には、Fifteenth Session Report, *supra* note 141, paras 20-23; Seventeenth Session Report, *supra* note 144, paras 158-162 など参照。

(153) 同80条2項、3項参照。

(154) 同80条1項参照。

(155) 同1条2項参照(「一連の船積み」を要件に「数量契約」を定義する)。

続的なセーフガードによって、荷送人が熟慮せずにその逸脱に同意してしまわないこと[156]、荷送人が（逸脱のない）条約上の文言のもと発送する機会を有していること[157]、および、合意された逸脱が附合契約の一部でないこと[158]が保障されている。作業部会は、「数量契約」であると性質決定されるために最低限発送すべき貨物の量を特定しようとしたが[159]、すべての取引を通して意図した目的を達成するような、ある一定量を特定するのは不可能であるということが確認された。

　81条は、2つの例外的な状況に適用される2つの特則を設けてこの章を締めくくっている。81条(a)は、数量契約の枠外であっても[160]、生動物の運送についての運送人の義務または責任を免除もしくは制限する可能性を当事者に付与する。ただし、この免除または制限は、運送人が計算単位による責任制限の利益を喪失するのと同じ状況の場合には適用されない[161]。81条(a)は、ヘーグ、ヘーグ・ヴィスビー・ルールズ[162]およびハンブルク・ルールズ[163]で採用されたアプローチとは異なっているけれども、この点は議論にならなかった[164]。81条(b)は、非商業的運送を強行法の適用から除外するという、ヘーグ・ルールズ6条[165]において初めて設けられたものの、あまり利用されていない選択肢を単に継続させるものである。

---

(156) 同80条2項(a)(b) 参照。

(157) 同80条2項(c)参照。

(158) 同80条2項(d)、3項参照。

(159) Twenty-First Session Report, *supra* note 136, para. 246 参照。

(160) 生動物が数量契約に基づいて運送される場合でも、80条のルールは適用される。81条は、「80条に反しないかぎり」適用されるためである。

(161) 運送人は、故意または無謀行為の場合には計算単位による制限の利益を喪失する。ロッテルダム・ルールズ61条参照。

(162) ヘーグおよびヘーグ・ヴィスビー・ルールズは、生動物については完全に適用範囲から除外する。ヘーグ・ルールズ1条(c)、ヘーグ・ヴィスビー・ルールズ1条(c)参照。

(163) ハンブルク・ルールズは生動物運送を適用対象に含むが（ハンブルク・ルールズ1条5項参照）、「この種の運送に附随する特殊なリスクから生じる」損失については運送人を免責する（同5条5項）。

(164) Eleventh Session Report, *supra* note 130, paras 216-217; Fifteenth Session Report, *supra* note 141, paras 105-109; Seventeenth Session Report, *supra* note 144, para. 172; Nineteenth Session Report, *supra* note 136, paras 175-176; Twenty-First Session Report, *supra* note 136, paras 254-255 などを参照。

(165) ヘーグ・ルールズ6条、ヘーグ・ヴィスビー・ルールズ6条参照。

ハンブルク・ルールズにはこれに対応する規定がないにもかかわらず、81条(b)にも異論は出なかった[166]。

4　ロッテルダム・ルールズにおける契約自由に関して想定されるインパクト

　ロッテルダム・ルールズの発効まではまだ時間があるため[167]、契約自由に関する新たな規定のインパクトについての議論は必然的に想定上のものになる。議論の過程において反対論者が想定したのは、80条によって、ほぼすべての荷送人に対して責任限度額をゼロにする数量契約への同意が強要され、その結果、貨物損害に関する実質的にすべての責任から運送人を有効に免れさせてしまうという事態であった[168]。反対に賛成論者は、80条はほとんど利用されないだろうと主張した。これによれば、この規定の意義は、そのような規定の適用が妥当であるような例外的なケースについて有効に機能するという点だけにある[169]。このような推論のどちらについても、それが現実のものとなるシナリオを考えることは可能である。しかしながら我々は、反対論者の悲観的な推測が当たりそうにない確実な証拠を持っている。

　現行法においても、運送人は提供するサービスについて価格を設定することができ、その結果、実際にはすべての荷送人が、貨物を運送するのに必要な船腹の一部についてスロットまたはスペース・チャーターを締結することを求められている。かなり高額なタリフ・レートであっても、消費者であって、家財のためのたった1つのコンテナを発送する荷送人でさえ、より高額になる船荷証券を利用するよりは、一航海における1つのコンテナースロットについて傭船契約を締結することを合理的に選択するだ

---

(166) Eleventh Session Report, *supra* note 130, para. 218; Fifteenth Session Report, *supra* note 141, para. 109; Seventeenth Session Report, *supra* note 144, para. 172; Nineteenth Session Report, *supra* note 136, paras 175-176; Twenty-First Session Report, *supra* note 136, para. 255 などを参照。

(167) 本条約は、20カ国の加盟後およそ1年で発効する。ロッテルダム・ルールズ94条1項参照。

(168) Eleventh Session Report, *supra* note 130, para. 209 などを参照。

(169) 新たな契約自由が意味を持ちうるのは、ロッテルダム・ルールズが条文上とくに予期していない問題に対応する場合であるとされる。

ろう。そして、この貨物が傭船契約のもとで運送された場合には[170]、現行の条約はいずれも適用されず[171]、(優越的な交渉力を有していると想定される) 運送人は、ほとんどの国において、貨物の滅失または損害に関する免責条項を主張できる。あるいは、運送人はヘーグおよびヘーグ・ヴィスビー・ルールズの１条(b)における船荷証券と性質決定される可能性のある証券を発行せずにサービスを提供することもできる[172]。ここでも、現行の条約の中でもっとも有名な条約は適用されず、運送人には、免責条項を押し付けるのに十分な交渉力が残されている。

　当然のことながら、実務においては、現行体制における強行法ルールを回避しようとする試みは、実際に行われているものとしては認識されていない。これについては、いくつもの説明が可能であるし、そのうちの多くが妥当なものである[173]。一方で、なにゆえ、現行の強行法ルールを回避しようとしない――さらに、強行法が適用されない状況を規律するために、契約によってそれらのルールを組み入れることさえしている[174]――運送人が、突如として、強行法ルールを回避するために今まで見たこともない努力をして、嫌がる顧客に数量契約を承認させようとするのかという点について、合理的な説明はなかなか思いつかない。したがって、私個人の予測では、80条において許容される契約自由は、例外的な事案において運送人の義務を変更するために用いられるにすぎないものと思われる。

---

(170) スロットおよびスペース・チャーターは伝統的な傭船契約ではないかもしれないが、ほとんどの裁判所は、これを傭船契約であると判断する可能性が高いように思われる（数量契約や曳船契約を傭船契約の同等物として取り扱うことに抵抗はあったかもしれないが、作業部会では、スロットおよびスペース・チャーターが傭船契約であることについては全員の賛同があったものと思われる）。実際、法律は、船舶全体に満たない傭船の可能性をずっと認めてきた。
(171) ヘーグ・ルールズ５条、ヘーグ・ヴィスビー・ルールズ５条、ハンブルク・ルールズ２条３項参照。
(172) ヘーグおよびヘーグ・ヴィスビー・ルールズの３条３項は、荷送人の求めに応じて船荷証券を発行する義務を運送人に課しているが、この規定は、ヘーグまたはヘーグ・ヴィスビー・ルールズのいずれかが適用されない限りは適用されない。運送人が「船荷証券その他これに類似する権原証券」(１条(b)) を発行せずにサービスを提供する場合には、ヘーグもヘーグ・ヴィスビー・ルールズも適用されない。
(173) 前掲注(102)-(107)と、これに対応する本文を参照。
(174) 前掲注(96)-(101)と、これに対応する本文を参照。

5 半規制市場における強行法に対する意見

　私の予測が外れていたとしても、80条は、80年以上もの間、貨物損害についての責任体制に関して国際的な規制が依拠してきた根本的な原則を修正するものではないだろう。貨物の滅失または損害が時折[175]生じることは、運送される貨物についての商業的に避けられないコストである[176]。法システムは、このコストをコントロールする際に一定の役割を担うことができるが、滅失または損害のような特殊な状況下におけるその第1の機能は、単に、取引参加者にコストを配分することだけである（実際、法システムがコスト・コントロールにおいて意味を持つのは、コストの配分によって——したがって、コストを回避するインセンティブを作り出すことによってである）。荷送人と運送人のどちらかが滅失または損害に関するすべてのコストを負担するというシンプルなものから、滅失または損害の原因に応じて荷送人と運送人の間でリスクとコストを分割するという、法律が長い間採用してきたより複雑なものまで、様々なリスク配分がありうる。

　零細な荷主を保護するために、強行法によって運送人に最低限の責任レベルを引き受けさせることを確実にする必要性は理解できる。しかし、現行のいずれの条約もこのことを目的として発展してきたわけではない。実

---

(175) 前掲注(106)と比較せよ。
(176) 滅失または損害のリスクをかなり軽減させるような極端な注意を想定することはできる。たとえば、貨物の各部分に綿と紙を当て、それを頑丈な梱包箱に固定し、この箱をさらに大きな箱に詰め、さらにこれを、（航海中、船舶に何か起こったときには）水上を浮遊できる防水・防塵のパンに入れる。（この種の作業についてかなりの経験を有する）国際輸送における三種の専門家［物流、インフラ、法律］が、このパンが落下することや、お互いに触れ合うことすらないように、船積みと荷揚げの作業行程を計画する。さらに、武装した警備員がすべての期間、盗難を防止する。このような状況であれば、かなり確実に、貨物は安全な状態で到着することになるだろう。しかし、こういった注意が100%の有効性を持つとしても、海上運送される貨物のほとんどが、運送人がこのような保護のレベルを働かせることに専念しなければならないほど価値のあるものではない。したがって、商業上の問題としては、このような特別なレベルの注意が要求されるのは、かなり例外的な貨物についてだけであろう。実際、先述のような行程は、1964年、イタリアン・ラインがミケランジェロによる最高のピエタ——おそらく、それまで大西洋航路を運搬された貨物の中でもっとも例外的なもの——を、万国博覧会のためにヴァチカンからニューヨークまで運送した際にまさに行われたことである（*Pieta to Get Massive Protection*, New York Times, Jan. 16, 1964, at L33, col. 4 参照）。ほとんどの海上貨物にとっては、何らかの滅失や損害は避けられない。

際、ヘーグ、ヘーグ・ヴィスビーおよびハンブルク・ルールズは、あったとしてもごくたまにしか、零細な荷主が「公正に[177]」取り扱われることを確保するようなことはしていない。たしかに、ヘーグ・ルールズに始まり、ヘーグ・ヴィスビーおよびハンブルク・ルールズでも継続して、貨物の滅失または損害について、運送人に、少なくとも最低限の保護を提供することを求めるという発想はあった。しかし、いかなる国際的な体制においても、荷主と運送人との関係のすべてを規律することは、試みられてさえいない。とくに、（ほとんどの運送人および荷主にとってはるかに重要な問題である）運賃のレートを規制するような体制は存在しない[178]。

政府が、零細な荷主の保護に真剣に取り組んでいるとしたら、あるいは、荷主と運送人との間に大きな交渉力の格差があるために自由市場が機能していないと本当に考えているならば、運送人に最低限の責任条件を課すことだけにとどまってはいないだろう。（公共事業のような）他の独占市場や寡占市場におけるのと同様に、この産業すべてを規制しているだろう。（現行の国際的な体制がそうしているように）提供されるべきサービスのレベルを特定するだけでなく、そのサービスについて運送人が課すことの

---

[177] いずれにしても、貨物の滅失または損害についての責任ルールという局面において、「公正」のような概念が、はたして意味を持つのかどうかを検討することはできる。これは、未亡人や孤児が日常的に虐待を受けているような局面ではない（たとえば、海上旅客運送条約については、完全に別の問題が持ち上がるだろう。Ramberg, *supra* note 82, p. 183, 184-185 などを参照）。既存の条約によって規律されるのは国際海上運送のみであり、この限定はロッテルダム・ルールズでも適用される。そうなると、定義上は、両方のプレイヤーは、少なくとも国際的な取引に参加できるほどには専門知識を備えているはずである。いずれにせよ、訴訟の大部分は保険会社間で行われ、争点は、どの保険会社が滅失についての責任を負うべきかに集約される。もちろん、保険会社も権利を有している。ほとんどの者が、ゲームの途中でルールを変更すること、たとえば、その引受けに予め同意していない損失を保険会社に負担させることが「不公正」であることには同意するだろう。一方で、なぜ、ある保険会社──その他の商業活動の主体──が、法律が規定する、あるいは自らが引き受けたことを超える、「公正に基づいた」権利を享受できるのかを理解することは、多くの場合困難である。

[178] CMI の最終草案と UNCITRAL の最初の草案は、運賃に関する章を設けていた（Preliminary Draft Instrument WP.21, *supra* note 21, ch.9 などを参照）。UNCITRAL の作業部会は、あまりにも不明確であるとの理由から、この章を草案から削除した（Report of Working Group III (Transport Law) on the Work of its Thirteenth Session (New York, 3-14 May 2004), paras 162-164, U.N. doc. no. A/CN.9/552（24 May 2004）参照）。しかし、この初期の（そして不明確な）試みでさえ、運賃レートを規制の対象にしようとするものではない。

できる代金も特定していたものと思われる。

　ヘーグ、ヘーグ・ヴィスビーおよびハンブルク・ルールズは、これに代えて半規制市場を創設している。運送人には、一定のレベルのサービス——当該強行法規定によって課される最低限の義務を満たすサービス——を提供することが命じられるが、一方で、市場がそのようなサービスに付与する価格であれば、どのような運賃でも課すことができる。荷主がより低いレベルのサービス[179]を購入しようとしても、そのような選択肢は存在しない。荷主には、運送人によって設定された無規制の価格を支払うか、サービス自体を諦めるかの自由しかない。言い換えるならば、現行の体制は、確定したサービスレベルと標準的な運送を「抱き合わせ」、荷主が標準的な運送しか望んでいないにもかかわらず、両方を購入させている。そして、荷主は運送人（および市場）によって、規制による保護なく設定された代金を支払わされる。このようなシステムの背後にある目的が何であれ、零細な荷主の保護にはなりそうにもない。

　ヘーグ、ヘーグ・ヴィスビーおよびハンブルク・ルールズの真の目的は、零細な荷主を運送人から保護することではなく、むしろ取引を促進することにある[180]。保護される商業上の主体は、荷送人の利益を引き継ぐ（しかし、荷送人のように運送人と契約を締結する機会のなかった）第三取得者なのである[181]。ヘーグ、ヘーグ・ヴィスビーおよびハンブルク・ルールズは、全ての船荷証券取引について、運送人による一定した最低限の義務の履行を確実なものとすることによって、第三者が船荷証券を信頼でき

---

(179) たとえば荷主は、将来的な代位権は度外視して安い保険料で貨物保険の引受けを行う者から保険商品を購入するために、より低い責任限度額の運送サービスを購入することを望むかもしれない。

(180) *Hague Conference Report, supra* note 91, p.45（statement of Sir Norman Hill）, *reprinted in* Hague Rules *Travaux Préparatoires* vol.1, *supra* note 91 p.151 などを参照。

(181) International Law Association, *Report of the 31st Conference* vol. 2, p.3（Buenos Aires Conference 1922）（report of the Maritime Law Committee）（銀行家および保険者の利益に言及している）, *reprinted in* Hague Rules *Travaux Préparatoires* vol. 2, *supra* note 91, p.243; *Hague Conference Report, supra* note 91 pp.92-93（statement of Sir James Hope Simpson）（銀行家の利益について触れている）, *reprinted in* Hague Rules *Travaux Préparatoires* vol.1, *supra* note 91, pp.198-199 など参照。

るようにしている。この第三者は、個々の船荷証券を詳しく調査することなく、自らが享受することのできる最低限のレベルの保護を信頼して船荷証券を取得する（または船荷証券を担保に貸し付けを受ける）ことができるものと確信する。この保護こそが、商取引を促進し[182]、自由（さらには効率的）市場における商取引を可能にしている[183]。

　ロッテルダム・ルールズは、80条が運送人の義務について条約からの逸脱を認めているために、ここで述べた原則と合致しないように見えるかもしれない。しかし、このような推論は、80条が設ける次のセーフガードによって妨げられる。第1に、そして最も重要なのは、この逸脱は第三者に影響を与えないということである（第三者がこれに同意していない限り）[184]。したがって、ヘーグ、ヘーグ・ヴィスビーおよびハンブルク・ルールズにおいて真に保護されるべき者は、継続して保護されている。第2に、この逸脱は、それを望まない、またはそれを知らされていない荷送人には強制されない[185]。このように、市場は依然として効率的に機能し続ける。実際、特殊な取引の利益がその特殊な取引について交渉するコストに見合うという例外的なケースについては、市場は今よりもずっと効率的に機能するだろう。

Ⅳ　結　語

　ロッテルダム・ルールズによる現行法の変更は、世界を揺るがすようなものではない（そのように意図されたものでもない）。本条約は、意図的に

---

(182) 国際的な体制が運送人と荷主間での許容範囲内のリスク配分を明示する限り、この体制の存在自体が、当事者同士でリスク配分を交渉する手間と費用を節約させることで商取引を促進する。

(183) ある意味では、このような発想は、財産上に生じうる利益の種類を確定する物権法定（*numerus clausus*）主義と共通する。船荷証券上の責任条件を一定程度標準化することによって、ヘーグ、ヘーグ・ヴィスビーおよびハンブルク・ルールズは、船荷証券の取引を促進している。

(184) ロッテルダム・ルールズ80条5項参照。前掲注(150)と、これに対応する本文を参照。

(185) ロッテルダム・ルールズ80条2項、3項参照。前掲注(153)-(158)と、これに対応する本文を参照。

漸進的なものとなっており、革新的なものではない。その目的は、すでに何年もの間認識されてきた空白を補充し、適用される法を可能な限り統一することによって、物品運送を規律する現行の法体制を更新し現代化することにある。全体としての本条約と同様に、適用範囲および契約自由に充てられた規定もまた、漸進的ではあるが革新的ではない。

　適用範囲に関する事項は、ヘーグ・ルールズの交渉過程においては意見の分かれる問題であったにもかかわらず、ロッテルダム・ルールズの交渉過程においてはもっぱら技術上の問題にとどまった。基本的な目的は、船荷証券と傭船契約という伝統的な二分法がもはや適当ではなくなった現代の商業慣行を反映するために、法律を更新し現代化することであった。UNCITRALでは、どの取引を一般的に適用対象とし、どの取引を適用除外とするのかについてはすぐに合意が形成されたため、我々が21世紀に歩を進めるのに対応して、上記の目的を達成できるような条文を起草することが課題となった。

　ロッテルダム・ルールズの交渉過程において、契約自由に関する事項もまた、現在の商業慣行を反映するために法律を更新し現代化する必要性の産物として議論の対象となった。交渉過程では論争を巻き起こしたにもかかわらず、契約自由を拡張する本条約の規定は、結果的には実務に決定的な変化をもたらすものではない。既存の条約も、あまり認識されないもののすでに契約自由を認めている。運送人はその責任を軽減する自由を利用してこなかっただけでなく、それどころか、そのような義務がないにもかかわらず強行法的な体制を拡張してきたのである。80条については、それが意図された通りに、もっぱら例外的な場合に対処するために利用されるだけであろうという想定は、疑いのないものであるように思われる。

5 責任期間、複合運送的側面及び履行者

藤田友敬

I　はじめに

　ロッテルダム・ルールズの基本的性格を示すものとして、「ドア・トゥ・ドア」という言葉が用いられる。本シンポジウムにおいて、ベア氏が、「ドア・トゥ・ドア」の責任法制がなぜ必要とされるに至ったか説明しているので（本書13頁以下参照）、この点については、本稿では繰り返さない。その代わり本稿では、ロッテルダム・ルールズの「ドア・トゥ・ドア」な適用に関連して、次の3つの点について説明することにしたい[1]。

　第1に、ロッテルダム・ルールズの定めるドア・トゥ・ドアの運送人の責任期間に関連するいくつかの技術的な側面について説明する。第2に、ドア・トゥ・ドアな適用から必然的に生じる複合運送的側面について検討する。第3に、ロッテルダム・ルールズによってカバーされる運送人以外の主体について説明したい。最後の問題は、厳密に言えば条約の「ドア・トゥ・ドア」な適用の話それ自体ではない。これについて触れるのは、運送人の責任期間の拡張と密接に関連する履行者の概念と関係するものであり、もし本稿がこれについて触れなければ、本シンポジウムでは他の誰も触れることがないトピックだからである。

---

[1] 本稿の扱う問題の詳細については、Tomotaka Fujita, *The Comprehensive Coverage of the New Convention : Performing Parties and the Multimodal Implications*, Texas International Law Journal, vol. 44, p.349 (2009) 及び MICHAEL F. STURLEY, TOMOTAKA FUJITA AND G.J. VAN DER ZIEL, ROTTERDAM RULES : THE UN CONVENTION ON CONTRACTS FOR THE INTERNATIONAL CARRIAGE OF GOODS WHOLLY OR PARTLY BY SEA, SWEET & MAXWELL, 2010, PARAS. 4.001-4.044, 5.139-5.195 を参照されたい。

II　運送人の責任期間：条約のドア・トゥ・ドアな適用

1　12条の定める責任範囲

　まずロッテルダム・ルールズの条文がいかにしてドア・トゥ・ドアに責任期間を拡張しているかという点を確認しよう。ロッテルダム・ルールズ12条1項は、「本条約における物品に関する運送人の責任期間は、運送人又は履行者が運送のために物品を受け取った時に開始し、物品が引き渡された時に終了する」（傍点筆者）と規定する。物品の受取地、引渡地には、場所的な制約は課されてない。したがって、運送契約に従って運送人が物品を内陸の倉庫で受け取ったとすれば、たとえ当該倉庫が港湾の外にあったとしても、責任期間はそこから開始することになる。また運送契約に従い、運送人が物品を荷受人の工場で引き渡した場合、その工場が港湾外にあったとしても、責任期間はそこまで続くことになる。

　しかし、ロッテルダム・ルールズがドア・トゥ・ドアの責任期間を有するということは、当事者が伝統的な「テークル・トゥ・テークル」あるいは「港から港まで」の運送契約を締結することが許されないということを意味するわけではないことには注意を要する。当事者は物品の受取時期・場所及び引渡時期・場所のいずれについても自由に合意することができる。12条3項はそのことを明確に規定しており、これに対する唯一の制約は、物品の受取は最初の積込みより後であってはならず、物品の引渡は最後の荷揚の前であってはならないと規定する12条3項但書である。それゆえ、船積港のコンテナヤードで物品を受け取り、運送人は陸揚港のコンテナヤードで物品を引き渡すといった「港から港まで」の契約を当事者が結ぶことは可能である。この場合、物品の受取は最初の船積み前に行われており、また物品の引渡は最後の荷揚後になされる旨が合意されているからである。このような合意は有効であり、運送人の責任期間は2つのコンテナヤード間ということになる。

　難しい問題があるのは、次のようなケースである。運送人が内陸の倉庫で物品を受け取り、自身のトラックで港に運び、船舶に船積みしたとしよう。運送契約では、責任期間は、「物品の受け取りは船側における船舶への

船積時に行う」と定められているとする。この場合、いつから運送人の責任期間は開始するのか。2つ問題がある。第1は、12条1項と3項の関係である。12条3項は当事者が責任期間を合意することを定めるが、運送人が物品を受け取っている以上、12条1項により責任は開始しているのではないかという疑問がある。こう考えると内陸の倉庫から責任期間は開始していることになる。これに対して、12条3項による合意がある場合には、12条1項にいう「受取」、「引渡」は、それを前提としたものであり、上記ケースでいえば内陸倉庫での受領は、12条1項にいう「受取」ではないという理解もあり得る。こう理解するなら、船舶への船積み時点から責任期間が開始することになる。以上の点は、ロッテルダム・ルールズの内容が最終的に確定した国連国際商取引法委員会（UNCITRAL）第41会期（2008年6～7月）においてはげしく議論されたが、最終的に合意には至らず解釈に委ねられることとなった[2]。前者の解釈は運送人が実際に物品を占有している限りは、責任期間となるということを前提とする。しかし、ロッテルダム・ルールズは、契約で合意された時点・場所において引渡がなされない場合、たとえ運送人が占有を続けていても責任期間が終了することを予定しているようである（物品の滅失・毀損について完全に免責されるわけではないが（48条5項）、これは運送人としての責任ではない）。このことから責任期間は、12条3項但書の定める制約を守る限り、物品の物理的占有とは無関係に、自由に合意できるとする後者の見解の方が、条約の趣旨にかなうように思われる。

上記設例の第2の問題は、12条3項但書の解釈である。12条3項は、物品の受取は最初の積込みより後であってはならないと定めているため、責任期間の開始（物品の受取り）をトラックへの積込後とする合意は無効なのではないかということである。しかし12条3項(a)は、「物品の受取時を、運送契約に基づく最初の積込の開始より後の時点とすること」（傍点筆者）としていることに注意する必要がある。問題の運送契約が船舶への船

---

[2] Report of the United Nations Commission on International Trade Law on its forty-first session (New York, 16 June-3 July 2008), A/63/17 and Corr.1 (UNCITRAL YEARBOOK Volume XXXIX (2008), pp.12-13), paras.39-43.

積みから船舶からの荷揚までのものであれば、「最初の積込」とは、トラックへの積込ではなくて、船舶への船積みを意味することになる。したがって、上記合意が12条3項で無効とされることにはならない[3]。

2 FIO条項の扱い

　船舶への物品の船積、荷揚は荷送人が行う旨の合意を運送人と荷送人が締結することがある。こういう合意は、「free in/free out (FIO)」と呼ばれるが、その有効性について、ヘーグ・ヴィスビー・ルールズのもとでは議論があった。このような合意をもって運送契約の期間を定めるものと理解した上で、FIO条項に基づく活動は運送契約の範囲外なのであるから、仮にこれについて運送人が責任を負わないとしても、ヘーグ・ヴィスビー・ルールズの強行法規性には触れないと理解する法域もある[4]。

　ロッテルダム・ルールズのルールのもとでは、FIO条項をこのような理由付けで正当化することはできない。なぜなら12条3項但書が、物品の受け取りを最初の積込の後にすること、あるいは引渡を最後の荷揚の前にすることを明文で禁止しているからである。このため13条2項は、「物品の船積、取扱、積付及び荷揚を、荷送人、書類上の荷送人又は荷受人が行うべき旨合意することができる」と規定する。そして13条2項がFIO条項を明示的に有効とするとともに、17条3項(i)は、FIO条項のもとで荷送人らが行う行為について、運送人を免責している。

　以上は、単にFIO条項の効力についての説明の仕方を変えるだけのも

---

(3) STURLEY, FUJITA AND VAN DER ZIEL, *supra* note 1, 4.008 参照。

(4) イギリス判例法がこのような考え方をとることで有名である（*Pyrene v Scindia Navigation* [1954] 2 QB 402. 近時の貴族院判決である *Jindal Iron and Steel Co ltd and Others v Islamic Solidarity Shipping Company (The "JORDAN II")*, [2005] 1 Lloyd's Rep 57 においても踏襲されている）。裁判例はないが、日本法のもとでもこれが多数説ではないかと思われる。わが国の学説としては、イギリス判例のように運送契約の範囲の限定であるとして有効とする見解（石井照久「運送人の責任」海法会誌復刊5号15-16頁（1957)、田中誠二＝吉田昂『コンメンタール国際海上物品運送法』（勁草書房、1964) 74頁）の他に、物品の船積・荷揚等の危険を荷主側に転嫁する限りにおいて無効とする立場（戸田修三＝中村眞澄編『注解国際海上物品運送法』（青林書院、1997) 56-57頁（中村眞澄執筆))、荷送人が実際にその内容に同意したか、船積等に関する義務の除外により運賃の減額等の相当の対価が提供された場合にのみ運送人の免責がありうるとする立場（同書108頁（清河雅孝執筆)) 等がある。

ののように思われるかもしれないが、そうではない。第1に、従来の説明だと、契約の自由がどこまで及ぶかがはっきりしない。たとえば運送人あるいはその被用者が現に船積・荷揚等を行った場合でも運送契約の範囲外という扱いになるのか？　あるいは契約の期間を定める何らかの地理的な制約はあるのか（たとえば海上運送中の一区間だけを責任期間とすることができるか）？　ロッテルダム・ルールズのFIO条項に対する規律のもとでは、荷送人等にさせることができるのは、あくまで14条2項に列挙された行為（物品の船積、取扱、積付及び荷揚）に関してだけであり、また仮に運送人やその被用者がこれらの行為を行った場合には、運送人が条約上の定める責任を負うことは明確である（17条2項(i)）。このように、ロッテルダム・ルールズは単にFIO条項の有効性を確認するだけではなく、そのような契約の効力の及ぶ範囲について、従来にはなかった具体的な規律をしているということになる。

III　複合運送的側面

1　他の条約との衝突

　運送人の責任範囲の拡大は他の責任法制との衝突を引き起こす可能性がある。たとえば、仮に問題の運送契約が道路運送を含んでおり、当該道路運送部分には、「1956年の道路による国際物品運送契約に関する条約」（CMR）が適用されるとしよう。ロッテルダム・ルールズは訴えの提起について2年間の期間制限を設けているが、CMRは1年である。したがって道路運送部分で生じた物品の滅失・毀損について、物品引渡から15ヵ月経過後に、ロッテルダム・ルールズとCMRの双方の締約国で訴訟が提起されたとすれば、裁判所は期間制限の適用を認めても認めなくても、いずれかの条約に違反してしまうことになる。これが条約の衝突と呼ばれる典型的な状況である。

　このような条約の衝突が、現実味のある懸念なのか、それとも単に純粋に理論的な可能性にすぎないのかは、答えるのが難しい問題である。答えは各条約の解釈に依存しているからである。たとえばCMRが複合運送の一部をなす国際道路運送に適用があるか否かは、はっきりしない。もし適

用がないのだとすれば、上記の例においては、そもそも道路運送部分にCMR の適用がない以上、条約の衝突の問題は存在しないことになる。実際、これがヨーロッパのいくつかの国における解釈のようである[5]。しかしながら、UNCITRAL 作業部会は、たとえ純粋理論的なものであったとしても、条約同士の衝突の可能性は回避すべきであると考えた。その結果、ロッテルダム・ルールズには、この問題に関連する2つの条文が置かれている。26 条と 82 条である。

2　26 条と制限的ネットワーク原則

　26 条は、「物品の滅失若しくは損傷又はその延着の原因となる事象が、……もっぱら船舶への船積前又は船舶からの荷揚後において生じたときは、本条約の規定は、他の国際的規則の規定……に優先しない。」と規定する。これはいわゆるネットワーク原則に基づく規定であるが、同条は、ネットワーク原則をできる限り限定的に適用しようとしており、(a)～(c)号において、3つの適用条件を定める。これらの条件はなかなか複雑なので、以下で具体例を使って、同条が具体的にどのように働くかを説明しよう。

【例 1】　ニューヨークからロッテルダムまでの海上運送部分とロッテルダムからベルリンまでの道路運送部分を伴う、ニューヨークからベルリンまでの運送契約を想定する。物品が道路運送部分で損傷した。

　まず損傷は船舶からの荷揚後に生じているので、26 条柱書の要件は満たす。CMR は運送人の責任、責任制限及び訴えを提起すべき期間についての具体的な規定を有するので、(b)号、(c)号の要件も満たす。最後に、仮にロッテルダムとベルリンの間に「別個の直接的な契約」が締結されていたとすれば、それは CMR の適用のありうる契約（CMR 締約国間の国際道

---

[5] ドイツの連邦最高裁判所は、CMR は複合運送の一部をなす国際道路運送には適用はないとする（BGH July 17, 2008, 2008 TransportR 365）。オランダにも同旨を述べる裁判例があるようである（The Hague Court of Appeal, June 22, 2010, S&S 2010, 104）、これに対して、このような運送に対する CMR の適用を認めるイギリスの裁判例がある（*Quantum Corp, Inc v Plane Trucking Ltd* [2001] 2 Lloyd's Rep. 25 (Eng. C.A.)）。

路運送）なので、(a)号の要件も満たす。したがって裁判所は、ロッテルダム・ルールズの条項の代わりに、CMRを適用することができる。

若干異なる例を挙げよう。

【例2】　ニューヨークからロッテルダムまでの海上運送部分とロッテルダムからベルリンまでの道路運送部分を伴う、ニューヨークからベルリンまでの運送契約を想定する。物品がどこで損傷したかは不明である。

この場合、運送人の責任はロッテルダム・ルールズで規律され、CMRは適用がない。26条は、あくまで物品の滅失・損傷が、「もっぱら船舶への船積前又は船舶からの荷揚後において生じたとき」に適用されるからである。物品の損傷場所が特定できないようなケースでは、同条は適用されない[6]。

もっとも26条の要件が満たされる場合、26条は、ロッテルダム・ルールズの規定は他の国際的規則の規定に「優先しない」と規定するだけである[7]。この文言にかかわらず、裁判所は他の国際的規則の規定（上述の例だとCMRの関連規定）を適用しなくてはならないという見解もある[8]。この見解は、26条の要件が満たされる場合には、他の国際的規則の規定がいわば実体的に摂取（substantive incorporation）され、ロッテルダム・ルールズの効力としてこれが適用されると考えているわけである[9]。

しかし、少なくとも「優先しない」という26条の文言を尊重する限り、

---

[6] なお26条との関係では、物品の滅失・損傷が、船舶への船積前又は船舶からの荷揚後において生じたことが必要であり、その原因がこれらの期間に生じたのでは足りないことに注意されたい（17条1項の規定文言と対比せよ）。また「もっぱら」の期間に生じる必要があり、海上運送期間を含む期間内に次第に損傷が進行していったというような場合も、26条は適用されない。

[7] この文言の解釈については、増田史子「条約の適用範囲、責任期間、複合運送的側面」海事法研究会誌復刊53号77頁（2009）、池山明義「複合運送に対するRotterdam Rulesの適用について」『国際取引法および海商法の諸問題Ⅱ』（忽那海事法研究会、2011）58-64頁参照。

[8] Gertjan Van der Ziel, Multimodal Aspects of the Rotterdam Rules, CMI YEARBOOK 2009, pp.306-307.

[9] Van der Ziel, *supra* note 8, pp.306-307.

仮に法廷地の裁判所が問題の運送契約には CMR の適用がないと考えるのであれば、その裁判所は、たとえば例 1 のようなケースであっても、ロッテルダム・ルールズを適用してもかまわないことになるはずである（すでに述べたとおり、複合運送の一部をなす国際道路運送に対して CMR が適用されるかどうかは、締約国でも考えが分かれるようである）。実質的にも、本条の適用がある場合には、CMR を適用してもロッテルダム・ルールズ違反にはならないけれども、逆にロッテルダム・ルールズが CMR の適用を強制するとまで考える必要はないと思われるからである[10]。このことはとりわけ法廷地が国際的規則の加盟国ではない場合によくあてはまる。法廷地国がロッテルダム・ルールズの締約国となった効果として、法廷地裁判所が自国の加盟していない国際的規則の適用を強いられることとなるというのは適切とは思われない。ロッテルダム・ルールズを最終的に確定した UNCITRAL 第 41 会期（2008 年 6 月 18 日）において、本条が条約の衝突を解決する条項ではないことを明らかにするために「優先する（prevail over）」という語を「適用する（apply）」と変更すべき旨を提案がなされたにもかかわらず否決されたことも[11]、このような解釈を支持する一助にはなるのではないかと思う。

---

(10) Fujita, *supra* note 1, pp.360-361 (2009)

(11) Report of the United Nations Commission on International Trade Law on its forty-first session (New York, 16 June-3 July 2008), A/63/17 and Corr.1, para.97（UNCITRAL YEARBOOK Volume XXXIX (2008), p.23）参照。より詳細な議事録の伝えるやりとりは下記の通りである（Summary record of the 870th meeting, held at Headquarters, New York, on Wednesday, 18 June 2008, at 3 p.m., A/CN.9/SR.870 and Corr.1, paras. 10-24（UNCITRAL YEARBOOK Volume XXXIX (2008), pp.958-959）参照）。提案者であるドイツ代表は、変更の理由について、「草案第 27 条（注：現 26 条）が条約の衝突に関する条項ではないことを明確にするものである。もし損害がどこで起きたかが特定され、他の国際文書の適用されるべきものであったとすれば、当該国際文書の規定が適用される」と説明した（*ibid.*, para.22）。1 ヵ国の代表（スイス）だけがこの提案を支持し（*ibid.*, para.18）、多くの代表は賛成しなかった。そのうちノルウェイ、オランダ、ベラルーシュ、日本は、「優先する」という文言の方が望ましいと明示的に述べた。他の国（イギリス、フランス、スペイン、ギリシア、チリ）は、「優先する」と「適用する」の選択については特に言及しないまま、原案の文言を支持した（*ibid.*, paras. 15-21）。条約の衝突が存在せず裁判所がロッテルダム・ルールズを適用すべきと考える場合には、裁判所がロッテルダム・ルールズを適用することを認めてやるべきであるという理由から、「優先する」という文言を支持すると明示的に述べた代表（ベラルーシュ、日本）もあった（paras. 20-21）。

3　82条

　限定的ネットワーク原則は、条約の衝突の可能性をかなり減少させるであろうが、いくつかの状況では、26条だけでは締約国の裁判所がロッテルダム・ルールズと他の国際条約のもとで、両立しえない義務を負わされる可能性が排除できない。このため82条が、締約国に対して、条約の衝突を回避するためのさらなるセーフガードを用意している。この条項がなぜ必要か、具体例を用いて説明しよう。

【例3】　当事者、ナイロビからシンガポール経由で東京まで物品を運送する契約を締結した。物品は、ナイロビからシンガポールまでは航空運送で、シンガポールから東京までは海上運送で運ばれる。海上輸送中に物品の損傷が発生したが、その原因は航空運送中に既に生じていたものである。荷受人が運送人に対してシンガポール（航空運送に関するモントリオール条約の締約国）で訴訟を提起した。

　このケースでは、海上運送中に物品の損傷が生じている以上、26条の適用はなく、ロッテルダム・ルールズが適用される。しかし同時に、モントリオール条約も適用される。同条約18条1項は、「運送人は、貨物の破壊、滅失又はき損の場合における損害については、その損害の原因となった事故が航空運送中に生じたものであることのみを条件として、責任を負う」（傍点筆者）と規定しているからである。それゆえ、この設例において、シンガポールの裁判所は、このままだと両条約の規定を適用するという両立し得ない義務を負わされることになる。そこで82条(a)号が、この状況のもとで裁判所がモントリオール条約の条項を適用することを許容している。82条(b)-(d)号は、道路運送、鉄道運送、内水運送の各々について、類似の問題を解決している。

Ⅳ　「履行者」に関する諸ルール

　最後に、運送人以外の者でロッテルダム・ルールズによって規律される者の話に移ることにする。この問題は、さらに3つの問題に細分化され

る。すなわち、(1)運送人以外に、どのような者がロッテルダム・ルールズのもとで責任を負うか、(2)誰の作為・不作為について運送人は責任を負うことになるか、(3)誰がロッテルダム・ルールズの抗弁や責任制限を主張しうるか、の3つである。以下この順で検討しよう。

1　ロッテルダム・ルールズのもとで誰が責任を負うか

　ヘーグ・ルールズ及びヘーグ・ヴィスビー・ルールズは（契約）運送人の責任だけを規律する。ハンブルク・ルールズは、下請運送を引き受けた実行運送人（actual carrier）にも責任を課している。ロッテルダム・ルールズは、「履行者」という新しい概念を用いることで、これをさらに一歩進めている。

　ロッテルダム・ルールズ1条6項は、「履行者」を「運送人以外の者であって、運送人の直接又は間接の要請による又は監督若しくは支配下での行為として、物品の受取、積込、取扱、積付、運送、保管、管理[12]、荷揚又は引渡に関して運送契約上の何らかの運送人の義務を履行する又は履行を引き受ける者」と定義する。これは、下請け運送人はもとより、ステベドアやターミナル・オペレーター等、運送契約の実行にかかわる他の者も広く含みうるという点で、ハンブルク・ルールズにいう「実行運送人」よりも広い概念である。

　しかし、ロッテルダム・ルールズは、すべての履行者に対して条約上の責任を課しているわけではなく、「海事履行者」と呼ばれる者に限って責任を課している（19条参照）。「海事履行者」の定義は、1条7項に見られる。同条は、「船舶の船積港への物品の到着から船舶の荷揚港からの物品の搬出までの間に、何らかの運送人の義務を履行する又は履行を引き受ける履行者をいう。陸上運送人は、港湾地域内のみにおいてその役務を履行する又は履行を引き受ける場合にのみ、海事履行者となる。」というかなり長いものであるが、単純化して言うなら、履行者のうち海上運送に関係する

---

(12) 2012年10月11日付の国連事務局長からの寄託機関通知（Depositary Notification C.N.563.2012.TREATIES-XI.D.8）によって、「管理」の語を追加する訂正提案がなされ、2013年1月9日から発効した（Depositary Notification C.N.105.2013.TREATIES-XI.D.8）。

サービスを提供する者を指すと考えてよい[13]。

　ロッテルダム・ルールズがその責任法制の適用を「海事履行者」に限定したのは、UNCITRAL作業部会において、純然たる国内運送にまで条約のルールを適用するのはゆきすぎだと考えられたからである。もしロッテルダム・ルールズがすべての履行者に適用されるとすれば、たとえば隣町まで物品を運送したトラック業者の責任まで条約によって規律される可能性があることになる。そのような結果は、国内運送だけに従事する中小の陸上運送業者の予期しないことであろう。さらに各国はそのような運送について独自の国内的な運輸政策を有しているかもしれず、ロッテルダム・ルールズがそれに介入するのは賢明ではないと考えられた。

　以下、履行者を含めたロッテルダム・ルールズの適用関係について、例を用いて説明しよう。

【例4】　荷送人がベルリンからシカゴへの運送を利用運送業者（NVOC）に委託した。物品はベルリンからアントワープまでトラックで、アントワープからニューヨークまで船舶で、ニューヨークからシカゴまで鉄道で運ばれた。アメリカはロッテルダム・ルールズの締約国で、ドイツ、ベルギーはそうではないとする。物品が損傷を受けた場合、荷受人は、誰をどういう法に基づいて訴えることができるか。

　まずこの運送契約は4条に定める条約の地理的適用範囲を満たすので、利用運送業者はロッテルダム・ルールズのもとで、運送人として責任を負う。次に、アントワープからニューヨークまでの運送を引き受けた海上運送人は、海上運送中に物品が損傷したのであれば、海事履行者としてロッテルダム・ルールズ上の責任を負う。ニューヨークの港で作業したステベドアはロッテルダム・ルールズのもとで責任を負うが、アントワープの港

---

[13] なお19条4項は、本条約は船長・船員及び運送人・履行者の被用者に責任を課すものではないと規定する。これらの者も――常にそうであるとは言えないかもしれないが――海事履行者の定義を満たす可能性がある。しかし、作業部会はこれらの者を条約上の責任主体とすることには消極的であり、明示的に責任主体から除外する旨の規定を置いたのである。この問題の経緯については、Fujita, *supra* note 1, pp.369-371 参照。

で作業したステベドアは負わない。非締約国の港で作業した海事履行者は、ロッテルダム・ルールズのもとでは責任を負わないのである（19条1項(a)）。

もしベルリンからアントワープの間で物品が損傷したとすれば、その間の陸上運送を行ったトラック業者は、ロッテルダム・ルールズのもとでは責任は負わない。トラック業者は履行者ではあるが、海事履行者ではないからである。なおベルリンからアントワープの間の運送にはCMRの適用があるであろうが、CMRは運送人と直接契約関係のない者に対する責任は規定していないので、荷受人としてはトラック業者を不法行為に基づいて訴えるしかないであろう。

最後に、ニューヨークからシカゴの間で物品が損傷した場合、鉄道運送人の責任は、ロッテルダム・ルールズではなくアメリカ法で規律される。アメリカ国内法はカーマック改正法[14]と呼ばれる法律であるが、これも下請運送人に対する直接訴権を規定するものではないので、運送人は鉄道運送人を不法行為で訴えるしかないことになる。

2　誰の作為・不作為について運送人は責任を負うか

第2の問題は、誰の作為・不作為について運送人は責任を負うかである。18条は、運送人は、履行者に加えて、船舶の船長及び乗員、運送人あるいは履行者の被用者、その他、運送契約上の運送人の義務の履行を行ったあるいは行うことを引き受けた者によって引き起こされた条約上の義務違反についても責任を負う旨を定める。もし誰の作為・不作為について運送人は責任を負うかという問題について、履行者という概念だけで完全に答えを与えることができたとすれば、体系的には最も美しかったであろうが、残念ながら、それだけだと完全にカバーできるかどうかはっきりしない者があったり、疑念を招く要素があったりするために[15]、必要な人間

---

(14) 49 U.S.C. § 14706.
(15) たとえば、定期傭船契約の場合等、船舶の船長・乗員は運送人が雇用しているわけではないこともあるが、これらの者が運送人の履行者と言えるかどうかはっきりしない場合があるため、あえてここで言及されている。運送人や履行者の被用者（自然人）の扱いは、作業部会においていろいろ議論があったため、各条項において、念のため、その扱いを明示的に触れることとした（注(13)参照）。18条(b)号、(c)号の反対解釈として、運送人や海事履行者の被用者は履行者ではないといった結論が導かれるわけではない。

がもれなくカバーされるように、このような規定を置いたのである。

3 誰が条約上の抗弁・責任制限を享受しうるか（ヒマラヤ条項的保護）

最後に、運送人以外の者のうち、だれが運送人同様、ロッテルダム・ルールズの定める抗弁や責任制限を主張することができるか。このように運送人以外の者が運送人の有する抗弁を主張できることは、「ヒマラヤ条項的保護」[16]として知られる。ロッテルダム・ルールズ4条は、条約上の抗弁や責任制限[17]を主張しうる者の範囲を定める。

4条1項に掲げる者は2つのカテゴリーに分かれる。第1に、海事履行者は条約上の抗弁や責任制限を主張することができる。これは海事履行者は、ロッテルダム・ルールズに基づいて責任を負わされているからであり、したがって当然に、ロッテルダム・ルールズの与える抗弁・責任制限も享受することになるわけである。これは厳密に言えば、「ヒマラヤ条項的保護」とは異なる。第2のカテゴリーは、運送人や海事履行者の被用者（4条1項(c)）だとか、船長・船員その他船舶上でサービスを提供する者

---

(16) ヒマラヤ条項の名は、*Adler v Dickson* (*The Himalaya*), [1954] 2 Lloyd's Rep 267, [1955] 1 QB 158 [1] に由来する。もっとも、事案は、物品運送ではなく旅客運送に関するものである。乗船中に負傷した乗客が、船長と甲板長を訴えた。被告は、運送人と旅客の間に結ばれた免責条項によって保護されると主張した。貴族院はこの主張を退けたが、同時に、仮に運送契約中に運送人の被用者にも免責を与える旨の合意が含まれていたとしたなら、そのような条項は被用者を保護する効果があるということを認めた。

(17) 4条1項は、「運送人に対して抗弁又は責任制限を与える本条約の一切の規定」が、(a)～(c)号に列挙された者に適用されるとする。運送人が、運送契約上で59条1項よりも高額の責任限度額を合意したり、数量契約中でより低額の限度額を合意したりした場合には、(a)～(c)号に列挙された者（ただし次に述べるように海事履行者等は除く）そのような合意の額を主張することができると考えるべきであろう。ヒマラヤ条項的保護は、代理人・被用者に運送人と同様の保護を与えるものだからである。「運送人に対して抗弁又は責任制限を与える本条約の一切の規定」というのも、あくまで問題の運送人が条約上主張することができる抗弁・責任制限という意味だと読むべきことになる。

ただし海事履行者は、条約の責任限度額を引き上げる旨の運送契約中の合意にもかかわらず、59条1項の定める限度額を主張しうる（19条2項）。海事履行者は、条約上直接責任を負うゆえに、条約上の抗弁や責任制限を主張しうるのである。この場合の海事履行者の権利は、本文でも述べた通り、厳密に言えば、ヒマラヤ条項的保護ではないのである。

(4条1項(b)))である[18]。これらの者はロッテルダム・ルールズ上は責任を負うわけではないので、抗弁・責任制限を享受しうることについては、海事履行者の場合とは異なった理由付けが必要である。理由は、これらの者は使用者に経済的に依存しているということに求められる。このためもしこれらの者に抗弁や責任制限を認めないと、実際上は、運送人や海事履行者自身に抗弁の責任制限を否定したのと同じような経済的効果を与えてしまうことになる。

もし経済的従属性が理由なのであれば、ヒマラヤ条項的保護は、当然にはすべての履行者に拡張することはできない。たとえば鉄道運送人のような内陸運送人は、運送人に経済的に従属しているとはいえない（少なくとも運送人の被用者と同じ程度に従属的とは言えない）。このため4条のリストは履行者そのものではなくて、そのうちの一部の者だけに触れているのである。もちろん、このことはロッテルダム・ルールズが、ヒマラヤ条項を運送契約に挿入することを禁止するものではない。ただそのような契約条項を合意しない限り、4条に掲げられていない者は、同条によって自動的に保護が与えられるということはない。

V　むすび

本稿では、ロッテルダム・ルールズの責任法制に関する3つの側面を扱った。ロッテルダム・ルールズは、現代の輸送のコンテナ化への対応として、運送人の責任法制をドア・トゥ・ドアに広げてカバーするものとし、同時に、そのことから必然的に生じる条約の衝突の問題への解決を規定している。またロッテルダム・ルールズは、運送人の拡張された責任期間の間に運送の履行にかかわる人々について、これまでの条約よりも包括的に取り込んで規制している。一言で言えば、本稿はそのような責任法制

---

[18] 4条1項(b)号、(c)号は、その反対解釈として、船長・船員その他船舶上でサービスを提供する者や運送人や海事履行者の被用者は海事履行者には含まれないといった結論を導くものではない。実際、これらの者は多くの場合、海事履行者にあたる。4条1項(b)号、(c)号は、万一の漏れ落ちを防ぐための規定に過ぎない。STURLEY, FUJITA AND VAN DER ZIEL, *supra* note 1, 5.191 参照。

の適用の拡張について説明したものである。しかし、そのように適用範囲の拡張された責任法制の内容については本稿では扱っていない。これは本章のその他の報告によって扱われることになる。

6 運送人の義務と責任

ハンヌ・ホンカ
藤田友敬　訳

I　背　景

　ロッテルダム・ルールズは、運送人、荷送人及び一定の第三者の義務と責任に関するいくつもの論点を扱っている。運送人に関する限り、その義務と責任は異なるカテゴリーに分けることができる。主要な方は、貨物に関する義務と責任であり、もう一方は運送人の運送書類（電子的運送記録も含め）に関する義務と責任である。本稿は、運送人の義務と責任に関連して、もっぱら貨物に関する問題を扱う。すでに説明されたとおり、この問題は、全部ではないものの、大部分、ロッテルダム・ルールズの片面的強行法規によってカバーされている。
　物品運送に関する国際的な責任法制はいかなるものであれ、困難かつ微妙な交渉の産物であり、最終的には妥協的な解決となっている。ある意味では、物品の滅失・損傷のリスクすべてを運送人あるいは荷主のいずれかに負わせることが最善の選択かもしれない。そうすれば、一種類の保険だけで事足り、異なる2種類の保険は不要となる。
　しかし、そのような両極端な解決には、少なからぬ問題がある。それは法的観点からは、公平なリスク分配という原則に反することにもなろうが、なによりも、市場による評価という観点から、現実性を欠くことにもなりかねない。したがってリスクを当事者間で分配することは、理解でき、かつ弁護できる選択肢である。ただ難しいのは、運送人のリスクと荷主のリスクの間にどこで線を引くかということである。これは、もちろん古典的な論争点であるし、ロッテルダム・ルールズの条約交渉においても

論争となった典型的な点であった。

　ロッテルダム・ルールズには、多くの支持もあるし、また多くの批判もある。しかし、特にこれこれの点については他の解決を支持するという観点からの批判については、適切なリスク分配について個人的見解はいろいろなものがありうるであろうが、適切なリスク分配について皆で合意された理解こそが決定的なのだということは忘れてはならない。これがまさにロッテルダム・ルールズを作り出す際に起きたことなのである。

　以下では、物品運送に関する運送人の義務と物品の滅失・損傷により生じる責任について、一般的なレベルで扱うことにしたい。そして本稿の最後において、運送人の延着責任について触れる。詳細に立ち入ることはできないし、多くの規定は本稿の射程外とせざるをえない。責任に関する規定のいくつかの重要な局面は、シンポジウムの別の論者によって取り扱われることになる。

II　物品運送に関する運送人の義務

　ロッテルダム・ルールズは運送人の義務を数多く明記している。ロッテルダム・ルールズ第4章は、6つの条文においてそれらを扱っている。しかし、これらの条文は、物品の移動に関するものに限られているという意味で網羅的なものではない。運送書類やこれに対応する電子化に関する規定はロッテルダム・ルールズの別の箇所に規定されている。第4章に置かれた義務からは、なじみ深い発想が見て取れる。

　堪航能力を備えた船舶を用意しなくてはならないという運送人の義務は古くからあるものである。このような要求は契約の黙示の条件として英米法に由来するものであること、そして契約中の一般的な免責条項との関係で重要な意味を持つものであるということをわれわれは知っている。最優先の義務違反の法理（the overriding breach doctrine）をとるなら、免責条項は排除されてしまう。ヘーグ・ルールズ及びヘーグ・ヴィスビー・ルールズ法制は、発航前及び発航時における船舶の不堪航性に、物品の滅失・損傷の原因として独立の意義を与えた。ハンブルク・ルールズ法制はまた別である。しかし、ヘーグ・ルールズあるいはヘーグ・ヴィスビー・ルー

ルズにおいて独立の法定免責事由であった航行に関する過失（航海過失）がロッテルダム・ルールズにおいては除かれ、火災免責もヘーグ・ルールズあるいはヘーグ・ヴィスビー・ルールズと比較すると修正されてしまった以上、発航前及び発航時における船舶の不堪航性の問題は、ハンブルク・ルールズの場合のように、もはやあまり問題とならなくなってしまったか、あるいは独立の何らかの意義を持たせたいなら何らかの修正を施さなくてはならないか、いずれかである。そしてロッテルダム・ルールズでは、後者の選択肢が選ばれた。この選択の構成要素の１つが、ロッテルダム・ルールズは、発航前及び発航時に船舶が航海に堪えられるようにするのみならず、航海中も堪航性を維持すべく相当な注意を尽くすことを、運送人に対して要求しているということである（14条）。

　運送人の義務について今ひとつ注目されるのは、責任期間がドア・トゥ・ドア・ルールが適用されるべく拡張されているということである（12条）。このことは、船積、積付、荷揚の実行とリスクを荷主に課す条項が、どの範囲で影響を受けうるかという問題を生み出すこととなった。上記の責任期間にもかかわらず、これらの条項（FIO条項あるいはその変種として知られる）は、依然存在意義がある（13条２項）。ただ、この点も責任に関する規定のもとで理解した方がよい。そこでは、個別の条文における明示的な規定により、運送人の責任の免責がFIO条項に関する問題に及ぼされている。

Ⅲ　物品の滅失・損傷に関する運送人の責任

　以下が責任システムの主要な側面である。

１　運送人とは誰か

　誰が運送人なのか分からなければ、ロッテルダム・ルールズの責任の規定はあまり役に立たない。運航者が連鎖的になっている場合には、これは難しい問題となろう。ロッテルダム・ルールズ以前の責任法制のもとでは、運送人は定義されてはいたが、それにもかかわらず、特に定期傭船をめぐって船荷証券が「船長のために」という形で署名された場合に関し

て、いくつかの法的な問題が生じていた。運送人は、定期傭船者なのか、船舶所有者（あるいはそれと比肩すべき誰か）なのか？

　ロッテルダム・ルールズ1条5項は、運送人を、荷送人と運送契約を締結した者と定義する。運送するという個々の約束をした者を探さなくてはならないわけである。運送書類や電子的運送記録も、この点について関係なしには済まされないということが認識された。ロッテルダム・ルールズでは、運送書類あるいは電子的運送記録には、運送人の氏名と住所を含めることが要求される（36条2項(b)）。この情報の重要性は、それ以外の者を運送人と指定する運送人特定条項（identity-of-carrier clause）は意味を持たないとされているという事実により強調されている（37条1項）。運送人が誰であるか特定されていない場合に、非常口ともいうべきルールが置かれている。最終的に、一定の要件のもと、運送書類あるいは電子的運送書類において登録船主と記載された者が、運送人と推定されるのである（ロッテルダム・ルールズ37条2項）。もっとも、そのような規定にもかかわらず、荷主は別の人間が運送人であると証明することは許される（ロッテルダム・ルールズ37条2項）。ロッテルダム・ルールズは、運送人の適切な特定を容易にするためのシステムを作り上げようと真剣に取り組んだわけである。

　荷主は、上記のように理解される運送人ではない者に対して直接請求したいと望むかもしれない。上記のように、海上運送においては、定期傭船の状況で、定期傭船者が運送契約を締結するが、その履行は別人（すなわち船舶所有者）によってなされるといったことがありうる。またそれとは別に、運送人が一部だけを履行し、残りの運送は別の業者、たとえばフィーダー輸送（feeder traffic）の業者によってなされるということもありうる。いずれの場合も、運送人以外の履行を行う者が含まれている。ここでも詳細は省略せざるをえないが、純粋の海上運送のコンテクストでは、ロッテルダム・ルールズは、この「他の業者」を「海事履行者」として認識している（ロッテルダム・ルールズ1条7項。1条6項も参照）。これは、運送人の何らかの義務を履行しあるいは履行することを引き受けた者である。興味深いことに、海事履行者の定義は、（たとえ航海それ自体は行わない者であっても）港湾におけるオペレーター、ステベドアを含んでいる。

海事履行者に特別の法的な役割がある以上、どのような条件のもとでこれらの者の責任が発生するかについて、ロッテルダム・ルールズは当然規定を置く必要がある（19条）。それは責任についての実体規定のみならず、適用範囲や管轄といった事項に関するものでもある（各々19条1項(a)号及び68条参照）。

2 運送人の責任原則

ロッテルダム・ルールズ第5章は、貨物に関する請求について、運送人の責任を規定する。

既存の責任法制が運送人の責任原則として過失推定責任の原則を採用してきたことは一般に知られている。ハンブルク・ルールズであっても、「共通理解」という表現を通してではあるが、この原則の適用を明示してきた。ロッテルダム・ルールズも、この伝統を継続するであろうことは、最初から多かれ少なかれ明らかであった。ヘーグ・ルールズ及びヘーグ・ヴィスビー・ルールズの免責条項のリストに含まれている推定過失に関するq）条項は、ロッテルダム・ルールズにおいては独立の条項となっている（17条2項。なお17条1項も参照）。

貨物に関する責任が問題となる事案では、ひとたび荷主において物品が運送人の責任期間内に滅失あるいは損傷したことを——たとえばいわゆる「クリーン」な運送書類を引き合いに出すことによって——証明できた場合、運送人は、滅失・損傷が自己の過失に帰すべきものではないことを証明できた限りにおいて、全部または一部の責任を免れることができる。

3 免責事由

ここまでは伝統的なルールのままである。しかし法定免責事由に関して言えば、確かにロッテルダム・ルールズにはヘーグ・ルールズ流の免責事由のカタログが置かれているものの、いくつかの修正が加えられている（17条3項）。中でも最も重要なのは、ヘーグ・ルールズ及びヘーグ・ヴィスビー・ルールズの免責事由である航海過失免責、より正確に言えば、「航行又は船舶の取扱に関する船長、海員、水先人又は運送人の使用人の作為、不注意又は過失」が、ロッテルダム・ルールズには含まれていないこ

とである。ハンブルク・ルールズにもこの例外は含まれていない。ロッテルダム・ルールズのカタログの残りは、ヘーグ・ルールズ及びヘーグ・ヴィスビー・ルールズのシステムと似たところが多い。航海過失免責をロッテルダム・ルールズから除いたことが、まごうことなき変更となる法域もあろうが、完全にはそうなるわけではない法域もあろう。どちらになるかの結論は、発航前及び発航時における堪航性・不堪航性の概念がどのように理解されているかによる。この概念が広ければ広いほど、航海過失免責の持つ重要性は小さいことになる。

　火災免責もロッテルダム・ルールズのもとでは修正を受けている（17条3項(f)）。船舶の火災は、それ以上細かいことを問わず、免責される危険とされているが、荷主側は、運送人の過失を証明することでこの免責事由に反駁することが許されている。このように証明責任は荷主側にある。この立法の仕方は、ハンブルク・ルールズにおいて認められた解決と、大きく異なるものではない。

　前述のようにロッテルダム・ルールズがFIO条項の容認は、13条2項による合意に基づいて行われた物品の船積、取扱、積付及び荷揚を――運送人又は履行者が荷送人、書類上の荷送人、又は荷受人を代理して行った場合を除き――免責と明示する同ルールズのカタログの免責事由の1つと組み合わされている（17条3項(i)号）。この免責事由には、ここでは詳述することのできないいくつかの語が含まれているけれども、これらの語が規定されているロッテルダム・ルールズ1条を一般的には参照されたい。

　ロッテルダム・ルールズにおける新たな免責事由としては、たとえば環境損害を避ける、あるいは避けることを意図した合理的な措置から生じた滅失・損傷がある。

　免責事由のカタログに加えて、責任に関する条項が、立証、反証、抗弁といった観点から見てどのような立場をとっているかを、ロッテルダム・ルールズは明確する必要があった。ヘーグ・ルールズ、ヘーグ・ヴィスビー・ルールズのシステムのもとでは、免責事由のカタログの役割は、いくつかの法域において必ずしも明確ではなかったが、ロッテルダム・ルールズのもとでは、運送人による無過失あるいは免責事由のカタログに含まれている原因事実の証明は荷主側によって反証されうる（17条4項）。

すでに述べたように、ロッテルダム・ルールズのもとでは、物品の滅失あるいは損傷の原因である不堪航性は、ヘーグ・ルールズ及びヘーグ・ヴィスビー・ルールズの法制のもとにおけるそれと同じ役割を果たすわけではない。ロッテルダム・ルールズによると、荷主は物品の滅失あるいは損傷が船舶の不堪航性（あくまでロッテルダム・ルールズにおける不堪航性であるが）によっておそらく引き起こされたことを証明することによって勝利をおさめることができる（17条5項）。荷主側に要求される証明の程度は、「通常の」場合よりやや低い。そのような意味で不堪航な場合であっても、運送人には、因果関係の不存在あるいは相当な注意を尽くしており過失がないことを証明する可能性がある。不堪航に関するルールは、不堪航が発航前あるいは発航時において存在したか、あるいは航海中に生じたかを問わず適用される。

最後に、ロッテルダム・ルールズは複数の原因が滅失あるいは損傷を引き起こしたという事態についても考慮している（17条6項）。そのような場合、運送人は、運送人責任に帰すべき滅失・損傷の範囲についてのみ責任を負う。

運送人の責任原因に関するロッテルダム・ルールズの主要条文はかなり複雑な作りとなっている。準備段階ではこの「責任のパッケージ」が詳細すぎるのではないか、もっとすっきりした条文の方が望ましいのではないかという疑念も呈された。しかし、すべてをカバーするような種類の規律が必要であることを強調する意見が支配的になったのである。それでもいくつかの条文について裁量の余地が残る、残らざるをえないのは当然である。

4　特別の状況

ロッテルダム・ルールズは、離路、甲板積貨物、複合運送、生動物、特殊な合意を必要とする特殊な運送及び共同海損といった、いくつかの特別な状況をも考慮に入れている。それらのほとんどは、古い責任法制からなじみ深いものではある。ただ深く立ち入ることはできないが、その実質においていくつかの違いがある。

ここでは、まずロッテルダム・ルールズにおける離路の規定（24条）に

ついてコメントしたい。離路の概念については各国で違う（あるいは違いうる）し、離路による契約違反の効果についても違いがある。ロッテルダム・ルールズは、物品の滅失あるいは損傷が生じたすべての場合にロッテルダム・ルールズを適用することを要求することで、国内法に基づくルールや原則を用いることを禁止しようとしている。これは、荷主が国内法の離路に関するルールを優先させようとする試みは、ロッテルダム・ルールズのもとでは不可能だということである。ただし、ロッテルダム・ルールズをどのように適用するかという点について離路が影響しうるということは別問題であるが。

　2つめに共同海損について特に触れておこう。ロッテルダム・ルールズ84条によると、共同海損は影響を受けないこととされている。しかし、実際にはそうではないかもしれない。共同海損は、客観的な要素によって精算される。このことは2004年版ヨーク・アントワープ・ルールズの規則Dにおいて特に強調されているところである。共同海損は、ヘーグ・ルールズ及びヘーグ・ヴィスビー・ルールズの法制が適用され、物品の滅失・損傷の原因が法定免責事由である航海過失である場合には、特に重要な意味がある。ロッテルダム・ルールズには航海過失免責は含まれていないから、このことが共同海損システムに影響を与えないということはあり得ない。共同海損の分担金を受けとることがなかったり、支払われた分担金の返還請求がされたりするということなら、そもそも共同海損を宣言する意味はない。しかも、ロッテルダム・ルールズは、共同海損の分担との関係で荷主がどのような立場に立つかという問題については何も触れていない。これは国内法に委ねられているようである。ハンブルク・ルールズはこの点を明らかにしている。すなわち24条2項によると、物品の滅失・損傷に関する運送人の責任に関するハンブルク・ルールズの規定は、共同海損の分担を拒否できるか否か、及び、分担されることとされた分担金及び支払われた救助金について荷主に補償すべき運送人の責任を決定するという。このような解釈が国内法のもとで受け入れられることが望まれる。

5　賠償額

　物品の滅失あるいは損傷の場合の賠償額は、相手方の契約不履行によって生じた費用や逸失利益を請求できるという一般契約法の考え方に従うわけではない。そうではなくて物品の価値に基づく賠償システムによって支配される。このことはヘーグ・ヴィスビー・ルールズ以来、明示的に規定されてきた。ロッテルダム・ルールズもこのパターンを踏襲しているが、物品の価値は、契約で規定された引渡の場所と時におけるそれに従って決定される（22条1項）。または物品の価値、商品取引所、市場価格あるいは引渡地における同種・同品質の物品の正常な価格による（22条2項）。一般法のもとで逸失利益を請求できるか否かについては法域によっては疑念もあった（ただし、一定の逸失利益は物品の価値の算定に含められるかもしれない）。ロッテルダム・ルールズは、当事者が強行法的規定の許す範囲内で別段の合意をしない限り、そのような可能性を否定した（22条3項）。

　ヘーグ・ルールズ以来、海上運送においては、責任制限が国際的に存在してきた。責任限度額としてどのぐらいの額を設定するかということについては論争はつきない。もちろんこれは難しい問題であると同時に、その性質上、単なる法律問題ではない。責任限度額の問題はどのような法制においても飾り窓のようなものであることを思い出すなら、これは少なくとも部分的には政治的問題である。

　ヘーグ・ルールズを修正するヴィスビー議定書以来、船積単位と物品の重量とに基づく二重の責任制限システム——いずれか高い限度額が適用される——が存在してきた。船積単位による制限は、コンテナのような統合された物品のために規定された。この点に関して、運送書類上の記載が決め手とされてきた。なお船積単位あたりの限度額については、ロッテルダム・ルールズ59条2項参照。このパターンは、ロッテルダム・ルールズにおいても受け入れられているが、限度額は、船積単位あたり666.67SDR、1キロあたり2SDRというヘーグ・ヴィスビー・ルールズのシステムよりは限度額は高くなっている。ロッテルダム・ルールズのもとでは、各々船積単位あたり875SDR、1キロあたり3SDRである（59条1項）。

　重量あたりの限度額について言及されることは多く、他の運送手段の場

合と比べて非常に低いと言われる。たとえばCMR（道路による国際物品運送のための契約に関する条約）では、道路運送について1キロあたり8.33SDRの限度額となっている。この批判は、海上運送における船積単位あたりの限度額を考慮していないという意味で誤っている。実際、運送書類あるいは電子的運送記録において適切に物品が特定されている限り、船積単位あたりの限度額が1キロあたりの限度額より結局高くなるということは決して稀ではない。1キロあたりの限度額が適用されるためには、各船積み単位は292キロ以上の重量がなくてはならない。たとえば損傷を受けたのが携帯電話やテレビセットのような製品であれば、おそらく船積単位あたりの限度額が適用されることになろう。各運送手段にかかるそのような限度額が物価水準の上昇に実際に従ってきたかどうかというのは、また別の問題である。

　責任制限に関しては、もう1つ重要な側面がある。ヘーグ・ルールズ及びヘーグ・ヴィスビー・ルールズの法制のもとでは、責任制限は、物品が滅失あるいは損傷した場合のみならず、「物品に関する」損害がある場合にも適用された。「物品に関する」ということの意味は、少なくとも、いくつかの法域においては不明確であったし、あるいはこの語は無視されることもあった。そして責任制限は、(延着については別とするなら) 物品の滅失あるいは損傷についてのみ適用されるというのが一般的な理解であることが多かったように思われる。このジレンマは、ロッテルダム・ルールズのもとでは、以前よりもより明確な形で解決された。ロッテルダム・ルールズでは、あらゆるケースに適用されるべき性格であることを示すべく、責任制限の規定は第12章という独立の章に規定されている。そして、「この条約上の義務の違反による運送人の責任」に適用されることとされている (59条1項)。

Ⅳ　物品の延着についての運送人その他の問題

　ロッテルダム・ルールズの準備における重要問題の1つは、運送人及び荷送人の延着責任であった。運送人に関しては、延着の一般的な定義を設けることについて強い反対があった。この場合の延着とは、物品の引渡の

遅延である。結論としては、ロッテルダム・ルールズのもとでは、運送契約において合意された時点に物品が目的地において引き渡されない場合にのみ、延着が生じることとされた。合意された時点とは何か？　それは明示的なこともありえようが、契約が、適切な時期に引き渡す義務を含むものと解釈されることもあるかもしれない。この種の黙示の条件は、国内法において明らかにされることもありうる。

もしこのような意味での延着が生じたとすれば、物品の滅失あるいは損傷について先に述べたのと同じように運送人の責任が生じることになる。賠償額の計算についてはロッテルダム・ルールズでは決められておらず、したがって予見可能性等を含む一般原則が適用されうることになる。ただし運送人の責任は延着した物品についての運賃の2.5倍相当額、さらに物品の滅失あるいは損傷の場合の前述の責任制限相当額までに制限される。

延着を滅失と見なす規定（conversion provision）は、ロッテルダム・ルールズには置かれていない。一定の期間を過ぎた後にもまったく引渡がない場合には物品は滅失したと見なすような国内法の規定を置くことは可能であろう。

物品の滅失、損傷あるいは延着の場合の通知及び事項に関する条項があるが、ここで扱う余裕はない。

V　結　論

運送人の貨物についての責任をめぐって、ロッテルダム・ルールズには伝統的な解決、伝統的なものを修正した解決及び新規なものが含まれている。ロッテルダム・ルールズの準備段階における責任の問題についての徹底的な検討と議論からは、ロッテルダム・ルールズのアプローチは市場の要求を満たすものだと思われる。

一般的にいうと、ロッテルダム・ルールズは何年もの作業の成果であり、さらに新しい現代的な責任法制を作り出す努力が世界レベルで始められるとは考えにくい。選択は、既存の責任法制とロッテルダム・ルールズのそれとの間でなされることになる。ロッテルダム・ルールズは全世界的な解決を目指すものであり、このことは非常に重要である。もし一部また

は全部が海上運送による物品運送法制の法的基本問題が、地域的あるいは各国別の解決によって規律されるようになるとすれば、不幸なことである。

7 荷送人の責任

金　仁顯
藤田友敬　訳

I　はじめに

　運送契約の当事者は運送人と荷送人である。運送人は荷送人に対して、物品を船積港から陸揚港まで運ぶことを約束する。これに対して荷送人は運送人に運賃を支払うことを約束する。契約上の義務を果たす際に、運送人は荷主に損害を与えるかもしれない。その場合、運送人は荷主の損害に対して責任を負うことになる。運送人の責任原則が、損害が自らの過失によるものではないということを立証できない限り運送人は責任を負うという過失推定責任であるのは、日本、韓国、中国といった各国の一般的なルールである。

　運送人が運ぶ物品には、ばら積み貨物、混載貨物といったさまざまな種類がある。しかし、コンテナ貨物については、運送人は受け取ったコンテナの中身を検査する機会はないかもしれない。貨物の内容についての情報がなければ、運送人は貨物を適切に取り扱うことができない、貨物に事故が起き、貨物が損傷されると、運送人は責任を免れないかもしれない。貨物損害が荷送人によって引き起こされた場合であったとしても、日本の国際海上物品運送法、韓国商法の海商法編、中国海事法典といった各国法、あるいはヘーグ・ヴィスビー・ルールズのいずれにおいても、運送人の過失が推定される。これらの法制は、危険物とか荷送人によって提供された情報の正確性とかいった、2、3の規定があるだけである。このような状況のもと、現行の国内法、国際条約よりも明確な形で荷送人の義務と責任を規制する必要がある。

2000年代に入り、ロッテルダム・ルールズの起草者は、荷送人の義務と責任の法制に挑んだ。結果的に、ロッテルダム・ルールズのもとでは、荷送人の義務と責任の既存の法制はより正確な形で表現された。さらに、いくつかの新たなルールはすでに採択された他の条約に比して重い義務と責任を課す。以下、ロッテルダム・ルールズのもとでの、荷送人の義務と責任についての新たな法的レジームについて紹介することとしたい。

II　種々の荷主

1　荷送人と書類上の荷送人

　ロッテルダム・ルールズのもとでは、荷送人とは、運送人と運送契約を締結する者（1条8項）と定義されている。それゆえ荷送人は、物品運送契約の一方当事者である。

　韓国商法のもとでも、荷送人はやはり物品運送契約の当事者の一方である（791条）。運送人と荷送人が物品運送契約の当事者なのである（827条）。しかし、航海傭船契約においては、船舶所有者と傭船者が当事者である。言い換えると、箇品運送における運送人は、航海傭船における船主に相当するわけである。箇品運送における荷送人は、航海傭船における傭船者に相当する。

　「運送委託者（consignor）」の語は、韓国の実務では広く用いられているが、ロッテルダム・ルールズではもはや用いられていない。「運送委託者」は、長い間荷送人と同義に用いられてきた。しかし、状況によっては、この語は、荷受人に対して物品を送った者を意味することもある。CIF条件のもとでは、運送委託者は運送契約を締結する義務を負う輸出者であり、したがって、運送契約を締結することで運送委託者は荷送人になる。しかし、FOB条件のもとでは、荷受人が荷送人ということになる。

　韓国最高裁の事件（2000年8月18日 Docket No. 99da48474）では、運送委託者が未払い運賃について運送人から訴えられた。最高裁は、FOB条件のもとでは運送委託者は荷受人の代理人として行動しており、したがって運送契約当事者は運送人と荷受人であるとした。その結果、未払い運賃について運送委託者は支払義務を負わないことになる（運送委託者は運賃支

払義務を負う荷送人ではないことになるから）。最高裁は運送人の請求をしりぞけた。

ロッテルダム・ルールズのもとでは、書類上の荷送人は、荷送人以外の者で、運送書類・電子的運送記録上に荷送人と表示されることを承諾した者を意味する（1条9項）。上記の韓国最高裁のケースでは、FOB 売主は、船荷証券上に荷送人と表示されることを承諾していれば、書類上の荷送人になる。ロッテルダム・ルールズのもとでは、いくつかの要件を満たす場合には、書類上の荷送人は、荷送人に課される義務と責任を負うことになる[1]。

2　荷受人

ロッテルダム・ルールズのもとでは、荷受人とは貨物を受け取る権利を有する者である（1条11項）。譲渡可能な船荷証券が発行されている場合、その所持人が貨物の引渡を請求しうる者である。運送人は船荷証券と引き替えに荷送人に対して貨物を引き渡す義務を負い、譲渡可能な船荷証券が発行された場合は、運送人は船荷証券と引き替えに船荷証券所持人に貨物を引き渡す義務を負う。

FOB 条件のもとでは、輸入業者である荷受人が運送契約を締結する必要がある。したがって、荷受人は運送契約の荷送人になる。韓国法のもとでの荷受人は、ロッテルダム・ルールズのもとでのそれとは異ならない。

3　船荷証券所持人

船荷証券が発行されている場合、運送人に対して貨物の引渡を請求する資格のある船荷証券所持人が荷受人となる。

---

(1) 第33条　書類上の荷送人による荷送人の権利及び義務の引受け
　　1　書類上の荷送人は、本章及び第55条の規定により荷送人に課される義務と責任を負い、本章及び第13章に規定する権利及び抗弁を援用することができる。
　　2　本条第1項は、荷送人の義務、責任、権利又は抗弁には影響を及ぼさない。

III　過失責任に従う荷送人の義務

1　総説

　荷送人の義務と責任に触れる場合、貨物輸送における2つの特殊な状況に着目しなくてはならない。

　第1に、荷送人は運送人に対して物品を目的地に運ぶよう依頼した者である。荷送人は、輸送されるべき貨物の数、重量、性質を知っている。荷送人の提供した情報に依拠して、運送人は物品に関する記載のある船荷証券を発行することになる。荷送人からの情報なしには、運送人は密閉された状態で手渡されたコンテナの箱の中の運送品の性質を知ることはできない。

　第2に、契約に関係する者の保護という観点から、1893年のハーター法以来、運送人は荷送人に対する交渉力を有すると見なされてきた。これゆえヘーグ・ヴィスビー・ルールズは運送人が同ルールに定める義務・責任を減じることを禁止しているが、運送人が義務・責任を加重することは許容している（3条8項）。

　ヘーグ・ヴィスビー・ルールズ等の既存の条約は、荷送人の義務・責任について、わずかな規定しか置いていない。重要な規定は3つしかない。第1に荷送人は自己が提供した貨物の重量、数量、性質についての情報の正確さを保証する（3条5項）。第2に、荷送人は運送人に対して、貨物の危険な性質について通知する義務を負う（4条6項）。第3に、荷送人は、自己又はその代理人・被用者の過失によって運送人が被った損害について責任を負う。貨物の情報の不正確さや危険な貨物の性質を告げなかったことによって引き起こされた損害については、荷送人は無過失責任を負うと解されている[2]。

---

(2)　第3条5項　　荷送人は、その通告した記号、数、容積及び重量が積込の時に正確であったことを運送人に担保したものとみなされ、これらの事項に関する不正確から生ずるすべての損害及び費用については、運送人に賠償するものとする。この賠償についての運送人の権利は、運送人が運送契約により荷送人以外のすべての者に対して負う責任及び義務をなんら制限するものではない。

ヘーグ・ヴィスビー・ルールズの後に作られたハンブルク・ルールズは荷送人の義務と責任に関しては、ヘーグ・ヴィスビー・ルールズの立場を踏襲している。ハンブルク・ルールズは、ヘーグ・ヴィスビー・ルールズにおける荷送人の義務と責任を2つの条文で詳細に規定し直している（13条（危険物）、17条（荷送人による保証））。ハンブルク・ルールズは、ヘーグ・ヴィスビー・ルールズ4条3項に由来する荷送人の責任についての一般原則も維持している（12条）。コンテナ化は1970年代初頭には始まっていたが、この新たな運送方法における状況はハンブルク・ルールズには反映していない。

1980年代、1990年代、そして2000年代と、コンテナ貨物は運送において広く用いられるようになった。箇品運送においては、現在の輸送におけるほとんどの貨物はコンテナの箱に詰められている。不幸にも、運送人はコンテナの箱の物品の危険な性質によりコンテナ船における火災や爆発を経験してきた[3]。その結果、新たなルールを詳細に規定することが、ロッテルダム・ルールズのもとでは避けられないことであった。

荷送人の責任は、過失責任によるものと、無過失責任によるものに分かれる。

---

[3] 韓国では、2006年5月21日の Hyundai Fortune 爆発事件が非常に有名である。ウィキペディアによると、爆発は危険貨物によって引き起こされた可能性がある。すなわち「爆発原因をめぐる意見はさまざまである。プール用の化学薬品である次亜塩素酸カルシウムは水蒸気あるいは熱にさらされた時に激しく反応するが、近年のコンテナ船上で起きた他の爆発には、これが関わっているものであるか、あるいはそれが原因ではないかと疑われているものがある。有名な例として、M/V Hanjin Pennsylvania, CMA Djakarta, Aconcagua, Sea Land Mariner and M/V DG Harmony がある。捜査機関は、不安定な貨物（とりわけ7コンテナ分の花火）が加熱により爆発し、船体を大破させたさらに大きな爆発の引き金となったとも考えている。アメリカ下院議会歳出委員会国土安全保障歳出小委員会に対する報告によると、『火災の原因は、石油ベースの洗浄液を詰めたコンテナが機関室の近くに積み込まれたことであると考えられる。荷送人は積み荷の危険な性質を Hyundai Fortune に伝えなかったが、それは間違いなく危険物の輸送に伴う特別の取扱手数料を避けるためであろう。』」http://en.wikipedia.org/wiki/MV_Hyundai_Fortune 参照。

2 運送品の引渡（27条1項・3項）

第27条　運送のための引渡
　1　荷送人は、運送契約において別段の定めがない限り、運送のための準備が整った状態で物品を引き渡さなければならない。荷送人は、いかなる場合においても、予定された運送（積込、取扱、積付、固縛及び荷揚を含む）に堪え且つ人及び財産に対し害を及ぼさない状態で物品を引き渡さなければならない。
　……
　3　荷送人により、コンテナ内に積み込まれ又は車輌に積み込まれるときは、荷送人は、コンテナ又は車輌の内部又は上部への内容物の積付及び固縛を、人又は財産に対して害を及ぼさないように、適切に且つ注意を尽くして行わなければならない。

　27条1項及び3項のもとでのこれらの義務は、運送人が航海に堪えうる船舶を用意しなくてはならない義務と非常によく似ている。もし貨物が意図された航海に堪えられないなら、運送人は運送契約のもとでの義務を完遂することができない。ロッテルダム・ルールズ27条1項・3項のもとで荷送人に課される義務は、自然で合理的なものである。これらの条項はロッテルダム・ルールズのもとで新たに入れられたものではあるけれども、何もないところから新たに作り出されたものだとは思われてはいない[4]。契約上荷送人に一般的に課せられている義務に従って、同様の義務が認められるであろう。
　27条1項の義務は、強行法規性を定める79条2項の適用は受けない。というのも同項は、「運送契約において別段の定めのない限り」という文言で始まっているからである。27条3項はコンテナ貨物に関するもので、コンテナ内の物品が航海に堪えうるように積付及び固縛されることの重要性について注意を喚起している[5]。
　30条1項により、27条1項・3項の定める義務に違反した場合の荷送

---

(4) Michael Sturley, Tomotaka Fujita and Gertjan van der Ziel, The Rotterdam Rules, Sweet & Maxwell, 2010, p.181. 同書は、ロッテルダム・ルールズは、新たな義務を作り出すというよりは、既存の実務を条文化し調和させただけであるという。

(5) UNCITRAL Working Group III 16th Session Report（A/CN. 9/591, 28 Nov.- 9 Dec., 2005, Vienna）, paras 111-112.

人の責任は過失責任とされている。液体が中に入っている箱をきちんと詰めておかず、液体が船倉に浸み出し、その結果、①運送人は船倉の洗浄費用を負担し、②周りの物品が損害を被ったとしよう。運送人が、損害が荷送人の27条1項のもとでの義務違反によって生じたことを証明すれば、荷送人は運送人の被った損害について責任を負うことになる。

現行の韓国法のもとでさえ、荷送人は予定された航海に堪えうるような状態で貨物を引き渡す一般的な義務を負うと解されている。韓国法のもとでは、荷送人の義務は合意によって排除できる。しかし27条3項のもとで、荷送人はコンテナ貨物の場合については義務を免除することができない。そのような合意は79条2項の定める強行法規性の規定に反するからである。この点はヘーグ・ヴィスビー・ルールズと異なっている。

3 FIO条項（27条2項）

第27条2項
　荷送人は、第13条第2項に従ってなされた合意によって引き受けた義務を適切に且つ注意を尽くして履行しなければならない。

　この義務はヘーグ・ヴィスビー・ルールズには見られない。ロッテルダム・ルールズのもとでは、運送人は物品の船積、取扱、積付及び荷揚の義務を荷送人に移すことが法的に認められている（13条2項）[6]。FIO条項がある場合[7]、荷送人はその義務を27条2項に従って履行しなくてはならない[8]。

---

(6) 第13条2項　本条第1項の規定にかかわらず、運送人及び荷送人は、物品の船積、取扱、積付及び荷揚を、荷送人、書類上の荷送人又は荷受人が行うべき旨合意することができる。当該合意は、契約明細に規定されなければならない。ただし、第4章の他の規定及び第5章から第7章の規定の適用を妨げない。
(7) 航海傭船においては、傭船者において、貨物を船倉に運び込み、船積みし、積みつけ、荷ならし、引綱をつけ、固縛し、固定し、船倉から取り出し、荷揚するものとし、それらについて船主は一切のリスク、責任、費用を負担しないといった内容の合意が、船主・傭船者間でなされる（Gencon 1994 第5項(a)）。この条項はFIO（Free In and Out）条項と呼ばれる。航海用船のもとで、運送人が船荷証券を発行すれば、運送人である船主と船荷証券所持人の間の関係は、ロッテルダム・ルールズの適用範囲に入る（7条）。

荷送人の責任は30条で規律されている。過失責任である。運送人が荷送人の過失ある行為によって損害を被った場合、損害が荷送人に義務違反によって生じたものであることを運送人が証明すれば、荷送人は運送人の損害について責任を負う。

27条は荷送人と運送人の間の関係においてのみ適用される。譲渡性のない運送書類が発行されている状況で、物品の荷揚が荷受人によってなされたとすれば、運送人は27条2項のもとで荷送人の責任を追及することはできない[9]。もっとも準拠法上、運送人は何らかの請求原因を有することになるかもしれない。しかし、荷受人が船荷証券所持人となった場合には、58条2項があわせて適用されることで、荷受人は27条2項及び30条に従って責任を負うことになる。

4 情報、指図、書類提供義務（29条）

第29条　荷送人の情報、指示及び書類の提供義務
　1　荷送人は、運送人に対し、運送人がその他の方法で合理的に入手不可能であり、且つ以下の目的のために合理的に必要である、物品に関する情報、指示及び書類を、適時に提供しなければならない。
　（a）　物品の適切な取扱及び運送（運送人又は履行者が取るべき予防措置を含む）
　（b）　予定された運送に関連する法令又はその他の公的機関の規制を運送人が遵守すること（ただし、運送人が、荷送人に対し、自己が要求する情報、指示及び書類を適時に通知することを条件とする）

---

(8) いくつかの判例によると、韓国の慣行では、運送人と荷送人は単にFIOという文言を船荷証券の表面に記載するだけで、その裏面約款に完全な条項を記載することはしない傾向があるようである。最高裁判決2010年4月15日（Docket No. 2007da50649）において、最高裁は、単なるFIOの文言が存在するだけで、傭船者が船積及び荷揚のためのステベドアを手配することに加えて、船積及び荷揚費用をも支払い、場合によっては貨物についての作業をするステベドアに指図をし、その作業を監督しなくてはならないこととするというのが、韓国における慣習・慣行であるとした。したがって船荷証券中のFIO BASISという文言は、傭船者が費用も責任も引き受けたという趣旨だと解釈されなくてはならないという。In Hyeon Kim, *Korean Maritime Law Update : 2010*, Journal of Maritime Law and Commerce, Vol. 42. No. 3 (July 2011), pp. 423-425参照。FIO条項に関する韓国法の一般的な状況について、In HYEON KIM, TRANSPORT LAW IN SOUTH KOREA, WOLTER KLUWER, 2011 ("Kim, Transport Law" として引用), pp. 81-82参照。
(9) STURLEY, FUJITA AND VAN DER ZIEL, *supra* note 4, p.181.

2　本条は、予定された運送に関連する法令又はその他の公的機関の規制に基づく、物品に関する情報、指示及び書類を提供する具体的義務には、影響を及ぼさない。

　この条文は、情報、指図、書類の提供義務を荷送人に課すものである。現在の定期船取引、とりわけFCLカーゴにおいて、コンテナに詰められた貨物は、荷送人によって封印された状態で届けられる。したがって運送人はコンテナの内容を見る機会はない。運送人は受動的に荷送人の提供する情報に依拠せざるをえない。加えて、荷送人から、運送人の占有下にある貨物の取り扱いについて荷送人からの指図がなければ、運送人は物品を期待通りあるいは約束通りに輸送することができない。物品に関する書類は、運送人の要求する書式で提供されなくてはならない。しかし、荷送人の助力なしに運送人にとって情報、指図及び書類が利用可能である場合には、29条は適用がない。

　条約の最初の草案は、荷送人の情報提供義務の違反については、荷送人に無過失責任を課していた[10]。しかし最終的には、29条のもとでのこれらの義務も過失責任のルールに服さなくてはならないこととされた（30条）。荷送人が29条の義務に違反したことが運送人の損害を引き起こしたということを運送人が証明した場合には、荷送人は自己に過失によってひき起こされたわけではないことを証明できない限り、責任を負う。たとえば、もし荷送人が特別な貨物についてどのように取り扱うべきかという情報を運送人に与えず、運送人が当該貨物を高熱のバンカータンク上に置いたために爆発したとすれば、損害が自己の過失によるものではない旨の反証ができない限り、荷送人は運送人の損害について責任を負う。

5　運送人の基本的な責任（30条）

第30条　荷送人の運送人に対する責任原因
　1　運送人が、自己が蒙った損失又は損害が本条約上の荷送人の義務の違反を原因とすることを証明したときは、荷送人は、当該損失又は損害について責任を負う。

---

(10) A/CN.9/WG III/WP 21（Preliminary draft instrument on the carriage of goods by sea）. Art. 7.5 and par. 115参照。

2　第31条第2項及び第32条の規定に基づく荷送人の義務の違反を原因とする損失又は損害に関するものを除き、荷送人は、損失又は損害の原因の全部又は一部が自己の過失又は第34条に規定する者の過失に帰し得ないときは、その責任の全部又は一部を免れる。

　3　荷送人が本条により責任の一部を免れる場合、荷送人は、自己の過失又は第34条に規定する者の過失に帰すべき部分の損失又は損害のみについて責任を負う。

　30条1項は、荷送人の責任を規定する。この条文のもとでの責任は、31条2項及び32条のもとでの無過失責任とは反対に、過失責任である。もし仮に17条に従った運送人の義務と責任に対応するルールを作るとすれば、荷送人の責任は過失推定責任であり、損害が義務違反によって引き起こされたのではないことを証明しない限り、運送人の被った損害について荷送人は責任を負うというものになろう[11]。UNCITRAL作業部会においてはこのルールをめぐっては非常に議論があった[12]。そして最終的には、運送人はまず荷送人の条約のもとでの義務違反を証明しなくてはならず、またその違反が損害を引き起こしたことを証明しなくてはならないとすることに決定された[13]。

　30条2項は、荷送人の過失が運送人の損害に寄与しないことを証明すれば、荷送人がどのように免責されるかを規定する。荷送人の義務違反があるということは、必ずしも荷送人に過失があるということは意味しない。30条2項のもとでは、運送人の義務違反ではなくて過失が証明すべき対象である。荷送人の義務違反が荷送人の過失と切り離されているという

---

(11) 交渉の間、いくつかの代表は荷送人の責任は運送人の責任をそのまま写した内容でなくてはならないと主張した。Johan Schelin, *Obligations of the Shipper to the Carrier* in Alexander Von Ziegler, Stefano Zunarelli and Johan Schelin（Eds.）, The Rotterdam Rules 2008, Wolter Kluwer, 2010, p. 156 参照。

(12) 作業部会第16会期報告書（A/CN. 9/591, 28 Nov.-9 Dec. 2005, Vienna）, paras 136-153；第17会期報告書（A/CN. 9/594, 3-13 April 2006, New York, paras 199-207；第18会期報告書（A/CN.9/616, 6-17 Nov. 2006, Vienna）, para. 83-113；第19会期報告書（A/CN. 9/621, 16-27 April, 2007, New York）, paras 220-243；第21会期報告書（A/CN. 9/645, 14-25, Jan. 2008, Vienna）, paras 220-243.

(13) Sturley, Fujita and Van der Ziel, *supra* note 4, p.183.

点において、30条のもとでの荷送人の責任は、17条のもとでの運送人の責任とは異なった取り扱いを受けていることになる[14]。過失についての証明責任は30条2項においては明示的には触れられていない[15][16]。

荷送人の過失による貨物の損害については、運送人から補償をうけることはできない。もし、運送人に対して責任追及がなされた場合には、17条3項(h)(i)(k)によって免責されることになる。30条の適用範囲は、荷送人の運送人に対する責任に限定されている。運送人の直接損害か間接損害かは問わない。物品の爆発による船舶自体が直接損傷を受けた場合というのが前者の例である。荷送人の過失によって運送人が第三者の貨物の損傷に対して支払わなくてはならなくなった損害賠償が、後者のよい例である。

30条2項は、31条2項、32条の場合には、荷送人は運送人の損害について無過失責任を負うことを明らかにしている。

30条3項は、運送人と荷送人の双方の原因競合によって損害が引き起こされた場合の部分的な免責について規定する。荷送人は自己の過失の範囲でのみ責任を負う。

30条では、17条1項の場合と異なり、延着による損害は含まれていない。これは意図的な文言の削除によるものである。UNCITRAL作業部会は延着損害に関連する荷送人の運送人に対する損害は、ロッテルダム・ルールズには含められず、国内法に委ねるものとしたのである[17]。

---

(14) 第17条2項　運送人は、滅失、損傷又は延着の原因又は原因の一が自己の過失又は第18条に規定する何れかの者の過失に帰し得ないことを証明したときは、本条第1項による責任の全部又は一部を免れる。

この条項においては、運送人の義務違反は同項の規定する運送人の過失に含まれているように、筆者には思われる。

(15) STURLEY, FUJITA AND VAN DER ZIEL, *supra* note 4 によると、誰が過失についての責任を負うかは交渉の過程での妥協の産物だという。この点は意図的に国内裁判所に委ねられることとなった。who should bear the burden of the proof on the presence of the fault was the result of a compromise during the negotiation. It was deliberately left to the national courts（同書188頁）。

(16) しかし、ガーヴィン教授によると、32条2項のもとでは証明責任は荷送人にあるとされる。このような状況のもとでは荷送人がその他の者の過失を証明しなくてはならないという (STEPHEN GIRVIN, CARRIAGE OF GOODS BY SEA, THE 2ND EDITION, OXFORD, 2011, p.377)。グツマン氏も、荷送人が証明責任を負うという立場を支持する (Jose Vincente Guzman, *Rotterdam Rules Shipper's Obligations and Liability*, CMI YEARBOOK 2000, p.160)。

(17) STURLEY, FUJITA AND VAN DER ZIEL, *supra* note 4, p.186.

Ⅳ　無過失責任に従う荷送人の義務

1　総説

　ヘーグ・ヴィスビー・ルールズ及びハンブルク・ルールズのもとで、荷送人が提供した情報の正確性及び危険物の2つの義務は、無過失責任である。これらの先例にならい、より正確な形で、ロッテルダム・ルールズはこれらの2つの義務を維持し、荷送人に対して無過失責任を課している。

2　荷送人の提供した情報の正確性

第31条　契約明細作成のための情報
　1　荷送人は、運送人に対し、契約明細の作成及び運送書類又は電子的運送記録の発行のために必要となる正確な情報（第36条第1項に規定する明細、契約明細において荷送人として特定されるべき当事者の名称、特定していれば荷受人の名称、及び特定していれば運送書類又は電子的運送記録の指図人の名称を含む）を、適時に提供しなければならない。
　2　荷送人は、運送人が本条第1項に従って提供された情報を受け取った時点において、その正確性について保証したものとみなされる。荷送人は、運送人に対し、当該情報の不正確性に起因する損失又は損害について補償しなければならない。

　31条1項は、契約明細の作成に必要な情報——たとえば、荷受人の名前に加え、36条1項の規定する主たる記号、包の数、物品の数量や重量等——を提供する義務を荷送人に課している。この36条1項のリストは限定列挙ではない[18]。もし重量、数量、荷送人の名前が不正確であったことが、運送人に損害を引き起こしたとすれば、運送人が31条1項の違反が運送人に損害を引き起こしたことを証明すれば、荷送人は運送人の損害について責任を負う。
　31条2項は、荷送人にその提供した情報の正確さについて無過失責任を課す、非常に著名かつ伝統的な条項である[19]。31条2項は、ヘーグ・

---

(18) STURLEY, FUJITA AND VAN DER ZIEL, *supra* note 4, p.189.

ヴィスビー・ルールズ3条5項及びハンブルク・ルールズ17条1項と、本質的には同じである。荷送人の責任は、荷送人が運送人に対して列挙された情報を提供したが、①それが不正確であるか、②正確であったが適切な時期に提供されなかった場合に限って生じる。正確性を保証したものとみなすという31条2項の文言ゆえに、荷送人は運送人に対して無過失責任を負う[20]。たとえ荷送人が物品の個数や重量について過失により誤解したとしても、運送人が被った損失について荷送人は無過失責任を負うのである。

韓国商法（853条3項）も日本の国際海上物品運送法（8条3項）も同様の規定を有している。

3　危険物

第32条　危険物に関する特則
　物品の性質若しくは特性が、人、財産又は環境に対して危険であるか又は危険となる可能性があると合理的に判断されるときは、
　(a)　荷送人は、運送人に対し、物品の危険な性質又は特性を、物品が運送人又は履行者に引き渡される前の適時に通知しなければならない。荷送人が通知を怠り、且つ運送人又は履行者が別途当該危険な性質又は特性を知らなかった場合には、荷送人は、運送人に対し、当該通知の懈怠に起因する損失又は損害について責任を負い、
　(b)　荷送人は、予定された物品運送の各段階に適用される法令又はその他の公的機関の規制に従って、危険物に記号を付し又はラベルを貼付しなければならない。荷送人がこれらを怠った場合には、荷送人は、運送人に対し、当該懈怠に起因する損失又は損害について責任を負う。

ロッテルダム・ルールズはヘーグ・ヴィスビー・ルールズ[21]及びハンブルク・ルールズ[22]の伝統に従い、物品の危険な性質を運送人に通知し、危険物に記号を付しラベルを貼付する義務を課している。ヘーグ・ヴィスビー・ルールズと比べると、危険物にラベルを貼付する義務がロッテルダ

---

(19) Schelin, *supra* note 11, p.157.
(20) STURLEY, FUJITA AND VAN DER ZIEL, *supra* note 4, p.190.

ム・ルールズでは追加されている。またハンブルク・ルールズでは、荷送人は、「必要であれば、とるべき予防措置」も運送人に通知しなくてはならないが、ロッテルダム・ルールズはこれを要求していない。その結果、荷送人は29条によって、運送人に対して必要な予防措置を通知しなくてはならないかもしれないが、この場合の荷送人の責任は無過失責任ではなく過失責任となる[23]。

　ロッテルダム・ルールズは、荷送人は、運送人に対し、物品の危険な性質・性格を運送人に通知することを怠ったことに起因する損害について、また危険物に記号を付し又はラベルを貼付することを怠ったことに起因する損害について、過失の有無と関わりなく、運送人に対して責任を負う[24]。荷送人の32条の責任は無過失責任に基づくものである[25][26]。

---

(21) 第4条6項　引火性、爆発性又は危険性を有する物品で、運送人、船長又は運送人の代理人がその性質又は特徴を知っていればその船積を承諾しなかつたものについては、運送人は、賠償することなく、荷揚前にいつでも、任意の場所に荷揚し、破壊し、又は無害にすることができ、これらの物品の荷送人は、その船積により直接又は間接に生ずるすべての損害及び費用について責任を負うものとする。これらの物品で運送人が了知し、かつ、承諾して船積したものが船舶又は積荷にとつて危険となつたときは、運送人は、共同海損の場合を除くほか、その責任を負うことなく、その物品を同様に荷揚し、破壊し、又は無害にすることができる。
(22) 第13条　危険品についての特則
　1　荷送人は、危険品に対し、適当な方法により危険であることの標識又は、はり札をつけなければならない。
　2　荷送人は運送人又は実際運送人に危険品を引き渡すときは、物品の危険な性質および、必要に応じ、採るべき予防措置につき、その者に通知しなければならない。荷送人がこれを怠り、かつ、運送人が、その他の方法により、その危険な性質について知らない場合には、
　　(a)　荷送人は、このような物品の船積みから生じた損失につき、運送人及びすべての実際運送人に対し責任を負う。
　　(b)　賠償を支払うことなしに、何時でも情況に応じ、物品を陸揚し、破壊し、又は無害にすることができる。
　3　本条第2項の規定は、運送の途中で、その危険の性質を認識して物品を自己の管理下に置いた、いかなる者も、これを援用することができない。
　4　本条第2項(b)号の規定が適用されない場合、又はこれを援用できない場合において、危険品が生命または財産にとり、現実の危険となったときは、共同海損の分担義務がある場合、又は運送人が第5条の規定に従い責任を負う場合を除いて、賠償を支払うことなしに、情況に応じ、これを陸揚し、破壊し、または無害にすることができる。
(23) STURLEY, FUJITA AND VAN DER ZIEL, *supra* note 4, p.196, Girvin, *supra* note 16, p.379；Guzman, *supra* note 16, p. 161.

危険物という語は、ロッテルダム・ルールズにおいて十分に定義されていない。しかし、32条の適用範囲に入るためには、「その性質あるいは性格上」危険なものでなくてはならない。国際海上危険物規程（IMDGコード）は、ある物質が危険か否かを決める上での手引きとなりうるであろう。加えて荷送人は、「危険となる可能性があると合理的に判断されるとき」という32条の文言にも注意しなくてはならない。物品があるタイプの貨物と一緒に船積みされた場合には故に危険になるという場合にも、荷送人は物品のそのような性格について運送人に通告しなくてはならない[27]。

　次のようなシナリオを考えよう。荷送人はその危険な性質を知らずにある物品（貨物A）を購入した。運送人は貨物Aが他の貨物（貨物B）と一緒に詰められたコンテナを受け取った。航海中に貨物Aが爆発し、コンテナ内の貨物Bに損害を与え、また船体も損傷を受けた。ロッテルダム・ルールズのもと、貨物Aの所有者である荷送人は、もし損害が貨物Aの危険な性質によって引き起こされたのだとすれば、17条3項(h)号により、運送人に対して損害賠償請求をすることはできない。17条1項により、運送人は貨物Bの所有者に対しては、損害の原因が運送人の責めに帰すべきものではないことを立証できなければ、貨物の損害について責任を負うかもしれない。その場合、運送人は荷送人に対して求償権を有するであろう。32条(a)に基づき、荷送人は、運送人が貨物Bの所有者に支払った金額について補償すべき無過失責任を負う[28][29]。船体の修繕費用も、32条にいう「当該通知の懈怠に起因する損失又は損害」として補償さ

---

(24) さらに30条2項は、「第31条第2項及び第32条の規定に基づく荷送人の義務の違反を原因とする損失又は損害に関するものを除き」という書き出しに続いて、荷送人は、損失又は損害の原因の全部又は一部が自己の過失又は第34条に規定する者の過失に帰し得ないときは、その責任の全部又は一部を免れるとする。

(25) STURLEY, FUJITA AND VAN DER ZIEL, *supra* note 4, p.193

(26) *Compania Sud Americana De Vapores Sa v Sinochem Tianjin Import and Export Corp*（The "Aconcagua"）では、危険貨物のIMDG番号は運送人に正しく伝えられていた。しかし、製造者の過失によって、荷送人は、通知したものより、慎重な取り扱いを要するものを運送人に渡してしまった。英国の控訴審裁判所（2010年12月9日）は、貨物の爆発による運送人の損害に対して、荷送人は責任を負うとした。Compania Sud Americana De Vapores（CSDV）は定期傭船者であり、また運送人でもあった。爆発によって船主に生じた損害賠償を支払った後、CSDVが原告として荷送人に対して求償を求めた。

れるべき損害の一例である。

V　契約自由とその限界

1　総説

　ヘーグ・ヴィスビー・ルールズ3条3項は、同ルールに規定された運送人の義務と責任を軽減する合意は無効であるとする。ヘーグ・ヴィスビー・ルールズの規定する義務や責任よりも加重された義務や責任を負う旨の合意は、荷送人を不利益な立場に置くものではなく、逆に荷送人に利益を与えるものであるから、有効である。現在の定期船サービスにおいては、大量の貨物を持ち運送人に対する交渉力を有する荷送人も現れてきている。運送人は荷送人を圧倒する交渉力を有するという発想は、もはやそのまま維持することはできない[30]。この実務を反映して、ロッテルダム・ルールズは、いわゆる2方向の強行法規定を置いた。ロッテルダム・ルールズ79条のもとでは、運送人も荷送人も、義務と責任を軽減することは認められないのである。79条1項は運送人の義務と責任に関するもので、ヘーグ・ヴィスビー・ルールズ3条8項を借りてきたものであるが、79条2項は荷送人の義務と責任に関するものであり、新たに設けられた規定である。

---

(27) Schelin, *supra* note 11, p.158.
(28) 韓国はヘーグ・ヴィスビー・ルールズのほとんどの規定をとりこんでいるが、責任に関する規定は採用していない。それゆえ荷送人が危険物によって引き起こされた貨物損害について無過失責任を負うか否かについては、法律の条文は存在しない。801条は、運送人が危険物を廃棄してよいことを定めているだけである。ヘーグ・ヴィスビー・ルールズ4条6項の後半部分は、韓国商法801条には欠けている。この点に関しては、韓国において見解が対立している。多数説は、韓国法は過失責任の原則に基づくものであり、荷送人に無過失責任を課す明文の規定はないという理由から、荷送人が過失ある行為をした場合に責任を負うとしている。詳細につき、KIM, TRANSPORT LAW, *supra* note 8, p.101 参照。
(29) 日本の国際海上物品法は危険物について1条規定を置く。11条2項は、「前項の規定は、運送人の荷送人に対する損害賠償の請求を妨げない。」と規定する。
(30) 詳細については、STURLEY, FUJITA AND VAN DER ZIEL, *supra* note 4, pp.366-367.

2 強行法規

第79条2項

本条約で別に規定する場合を除き、以下の何れかに該当する運送契約の条項は無効とする。

　(a)　直接又は間接に、荷送人、荷受人、運送品処分権者、所持人又は書類上の荷送人の本条約上の義務を排除、制限、又は加重する場合

　(b)　直接又は間接に、荷送人、荷受人、運送品処分権者、所持人又は書類上の荷送人の本条約上の義務違反に対する責任を排除、制限、又は加重する場合

　79条2項はロッテルダム・ルールズのもたらした革新の1つと評価される[31]。同項は強行法規性を荷主にも及ぼすのである。たとえば、もし荷送人が、32条の規定する危険物に関する義務と責任は負わないという合意をしたとすれば、79条2項によりそれは無効である。なぜなら荷送人の条約上の義務と責任を直接的あるいは間接的に排除するものだからである。

　79条2項は単純に79条1項をそのまま写しているものではない。というのも2項には「加重する」という語が含まれているからである[32]。長い議論の末、UNCITRAL第3作業部会は、新たなロッテルダム・ルールズの法制のもとでも、依然荷送人の保護は必要であると決定した[33]。その結果、荷送人の義務と責任を加重する旨の運送人と荷送人の間の合意は無効とされる。たとえば、運送人が、30条により過失責任とされている27条1項の義務の違反について荷送人に無過失責任を負わせる旨の合意を結ぶことに成功した場合、そのような合意は、荷送人の責任を加重するものであるとして、79条2項により無効とされる。

　運送人の責任を加重する合意は79条1項に反せず有効であることを考慮すると、79条2項は荷送人を運送人から保護する規定であると言って間違いない[34]。

---

(31)　Sturley, Fujita and Van der Ziel, *supra* note 4, p.370.
(32)　*ibid.*
(33)　第19会期報告書・前掲注(12)。
(34)　日本の国際海上物品法15条及び韓国商法799条はいずれも運送人の義務と責任の軽減についてだけ規定する。

VI 他人の行為による荷送人の責任

1 総説

契約法の原則によると、代理人や下請人の過失は、本人の過失と見なされ（韓国民法 391 条）、それゆえ乗組員が運送人に代わって運送人の義務を履行している際に、その過失によって貨物に損害が生じた場合には、運送人は当該貨物の損失について責任を負う（韓国商法 135 条、795 条、国際海上物品運送法（日本）3 条 1 項）[35]。

ヘーグ・ヴィスビー・ルールズのもとでは、荷送人の責任はあまり細かく取り扱われていない。しかし、ロッテルダム・ルールズは荷送人の義務と責任について詳細に規定しているので、荷送人の代位責任についても運送人の代位責任に対応する形で取り扱われなくてはならない。

2 荷送人の代位責任

第 34 条　他の者に関する運送人の責任
　荷送人は、自己の義務の履行を委託した者（荷送人の被用者、代理人及び下請人を含む）の作為又は不作為を原因とする本条約上の義務の違反について責任を負う。ただし、荷送人は、荷送人からその義務の履行を委託された、運送人又は運送人の代理人として行為した履行者の作為又は不作為については、責任を負わない。

18 条が運送人が一定の人の作為・不作為について責任を負うと規定するのと同様に、34 条は、荷送人が義務の履行を委託した者の作為・不作為について、荷送人は責任を負う旨を規定する[36]。

運送人の代理人や下請人が 27 条、29 条、31 条、32 条の義務に反して過失のある行動をした場合には、荷送人は運送人が被った損害について責任を負う。しかし、代理人や下請人が、委託された荷送人の義務の範囲外の行為をした場合には、荷送人は責任を負わない。

---

[35] 不法行為が請求原因である場合、不法行為法の理論によると、乗組員等の被用者によって引き起こされた貨物損害について、運送人は代償責任を負う可能性がある。
[36] STURLEY, FUJITA AND VAN DER ZIEL, *supra* note 4, p.183.

たとえば、荷送人の代理人が物品について誤った情報を運送人に提供し、運送人が損害を被った場合、荷送人は34条によって責任を負うことになる。

Ⅶ　その他の問題

1　責任制限

荷送人はロッテルダム・ルールズのもとで責任制限をする権利は有しない。59条のもと運送人が一包あたりあるいは1キロあたりの責任制限を援用できることを勘案すると、荷送人のために責任を制限するシステムが存在しないことは、荷送人は運送人に対して不利益な立場に置かれているように思われる[37]。

ロッテルダム・ルールズの起草のための交渉の間、荷送人が責任を制限することを許すべきか否か、延着による損害に関してどのようにして限度額を定めるかについて激しい議論があった。荷送人が延着による損害について責任を負うかについては、2005年秋のUNCITRAL作業部会第16回会合において詳細に議論された[38]。この問題はその次の会合においても、運送人の延着責任と合わせて議論が続けられた[39]。多くの代表は、荷送人が延着による責任を負わされるシナリオについて懸念していた。このため運送人作業部会は、荷送人の延着責任について意味のある限度を設けようと、真剣に試みた[40]。そのような努力が成功しなかった時、作業部会は、包括的妥協の一内容として、荷送人の責任に関して延着に関するあらゆる言及を削除した[41]。

---

[37] UNCITRAL第41会期（2008年6月16日～7月3日、ニューヨーク）において、ドイツ代表は79条との関係で責任制限制度を採用することの重要性を再説した（A/63/17, paras. 103, paras. 236-241）。79条2項の「制限」の語を削除すべきとの議論があった。

[38] 第16会期報告書・前掲注(12)パラグラフ143-146参照。

[39] 第17会期報告書・前掲注(12)パラグラフ199-207；第18会期報告書・前掲注(12)パラグラフ83-113；第19会期報告書・前掲注(12)パラグラフ233-243参照。

[40] 第18会期報告書・前掲注(12)パラグラフ105-106参照。

[41] Sturley, Fujita and Van der Ziel, *supra* note 4, p.187.

2 期間制限

62条は運送人の荷送人に対する請求にも適用される。62条1項は、本条約上の義務違反から生じる請求又は紛争に関する訴訟手続又は仲裁手続は、2年の期間満了後には開始することができないと規定する。62条は、それに服する人について、何ら制限を設けておらず、したがって荷送人が運送人に対して請求する場合のみならず、運送人が荷送人に対して請求する場合に適用されることになる。したがって、もし運送人が物品が引き渡された日あるいは引き渡されるはずであった日から2年以内に訴訟を提起しなかった場合には、もはや運送人は、ロッテルダム・ルールズのもとでの義務違反から生じた損害ついて荷送人に対して請求することができなくなる。

Ⅷ むすび

荷送人の一般的な義務は過失責任とされ（27条、29条及び31条1項）、情報の正確性と危険物に関する2つの義務については——ヘーグ・ヴィスビー・ルールズ及びハンブルク・ルールズと同様——無過失責任とされる（31条1項、32条）。しかし、これらの義務と責任は新たに導入された強行法規性に関する79条2項の規定と合わせて解釈されなくてはならない。荷送人はその義務と責任を免除する特約をすることは許されない。したがって、荷送人の義務と責任はヘーグ・ヴィスビー・ルールズやハンブルク・ルールズのもとでのそれより加重されたということができる[42]。

東アジア諸国の船主及び運送人にとって、ロッテルダム・ルールズの批准をめぐる二大障害は、航海過失免責の削除と堪航能力担保義務が継続的なものとして課せられることになったことである。しかし、新たに課された荷送人の重い責任を考慮すると、ロッテルダム・ルールズは、運送人と荷送人の利益の間で適切にバランスをとったものと評価できよう。

---

(42) 筆者と異なる見解として以下を参照。① STURLEY, FUJITA AND VAN DER ZIEL, *supra* note 4, p.201. 同書は、すべての要素を考慮すると、既存の条約と比べて、荷送人の義務と責任がロッテルダム・ルールズのもとで、大きく加重されたとは思われないとする。② Guzman, *supra* note 16, p.162. 同氏は、荷送人の義務と責任は既存の法制下での契約条項よりも悪くなることはなく、規制の確実性が増すことが市場及び関係者の利益になるという。

第Ⅰ部 第3章

ロッテルダム・ルールズにより規律される運送の諸局面

8 運送書類及び電子的運送記録

スティーヴン・ガーヴィン[*]
藤田友敬　訳

I　はじめに

　法の調和化及び統一化に向かって進む貨物責任にかかわる海事法関係の国際条約は、幅広い国にとって受け入れられ、それゆえ問題の国際文書が発効しているすべての国における統一的な解釈を進めるような解決を求めてきた。新しいロッテルダム・ルールズ[1]についていえば、これまでで最も広範囲にわたる貨物条約について、万国海法会（CMI）[2]と国連国際商取引法委員会（UNCITRAL）のユニークな協働がみられた[3]。新しいルールの特徴の1つは、運送書類に関するいくつかの革新的な規定と電子的運送記録の使用をカバーするようにルールの適用が拡張されていることにある。こういった局面が本稿の中心課題であるが、まずは電子的運送記録という用語法について考えることから始めたい。

---

[*] 本稿は、既発表の *Evidentiary Aspects of Transport Documents and Electronic Transport Records under the Rotterdam Rules,* European Journal of Commercial Contract Law,［2010］1/2, p.109 を改訂し、最新の状態にしたものである。
(1) The United Nations General Assembly on 11 December 2008 passed Resolution 63/122 adopting the "United Nations Convention on Contracts for the International Carriage of Goods Wholly or Partly by Sea".
(2) CMI との関係は長年にわたるものであり、おそらくは 1995 年に、CMI 名誉会長である Francesco Berlingieri 教授のもとに海上物品運送法の統一に関する国際小委員会（International Sub-committee; ISC）が設けられた時点から始まるものと思われる。Stephen Girvin, *The 37th Comité Maritime International Conference: A Report,* Lloyd's Maritime & Commercial LQ,［2001］, p.406, 409 参照。
(3) 一般的には、Stephen Girvin, Carriage of Goods by Sea, 2nd ed, 2011, para 17.10 参照。

II　電子的運送記録

　電子データ交換（EDI）、すなわち標準的商業文書のコンピュータ間の通信は、事業を行う者同士の商業的関係のあらゆる領域に及んでいる[4]。銀行を含むいくつかの金融のコンテクストでは非常にうまく用いられているが[5]、海上物品運送の領域における書面の電子化と電子的な譲渡への動きは――BoleroやESS-Databridge™その他[6]のよく知られたシステムは、それなりに成功してはいるものの――、非常に遅い。新しいロッテルダム・ルールズの最も重要な特徴の1つであり[7]、CMIの作業計画の初期段階から明確に認められていたものである。このため2000年には、「物品運送における電子的方法による通信の利用の増大が、断片化しバラバラの法のもたらす結果を一層深刻なものとし、新しい技術の利用に特有の論点を解決する統一的な条文の必要性を生み出したのである」と記されている[8]。それゆえ電子商取引に関するUNCITRALモデル法の条文と、実質及び用語法の双方における整合性を確保することが、特に重要であると考えられた[9]。

---

(4) これらの点は、Nicholas Gaskell, *Bills of Lading in an Electronic Age,* LMCLQ, [2010], p.233において雄弁に語られている。

(5) すなわちSWIFT（The Society for Worldwide Inter-Bank Financial Telecommunications）は、「銀行間金融取引に関する通信を容易にする」ため、1972年に設立された。

(6) Boleroについての簡単な紹介として、Mariika Virrankoski, "Bolero. net－A solution for electronic trade documentation" CMI Newsletter No 1/2000, 12参照。GIRVIN, *supra* note 3, para 13.24; Malcolm Clarke, *Transport documents: their transferability as documents of title; electronic documents,* Lloyd's Maritime & Commercial LQ, [2002], p.356も参照されたい。

(7) この点については、GIRVIN, *supra* note 3, para 13.28; RICHARD AIKENS, RICHARD LORD & MICHAEL BOOLS, BILLS OF LADING, 2006, PARA 2.117も参照。より詳細な考察としてMiriam Goldby, *Electronic alternatives to transport documents and the new Convention: a framework for future development?,* JIML vol.14, p.586（2008）; Manuel Alba, *Electronic Commerce Provisions in the UNCITRAL Convention on Contracts for the International Carriage of Goods Wholly or Partly by Sea,* Texas International LJ vol.44, p.387（2008-2009）. See also Gaskell, *Bills of lading in an electronic age, supra* note 4, p.269参照。

(8) "Transport Law: Possible future work", United Nations Commission on International Trade Law, thirty-third session, 12 June-7 July 2000, A/CN.9/476, para 2参照。

130　第Ⅰ部　第3章　ロッテルダム・ルールズにより規律される運送の諸局面

　電子的通信がロッテルダム・ルールズの中心的な特徴であるということは[10]、「電子的通信」[11]、「電子的運送記録」[12]、「譲渡可能電子的運送記録」、「譲渡不能電子的運送記録」[13]といった言葉の定義によって強調されている。電子的通信を扱う主要な条文はロッテルダム・ルールズ第3章にあるけれども、それ以外の条文はロッテルダム・ルールズ全体——たとえば甲板積貨物[14]、契約明細の作成[15]、運送書類[16]、物品の引渡[17]、運送品処分権者の権利[18]及び権利の譲渡[19]といった箇所——に散在している。電子化に関する条文は、ルールに単に付加的に付いているものではなくて、ルールの構造や組織それ自体に折り込まれているものなのである。

　本質的には、ロッテルダム・ルールズは、機能的等価物アプローチをとっている[20]。8条(a)号は、次のように規定する[21]。

　「本条約により運送書類に記載できる全ての事項は、電子的運送記録に記録することができる。ただし、電子的運送記録の発行及びその後の利用について運送人及び荷送人が同意している場合でなければならない。」

　そしてそのような電子的運送記録の発行、支配、譲渡は、運送書類の発行、占有、譲渡と同じ効果を持つものとされている[22]。これらの条文の

---

(9) Report of the Working Group on Transport Law on the work of its ninth session（New York, 15-26 April 2002）A/CN.9/510, para 35 参照。
(10) 詳細な分析として、Michael F. Sturley, Tomotaka Fujita, & Gertjan van der Ziel, The Rotterdam Rules: The UN Convention on Contracts for the International Carriage of Goods Wholly or Partly by Sea, 2010, ch 3 参照。
(11) 1条17項。
(12) 1条18項。
(13) 1条20項。
(14) 25条4項参照。
(15) 31条1項参照。
(16) ロッテルダム・ルールズ第8章参照。
(17) 45条。
(18) 51条4項。
(19) 57条。
(20) UNCITRAL モデル法及び「モデル法のための立法ガイド」参照。
(21) Benjamin's Sale of Goods 8th ed, 2010, para 18-249 も参照。
(22) 8条(b)号参照。

重要な点は、ロッテルダム・ルールズのもとで伝統的な運送書類に記載可能なことは、何であれ——運送人と荷送人の合意さえあれば——電子的運送書類に記録することができ、その発行、排他的支配、譲渡は、運送書類のそれと同じ効果を持つことが確認されているということである。

　ロッテルダム・ルールズ9条は、譲渡可能電子的運送記録が従わなくてはならないいくつかの具体的な手続を規定している。すなわち、本条のもとで、問題の手続は、所持人になろうとする者に対し当該記録を発行し譲渡する方法、譲渡可能電子的運送記録がその完全性を維持する保証、所持人が自らが所持人であることを証明する方法、所持人への引渡がなされたこと又は当該電子的運送記録が無効となったことを確認する方法について定めなくてはならない。加えて、これらの手続は、契約明細において規定され、容易に確認できるものでなくてはならない。譲渡不能電子的運送記録については、これに対応する規定は置かれていない。

　ロッテルダム・ルールズは、譲渡可能運送書類を譲渡可能電子的運送記録と取り替えること及びその逆を認める（譲渡不能電子的運送記録との交換は不可能である）。10条1項は前者の場合を扱うもので、いくつかのセーフガードを用意している。たとえば、所持人は譲渡可能運送書類——原本が複数発行されている場合はそのすべて——を運送人に提出しなくてはならない。運送人は、譲渡可能運送書類の代わりに発行された旨が記録された電子的運送記録を発行する義務を負う、電子的運送記録が発行されると、もともとの書類は効力・有効性を失う。10条2項は後者のケースを扱うもので、この場合、運送人は、譲渡可能電子的運送記録に代わって発行された旨の記載のある譲渡可能運送書類を所持人に発行する必要がある、これにより電子的運送記録は、効力・有効性を失う。

　これらの条文がかなり一般性を持ったレベルで起草されていることは明らかであるが、私見によれば、これは正しいことである。ロッテルダム・ルールズは電子的運送記録の使用を強制するわけではなく、発行された場合には適用が可能になるようなメカニズムを提供しているのである。

III　運送書類

　ヘーグ・ルールズ及びヘーグ・ヴィスビー・ルールズ[23]は、「船荷証券又は類似の海上物品運送に関する権原証券（document of title）により証明される運送契約」に適用される[24]。第1次世界大戦後さほど経過していない時期に起草された国際条約に置かれたこの定義には、第2次世界大戦直後に貨物輸送に生じることとなる重要な変化を想像することができなかったであろう[25]。やがて、英米法系を含む多くの法域の裁判所は、新しい文脈で「運送契約」の定義を考えなくてはならなくなった。たとえば、イギリス[26]やオーストラリア[27]の公刊判例は、記名式船荷証券（straight bills of lading）や貨物運送状（consignment notes）がこの定義に含まれるということを確認した[28]。

　ロッテルダム・ルールズは、21世紀の最初の10年の間に立法された国際条約にふさわしく、より広く、現代的なアプローチをとる[29]。運送書類に該当するか否かのテストは、それが運送契約のもとで発行され[30]、「運送人あるいは履行者による運送契約のもとでの物品の受取りを証し、かつ運送契約を証するかそれを内容とするものか否か」ということであ

---

(23) 責任制限（4条5項）、期間制限（3条6項）及び条約の効力（10条）についてなされた改正点以外はヘーグ・ルールズ（原条約とヘーグ・ヴィスビー・ルールズは本質的には類似している。

(24) 1条(b)号。一般的には、GIRVIN, *supra* note 3, para 19.16; Aikens et al., *supra* note 7, para 2.36 参照。

(25) GIRVIN, *supra* note 3, para 1.15 参照。

(26) *J I MacWilliam Co Inc v Mediterranean Shipping Co SA (The Rafaela S)* [2005] UKHL 11; [2005] 2 AC 423, at [57]（Lord Rodger）参照。

(27) *Comalco Aluminium Ltd v Mogal Freight Services Ltd* (1993) 113 ALR 677, 700（Sheppard J）. See Art 1.1(g) of the Carriage of Goods by Sea Act 1991（Cth）参照。

(28) 定期船のブッキング・ノート、貨物受渡立会人（tally clerk）の受取証、メーツ・レシート及び船舶の荷渡指図書は含まれないということを論じたことがある。GIRVIN, *supra* note 3, para 19.20.

(29) 詳細な分析については、STURLEY ET AL., *supra* note 10, Ch.7 参照。

(30) 1条1項参照。

る[31]。したがって、2つの主要な要件は、第1に、受取りを証するものであり、第2に、運送契約を証するものということである。これらの要件は、ロッテルダム・ルールズの適用範囲を、ヘーグ・ルールズ及びヘーグ・ヴィスビー・ルールズの限界を超えて、広げるものである。「運送書類」の基本的な定義は、「譲渡可能運送書類」[32]及び「譲渡不能運送書類」[33]の定義によって支えられている。後者は、譲渡可能運送書類ではないすべての運送書類[34]という否定形で書かれている。他方、譲渡可能性が認められるためには、「指図人宛」又は「譲渡可能」、あるいはその他適切な文言の記載[35]及び物品が荷送人の指図人宛、荷受人の指図人宛、又は持参人宛のいずれかで運送委託された旨の記載が必要であるとされる[36]。一定の機能を果たす運送「書類」であることが強調されており、もはや船荷証券に限定がなされていないことには、特に注意されたい。加えて、ある書類が「船荷証券あるいは類似の権原証券」か否かを決めなくてはならないことに伴う諸問題を避けることができ、ずっと広範囲の書類がカバーされることになるであろう。

Ⅳ 適用が除外される書類

ロッテルダム・ルールズは、──ヘーグ・ルールズ[37]及びヘーグ・

---

(31) 1条14項。「証する又は内容とする」という言及の仕方は、いくつもの国における異なった法技術に適応するため意図的に採用されたものである。たとえば Report of the Working Group on Transport Law on the work of its ninth session (New York, 15-26 April 2002), A/CN.9/510, para 110 参照。

(32) 1条15項。

(33) 1条16項。

(34) 船荷証券は譲渡可能であるという事実により、この点はイギリス法のもとでは限定された意味しか持たない。*Kum v Wah Tat Bank* [1971] 1 Lloyd's Rep 439 (PC), 446 (Lord Devlin) 参照。

(35) これらのさまざまな携帯の船荷証券は、物品を象徴するものであり、物品の占有を擬制する効果がある。たとえば *Sanders Bros v Maclean* (1883) 11 QBD 327, 341 (Bowen LJ); *The Prinz Adalbert* [1917] AC 586 (PC), 589 (Lord Sumner) 参照。

(36) これらの細目は、船荷証券がどのような方法によって他人に譲渡されるかに影響がある。GIRVIN, *supra* note 3, para 5.11 参照。

(37) 1条(b)号及び5条(第2文)参照。GIRVIN, *supra* note 3, para 19.23 参照。

ヴィスビー・ルールズ[38]と同様——、傭船契約には適用されないが、傭船契約のもとで発行される船荷証券には適用がされる[39]。その理由は、傭船契約——とりわけばら積み貨物の取引にかかわるもの——は、傭船者と船主が契約を個別に交渉するために[40]、契約の自由が優先するような契約であることに求められてきた。強力な交渉力を有する当事者から弱い当事者を守るという必要はない。傭船契約はロッテルダム・ルールズでは定義されていない[41]。しかし、「船舶又は船腹の一部を利用するその他の契約」にもロッテルダム・ルールズが適用されないことが明確にされている[42]。したがって、スロット・チャーターは適用除外されることになるが[43]、これは定期船輸送を規制するというロッテルダム・ルールズの一般的なアプローチとも整合的である[44]。しかし、非定期船輸送についても、傭船契約（あるいはそれと同種の契約）が契約当事者間に存在しておらず、かつ運送書類や電子的運送記録が適用されている場合には、ロッテルダム・ルールズは適用される[45]。傭船契約に基づいて運送書類が適用される場合であれば、ロッテルダム・ルールズは運送人と傭船契約の当初の契約当事者ではない荷送人、運送品処分権者、所持人との間に適用されると規定する[46]。

---

(38) 2条3項。
(39) 6条1項(a)号。
(40) 典型的には仲介業者通じて行われる。より詳細な研究として、EDWIN ANDERSON III, SHIPBROKERS AS INTERMEDIARIES, AGENTS AND THIRD PARTIES, 2006 参照。
(41) しかし、傭船契約の主要なタイプとその変種、すなわち定期傭船、トリップ・チャーター、航海傭船、連続傭船契約及びデマイズ・チャーター（裸傭船）といったものが含まれることは明らかである。これらについては GIRVIN, *supra* note 3, para 1.45 参照。
(42) 6条1項(b)号。
(43) *Metvale Ltd v Monsanto International SARL（The MSC Napoli）*［2008］EWHC 3002（Admlty）;［2009］1 Lloyd's Rep 246, at［11］（Teare J）参照。
(44) 1条3項参照。
(45) 6条2項参照。
(46) 7条参照。

V　運送書類の発行

　ヘーグ・ルールズ及びヘーグ・ヴィスビー・ルールズのもとでは[47]、運送人は、荷送人の「請求」により3条3項に規定された事項を記載した船荷証券を荷送人に交付しなければならないだけである[48]。CMIの国際小委員会（ISC）によって指摘されているように[49]、この請求ができる「荷送人」とされている者が、契約相手方としての荷送人（contracting shipper）なのか、運送品を運送人に委託する者（consignor）なのか、それ以外の者なのかが明確ではない[50]。ロッテルダム・ルールズにおいて採用された解決は、35条に見られる。同条は、運送人の荷送人が運送書類を用いない旨を合意するか、用いない旨の取引慣習、慣行あるいは実務がある場合でなければ、荷送人あるいは（荷送人の同意がある場合には）書類上の荷送人が、運送人から、(a)譲渡不能運送書類（あるいはその電子版）あるいは、(b)適切な譲渡可能運送書類（あるいはその電子版）を「得る」ことができるとする。これは、当初の契約当事者の合意を優先した上で、慣習・慣行・実務によって決めることも容認しているというものであり、重要である。これは取引慣行に合致するもののように思われる。一定のタイプの売買契約、とりわけCIF契約のもとで[51]、売主は輸送をアレンジす

---

(47) ハンブルク・ルールズについては14条1項参照。一般的には、GIRVIN, *supra* note 3, para 27.04; Aikens et al., *supra* note 7（2006), para 5.5 参照。

(48) *Vita Food Products Inc v Unus Shipping Co Ltd* [1939] AC 277（PC), 288（Lord Wright); *Noble Resources Ltd v Cavalier Shipping Corporation*（*The Atlas*) [1996] 1 Lloyd's Rep 642, 646（Longmore J); *Agrosin Pte Ltd v Highway Shipping Co Ltd*（*The Mata K*) [1998] 2 Lloyd's Rep 614, 618（Clarke J) 参照。

(49) すなわち1999年12月に執行評議会（Executive Council）によって、「現在国際的な責任体制によってカバーされていない運送法のいかなる領域において、さらなる国際的統一が達成されるであろうかを検討し、運送法の統一を成し遂げるための文書のアウトラインを用意し、しかる後、提案された文書に組み込まれるべき条項——責任に関するそれを含んだ——を起草する」ためにCMI国際小委員会が設置された（CMI Newsletter No 1/2000, 3)。

(50) "Possible future work on transport law", United Nations Commission on International Trade Law, thirty-fourth session, 25 June–13 July 2001, A/CN.9/497, para 35 参照。

(51) たとえばINCOTERMS A3(a); MICHAEL BRIDGE, THE INTERNATIONAL SALE OF GOODS: LAW AND PRACTICE 2ND ED, 2007, para 4.07 参照。

る義務を負うが、他のタイプ（たとえば FOB 契約）のもとでは[52]、貨物の輸送のために指定された本船の船側まで物品を運んでくるだけでよく、買主が売主が物品を引き渡すことができる船舶が指定されることを確保する責任を負っている[53]。

VI　運送書類に含まれる情報

　ヘーグ・ルールズ及びヘーグ・ヴィスビー・ルールズは、運送人が船荷証券に含めることが要求される──もちろん荷送人からの請求があった場合にのみ生じる義務である──情報は限られたものであった[54]。「物品の識別のため必要な主要記号で物品の積込開始前に荷送人が書面で通告したもの」[55]、「場合に応じ、包若しくは個品の数、容積又は重量」[56]及び「外部から認められる物品の状態」[57]が列挙されている。対照的にハンブルク・ルールズは、はるかに詳細な情報を要求する[58]。ロッテルダム・ルールズは、若干の修正はあるものの、「海事プラス」というルールのより野心的な適用範囲を勘案し、ハンブルク・ルールズのモデルを踏襲している。CMIの国際小委員会における検討の過程では、既存の国際条約は中核的となる一定の情報を要求しているけれども、多くの重要な局面──たとえば日付及び曖昧な日付の意味──が省かれているということが指摘された[59]。にもかかわらず作業部会の検討の過程では、商業的必要性があ

---

(52)　たとえば INCOTERMS A4; BRIDGE, *supra* note 51, para 3.02 参照。
(53)　BRIDGE, *supra* note 51, para 3.10.
(54)　3条3項。GIRVIN, *supra* note 3（2011）, para 27.05; Aikens et al., *supra* note 7, para 4.6 参照。
(55)　3条3項(a)号。
(56)　3条3項(b)号。ここに示された事項の選択は運送人が行う。
(57)　3条3項(c)号。
(58)　15条1項は、15の情報について規定する。このことは、「商業的に非現実的で、要望もされておらず、望ましくない結果、さらには危険な結果すらもたらしかねない厳格な義務」を当事者に課すものであると批判される。C.W.H. Goldie, *Documentation – The Writing on the Bill, in* SAMIR MANKABADY（ED）, THE HAMBURG RULES ON THE CARRIAGE OF GOODS BY SEA, 1987, 209.
(59)　"Transport Law: Possible future work", United Nations Commission on International Trade Law, thirty-third session, 12 June-7 July 2000, A/CN.9/476, para 24; "Possible future work on transport law", United Nations Commission on International Trade Law, thirty-fourth session, 25 June-13 July 2001, A/CN.9/497, para 34 参照。

れば当事者は追加的情報を契約明細に含めることを自由に合意できる以上、必要的記載事項のリストは必ず必要とされる事項にできる限り限定されるべきであるという意見があった[60]。最終的に決められた運送書類あるいは電子的運送記録の契約明細の必要的記載事項は、以下の通りである。

(a) 運送を行うために適切と認められる物品の記載

この条項はハンブルク・ルールズの類似の条項[61]を写したものである。必要とされる情報は、常に定型化された運送書類を通じて、荷送人によって提供され運送人によって受領されたものであろう。作業部会において解決されなくてはならなかった1つの論点は、荷送人が提供してくる技術的記載が長大かつ詳細になっていく傾向が続いていることと、荷送人が含めたいと考える情報の量にいかにして制約を課すかということとの間で、いかにバランスをとるかということであった[62]。最終的な条文文言としては、「適切と認められる (as appropriate)」[63]という語が選択された。これは、輸入制限が適用されるような特定の物品の場合をカバーしたり、特に危険物に関する十分な情報[64]を提供させたりするものであるが、要求される物品の記載にもっと明確な制限が必要であるという一部の者によって提起された懸念には十分に答えるものではないかもしれない[65]。

---

(60) Report of Working Group III (Transport Law) on the work of its seventeenth session (New York, 3-13 April 2006), A/CN.9/594, para 227.
(61) 物品の一般的な性質についての記載がなくてはならないと規定する ハンブルク・ルールズ15条1項(a)号参照。
(62) Report of Working Group III (Transport Law) on the work of its nineteenth session (New York, 16-27 April 2007), A/CN.9/621, para 271 参照。
(63) 当初は、「荷送人によって提供された」との文言を付加することが提案されていた。 Report of Working Group III (Transport Law) on the work of its seventeenth session (New York, 3-13 April 2006), A/CN.9/594, para 228 参照。
(64) 同 para 272。
(65) たとえば、Comments of the International Chamber of Shipping (ICS), BIMCO and the International Group of P&I Clubs on the draft convention, A/CN.9/WG.III/WP.87, p.4 参照。また「一般的な文言で」という文言により限定を加えるべきであるとする、デンマーク、ノルウェイ、フィンランド提案も参照されたい。 Proposal of the delegations of Denmark, Norway and Finland on draft article 37 (1)(a) regarding contract particulars, A/CN.9/WG.III/WP.86, 2 参照。

(b) 物品の識別のために必要な主たる記号

運送のための主たる（あるいは船積）記号[66]は、ヘーグ・ルールズ及びヘーグ・ヴィスビー・ルールズ[67]及びハンブルク・ルールズ[68]のもとでも要求されている情報であるため、なじみ深い範疇に入るであろう。

(c) 包若しくは単位の数又は物品の数量

この情報もヘーグ・ルールズ及びヘーグ・ヴィスビー・ルールズ[69]及びハンブルク・ルールズのもとで要求されているものである[70]。

(d) 荷送人から通告された場合には物品の重量

この情報は、運送人は「包若しくは個品の数、容積」の代替[71]として記載することが要求されるに過ぎないという意味で、ヘーグ・ルールズ及びヘーグ・ヴィスビー・ルールズのもとでは[72]、記載してもよい情報に過ぎなかったが、ハンブルク・ルールズのもとでは重量の記載が強制された[73]。ばら積み貨物やコンテナ貨物においては重要なものであるから、ロッテルダム・ルールズのもとでこの情報が要求されることは、驚くに足りない。

---

(66) すなわち、運送を特定する記号であって、物品の商業的性質を特定する記号や、AL Smith 記録長官（M.R.）のいうところの「船荷証券の所持人に対して、所持人が引渡しを請求できる物品が何かを特定する」ような記号ではない。*Parsons v New Zealand Shipping Co* [1901] 1 KB 548, 557 参照。まだ同判決における Collins 裁判官の意見 (1 KB 564-565) も参照されたい。

(67) 3条3項(a)号参照。

(68) 15条1項(a)号。

(69) 3条3項(b)号。

(70) 15条1項(a)号。

(71) 運送人はこれらの事項の1つに記すことが要求されているだけなので、他の事項については有効に留保することができる。たとえば *Pendle & Rivet Ltd v Ellerman Lines Ltd* (1927) 29 Ll L Rep 133, 136 (Mackinnon J). See also Girvin (2011), para 27.07 参照。

(72) 「包若しくは個品の数、容積」に対する代替として記載が要求される。3条3項参照。

(73) 15条1項(a)号。これは「誤った政策」であるとして批判された。Goldie, *supra* note 58, p.211 参照。

(e) 運送人又は履行者が運送のため物品を受け取った時における、その外観上の状態に関する記載

物品の状態に関する情報はヘーグ・ルールズ[74]及びヘーグ・ヴィスビー・ルールズ[75]のもとでも、ハンブルク・ルールズのもとでも要求されるものである。多くの法域において、これは外部から明白に分かる物品の情報を指すものであり、事実の正確な記載を要求するものであると理解されている[76]。これは、単に合理的な注意をする義務ではなくて、契約上引き受けた絶対的な義務であり、ただ例外的に、そのような記載をする際に一定の技術が必要な場合であれば、合理的な注意を払う義務になるに過ぎないものだとされる[77]。ロッテルダム・ルールズ36条4項(a)号は、「荷送人が物品を運送人又は履行者に引き渡した時点における、梱包された物品の外観の合理的検査」を要求する。しかし36条4項(b)号において、「運送書類又は電子的運送記録を発行する前に運送人又は履行者が現実に実施した追加的な検査」をも意味すると規定する。後者は、もし運送人が、要求される以上の検査――たとえば包の内容物を検査したり、密封されたコンテナを開封したりする等――を行った場合には、そのような検査の結果分かったことについてはすべて責任を負うということである[78]。

(f) 運送人の名称及び住所

この情報はヘーグ・ルールズ及びヘーグ・ヴィスビー・ルールズによっては要求されていないが、ハンブルク・ルールズ[79]では要求されており、

---

[74] 3条3項(c)号。GIRVIN, *supra* note 3, para 27.08 参照。

[75] 15条1項(b)号。

[76] *Compania Naviera Vascongada v Churchill & Sim* [1906] 1 KB 237, 245; *The Peter der Grosse* (1875) 1 PD 414, 420.

[77] *Oceanfocus Shipping Ltd v Hyundai Merchant Marine Co Ltd* (*The Hawk*) [1999] 1 Lloyd's Rep 176, 185 (Judge Diamond QC); *Trade Star Line Corp v Mitsui & Co Ltd* [1996] 2 Lloyd's Rep 449 (CA), 458 (Evans LJ) 参照。

[78] Report of Working Group III (Transport Law) on the work of its eleventh session (New York, 24 March to 4 April 2003), A/CN.9/526, para 30 参照。

[79] 15条1項(c)。運送人の名前は、中国、ドイツ、イタリア、日本、ノルウェイ、ポーランド、スペイン、トルコおいて記載が要求されており、中国、ドイツ、レバノン、ノルウェイにおいてはその住所も要求されている。"Transport Law: Possible future work", United Nations Commission on International Trade Law, thirty-third session, 12 June-7 July 2000, A/CN.9/476, para 30 参照。

業界の実務においても最も典型的な船荷証券のフォームにおいて要求されているものである[80]。作業部会は、この情報は、信用状統一規則（UCP）600 の要件に合致するためにも必要であるという見解であった[81]。

(g) 運送人又は履行者が物品を受け取った日付、物品が船積された日付、又は運送書類若しくは電子的運送記録が発行された日付

　この新たな必要的記載事項は、ヘーグ・ルールズ及びヘーグ・ヴィスビー・ルールズにもハンブルク・ルールズにも規定されていないが、非常に重要である。というのも貨物の価値・支払価格はあるいは運送の前提となる売買契約は、船荷証券の発行日によって左右されるものだからである[82]。これは作業部会及びその前身において何度も検討されたことである。たとえば、CMI の国際小委員会は、当初この情報は船荷証券の本質的な要素と考えられるべきではない、そして日付のない船荷証券も有効であると考えていたが[83]、日付の入った船荷証券が必ず要求される国もあれば[84]、単なる一般的な慣行に過ぎない国もある[85]ということからは、ルールを統一するための規定が必要であるという見解が出された。日付の必要的記載事項として要求するに当たって、39 条 2 項は、日付は記載され

---

(80) たとえば、アルゼンチン、オーストラリア、カナダ、ハンガリー、インドネシア、オランダ、ニュージーランド、イギリス、アメリカ。"Transport Law: Possible future work", United Nations Commission on International Trade Law, thirty-third session, 12 June-7 July 2000, A/CN.9/476, para 30 参照。

(81) UCP 600 のもとでは、運送人の名前だけが要求され、運送人の住所は要求されない。20 条(a)項(i)号参照。たとえば Report of Working Group III (Transport Law) on the work of its eighteenth session (Vienna, 6-17 November 2006), A/CN.9/616, para 18 参照。

(82) たとえば、*Novorossisk Shipping Co v Neopetro Co Ltd* (*The Ulyanovsk*) [1990] 1 Lloyd's Rep 425 参照。この事件では、船荷証券の日付の数日の違いが、商品価格の巨額の変動に関係し、傭船者の航海指図に従わなかったことについて、船主が、865,594.42 アメリカドルの契約上の損害について責任を負うこととされた。

(83) "Transport Law: Possible future work", United Nations Commission on International Trade Law, thirty-third session, 12 June-7 July 2000, A/CN.9/476, para 27 参照。

(84) たとえば、アルゼンチン、中国、朝鮮民主主義人民共和国、ドイツ、インドネシア、レバノン、オランダ、ノルウェイ、ポーランド、スペイン、トルコ。同 para 25 参照。

(85) たとえば、オーストラリア、カナダ、ニュージーランド、イギリス、アメリカ。同 para 25 参照。

ているものの、それが何の日付なのかが示されていない場合には、その日付は、(契約明細に物品が船積された旨記載されている場合には) 運送書類又は電子的運送記録に記載されたすべての物品が船積された日、あるいは契約明細に物品が船積された旨記載されていない場合には、運送人又は履行者が物品を受け取った日を指すものとみなされると規定する。この文言は、多かれ少なかれ、UCP600 の類似の文言に従うものである[86]。

(h) 運送書類が譲渡可能な場合であって、複数の運送書類が発行されるときは、譲渡可能運送書類の原本の数

これまで多くの批判はあったものの[87]、船荷証券が複数のセット[88]——通常は3通の原本[89]——で発行されるというのが、何世紀にもわたる標準的商慣習であった[90]。詐欺が生じることを避けるために[91]、船荷証券の標準文言では「1通が回収された場合には、他のものは無効となる」[92]と記載されている。多くの船荷証券は、発行した船荷証券の数を船荷証券表面に記載することを要求する[93]。ハンブルク・ルールズはこの情報を要求しており[94]、作業部会において、何通の原本が流通しているかを示すことで譲渡可能運送書類の第三取得者を保護することになるか

---

[86] 20条(a)項(ii)号。
[87] *Glyn, Mills & Co v East & West India Dock Co* (1882) 7 App Cas 591, 605 (Lord Blackburn) 参照。
[88] *Sanders v Maclean* (1883) 11 QBD 327, 342 において Bowen 判事は、「もし (実務) が存続するとすれば、それはおそらく、変更するより維持した方が、より便利であるか、より面倒ではないと、商業の世界が依然として見続けているということであろう」と述べる。
[89] UCP 600 は、信用のために、船荷証券上に記されたすべての原本が提供されることを要求する (20条(iv)号)。
[90] たとえば *Gerard Maylnes, Consuetudo vel Lex Mercatoria* (1686), 97 参照。
[91] 判例集に現れた詐欺のケースは、前掲注 (88) の *Sanders v Maclean* (1883) 11 QBD 327 を除くと、ほとんど聞かない。
[92] すなわち貨物の引き渡しは原本のうちの1通と引き替えになされる。「回収」とは、船荷証券の原本の1通と引き替えに引き渡しがなされ運送契約の履行が完了することを意味する。たとえば、*Carewins Development (China) Ltd v Bright Fortune Shipping Ltd* [2009] 3 HKLRD 409, at [33] (Ribeiro PJ); *Glyn, Mills & Co v East & West India Dock Co* (1882) 7 App Cas 591, 599 (Lord Cairns) 参照。
[93] たとえば Conlinebill 2000; Congenbill 2007 参照。
[94] 15条1項(h)号。

ら、原本の数は含めなくてはならないという決定がなされた[95]。もっとも、特に3通の原本が一緒に保管され取り扱われることが実務では多いことからすれば、これは、現実的と言うよりは仮想的な問題かもしれない。

(i) 荷送人が指名したときは、荷受人の名称及び住所

本条は、ハンブルク・ルールズに類似の条項があり[96]、〔作業部会の議論において〕2006年[97]及び2007年[98]に、ロッテルダム・ルールズにも取り入れる可能性が強調された。

(j) 運送契約で特定されているときは、船舶の名称

この必要的記載事項は新しいものであり、ヘーグ・ルールズ及びヘーグ・ヴィスビー・ルールズあるいはハンブルク・ルールズにおいては見られないものである。これは船荷証券に「指名された船舶」によって船積みがなされた旨の記載を要求するUCP600に従うものである[99]。もっとも、このような要求は、港湾から港湾への運送の文脈では可能であるとしても、運送人は船主ではなく利用運送人（NVOC）であることが多いドア・トゥ・ドア運送の文脈では、ほとんど不可能であるという懸念がある[100]。

(k) 受取地、並びに、運送人に知れているときは、引渡地

この情報はヘーグ・ルールズ及びヘーグ・ヴィスビー・ルールズでは要求されていないが、船積港と荷揚港の名前を要求するハンブルク・ルールズの規定の複合運送版というべきものである[101]。この情報は、管轄・仲

---

[95] Report of Working Group III (Transport Law) on the work of its seventeenth session (New York, 3-13 April 2006), A/CN.9/594, para 230 参照。
[96] 15条1項(e)号参照。ただし同条は、荷受人の住所は要求していないことに注意。
[97] たとえば、Report of Working Group III (Transport Law) on the work of its seventeenth session (New York, 3-13 April 2006), A/CN.9/594, para 227 参照。
[98] Report of Working Group III (Transport Law) on the work of its nineteenth session (New York, 16-27 April 2007), A/CN.9/621, para 274 参照。
[99] 20条(a)項(ii)号。
[100] Report of Working Group III (Transport Law) on the work of its nineteenth session (New York, 16-27 April 2007), A/CN.9/621, para 274.
[101] 15条1項(f)、(g)号。

裁の規定の適用のため[102]のみならず、ロッテルダム・ルールズの適用範囲の決定[103]のためにも重要性があるという理由から、記載事項に含めることが提案された。

(1) 運送契約で特定されているときは、船積港及び荷揚港

受取地との関連で述べたとおり、この規定はハンブルク・ルールズ[104]の2つの異なる要件を1つにあわせたものである。

Ⅶ 署名の要件

多くの法域において、船荷証券は署名されなくてはならないというのが、国内法上の要件である[105]。しかし、そうすることが単なる慣行に過ぎない法域もある[106]。規定が必要であるということは、作業部会の検討のごく初期の段階から合意されていた[107]。38条1項は、運送書類が、運送人によってあるいは「運送人の代理人として行動する者」によって署名されなくてはならないと強制している。後者は明らかに、船荷証券が署名のために船長に対して提示される、あるいは船舶が傭船に出されている場合には船長の代理人や傭船者の代理人に対して提示されるということが標

---

(102) たとえば、66条(a)号、Art 75条2項参照。Report of Working Group Ⅲ (Transport Law) on the work of its seventeenth session (New York, 3-13 April 2006), A/CN.9/594, para 231 参照。
(103) 5条1項参照。
(104) 15条1項(f)号、(g)号参照。
(105) アルゼンチン、中国、朝鮮民主主義人民共和国、ハンガリー、イタリア、日本、レバノン、オランダ、ノルウェー、ポーランド、スペイン、トルコ。"Transport Law: Possible future work", United Nations Commission on International Trade Law, thirty-third session, 12 June-7 July 2000, A/CN.9/476, para 28 参照。
(106) たとえばオーストラリア、カナダ、ニュージーランド、イギリス、アメリカ。"Transport Law: Possible future work", United Nations Commission on International Trade Law, thirty-third session, 12 June-7 July 2000, A/CN.9/476, para 28 参照。署名と留保文言の挿入について一般的には、The David Agmashenebeli [2002] EWHC 104; [2003] 1 Lloyd's Rep 92 参照。
(107) 署名の定義が必要であるという提案は否決されたが、これは商業的必要性によって決められるという見解による。Report of Working Group Ⅲ (Transport Law) on the work of its eighteenth session (Vienna, 6-17 November 2006), A/CN.9/616, para 11 参照。

準的な実務であるため、導入された[108]。電子的書類の場合、電子署名は、当該電子的運送記録に関し運送人が権限を与えられていることを示すものでなければならない。この文言は、部分的には UCP600 の類似の文言[109]を反映したものである。もっとも UCP600 が荷為替信用状のシステムを円滑にすることにかかわるのに対して、ロッテルダム・ルールズは法的帰結を伴う法ルールを規定するものであるため、両者は異なった目的で規定されていることが指摘されている[110]。

VIII 提供された情報の留保

運送人が請求に応じて、一定の情報を記載した船荷証券を発行することを要求するヘーグ・ルールズ及びヘーグ・ヴィスビー・ルールズ3条3項には[111]、重要な但書が付せられている。すなわち、「運送人、船長又は運送人の代理人は、この記号、数、容積又は重量が実際に自己が受け取つた物品を正確に表示していないと疑うべき正当な理由があるとき、又はその正確であることを確認する適当な方法がないときは、これらの事項を船荷証券に記載することを要しない」のである。船荷証券の表面や余白に記された留保文言や留保条項は、紛争や議論を生じさせかねない現実的要因となりうる[112]。実際、このような否定文言は一般には、運送人や船舶の免責を定める条項・約款を無効とするヘーグ・ルールズ及びヘーグ・ヴィスビー・ルールズに触れるものではないと一般には考えられているものの[113]、

---

(108) GIRVIN, *supra* note 3, para 12.08 参照。また特に SIR GUENTER TREITEL & FMB REYNOLDS, CARVER ON BILLS OF LADING 2nd ED, 2005, PARA 4-034 を参照されたい。

(109) UCP のもとでの船荷証券は、運送人または運送人を代理する記載代理人、船長または船長を代理する記載代理人により署名されることが要求される（20条(a)項(i)号）。

(110) Report of Working Group III (Transport Law) on the work of its nineteenth session (New York, 16-27 April 2007), A/CN.9/621, para 291.

(111) ハンブルク・ルールズについては、16条3項参照。

(112) アメリカの視点について、THOMAS J SCHOENBAUM, ADMIRALTY AND MARITIME LAW 4th ED, 2004, §10-12 参照。

(113) 3条3項参照。また *Agrosin Pte Ltd v Highway Shipping Co Ltd* (*The Mata K*) [1998] 2 Lloyd's Rep 614, 617 (Clarke J) 参照。

実務において、運送書類における最も厄介な争点の1つであった[114]。

　この問題は、今ではロッテルダム・ルールズ40条において取り扱われている。運送人は、「運送人が、運送書類又は電子的運送記録の重要な記載が誤りであるか又は誤解を招くものであることを現実に知っているとき」あるいは「重要な記載が誤りであるか又は誤解を招くものであると信じる合理的な根拠を有するとき」（40条1項）[115]には、運送書類に留保条項を挿入しなくてはならない[116]。また運送人は、荷送人の提供した情報の正確性について責任を負わない旨の情報についての留保をすることができる（40条2項）[117]。これらの規定から明確ではないのは、そのような「留保」がどのような形態をとらなくてはならないのかということである。運送人が船荷証券に挿入する、「荷送人によって申告された明細につき運送人は確認するものではない」[118]、「船積時において重量、内容物、価格不明」[119]、「内容不知」[120]といった標準的なタイプの免責条項（不動文字である場合もある）について、本条は取り扱うものではないようにすら見える。ある著名な論者は[121]、*The David Agmashenebeli*[122]と呼ばれるイギリス判例にお

---

(114) "Possible future work on transport law", United Nations Commission on International Trade Law, thirty-fourth session, 25 June-13 July 2001, A/CN.9/497, para 37 参照。
(115) この条項はもともとは別の条文に含められていた。Report of Working Group III (Transport Law) on the work of its eighteenth session (Vienna, 6-17 November 2006), A/CN.9/616, para 44 参照。
(116) 「運送人は、……留保を付さなくてはならない（"the carrier shall qualify …"）」。
(117) 運送人は留保の理由を示さなくてはならないという提案は、善意を要求する提案と同様、幸いにも否定された。Report of Working Group III (Transport Law) on the work of its eighteenth session (Vienna, 6-17 November 2006), A/CN.9/616, paras 34-37 参照。
(118) Conlinebill 2000.
(119) *Attorney-General of Ceylon v Scindia Steam Navigation Co Ltd* [1962] AC 60 (PC); [1961] 3 WLR 936.
(120) たとえば *El Greco (Australia) Pty Ltd v Mediterranean Shipping Co SA* [2004] FCAFC 202; [2004] 2 Lloyd's Rep 537; *The River Gurara* [1998] 1 Lloyd's Rep 225; *Marbig Rexel Pty Ltd v ABC Container Line NV (The TNT Express)* [1992] 2 Lloyd's Rep 636; *Ace Imports Pty Ltd v Companhia De Navegacao Lloyd Brasileiro* (1987) 10 NSWLR 32; *Rosenfeld Hillas & Co Pty Ltd v The Ship Fort Laramie* (1923) 32 CLR 25, 38 参照。*Compania Sud Americana de Vapores SA v Sinochem Tianjin Import & Export Corp (The Aconcagua)* [2009] EWHC 1880 (Comm); [2010] 1 Lloyd's Rep 1 における船荷証券は、——別にその点がこの事件で紛争になったわけではないが——、「次亜塩素酸カルシウム65％」を内容物とするとされるコンテナ1個の運送を証するものであった。
(121) Anthony Diamond QC, *The Rotterdam Rules*, Lloyd's Maritime & Commercial LQ, [2010], p.445, 506.
(122) [2002] EWHC 104; [2003] 1 Lloyd's Rep 92.

いて訴訟の対象とされた文言とは異なり、これらの文言は留保とはならないと説く。この事件では、船長が特定の文言を用いることにこだわり[123]、船荷証券の当該文言が船主による運送契約違反となるか否かが問題となったのである[124]。

　留保の点について続けると、ロッテルダム・ルールズは、コンテナ貨物と非コンテナ貨物の間に——そのような区別の実効性に一定の疑問はあるものの——根本的な区別をする[125]。物品がコンテナに詰められていない場合、あるいは詰められていても現実に検査が行われた場合、運送人が荷送人から通告された情報を確認する物理的見地から実務的な又は商業的見地から合理的な方法がないとき、あるいは運送人が荷送人から通告された情報が不正確であると信じる合理的な根拠を有するとき（40条3項）には、運送人は情報に留保を付すことができる。しかし、物品が密閉されたコンテナに詰められている場合、運送人又は履行者がコンテナ又は車輌内の物品を実際に検査しておらず、かつ、運送人も履行者も、運送書類又は電子的運送記録が発行される前に、当該物品の内容について別途現実に知らない限り、運送人は36条1項(a)～(c)号に規定される情報[126]について留保を付すことができる（40条4項(a)号）[127]。また運送人も履行者もコンテナ又は車輌の重量を量っておらず、かつ荷送人及び運送人がコンテナ又は車輌の重量を量ってその重量を契約明細に含ませることを発送前に合意していないとき、またはコンテナ又は車輌の重量を確認する物理的見地から実務的な又は商業的見地から合理的な方法がないときには、運送人

---

(123)　「貨物に変色あり。また貨物中にプラスチック、錆、ゴム、石、黒粒子等の異物あり。」。
(124)　裁判所は、貨物のわずかな部分が変色していたとはいえ、船長は貨物全体あるいはその主要部分がそのような状態であるかのように伝わるような文言を用いる権限はなく、またわずかな量の混入物の存在が良好な状態ではないものとするかのような条項をメーツレシートや船荷証券に挿入する権限はないとした。[2002] EWHC 104; [2003] 1 Lloyd's Rep 92, 114.
(125)　Report of Working Group III (Transport Law) on the work of its eighteenth session (Vienna, 6-17 November 2006), A/CN.9/616, para 32 参照。
(126)　物品の記載、主たる記号、包若しくは単位の数又は物品の数量に関する情報。
(127)　この点は作業部会の検討の最終段階において、一定の時間をかけて議論された。Report of Working Group III (Transport Law) on the work of its twenty-first session (Vienna, 14-25 January 2008), A/CN.9/645, paras 135-137 参照。

は、36条1項(d)号の情報[128]について留保を付すことができる。

IX　記載の不備の効果

39条1項は、36条1項から3項に規定される情報が欠けていることあるいは不正確であることは、「それ自体としては、運送書類の法的性格や有効性には影響を与えない」と規定する。しかし、いくつかの具体的な条項も置かれている。日付が記載されているが、その意味が示されていない場合には、契約明細に物品が船積された旨記載されている場合には、物品が船積された日（39条2項(a)号）、契約明細に物品が船積された旨記載されていない場合には、運送人又は履行者が物品を受け取った日（39条2項(b)号）とされる。さらに、契約明細が物品を受け取った時点でのその外観上の状態に関する記載を欠いているときは、契約明細は、物品を受け取った時点において当該物品が外観上良好な状態であったと記載しているものとみなされる（39条3項）。

X　証拠的価値

ヘーグ・ルールズ及びヘーグ・ヴィスビー・ルールズは、3条3項の要求する情報を記載した船荷証券は、運送人による物品受取の一応の証拠（prima facie evidence）であると見なしている（3条4項）[129]。ヘーグ・ヴィスビー・ルールズ（ヘーグ・ルールズには含まれていない[130]）の同じ条文は、さらに続けて、船荷証券が善意の第三者に譲渡された場合には反証は認められないとする[131]。運送人は3条3項に列挙された事項に限って拘束されることになるが、物品についての記載が荷送人によるものの場合には、運送人はこれに拘束されないと認められている[132]。また船荷証券に

---

(128) 物品の重量に関する情報。
(129) ハンブルク・ルールズ16条3項(a)号も参照。
(130) この点もヘーグ・ルールズとヘーグ・ヴィスビー・ルールズとの間の違いということになる。
(131) ハンブルク・ルールズ16条3項(b)号も参照。
(132) *Ace Imports Pty Ltd v Companhia de Navegacao Lloyd Brasileiro*（*The Esmeralda 1*）[1988] 1 Lloyd's Rep 206（NSW）, 210-211（Yeldham J）参照。

適切な条項が挿入されている場合にも、運送人は拘束されない[133]。

ロッテルダム・ルールズの検討の初期の段階で関心を呼んだ論点に、証拠的価値のルールは譲渡可能運送書類が善意で行動する第三者に譲渡された場合に限定されるのか、それとも運送書類の記載を信じて対価を支払ったあるいは立場を変えた第三者にまで拡張されるべきかという問題がある[134]。この議論は、作業部会の作業のさまざまな段階で継続した[135]。

41条の最終版は、運送書類[136]（あるいはその電子的等価物）は、運送人が契約明細に記載された物品を受け取ったことの一応の証拠であると規定する（41条(a)）。これは多くの点でヘーグ・ルールズ及びヘーグ・ヴィスビー・ルールズの法制と似ているけれども、いくつか注意すべき重要な点がある。第1に、明らかな点として、ロッテルダム・ルールズのもとではヘーグ・ルールズ及びヘーグ・ヴィスビー・ルールズより[137]も広いグループの運送書類がカバーされているということである。第2に、すでに見たように、ロッテルダム・ルールズのもとでは明細のリストがはるかに長大であるということである。

第三者との関係では、ロッテルダム・ルールズは、善意で行動する[138]第三者に譲渡された[139]譲渡可能運送書類[140]に記載された明細の場合は、反証は許されないと規定する。物品の引渡を受けるにはその提出を要する

---

(133) たとえば *Sea Success Maritime Inc v African Maritime Carriers Ltd* [2005] EWHC 1542（Comm）; [2005] 2 Lloyd's Rep 692, 699（Aikens J）参照。

(134) "Possible future work on transport law", United Nations Commission on International Trade Law, thirty-fourth session, 25 June-13 July 2001, A/CN.9/497, para 36 参照。

(135) たとえば Report of Working Group III（Transport Law）on the work of its eighteenth session (Vienna, 6-17 November 2006), A/CN.9/616, para 49 参照。

(136) 1条14項の定義するところによる。

(137) ヘーグ・ヴィスビー・ルールズのもとで、貴族院は記名式船荷証券も適用範囲に含まれることを確認している。*J I MacWilliam Co Inc v Mediterranean Shipping Co SA*（*The Rafaela S*）[2005] UKHL 11; [2005] 2 AC 423 参照。より一般的には、Stephen Girvin, *Straight Bills of Lading in International Trade: Principles and Practice,* Journal of Business Law,［2006］, p.86 参照。

(138) 本条は、対応するヘーグ・ヴィスビー・ルールズの規定（3条4項）の「終局的証拠」を定めるものである。

(139) 譲渡可能運送書類（あるいは譲渡可能電子的運送記録）に含まれる権利の譲渡については、57条参照。

(140) 1条15項の定義参照。

旨が示された譲渡不能運送書類が善意で行動する荷受人に譲渡された場合にも、反証は許されない（41条(b)号）。譲渡不能運送書類に含まれる契約明細を信頼して善意で行動した荷受人に対しても、(i)36条1項に規定する契約明細（当該契約明細が運送人により記載された場合に限る）、(ii)コンテナの数、種類及び識別番号（コンテナシールの識別番号を含まない）、(iii)36条2項に規定する事項について、運送人は、当該契約明細と異なる事実を証明することができない（41条(c)号）。

XI　その他の問題：誰が運送人か？

　ロッテルダム・ルールズの扱う最後の重要問題は、運送書類における運送人の特定という重要問題を処理しようとする条文（37条）である[141]。荷送人あるいは荷受人は、貨物に関する請求をなしうる相手である運送人と特定するだけでなく、運送契約の正確な内容を証明しなくてはならない[142]。驚くべきことに、この最初の要件が多くの請求者にとって主要な難関であることが多い。というのも船荷証券は、船主、傭船者、再傭船者あるいはこれらの誰かの代理人のいずれかの名前で発行されている可能性があるからである。船荷証券がしばしば船主の代理人である船長により、あるいは船長のために署名されているということが多いことが、問題を一層複雑にする。多くの英米法系の法域においては個々の運送契約のもとで運送人として責任を負う当事者は1人に限られるので、荷送人が誰を訴えるかについて正しい選択をすることが特に重要になる。さらに重要なこととして、ヘーグ・ヴィスビー・ルールズにより規律される貨物についてのあらゆる請求[143]は、同ルール3条6項によって、12ヵ月の期間の間に訴訟提起されない限り、期間制限にかかってしまうということがある[144]。

---

(141)　より詳細な分析として、STURLEY ET AL., *supra* note 10, para 7.044 参照。
(142)　GIRVIN, *supra* note 3, para 12.08 参照。
(143)　このことは救済及び請求権の双方が消滅することを意味する。*Aries Tanker Corporation v Total Transport*（*The Aries*）[1977] 1 WLR 185, 188（Lord Wilberforce）参照。
(144)　ハンブルク・ルールズの場合、期間制限は2年であり（20条1項）、この点はロッテルダム・ルールズにおいても同様である（62条1項）。

裏面約款の文言と船荷証券の表面の記載があいまって、裁判所によって細かな区別がなされた多くの裁判例がこれまでにあり、しかも時には若干不整合な結果さえもたらされてきた(145)。

それでも、イギリス法に関する限りは、問題は *Homburg Houtimport BV v Agrosin Private Ltd*（*The Starsin*）によって確定的に解決されてきた(146)。この事件で Bingham 判事は、企業人の合理的期待を害しないためにも(147)、法律文書を商業的に解釈し、「商業的なセンス」(148)をもって読むことの重要性を重ねて述べた。かくして貴族院は、船荷証券表面の運送人特定条項に着目すべきで、デマイズ条項(149)のような船荷証券の裏面約款に着目すべきではない(150)ということを確認した。

運送人特定条項は、作業部会において、何度にもわたって、詳細に検討され、3つの問題が区別された。すなわち、①運送書類あるいは電子的運送記録の表面の記載が不明確で、運送人の通称や運送人のブッキング・エージェントの名前しか書かれていない場合の問題、②船荷証券の裏面約款の細かな文字による印刷にかかわる問題、③船長の権限が何に基づくかについて記載しないまま、船長によりあるいは船長のために署名された運送書類によって引き起こされる問題である(151)。

ロッテルダム・ルールズ 37 条 1 項は、運送人が契約明細に氏名により特定された場合には、それと矛盾する限りにおいて、運送書類あるいは電子的運送記録に含まれるその他すべての情報は、「効力を有しないものとす

---

(145) たとえば See *The Berkshire* [1974] 1 Lloyd's Rep 185; *The Venezuela* [1980] 1 Lloyd's Rep 393; *The Rewia* [1991] 2 Lloyd's Rep 325; *MB Pyramid Sound NV v Briese Schiffahrts GmbH & Co KG MS Sina*（*The Ines*）（*No 2*）[1995] 2 Lloyd's Rep 144; *Sunrise Maritime Inc v Uvisco Ltd*（*The Hector*）[1998] 2 Lloyd's Rep 287; *Fetim BV v Oceanspeed Shipping Ltd*（*The Flecha*）[1999] 1 Lloyd's Rep 612 参照。
(146) [2003] UKHL 12; [2004] 1 AC 715. Edwin Peel, *Actual carriers and the Hague Rules,* 120 LQR 11（2004）参照。
(147) At [12].
(148) At [10]. Lord Millett の意見（at [188]）も参照。
(149) このような条項の歴史については、Lord Roskill, *The Demise Clause,*（1990）106 LQR 403 参照。
(150) At [126]. Bingham 判事の意見（at [16]）Steyn 判事の意見（at [47]）; Hoffmann 判事の意見（at [77]-[80]）; Millett 判事の意見（at [188]）参照。
(151) Report of Working Group III（Transport Law）on the work of its eighteenth session（Vienna, 6-17 November 2006）, A/CN.9/616, para 119.

る」と規定する。しかし、運送人の特定がないが、契約明細が特定の名称の船舶に物品が船積されたことを示しているときは、登録船主が運送人であると推定される[152][153]。当該船舶が裸傭船に出されていたことを証明したり、その代わりに運送人を特定しかつその住所を示すことにより自己が運送人であるという推定に対して反証したりする責任は、登録船主が負う。

XII 結 論

運送書類及びその電子的等価物に関するロッテルダム・ルールズの諸規定は、同ルールに含まれる革新的要素であり、重要な変更点である。ロッテルダム・ルールズに含まれる全体的なスキームは、一見したところは、海運にかかわる法律家にとって新規なものに見えるかもしれない。しかし同ルールをより詳細に精査してみると、導入された変更点の多くは、確立した商業慣行に従うものであることが分かる。運送書類や電子的運送記録の諸規定が、海運実務のこの領域の統一を助け、同ルール全体とともに、今後数年のうちに署名国によって直ちに受け容れられることが望まれる。

---

(152) そのような推定に対しては強い異論——とりわけ ISC、BIMCO 及び P&I クラブ国際グループから——があった。Comments of the International Chamber of Shipping (ICS), BIMCO and the International Group of P&I Clubs on the draft convention, A/CN.9/WG.III/WP.87, p.4 参照。

(153) この点関する議論について、特に Report of Working Group III (Transport Law) on the work of its nineteenth session (New York, 16-27 April 2007), A/CN.9/621, paras 278-288 参照。

9 運送品処分権と権利の譲渡

宋　迪煌
藤田友敬　訳

I　はじめに

　2008年12月11日開催の第67回国連総会において、「全部又は一部が海上運送による国際物品運送契約に関する国際連合条約」が審議され、最終的に採択された。条約は2009年9月23日の署名式において署名のために開放された。

　本稿執筆時点までで、24カ国が署名し、2カ国が批准している[1]。他の運送手段についての多くの国際条約はすでに運送品処分権や権利の譲渡についての規定を導入していたが、海事法条約がそうしようとするのははじめてのことである。しかし、誤解を防ぐために言っておくと、万国海法会（CMI）はすでにこのような重要な問題を、たとえば電子的船荷証券のためのCMI統一規則や海上運送状に関するCMI統一規則の中に含める数々の試みをしてきた。

II　なぜロッテルダム・ルールズにおいて運送品処分権が必要か

1　運送品処分権の概念

　まず、本稿においては「運送品処分権（Right of Control）」という語は「運送品処分権者の権利（Right of Controlling Party）」という語と互換可能

---

(1) http://treaties.un.org/Pages/ViewDetails.aspx?src=TREATY&mtdsg_no=XI-D-8&chapter=11&lang=en 参照。

なものとして用いる。2007年3月以前のUNCITRALにおける草案の章名は、「運送品処分権」であり、推敲の過程で、運送品処分権は一方的に行使できるものに限られず、運送契約について運送人と再交渉する権利も含んでいるのではないかと考えられるようになった。その後は、章名は、「運送品処分権者の権利」と変更された。

この概念は他の条約や電子式船荷証券のためのCMI統一規則や海上運送状に関するCMI統一規則とは若干異なる。

電子的船荷証券のためのCMI統一規則は、次のように規定する。

「第7条（運送品支配・処分権）
（a）所持人は、運送人に対し、次のことができる唯一の者である。
　（1）物品の引渡しを請求すること
　（2）荷受人を指定すること、または、自己を含む他の当事者を指定された荷受人に変更すること
　（3）他の当事者に対し運送品支配・処分権を移転させること
　（4）運送人に対し、所持人が書面形式の船荷証券の所持人であるかのごとく、運送契約の条件に従い、物品に関する他の事項を指図すること」

と規定する。

海上運送状に関するCMI統一規則では、「運送品処分権とは第6条で言及されたものである」とし、6条は次のように規定する。

「第6条（運送品処分権）
（ｉ）荷送人は、本条第2項にもとづく選択権を行使した場合を除き、運送契約に関して指図を運送人に対して与えることができる唯一の者とする。適用される法により禁止されていないとき、荷送人は、目的地に物品が到達後、荷受人が物品の引渡を請求する時までの間、書面または運送人が承認するその他の方法により合理的な通知をなし、かつ、運送人に対してそれによって生じたすべての付加的費用を補償することを引き受けることにより、荷受人の名称を変更することができる。」

国際道路貨物輸送に関する運送契約についての協定（CMR）においては、運送品処分権は「貨物処分権（right of disposal）」と呼ばれているが、

12条は次のように規定する。

「1　荷送人[2]は運送品を処分する権利、とりわけ運送人の物品の運送を中止し、物品の引渡が行われることとされている場所を変更し、あるいは物品をコンサインメント・ノートにおいて指定されている荷受人以外の荷受人に引き渡すことを求める権利を有する。
　2　この権利はコンサインメント・ノートの第2のコピーが荷受人に引き渡されるか、荷受人が13条1項の権利を行使した場合には消滅する。以後は、運送人は荷受人の指図に従わなくてはならない。」

国際鉄道貨物運送に関する契約についての統一法規定（1999年改訂）（COTIF-CIM 1999）では、物品を処分する権利について定める18条が次のように規定する。

「1　運送委託者は貨物を処分する権利を有し、下記の指図をすることによって運送契約を変更することができる。運送委託者は運送人に対して下記を要求することができる。
　a）物品の運送を中止すること、
　b）運送品の引渡を延期すること、
　c）コンサインメント・ノート記載の荷受人以外の者に運送品を引き渡すこと。
　2　運送委託者の運送契約を変更する権利は、コンサインメント・ノートの複本を所持する場合であっても、下記の場合には消滅し、それ以後、運送人は荷受人の指図に従わなくてはならない。
　a）荷受人がコンサインメント・ノートを所持するに至った場合、
　b）荷受人が運送品を受け取った場合、
　c）荷受人が17条3項にしたがって権利を行使した場合、
　d）本条3項にしたがって指図する権限を得た場合。
……」

内水による物品運送契約のためのブダペスト条約（CMNI）では、貨物処分権を有する者についての14条が次のように規定する。

---

[2] 条約によって、"shipper"、"consignor"、"sender" といった用語法は異なる。

「1　荷送人は貨物を処分する権限を有する。特に、運送人に対して、運送の中止、貨物の引渡場所の変更、運送書類上に記載された荷受人以外の者に対する貨物の引渡。
2　荷送人の貨物を処分する権利は、貨物が予定の引渡地に到着した後、荷受人がその引渡を請求した場合に消滅する。」

ワルソー条約12条1項は次のように規定する。

「荷送人は、運送契約から生ずるすべての債務を履行することを条件として、出発飛行場若しくは到着飛行場で貨物を取りもどし、運送の途中で着陸の際に貨物をとめ置き、航空運送状に記載した荷受人以外の者に対して到達地若しくは運送の途中で貨物を引き渡させ、又は出発飛行場への貨物の返送を請求することにより、貨物を処分する権利を有する。」

2　業界からの商業的必要性

現行の海事関係の国際条約において運送品処分権についての法が欠けているのは、部分的には、海上運送で運ばれる物品は指図式（あるいは特定の指図に従う）により荷受人が指定されるものであった、したがって他の運送手段と比べると、運送品処分権についての統一的なルールについての差し迫った必要性がなかったからである。しかし、海運業界において広く用いられ、認識されている実務的なルールはあった。たとえば、荷送人／売主が、荷受人／買主に対し物品のテレックス・リリースを希望する場合には、荷送人／売主は発行された船荷証券の原本全部を提供しなくてはならない[3]。物品の運送中に、異なる船荷証券（連鎖的な売買のもとで要求される場合があるかもしれない）に切り替える何らかの必要がある場合、新しい船荷証券が発行される前に、発行された船荷証券の原本全部が回収されなくてはならない。

---

[3] 中国においては、たとえ船荷証券がまだ発行されていない場合であっても同様である。この場合、まず船荷証券を発行させ、しかる後にそのような指図を与える運送品処分権行使のため、それを運送人に対して提供しなくてはならない。

このような慣習には問題がないわけではない。実際、一定の状況下においては、船荷証券の適法な所持人による（運送契約上の）物品の引渡を請求する権利は、たとえば支払いを受けていない売主に与えられる（売買契約上の）運送中の物品の取戻権（the right of stoppage in transit）と衝突しかねず、実際、売主の売買契約上の権利を運送契約上の運送品処分権と調和させることができるか、そしてそれはいかにしてできるかということは、万国海法会が当初から考慮してきた問題の１つであった。

実際、ヘーグ・ルールズの時代から海運業の取引パターンと慣習が大きく変化したことから、海上輸送における運送品処分権の法の統一を、市場は過去数十年絶えず要求してきたのである。

荷主側から見ると、売買契約に根ざす（貨物に対する）処分権は、運送契約上の運送品処分権とは同じものではない。他の運送手段に関する既存の条約は、この商業上の必要性を満たすために起草された。貨物が運送人の占有下にある場合、運送品に関心のある当事者は、（売買取引を履行するために、あるいは取引が履行できない又はできなくなりそうな場合の必要な保護措置をとるため）運送契約の履行のために物品に対する指図をしたいと思うかもしれない。言うまでもなく、電子商取引は、現代的な取引を容易にするような、迅速で便利な運送品処分権に関するルールを要求する。

同様に海上運送人から見た場合も、（運送品処分権者によって運送人に対して行使される）運送品処分権が明確化され／統一され、異なる法域の国内法が異なることの不確実性に直面することがなくなることを望むであろう。さらに一定の状況のもとでは、海上運送人にとっては、誰が契約の再交渉（たとえば目的地の変更、物品の船積港への取り戻し等）をする権限があるのかをはっきりさせたり、あるいは別のケースでは、運送品処分権者から物品に関する追加的な情報／指図（たとえば、他の貨物に損害がでることを避け、かつ／または物品の管理をするために必要な行為）を得たりする必要があるかもしれない。

金融機関も、運送品処分権について——とりわけ船荷証券が取引の担保とされているといった場合に運送人に対して有する権利と義務について——明確で統一されたルールを求めるであろう。

このため、すでに述べた通り、万国海法会は、過去数十年の間、とりわ

け電子式船荷証券のための CMI 統一規則や海上運送状に関する CMI 統一規則において、運送品処分権の実務を統一することを試みてきた。

ロッテルダム・ルールズの準備及びドラフティングの過程では、運送品処分権者による運送人に対する一方的指図という性質——当事者双方の合意が要求される契約の変更とは異なる——を維持すべきかという点について懸念が表された時期もあったものの[4]、運送品処分権に関する規定を含めることが、商業的にも法的にも必要であり適切であるということで意見が一致した。

かくして、審議のための最初の条約草案においては、「他の運送条約とは異なり、海事条約においては、運送品処分権の問題は取り扱われていない。船荷証券のシステムのもとで発達してきた実務があるということが、過去において切迫した必要性が感じられなかった理由かもしれない。しかし、今日では海上運送の状況は異なる。多くの取引において、譲渡可能運送証券の使用は急速に減少し、あるいは全く使われなくなってしまっている。さらに適切に定義された譲渡可能運送品処分権は、本条約草案の定義する電子的記録が用いられないような形の電子商取引のシステムの発達するために有益な役割を果たすかもしれない。」と述べられている[5]。

2000 年 3 月 31 日付の UNCITRAL 事務局のレポートでは、運送品処分権及び運送人に対し指図を与える権利が第 3 作業部会の作業の範囲に含まれうると決定された[6]。運送人と契約条件を修正・再交渉する権利について他の運送手段に関する条約が規定するところと異なり、海上運送人は、契約の変更について拒絶するか受諾するか自由であるべきであるが、しかし他の運送手段に関する既存の条約の規律は海上運送のさらなる統一の基礎を提供するものであることが述べられている[7]。

---

[4] Transport Law: Draft instrument on the carriage of goods [wholly or partly] [by sea], U.N. doc. no. A/CN.9/WG.III/WP.32 参照。

[5] Transport Law: Preliminary draft instrument on the carriage of goods by sea, U.N. doc. no. A/CN.9/WG.III/WP.21, para.185 参照。

[6] Transport Law: possible future work: Report of the Secretary-General, U.N. doc. no. A/CN.476, para.51-52 参照。

[7] See *supra* note 6, at para. 51.

Ⅲ 誰が運送品処分権者となるか

ロッテルダム・ルールズ1条13項は、運送品処分権者を、「51条に従い運送品処分権を行使する権限のある者」と定義する。

ロッテルダム・ルールズ51条は、以下の人間が、運送品処分権者となり得るとしている。
 (1) 荷送人
 (2) 書類上の荷送人、荷受人、その他運送契約が締結された際に荷送人によって指定された者
 (3) 譲渡可能運送書類あるいは譲渡可能電子的運送記録の所持人

誰がどのような状況のもとで運送品処分権者となるかということを確定することが何よりも重要である。ロッテルダム・ルールズは、次の3つのシナリオを考えている。
 (1) 譲渡可能運送書類あるいは譲渡可能電子的運送記録が発行されている場合
 (2) 物品の受け取りがそれと引き替えになされなくてはならない譲渡不能な運送書類が発行されている場合
 (3) それ以外の場合（物品の受け取りに運送書類が必要がない場合やおよそ運送書類が発行されていない場合を含む）

ロッテルダム・ルールズと他の運送手段に関する条約との違い（使用される用語法を含め）はあるものの[8]、ロッテルダム・ルールズのもとでの実務と他の条約とを調和させようと多大な努力が払われたことは明らかである。しかし、譲渡可能運送書類、譲渡可能電子的運送記録が発行された場合においては、海上運送の固有の特徴は適切に維持されている。その結果、銀行その他の船荷証券を所持するが運送品処分権を行使しようとは思わない者の利益も考慮しなくてはならなかった。この点は以下でも簡単に

---

[8] UNCITRALによる比較表として、A/CN.9/WG.III/WP.27（2002年12月30日）参照。

論じるが、ロッテルダム・ルールズが起草された時、譲渡可能運送書類および／あるいは銀行実務に容喙する意図は、全くなかったということだけは言っておきたい。

Ⅳ　運送品処分権の行使と実行

　ロッテルダム・ルールズは、運送品処分権者によって行使することのできる運送品処分権の内容を、下記に限定している。
　(a)　運送契約の変更に当たらない範囲で、物品に関する指図を与え又は変更する権利
　(b)　予定された寄港地において、又は陸上運送に関しては経由地において、物品の引渡を受ける権利
　(c)　荷受人を、運送品処分権者を含む他の者に代替する権利[9]

　しかし、ロッテルダム・ルールズの列挙する権利は契約の修正・変更には関わらないものである。運送契約の修正あるいは変更をする必要がある場合には、運送品処分権者だけが運送人と修正あるいは変更を合意することができる。このことは、とりわけ売主と買主が貨物の所有権について争っている（それゆえ売買契約上の処分権について争いがある）場合、そしてもちろん、運送人は取引上の紛争には関わりたくないという状況のもとで、重要である。しかしながら、これは大陸法諸国における財産法の一般原則に反するのではないかという、そしてより重要なことには、他の方法では不可能であったはずの詐欺を容易にしてしまうのではないかという疑念も呈されている。
　ロッテルダム・ルールズ52条は、指図が運送人に到達した時点においてその内容に従い合理的に実行可能である場合には、指図が、引渡の実務

---

(9)　ロッテルダム・ルールズ50条1項。しかし、56条により、50条1項(b)号及び(c)号に規定される運送品処分権は強行法ではなく、当事者によって修正されうる。これゆえ中国においては、このことが法／慣行を統一しようとする UNCITRAL の努力を損なうのではないかという懸念が表明されている。というのも UNCITRAL は船荷証券の定型文言によって何でも自己の思うとおりの内容を挿入できるのではないかと思われるからである。

を含む運送人の通常の業務執行を妨げないことを条件に、運送品処分権者からの指図を実行する義務を運送人側に課している。

　このことは運送人が自己の利益や費用を犠牲に指図を実行しなくてはならないことを意味しない。すなわち52条2項は、いかなる場合においても、運送品処分権者は、運送人に対し、本条に従って指図を忠実に実行した結果として運送人に生じた合理的な追加的費用を補填し、その結果として運送人が蒙った損失又は損害を補償しなければならないと規定する。52条3項により、運送人は、指図を実行する関連で生じると運送人が合理的に予測する追加的な費用、損失又は損害について、運送品処分権者から担保の提供を受けることができ、担保が提供されない場合には、運送人は指図の実行を拒絶することができるとされている。

　最後に、運送品処分権は、物品が運送人の占有下にある期間に限って存続し、その期間が終了するときに消滅する[10]。

V　ロッテルダム・ルールズのもとでの権利の譲渡

　ロッテルダム・ルールズのもとでの権利の譲渡は第10章と第11章の双方で取り扱われている。しかし特に「権利の譲渡」という表題が付されている第11章は、譲渡可能運送書類あるいは譲渡可能電子的運送記録が発行された場合の譲渡だけを扱うものである。他のシナリオのもとでの権利の譲渡は、譲渡不能運送書類が発行された場合の貨物処分権の移転についてだけ扱っている他の条約の場合と、実質的な違いはない。

　言うまでもなく、銀行は譲渡可能運送書類を売買取引の金融の担保として保有するかもしれないが、運送契約（あるいは売買契約）には巻き込まれたくない。この長年にわたる慣行を維持するために善意の銀行が保護されるべきかということについては、ほとんど議論はなかったようである。銀行が船荷証券を有している（あるいは売主によって船荷証券が質入れされ

---

(10) ロッテルダム・ルールズ50条2項。この条文も強行法規ではなく、当事者によって変更されうる。運送人が異なった運送品処分権の存続期間を表す別条項を挿入する可能性があるため、法の統一の努力を危うくするものではないかとの懸念が示されている。

ている）というだけでは、船荷証券上の権利を行使していることには当然にはならない。

　条約の議論及び仕上げの過程で、「譲渡（transfer）」と「移転（assignment）」の違いについても議論された。すなわち、中国を含む多くの法域において、債務者に適切な通知をすれば、債権者による契約上の権利の移転は一方的にすることができるのに対して、債務者による債務の移転は債権者の事前の承諾が要求される[11]。言うまでもなく、譲渡可能運送書類は権利（権原証券）と義務（未払い運賃、滞船料、物品の不適切な梱包に基づく責任等）の双方とともに移るものである。したがって、銀行その他の者が、譲渡可能運送書類を電子的運送記録に（あるいは逆に譲渡可能電子的運送記録を運送書類に）代替したり、運送書類上の権利を売主（あるいは他の人）に譲渡したりするだけで、実際に権利を行使したことになるのかということは重要である。

Ⅵ　中国法への影響

1　海上物品運送に関する中国の法制度

　中国は、既存の海事法条約の批准・加入をしていない。その代わりに1992年に法典化された海事法において、中国はヘーグ・ヴィスビー・ルールズを基礎とし、ときにハンブルク・ルールズのいくつかの規定を取り込んでいる。海商法典では、「契約荷送人」（運送人と契約を結ぶ者）[12]と「実際荷送人」（運送人に対して船積みのための物品を現実に引き渡す者である）[13]という概念が採用されていることが注目される。ちなみにハンブルク・ルールズと比較すると、同ルールは、荷送人を「自ら運送人と物品の海上運送契約を締結した者、またはその名において、もしくはその者のために物品の海上運送契約が運送人と締結された者、あるいは物品の海上運送契約との関係で、自ら物品を実際に運送人に引き渡す者、またはその名

---

(11)　たとえば中国契約法79-80条参照。
(12)　中国契約法42条3項参照。
(13)　中国海商法典42条3項(a)号参照。

において、もしくはその者のために物品が実際に運送人に引き渡される者をいう。」(傍点筆者)

同様に、両者に対応するものとして「契約運送人」[14]と「実際運送人」[15]がある。

中国海商法典には、「運送品処分権」及び／又は「権利の譲渡」という概念はない。しかし、中国契約法 308 条、309 条は下記のように定める。

「308 条　運送人が荷受人に運送品を引き渡す前に、運送委託者は、運送人に運送を差し止め、運送品を返却し、目的地を変更しまたは運送品を別の荷受人に引き渡すことを求めることができる。ただし、それにより生じる損失を運送人に補償しなくてはならない。

309 条　運送品が目的地に到着した場合には、運送人は、荷受人（運送人に知られている場合に限る）に対して適時にそのことを通知し、荷受人は適時に物品の引渡を受けるものとする。もし荷受人が期限内に引渡を受けない場合には、運送人に対して保管費用等を支払うものとする。」

上記の中国法のもとでの荷送人は、長年、問題を引き起こしてきた。たとえば、荷送人は運送人に対して船荷証券を要求することができる。しかし、契約荷送人と実際荷送人との双方が要求した場合、運送人は誰に対して船荷証券を発行すればよいのかというジレンマに陥る。さらに、船荷証券を要求する権利は、運送人に対してのみ適用されるのか、それとも運送人に加えて、荷送人とは契約関係のない実際運送人にも適用されるのかといった疑問もある。

この問題は、万国海法会が運送法の条約草案の起草を始めた時から議論になっていた。新しい草案においては、運送人と契約を結んだ者としての「荷送人」だけであるとすべきことについてはほとんど異論がなかった[16]。FOB 売主を考慮すべきことにも異論はなく、ロッテルダム・ルールズでは「書類上の荷送人」という語が用いられた[17]。しかし、「書類上の荷送

---

[14] 中国海商法典 42 条 1 項。
[15] 中国海商法典 42 条 2 項。
[16] ロッテルダム・ルールズ 1 条 8 項参照。
[17] ロッテルダム・ルールズ 1 条 9 項参照。

人」という新規な概念が、FOB 売主の利益を実務においていかに守ることができるかという点については、中国においては疑問や懸念が表明されている。

2　中国における裁判実務

中国では、運送品処分権をめぐっては公刊判例は限られた数しかない。これは、1つには、海商法典が明文の規定を欠いていることによるものである。さらに中国は判例法国ではないので、下記の議論は中国判例法を示しているものではない。

上海海事裁判所の事件 (2004) Hu Hai Fa Shang Chu Zi No. 567 において、運送品処分権について海商法典が規定していない場合、契約法 308 条の適用があるかということが、裁判における争点の1つであった。答えはイエスであるとされた。しかし、審尋においては、代金の支払いを受けていない売主は、法的権利として運送人に対して貨物の返却を請求することができるかが争われた。これは契約法の裁判所による非常に興味深い解釈であったが、裁判所は、荷送人は「要望」することができるだけであり、これは契約の変更であるから、運送人は自由にこの「要望」に対する諾否を決めることができるとした。換言すると、上海海事裁判所は、この事件においては、荷送人の要望に応じて運送人が「運送品を返還する」法律上の義務はないとしたわけである。

別の事件——上海高等人民法院の (2003) Hu Gao Min Si Hai Zhong Zi No. 71 ——における、運送品が目的地に着いた後で荷送人が物品の返還を求めたことが、契約の変更にあたるとして、荷送人が一方的にすることはできないとされた。

興味深い事件として (2002) Yue Gao Fa Min Si Zhong Zi No. 75 がある。この事件では、308 条は物品引渡前に荷受人が特定される譲渡禁止付の船荷証券 (straight bill of lading) という議論がなされ、そのように判示された。指図式の船荷証券の場合には、契約解除のために発行された船荷証券全部が引き渡されない限り、荷送人は運送品の取戻権を行使できないとされた。

より近時の事件——(2009) Hu Gao Min Si Hai Zhong Zi No. 131 ——

において、ロジスティックを業とするA社は荷送人Bによる貨物の輸送を引き受けた利用運送人（NVOCC）であり、Bは当該貨物を買主Cに対してFOB条件（送金による決済）で売却した。Bを荷送人として記載するように要望するブッキング・ノートがかつてAに送付されたとされている。FOB買主であるCが運送契約を手配する義務を負っており、CはDと契約し、DがAに対して運送を委託していたわけである。Dの要望により、Cを荷送人と記載された船荷証券が発行されたが、Dが海上運賃を支払うまでDには交付されなかった。その間BはAに対して船荷証券を渡すように指図し続けたが、Aは自分はDに委託されたのでありDの指図を受ける必要があるとしてこれを拒絶した。裁判所はAがCを荷送人と記載した船荷証券を発行し、これをDに提供した時点で、AはBから運送品処分権を奪ったことになるとした。これは運送契約におけるFOB売主の買主に対する役割が運送契約のそれとは異なるとすることでもたらされる違いを典型的に示すものである。

3 ロッテルダム・ルールズに対する論評・意見

　ロッテルダム・ルールズ準備段階及び採択後の議論に鑑みると、中国において、論評・意見が多様であることは不思議ではない。

　このため中国政府は、これまでのところロッテルダム・ルールズに署名も批准もしていない。しかし商務部（Ministry of Commerce）及び国務院（Ministry of Department）は、ロッテルダム・ルールズが現行法と業界にどのような影響を与えるかについて、独立の調査を行うように、大学・研究機関に委託した。

　2010年の中国政法大学の調査研究[18]によると、ロッテルダム・ルールズについて中国荷主の間に若干の疑念と懐疑はあるものの、運送品処分権者の権利に関する章に対しては、インタビューを受けた者の多数が肯定的にとらえていた。

　北京大学及び大連大学によって似た調査が行われた。これらの調査の結

---

(18) Prof. Zhang Liying, *Research Report about the Influence of the Rotterdam Rules on China's Import and Export*, Annual of China Maritime Law, vol. 21, December 2010 参照。

果は公刊されていないが、中国政府はロッテルダム・ルールズに対して慎重な姿勢をとるべきであるというのが、一般的な見解である。

10 運送品の引渡し

ヘルトヤン・ファン・デル・ツィール
後藤　元　訳

I　はじめに[1]

1　新しいテーマ

　運送品の引渡しは、従来の条約では取り扱われていなかった、新しいテーマである[2]。ヘーグ・ルールズおよびヘーグ＝ヴィスビー・ルールズは、運送品の引渡しにほとんど注意を払っていない。この問題への言及は、損害の通知期間および時効期間は運送品の引渡しによって開始する[3]という文脈においてのみ、なされている。このため、いずれの条約においても、運送品の引渡しが運送人の条約上の義務であるか否かという問題に対する答えは与えられていない。この結果として、たとえば誤配の場合に責任制限に関する規定[4]が適用されるのかには疑問もありえ、この問題に関する法の統一は存在しない状況にある。運送品の引渡後についての運送人の責任を免除することを認める規定[5]が存在することからすると、これ

---

[1] 本稿の議論は、Michael F. Sturley, Tomotaka Fujita & Gertjan van der Ziel, The Rotterdam Rules, The UN Convention on Contracts for the International Carriage of Goods Wholly or Partly by Sea, Sweet & Maxwell, 2010 の第 8 章に大幅に依拠している。Alexander von Ziegler et al. (eds), The Rotterdam Rules 2008, Kluwer Law International, 2010 の第 9 章も参照。

[2] 筆者の知る限り、「運送品の引渡し」一般に関する文献は多くない。文献の多くは特定のテーマに絞ったものである。後掲注(148) を参照。数少ない例外のうちの 1 つは、Yingying Zou 氏の博士論文である Delivery of Goods by the Carrier under the Contract of Carriage by Sea, a Focus on China, Erasmus Law School Publications, 2005 である。

[3] ヘーグ＝ヴィスビー・ルールズ 3 条 6 項参照。

[4] ヘーグ＝ヴィスビー・ルールズ 4 条 5 項参照。

らの条約は運送人の誤配による責任を免除することをも認めるものであると主張することさえ不可能ではない。このような法的不安定性の存在により、かなりの訴訟が引き起こされてきた。

2 傭船契約への適用可能性

運送品の引渡しは、通常、運送人と荷受人、運送品処分権者または譲渡可能運送書類の所持人との間の関係の一部であるところ、傭船契約などの条約の適用が除外されている運送契約であっても、この関係についてはロッテルダム・ルールズが適用される[6]ことが、7条によって明示されている。したがって、運送品の引渡しに関するロッテルダム・ルールズの規定は、傭船契約などの条約の適用が除外されている運送契約にも関係することが少なくない。

3 制定法上の義務

ロッテルダム・ルールズは、運送契約に基づく運送品の基本的な義務には、運送品を仕向地まで運ぶことだけではなく、運送品を荷受人に引き渡すことも含まれる旨を明示しているため[7]、運送品の引渡しは、ロッテルダム・ルールズの下では、運送人の制定法上の義務となった。この結果として、運送人が運送品を受領権限のない者に引き渡した場合には、条約上の義務の1つに違反したことになる。誤配の場合には運送品が物理的に「滅失」したわけではなく、誤配が17条にいう「運送品の滅失」に該当するかは定かではないため、運送人の誤配による責任は条約外の準拠法によって基礎づけられる必要があると主張されるかもしれない[8]。しかし、誤配による責任が基礎づけられた場合には、誤配は条約上の義務の違反であり、運送人の責任はロッテルダム・ルールズ上の責任制限[9]、時効期間[10]および強行法規性[11]に服することになる。

---

(5) ヘーグ＝ヴィスビー・ルールズ7条参照。
(6) 荷受人が傭船契約その他の条約の適用が除外されている運送契約の元々の当事者である場合を除く。7条参照。
(7) 11条参照。
(8) 第17会期報告書118-120段落参照。
(9) 59条1項参照。

4 強行法

運送人の運送品を仕向地において荷受人に引き渡す義務は強行規定である。79条は、運送契約中の規定は、運送人の条約上の義務を直接または間接に免除・軽減する限度で無効となる旨を定めている。実務においては、運送人にとって運送を完遂することが物理的に不可能もしくは経済的に非現実的になった例外的な場合には、当初の仕向地以外の場所で運送品を荷揚げすることを運送人に認める旨の条項が運送契約に含まれていることがしばしばある[12]。このような規定はロッテルダム・ルールズの下でも有効といえるかということが問題となるが、仕向地において運送品を引き渡す運送人の義務は「運送契約の定めに従う」(11条) という文言によって条件づけられており、「この条約上に別段の定めがない限り」(79条) という例外が適用されると主張することが可能であろう。

この問題を考えるにあたっては、運送人は運送品を当初合意された場所まで運送しなければならないということが出発点となる。しかし、運送の途中で、偶発事故条項を援用することが合理的であるような例外的な状況が生じるかもしれない。運送の仕向地であった仙台港が地震によって閉鎖されたような場合には、運送人が近隣の代替港において運送品を荷揚げし、荷受人は当該代替港において引渡しを受け入れるのが合理的であろう。しかし、たとえば東京からロッテルダムへの航海の途中において機関室で火災が発生したために船舶が避難港としてシンガポールに曳航されざるをえなかったような場合には、運送人がシンガポールにおいて運送品を荷揚げし、運送を完遂したものとみなすことは合理的ではないと判断されると思われる。当該船舶が合理的な期間内に航海を継続できる可能性がないのであれば、運送人は、原則としては、ロッテルダムへの代替的な運送手段を手配すべきである。

上記の点に関して、ロッテルダム・ルールズは運賃と手数料については規律していないことに注意すべきである。不慮の事態に際して運送人に運

---

(10) 62条1項参照。
(11) 79条1項参照。
(12) このような規定は、しばしば「Caspiana条項」と呼ばれる。具体例については、第Ⅱ部「ワークショップ ロッテルダム・ルールズの解釈と運用」の設例1を参照。

賃・費用の追加請求を認める契約条項は、当該運送契約に適用される条約外の準拠法によって有効と判断されうる。

II　運送品の引渡しとは何か

1　定義の不存在

　ロッテルダム・ルールズは、運送品の「引渡し」を定義してはいない。「引渡し」を適切に定義することは、実務的な観点からも法理論としても非常に困難であると思われる。ロッテルダム・ルールズは、この問題を2つの方法で回避している。

　第一に、12条は運送人の責任期間の終期を定義しているが、それは通常、引渡時として合意された時点になる[13]。たとえば、液体貨物の運送に関する傭船契約に「貨物は船舶のマニホールドを通過した際に引き渡されたものとする」という条項が含まれている場合、この貨物は船舶からポンプで送り出され、船舶のマニホールドを通過した際に運送人によって引き渡されたことになる。この瞬間から、貨物についての責任は荷受人の側に移転する。もう1つの例として、傭船契約に「引渡しは船舶の舷側において可能な限り早く行われるものとする」という条項が含まれている場合が挙げられる。貨物が木材の束である場合、それが船舶の舷側の岸壁におかれた時点が引渡しの時点および場所ということになる。この瞬間から、木材の束についての責任は荷受人の側に移転する。重要なのは、運送人の責任期間の終期として合意された時点において、運送契約も終了するということである。その結果として、その瞬間から運送人はもはや運送品について契約上の責任を負わないことになる。これは、いかなる種類の運送書類が用いられているかに関わらない。

　第二に、(引渡未了の運送品に関する) 48条は、運送人の契約上の責任期間が終了した後も運送品が運送人の監督下に留まっており、引渡しが行われていない状況について規律している[14]。

---

(13) 12条2項(b)号および3項を参照。
(14) 本稿Xを参照。

これらの規定によって、実務上は、引渡しの定義は重要ではなくなっている。

2 責任の移転

ロッテルダム・ルールズの 45-47 条[15]または 48 条[16]のいずれについても、運送品の引渡しは、本質的には、運送人から運送品を受領する権限を有する者への運送品に関する責任の移転と同義であるということができよう。

運送品の引渡しには物理的な要素が伴うかもしれないが、これは必然的なものではない。荷受人が合意された引渡時・場所において運送品を回収する場合には、責任の移転と物理的な管理の移転とが一致する。しかし、エージェントの下で保管されている運送品が責任の移転後もそのままにされることがしばしばある。この場合には、エージェントは、引渡しの前には運送人のために、引渡しの後は荷受人のために保管していることになる。また、運送品が引渡後も物理的に運送人（またはその下請人）の下に留まっている場合には、運送人は、引渡後は荷受人のエージェントであることになる。48条との関係でも、引渡しには物理的な要素が欠けていてもかまわない。運送品の引渡後も運送人が運送品を占有し続けている場合には、この占有が延長されている期間はロッテルダム・ルールズの範囲外であるということに留意すべきである。

III 運送契約の性質

運送品の引渡しに関する実質的な規定[17]を正しく理解するためには、下記のような運送契約の基本的特質を確認しておくことが有益であろう。

(a) 運送契約とは、運送人が運送品をある場所から他の場所に運送することを引き受ける契約である[18]。

---

(15) これらの規定は、運送契約に基づく引渡しに言及している。本稿 VI、VII、IX および XI を参照。
(16) 前掲注(14)を参照。
(17) 43-47 条を参照。

(b)　運送契約は荷送人[19]と運送人[20]の二当事者間の契約である。
　(c)　ただし、常に荷受人[21]という第三者が関係する。
　(d)　そして、荷受人が誰であるかを決めるのは荷送人である。荷受人は、契約締結時にすでに確定している（ため、運送書類に記載されている）こともあれば、この時点では確定していないこともあり、後者の場合には運送品が目的時に到着するまでには判明していなければならない[22]。
　(e)　荷受人は、運送品の引渡しを受ける権利を有する者と定義されている。
　(f)　このことは、荷受人には運送品の引渡しを受ける義務はないことを示唆する。

　このような運送契約の性質からは、以下のような帰結が導かれる。
　(ⅰ)　運送品の引渡しは運送人の責任である。
　(ⅱ)　運送品の引渡可能性、すなわち運送人が引渡義務を履行できるような状況に置くことは、荷主側の責任である。
　(ⅲ)　そして、運送品が仕向地に到着した後も荷受人が存在しないか荷受人が運送品の引渡しを受け入れない場合には、運送人は自らの契約相手方である荷送人に問い合わせるほかない。

　以上のような運送契約の性質と引渡しに関するその帰結は、一般的に妥当するものであり、運送書類の利用の有無やその種類には左右されない。

Ⅳ　43条——荷受人は引渡しを受ける義務を負うか、また負う場合にはいつ、どこで引渡しを受ける義務を負うか

1　UNCITRALでの議論
　運送人は運送品の引渡義務を負う一方で、荷受人は引渡しを受ける絶対

---

(18)　1条1項参照。
(19)　1条8項参照。
(20)　1条5項参照。
(21)　1条11項参照。
(22)　荷受人の同一性を運送人に知らせるための伝統的な方法については、本稿Ⅷを参照。

的な義務を負わないという潜在的な衝突が、UNCITRALにおいて広範な議論を引き起こしたことは容易に理解できよう。43条は、この議論の産物である[23]。

　UNCITRALは、荷受人に無条件の義務を課すという提案を明確に拒絶した[24]。他方で、これとは対極の、荷受人は一切義務を負わないという規律も機能し得ないとの認識から、荷受人は運送品の運送に一定の関与をした場合に引渡しを受ける義務を負わされるべきであると考えられた。その後の議論は、引渡しを受ける義務を導く荷受人の関与の度合いに集中した[25]。多くの代表団は、「荷受人による運送契約上の（いかなる）権利の行使」によって引渡しを受ける義務が生じるとの見解に立っていた。たとえば、荷受人が売買契約上、受領を拒否するか否かを判断するために運送品のサンプル採取を要求した場合には、運送契約上は引渡しを受ける義務を負うことになる。これらの代表団は、荷受人は運送品の受領を売買契約上は拒絶するとしても、売主のために引渡しを受けなければならないと主張した[26]。しかし、UNCITRALは、結論としては、「引渡しの請求」のみが引渡しを受ける義務を生じさせるものとすることに決定した[27]。これは、サンプル調査に基づいて運送品の受領を売買契約上拒絶した買主兼荷受人は、運送品の引渡しを請求せずに、運送品を運送人の下に残すことができるということを意味している[28]。

　UNCITRALは、荷受人の引渡しを受ける義務の文脈で、運送人が荷受人に対して「到着の通知」[29]を送る義務を負うべき否かについても議論した。UNCITRALは、到着の通知の発送は、運送人および荷受人の双方に

---

(23) 43条に関するUNCITRALでの議論は、第11会期報告書65-72段落、第16会期報告書209-219段落、第20会期報告書15-23段落、第21会期報告書145-151段落、2008年総会報告書139-141段落に記されている。
(24) 第16会期報告書211-212段落、第20会期報告書19段落を参照。引渡しを受ける義務が無条件にあるとすると、廃棄物を他人宛てに発送するだけで処分できるという馬鹿げた結果をもたらしかねない。
(25) 第20会期報告書20-23段落、2008年総会報告書139-140段落参照。
(26) このような広範なルールを支持する代表団は、これが国際物品売買に関する国際連合条約（CISG）に合致するものであると主張した。CISG86条2項第1文を参照。
(27) 2008年総会報告書142段落参照。

有益なものとして、すでに標準的な実務となっており、法的問題を生じさせるものではないため、新たな義務を導入する必要はないと判断した[30]。

2 荷受人の義務

荷受人は、運送品の引渡しを請求した場合には、「運送契約において合意された時または期間内および場所において」引渡しを受けなければならない。この文言は、12条3項が運送人の責任期間の終期を定めるために用いている文言──「当事者は、運送品の引渡しの時および場所を合意することができる」──と実質的に同じものである[31]。主な違いは、運送契約によっては荷受人に運送品を引渡前の一定期間、荷揚港に保管しておくことを認めている場合があることから、43条においては「または期間内に」という文言が付け加えられている点である。運送契約上、引渡しの時または場所が定められていない場合には、荷受人は「引渡しがなされると合理的に期待される時および場所において」引渡しを受けなければならない。合理的な期待が何かは、(i)「契約の条項」、(ii)「取引に関する慣習、慣行および実務」、(iii)そして「運送に関する状況」から導かれる。

荷受人が一度引渡しを請求した運送品の引渡しの受け入れを拒絶した場合については、(引渡未了の運送品に関する) 48条がその帰結を定めている[32]。ロッテルダム・ルールズは、運送契約上の荷受人の法的地位を特定の場面についてのみ規律しており、荷受人の運送人に対する責任に関する一般的な規定を有していないため[33]、43条に基づく義務の違反による荷受人の責任は条約外の準拠法によって定められることになる[34]。

---

(28) このことの帰結としては、45条(c)号については本稿Ⅵの3と4を、46条(b)号については本稿Ⅶの2を、47条2項(a)号については本稿Ⅺの4をそれぞれ参照。
(29) 「到着の通知」とは、運送品の目的地到着に関する詳細を記した通知である。運送人は、到着に先立って荷受人および運送書類に記載されたその他の者に対して到着の通知を発送する。この通知が送られるべき相手として指定されている者が「通知先 (notify party)」である。
(30) 第16会期報告書214段落参照。
(31) 前掲注(13)とそれに対応する本文を参照。
(32) 48条1項(a)および後掲注(116)-(118)とそれに対応する本文を参照。
(33) 荷送人の運送人に対する責任を定める30条とは異なっている。
(34) 条約外の準拠法によっては、一定の場合に30条を荷受人の責任についても適用することがあるかもしれない。

3 実際上の意義

荷受人には、運送品の引渡しを請求しない権利が黙示に与えられているため、43条の実際上の意義は、かなり限定されていると思われる。たとえば、サンプル採取の結果に基づいて買主である荷受人が売買契約上運送品の受領を拒絶することとした場合には、当該荷受人は運送契約上運送品の引渡しを請求しないことができ、この場合の帰結は48条によって定められることになる[35]。もっとも、43条は、港の渋滞の一因となることがある、荷揚港における運送品の引取りの遅延を防止・減少することができる点で有益なものでありうる。

念のために明らかにしておくと、43条は運送書類の利用の有無やその種類を問わずに適用される。

V 運送品は誰に引き渡されなければならないか——45-48条の構造

運送人は誰に対して運送品を引き渡さなければならないのか、という問題は45-47条によって規律されている。これらの規定は、用いられている運送書類の種類によって異なっている。中心的な規定は45条であり、これは(i)通常の譲渡不能運送書類または電子的運送記録が用いられている場合および(ii)いかなる運送書類または電子的運送記録も用いられていない場合[36]に適用される。46条および47条は45条に対する例外であり、「提出を要する」譲渡不能運送書類[37]が用いられている場合（46条[38]）や、どのような内容のものであれ譲渡可能運送書類または電子的運送記録が用いられている場合（47条）に適用される。したがって、46条も47条も適用されない場合には、45条がデフォルトルールとして適用される。

---

(35) 前掲注(32)を参照。

(36) 何の運送書類または電子的運送記録も用いられていない場合としては、運送品に関する電子データが1条18項の「電子的運送記録」の要件を満たさないようなeコマースのビジネスモデルなどが考えられる。

(37) 45条が適用される「通常の」譲渡不能運送書類とは異なる。

(38) 45条の柱書は46条によって規律される場合を明示的に除外してはいないが、第9章の構造から同様の帰結が導かれる。45条は、46条の規定する運送書類の文脈には適用できないか、もしくは特別規定である46条の方が優先して適用されることになるのである。

48条は、45〜47条に基づいて運送人が荷受人に対する運送品の引渡しを拒絶できる場合、もしくは拒絶しなければならない場合に適用される。

　さらに、運送人は、48条を適用せずに、45条(c)号、(d)号、46条(b)号、(c)号、47条2項を適用するかを選択することができる。47条2項を適用するためには、譲渡可能運送書類または電子的運送記録が同項柱書の要件を満たしていなければならない。もっとも、これらの規定によっても適切な引渡しがなされない場合には、再び48条が適用されることになる。

VI　45条──通常の譲渡不能運送書類・記録が発行されている場合または運送書類・記録が一切発行されていない場合の引渡し

1　運送人の引渡義務

　45条[39]は、運送契約の性質に基づく原則に完全に従っているものである[40]。45条(a)号第1文は、運送品を荷受人に引き渡すという運送人の一般的義務[41]を繰り返し、これを「43条に規定する時および場所において」しなければいけないものと定めている[42]。

　譲渡不能運送書類が発行されている場合には、引渡しを請求する荷受人は、当然には運送品処分権を持たない[43]。荷受人以外の者が運送品処分権を有する場合、この運送品処分権は、荷受人による引渡しの請求ではなく、運送人の責任期間の終期である（そして多くの場合引渡しの請求より後の時点となる）荷受人への引渡しによって消滅する[44]。

　誤配のリスクは運送人が負担する。誤配をできる限り避けるために、45条(a)号第2文は、荷受人に自らが荷受人であることの証明を求める権利を運送人に与えている[45]。荷受人が、自らが荷受人であると適切に証明しない場合には、運送人は引渡しを拒絶することができる。

---

(39) 45条に関するUNCITRALでの議論は、第11会期報告書74-77段落、第16会期報告書223-230段落、第20会期報告書25-28段落、2008年総会報告書143-144段落、166段落、168段落に含まれている。
(40) 本稿IIIを参照。
(41) 11条を参照。
(42) 前掲注(31)およびそれに対応する本文を参照。
(43) このことは、51条1項(a)号(b)号から導かれる。
(44) 50条2項を参照。

2　運送人に対して荷受人の名称と住所を伝える義務

　運送人が譲渡不能運送書類を発行する場合、荷送人が運送人に対して荷受人の名称と住所を伝え、それが運送書類に記載されているのが通常である。これが当てはまらない場合には[46]、45条(b)号は、原則として[47]、運送品処分権者が運送人に荷受人の名称と住所を通知する義務を負うものとしている。運送品処分権者は荷送人であることもあるが、運送品処分権は（運送人に対して通知がなされることを条件として）誰に対しても譲渡できる[48]。

　運送品処分権者は、運送人に対して荷受人の詳細を適時に通知しなければならないことは明らかである。45条(b)号の文言は、これらの情報は「運送品が仕向地に到着する前または到着時に」提供されなければならないとするのみであり、条約外の準拠法が通知時期をさらに特定する余地を残している[49]。

3　運送品を引き渡すことができない場合の手続

　運送人は引渡義務を負っているので、運送品が引渡可能な状態にない場合には運送人が積極的な役割を果たすことが期待される。45条(c)号は、運送品が引渡不能となる3つの状況について規律している。まずケース(i)は、運送人が到着の通知[50]を発したにもかかわらず、荷受人が43条[51]に適合する引渡しの請求をしない場合である。ケース(ii)は、荷受人が自らが荷受人であると適切に証明をしないために運送人が引渡しを拒絶する場合

---

[45] 荷受人による自己の同一性の証明は、実務においては常に要求されているわけではないことから、運送人による荷受人への自己の同一性の証明の要求は、運送人の義務ではなく権利として起草された。第16会期報告書226段落を参照。もっとも、自己の同一性の証明を要求しない運送人は、自らの危険でそのようにしていることになる。
[46] 45条は、運送書類がまったく発行されていない場合にも適用されることに注意されたい。
[47] 第11会期報告書75段落を参照。
[48] 51条1項(a)号(b)号を参照。
[49] 第16会期報告書225段落を参照。税関・安全保障上の目的から荷受人に関する情報の利用を望む現地の当局が、運送品の到着よりも一定期間前にこれらの情報の提供を運送人に対して要求する可能性がある。
[50] 前掲注(29)を参照。
[51] 本稿Ⅳを参照。

である。また新たに付加されたケース(iii)は、「運送人が合理的な努力にもかかわらず引渡しに関する指示を受けるために荷受人の所在を突き止めることができない」場合である。この3つ目のケースは、運送人が荷受人を探すために何らかの積極的な調査を行い、荷受人は（発見された場合には）運送人が運送品をどのように扱うべきかについて必要な指示を行うことが一般的にはできるということを前提としている。

　運送人は引渡しに関する指示を仰がなければならないという要求は、実務に従ったものである。運送人は、通常、仕向地に現地のビジネス界の一員であるエージェントを有している。このエージェントもしくは運送人自身は、自らの顧客の取引パターンを一般的には知っており、いくらかの努力によって荷受人（である可能性がある者）を特定することができる。この二者が連絡を取ることは、実務的にも法的にも安定した解決策を見出すために多いに役立つはずである。

　運送人の努力にもかかわらず引渡しには深刻な障害がなおあることが判明した場合には、運送人は運送品処分権者の指示を仰がなければならない。これは、運送品処分権者こそが運送品に関する利害を有している主体であり[52]、また運送人に知れている主体である[53]ということを根拠としている。運送品処分権者が指示をしない場合——これは、運送品処分権者が意味のある指示を出すことのできる地位にない場合[54]には、よく起こりうるものである——または運送品処分権者の所在が分からない場合には、運送人は荷送人の指示を仰がなければならない[55]。

　45条(c)号は詳細な規定ではあるが、運送品が引渡不能となる場合すべてを列挙しているわけではない。たとえば、ケース(iii)は運送品処分権者の所在が分からない場合のみに言及しており、運送品処分権者の所在は判明しているが、運送品処分権者が引渡しに関する指示を出そうとしない場合

---

[52]　50条1項および54条1項を参照。
[53]　51条を参照。
[54]　たとえば、銀行のような運送品に対する担保権者が運送品処分権者である場合である。もっとも、荷受人が誰であるかを銀行が知っている場合には、銀行には運送人による荷受人の探索を助ける利益があるであろう。
[55]　この線をさらに進めると、書類上の荷送人がいる場合には、運送人はその者に指示を求めることができる。

や、そのような指示を出すことが合理的に不可能である場合を明示的にカバーしてはいない。この規定の趣旨は、問題が生じた際に現実的な解決策を得るために運送人が接触しなければならない者の順序を定める点にある。ある者に接触しても満足のいく結果が得られない場合には、運送人は次順位の者に接触しなければならない。この趣旨に鑑みれば、上記の3つのケースは限定列挙であると解されるべきではなく、45条(c)号の手続ルールは45条の下で運送品が引渡不能である場合すべてに適用されるべきである。

　上記の手続ルールは非常に実際的なものであると思われるが、成功を保証するものではない。列挙されている主体を追跡することはできない可能性があり、また運送人も詳細な調査を行うことが要求されているわけではない。「合理的な」努力という相対的な義務を尽くすことで十分なのである[56]。運送品の価値がマイナスである場合[57]のように、当該運送品に関与することを誰も望んでいないということもあるかもしれない。この場合には、運送人は当該運送品をできるだけよい方法で処分するほかない[58]。

　45条(c)号は、「48条の適用を妨げることなく」[59]という文言で始まっている。この文言は第1文にのみ見られるが、――45条(c)号が一連の手続を定めていることからは――この条件付けは同号全体に適用される。その趣旨は、運送品が引渡不能である場合に、(i)直ちに48条を援用するか、(ii)まず45条(c)号を適用して、必要な場合にはその後で48条を援用するかの選択肢を運送人に与えることにある。45条(c)号に列挙されている者の指示を仰ぐことが無意味であることが当初から明らかである場合[60]もあれば、運送人が他の理由で45条(c)号の手続によることなしに48条の適用を望むこともあろう[61]。

---

(56) 本稿XIの6を参照。
(57) このような事態は、運送品がリサイクルされる予定である場合のように運送の当初から生じることもあれば、運送の途中での運送品の汚染や損傷などのよって生じることもある。
(58) 48条2-4項および本稿Xの2を参照。
(59) 前掲注(56)-(58)およびそれに対応する本文を参照。
(60) たとえば、運送品が到着に際して税関当局によって禁制品に該当するとして没収された場合。

4　運送人の免責

　45条の手続に従って、運送品処分権者、荷送人または書類上の荷送人の指示に従った運送人は、運送品の引渡義務を免れる。この免責の可能性が、運送人をして、荷主側の単なる不注意にすぎないかもしれない事態を克服するために積極的に何らかの合理的な調査を行わせしめる追加的な[62]インセンティブとなる。また、45条には、荷送人等が運送人に対して運送品を他者に引き渡すように指示してしまう[63]リスクを避けるために、荷受人を運送品について注意を払うように仕向けるという機能もある。この関係で再度確認されるべきなのは、運送品の引渡しは運送人の義務であるが、運送品が引渡可能な状態にあることの確保は運送人の契約相手方の責任であるということである[64]。

---

(61) 48条（前掲注(56)-(58)およびそれに対応する本文を参照）による場合も、運送人は完全な裁量を持っているわけではない。運送人は引渡不能な運送品について採ろうとしている措置について「通知先」（前掲注(29)参照）および荷受人、運送品処分権者または（知っている場合には）荷送人に対して通知しなければならない。
(62) 運送品の引渡義務自体が運送人に勤勉であるインセンティブをすでに与えている。
(63) 荷送人の運送人に対する指示は、荷送人である売主と荷受人である買主との間の売買契約上の関係にも影響しうる。引渡しに関する運送人に対する指示が売買契約の違反となるか否かは、売買契約の条項に依存する。
(64) 本稿Ⅲの(ⅱ)およびⅥの2を参照。

Ⅶ 46条——提出を要する譲渡不能運送書類が発行された場合の引渡し

46条は、運送人が、運送品の引渡しを受けるにはその提出を要する旨が記載された譲渡不能運送書類[65]を発行している場合に適用される[66]。

1 46条の進化

46条を理解するためには、まず同条によって規律される種類の運送書類——「運送品の引渡しを受けるにはその提出を要する旨が記載された譲渡不能運送書類」——の特徴を理解することが必要である。条約の初期の草案には、このような書類への言及は存在しなかった[67]。ほとんどの代表団は、譲渡可能運送書類・電子的運送記録と譲渡不能運送書類・電子的運送記録についての規定を置くことが適切であると考えていた[68]。しかし、いくつかの法体系においては譲渡可能運送書類と譲渡不能運送書類の中間にあるような第三のタイプの運送書類が用いられていたために[69]、実際に存在する実務を認識せざるを得なかったUNCITRALは、最終的に、一般に「レクタ船荷証券（recta bills of lading）」と呼ばれるこの書類に言及することにしたのである。

このようなハイブリッドな運送書類に関する規定を置くことは、2006年春のUNCITRALの作業部会において正式に提案された[70]。最初に克服さ

---

[65] ロッテルダム・ルールズの他の規定と異なり、46条は電子的運送記録における相当物に言及していない。条約草案WP.81には、「運送品の引渡しを受けるにはその提出を要する譲渡不能電子的運送記録が発効されている場合の運送品の引渡し」に関する規定（同草案48条）が存在していた。しかし、この規定は、そのような電子的運送記録の利用の実例が存在しないことから、その後削除された。第20会期報告書36-38段落、第21会期報告書157段落を参照。また、後掲注(72)-(73)およびそれに対応する本文を参照。

[66] 46条に関するUNCITRALでの議論は、第11会期報告書73段落、第17会期報告書208-215段落、第20会期報告書29-35段落、第21会期報告書154-156段落、2008年総会報告書145、166、168段落を参照。

[67] 準備草案WP.21、準備草案WP.32、準備草案WP.56を参照。

[68] ロッテルダム・ルールズは、明示的に定義された譲渡性の増した運送品処分権を譲渡不能運送書類が利用される場合にも認めているため、提出を要する譲渡不能運送書類のような他の形式を用いる実際上のニーズはないかもしれない。

[69] WP.68第2段落を参照。

れる必要があった問題の1つが、いかなる表現を用いるかということである。「レクタ船荷証券」という用語は、世界の多くの部分で知られていないものであった[71]。また、同義語として用いられることのある用語は、異なる法体系においては非常に異なる意味を持っている。「ストレート船荷証券（straight bills of lading）」は、スカンジナビアにおいては「レクタ船荷証券」と同義である一方で、アメリカ合衆国においては全く異なる（スカンジナビアにおいては「海上運送状（sea waybill）」と称されるものに近い）ものである。他の提案――「記名式船荷証券（bill of lading consigned to a named person, nominative bill of lading）」――にも同様の問題があった。さらに、UNCITRALはすでに「船荷証券（bill of lading）」という用語は条約において用いるには不明瞭なものであるとの結論を出していた。このため、UNCITRALは、意図されているものを表す全く新しい用語を創出することにしたのである。19語からなる表現はエレガントであるとは言い難いかもしれないが、少なくとも関係のある特徴を定義できてはいる。

　UNCITRALは、このように用語法が確定した運送書類が実際に存在し、実務で用いられていることから、それをカバーすることに合意した[72]。ロッテルダム・ルールズの主要な目的は商取引のニーズを満たしつつ法的安定性を提供することであり、レクタ船荷証券や他のハイブリッド運送書類が実務で用いられているのであれば、ロッテルダム・ルールズは商取引の実務がより効率的になるような法的枠組みを提供すべきなのである[73]。

　譲渡可能運送書類と譲渡不能運送書類の間のグレーゾーンに含まれるさまざまな運送書類に関する主要な問題は、運送品の引渡しを受けるにはその提出が必要か否かという点である。この点について統一性は存在しない[74]。いくつかの法域においては提出が必要とされるが、他の法域にお

---

(70) WP.68を参照。
(71) 「レクタ」船荷証券を定義しようとする試みもなされたが、その用法の曖昧さが明らかとなった。「レクタ」という語自体は当該運送書類が譲渡不能であることを意味するのみであるが、「レクタ」船荷証券の特徴は、（他の譲渡不能運送書類と異なり）運送品の引渡しを受けるには提出を要するという点にあるのである。
(72) この問題に関する規定が最初に置かれたのは、条約草案WP.81の47条としてである。
(73) 第17会期報告書208-211段落を参照。
(74) この点についての概観として、Caslav Pejovic・後掲注(148) 456-459頁を参照。

いてはそのような義務は存在しない。また1つの法域の中でも、提出の要否について法的不安定性があることもしばしばである[75]。このような不安定性と統一性の欠如のため、運送人の中には、運送書類の標準書式の中で運送書類の呈示の要否を意図的に曖昧にしている者も存在する[76]。このような問題を解決するため、ロッテルダム・ルールズはこの点についてしっかりと明確にしている。すなわち、譲渡不能運送書類は、当該書類自体が提出を要する旨を示していない限り、引渡しを受けるために要求されない。このような要求の記載を含む運送書類が46条によって規律されるのである。

　UNCITRALでは、運送書類のヘッダーに──（すべてではないが）いくつかの法体系において呈示・提出を要する運送書類について用いられる言葉である──「船荷証券」という記載があるのみで、それ以上に呈示や提出の要求が表示されていない場合に、提出を要する旨が十分に「示されて(indicates)」いるといえるかということが議論された[77]。その結論の1つは、「示された」という語がそのような解釈を許容するか否かを裁判所に委ねるというものであった。しかし、裁判所が「示された」という語をそのように広く解するのであれば、条約が意図した統一性は実現されない。46条がその目標を実現するためには、46条の適用に際しては運送書類にその提出を要する旨のより特定された表示が必要であると裁判所が解する必要がある。(呈示・提出の必要性が曖昧な) ヘッダーに「船荷証券」という記載があるにすぎない運送書類が指名された名宛人に交付された場合には、46条は適用されない[78]。

---

(75) 香港において運送書類の提出が必要とされない状況については、*Forsa Multimedia Ltd. v. C&C Logistics (HK) Ltd.*, HCMP 683/2011における控訴院の最近の判決を参照。
(76) たとえば、日本のコンテナ運送大手3社のうち2社は、その標準船荷証券に「運送人によって要求された場合には、正当に裏書されたこの船荷証券を、運送品または荷渡指図書と引換えに提出しなければならない。」との文言を記載している。残る1社の船荷証券には、「本証券上に別段の定めがない限り、正当に裏書された船荷証券の原本のうちの1通を、運送品または荷渡指図書と引換えに提出しなければならない。」との記載があり、そして間接的な方法で別段の定めを置いているのである。明らかに、大手3社は、場合によっては運送品を船荷証券の提出なしに引き渡す権利を契約によって留保している。本稿XIIの5(b)も参照。
(77) 第17会期報告書212-214段落、第20会期報告書31-33段落、第21会期報告書154-156段落を参照。

ロッテルダム・ルールズは、46条に規定する運送書類に関する主たる争点の1つである、この運送書類には権利が表章されており、荷送人から荷受人への運送書類の移転によって、これらの権利も移転されるのか、という問題については沈黙している[79]。ロッテルダム・ルールズは、ただ46条に規定する運送書類が荷送人から荷受人に移転されることによって、運送品の引渡しを受ける権利を含む運送品処分権が移転するということを定めるのみである[80]。

2　46条の規定の実質

　「引渡しを受けるにはその提出を要する譲渡不能運送書類」のハイブリッド性からは、46条には45条[81]および47条[82]の要素が妥当する範囲で含まれていなければならないということが導かれる。さらに、46条は、45条および47条の他の部分を、46条に規定する運送書類の性質に適合するように若干の修正を加えた上で、取り込んでいる。この結果として、46条(b)号は45条(c)号に非常に類似しており、また46条(a)号は、譲渡不能性に適した修正が加えられているものの、47条1項(a)号に類似している。

　これに対して、46条(b)には、運送書類と引換えでない引渡しは運送書類自体にその旨が記載されている場合にのみ許されるという47条2項柱書の警告は付されていない[83]。46条に規定する運送書類の文脈では、荷送人および荷受人以外の者が荷主側の当事者となることはないため、第三者である所持人に警告するための記載は無用のものであるからである。

---

(78) 運送人および荷送人は、一般的に、運送書類の発行・受領時に提出の要否について注意することによってこの問題を解消しうる立場にある。本稿XIIの5(b)を参照。

(79) 譲渡可能運送書類については、57条1項柱書が運送書類に表章された権利の譲渡について明示的に定めている。46条に規定する運送書類のハイブリッド性と、この問題が学理的なものであることから、UNCITRALではこの問題について合意に達するための試みが真剣になされたことはなかった。

(80) 51条2項を参照。41条(b)号(ii)は、引渡しを受けるにはその提出を要する譲渡不能運送書類の証拠力について規定しているが、1条10項の「所持人」概念は46条に規定する運送書類には適用されていない。

(81) 本稿VIを参照。

(82) 本稿IXおよびXIを参照。

(83) 後掲注(161)-(163)およびそれに対応する本文を参照。

Ⅷ　船荷証券システムのエッセンスは正統化機能にあること

　47条の規定を検討する前に、船荷証券[84]の運送契約としての本質的な機能を確認しておくことが有益であろう。船荷証券のエッセンスは、その正統化機能、すなわち当該書類自体が仕向地において運送品の引渡しを受ける権利等の当該書類に表章されている権利を有する主体を同定するという機能にある[85]。この主体は、その名称によってではなく、当該書類の所持によって同定される[86]。

　「所持人」の定義[87]によれば、所持人たりうるのは、運送書類の物理的占有を有する者で、かつ、(i)当該書類上荷送人または荷受人として特定されている者、(ii)当該書類の裏面に裏書の連続がある場合には最終の被裏書人、または(iii)当該書類が持参人式書類[88]であるか白地式裏書[89]がされている場合の占有者すべて、のみである。

　この正統化機能は、以下のいずれの側にも確実性をもたらすものである：

　(a)　運送書類を占有している荷受人は、当該書類から、自身が当該書類に表章された権利の主体であるかを判断することができる。前段落で列挙された者のどれかに該当する場合には権利を行使できるが、該当しない場合には、運送書類の占有を有していたとしても当該運送書類上の権利を行

---

[84] ロッテルダム・ルールズは、「譲渡可能運送書類」という用語を用いていることに注意すべきであるが、実務においては、この種の書類は伝統的に「船荷証券」と称されてきたため、本稿Ⅷにおいては船荷証券もしくは「書類」という語を用いることにする。

[85] 譲渡可能書類による正統化は、関係する者に形式的な資格を与えるにすぎない。所持人が権利を行使する資格を最終的に有しているか否かは、条約外の準拠法に委ねられた、次の段階の問題である。このために、(1条10項の「所持人」の定義の中で：訳者注)「占有」という語の前に「適法な (lawful)」という語を挿入するという提案は退けられた。第9会期報告書91段落を参照。

[86] 所持人の名称が運送書類上に記載されている場合（後掲注[87]-[89]およびそれに対応する本文を参照）には、所持人は自己がその者であることをも証明しなければならない。

[87] 1条10項を参照。

[88] 持参人式運送書類は、実務上は非常に珍しい。

[89] 裏書については57条を参照。

使することはできないことになる[90]。

　(b)　運送人は、運送書類の所持人——持参人もしくは書類上にその名称が記された者のいずれか——に対して運送品を引き渡した場合に運送契約上の義務を免れることができる。

　この正統化機能は、古代から存在するものである[91]。その所持人に——運送契約上——運送品に対する強力な地位を与えるこの機能によって、運送書類は、次第に「倉庫への鍵」へ、あるいは、より一般的に——売買契約もしくは貿易金融契約上も——所持人に運送品の象徴的な占有を与える物権的効力（title function）を有する書類へと変化していくことができたのである[92]。

　運送書類の正統化機能は、明らかに、運送書類が、適時に、具体的には運送品が仕向地に到着して引渡しの準備が整った時までに入手され、運送人に提出されうる場合にのみ発揮されうるものである。これが不可能である場合には、運送人は誰に対して運送品を引き渡すべきかを知ることができない。

　このことは、所持人は、運送品が仕向地に到着した場合には常に船荷証券を呈示しなければならないということを意味するものではない。Ⅳ 1 においてすでに述べたように、荷受人は引渡しを受ける法的義務を負って

---

[90]　たとえば、運送人から運送書類の発行を受けたが荷送人として記載されてはいないフォワーダーは、運送書類上に記載された荷送人（運送書類が指図式であった場合には荷受人）がフォワーダーに対して（もしくは白地式で）裏書をしない限り、運送書類上の権利を運送人に対して行使することはできない。

[91]　古いローマの文献が、約2千年前のエジプトのアレキサンドリアとイタリアのローマ間の穀物取引に関する以下の慣習を紹介している。アレキサンドリアにおいて船積みがなされる際に、船長は記載された量の穀物をローマへの運送のために受領した旨が記載された受取証を、船長がエジプトの穀物の輸出者に対して発行する。この受取証は2つに引き裂かれ、その片方は船舶にとどめ置かれて目的港まで運ばれる。もう片方はローマの主に陸上の郵便システムによって穀物の目的港に送られる。船舶が最終的に到着した際、当該船舶によって運ばれた受取証と一致する受取証のもう片方を船長に呈示することができた商人が、運送品の引渡しを受ける権利者とされた。この2つに引き裂かれた受取証はラテン語で"charta partita"と呼ばれた。"charter party"という語は、この古いラテン語の表現に由来するものである。

[92]　運送中の物品の所有権者または担保権者が物品に対する権利を運送人に対して行使しようとする場合、ロッテルダム・ルールズの下では、運送品処分権を有することが必要となる。50-54条を参照。

はいないため、船荷証券を呈示しないことも認められるのである。しかし、所持人は、運送品が仕向地に到着した場合には（船荷証券の呈示により）自身の存在を運送人に知らせ、運送人が運送契約上の義務を免れることができるように運送人に対して引渡しに関する指示をする——運送書類の本質的な要素である正統化機能に基づく——システム上の義務を負っていると解すべきである[93]。

IX 47条——譲渡可能運送書類・電子的運送記録が発行されている場合の引渡し

運送人が譲渡可能運送書類[94]または電子的運送記録[95]を発行した場合については、47条が引渡しに関する規律を定めている[96]。

1 47条の適用のルール

同条の1項は、古典的な船荷証券システムに従っている。この一般的ルールは、すべての譲渡可能運送書類または電子的運送記録に適用される。運送書類が1条15項の定義を満たす譲渡可能なものである場合には、運送人が当該書類のヘッダーにいかなる名称を付したか、また当該書類上に引渡しを受けるには提出を要する旨の契約上の義務が記載されているか否かにかかわらず、47条1項が適用される。

また、譲渡可能運送書類・電子的運送記録が「運送書類または電子的運送記録の提出なく運送品が引き渡され得る旨を明記している」場合には、47条2項の特則が適用される。47条2項柱書は、譲渡可能運送書類または電子的運送記録であることを要件としているため、譲渡可能運送書類・電

---

[93] 本稿IIIの(ii)も参照。ほとんどの場合には、これは運送人に対する船荷証券の提出ということになると思われるが、必ずそうであるわけではない。たとえば、所持人は運送人に対して運送品を荷送人の下に返すように指示し、それに応じて船荷証券を荷送人に返却するということもできる。
[94] 1条15項が「譲渡可能運送書類」を定義している。
[95] 1条19項が「譲渡可能電子的運送記録」を定義している。
[96] 47条に関するUNCITRALの議論は、第11会期報告書78-90段落、第16会期報告書231-239段落、第17会期報告書80-89段落、第20会期報告書42-67段落、第21会期報告書158-161段落、2008年総会報告書146-165段落に記載されている。

子的運送記録に関する47条1項が定めている一般原則は当然に47条2項にも適用される。47条2項は、同条1項に基づく引渡しが不能であった場合の譲渡可能運送書類に適用されるものであり[97]、さらに運送品が運送書類・電子的運送記録の提出なしに引き渡されうる旨の明示の記載があることを追加的な要件としている[98]。

2　古典的な船荷証券システムの中核

　47条1項(a)号は、所持人の定義とあいまって[99]、古典的な船荷証券システムの中核を定めている。これらの2つの規定によって、船荷証券の「正統化」[100]機能が定められており、譲渡可能運送書類・電子的運送記録によって正統化された者が運送人から運送品の引渡しを受ける権利を有することになる。同様に、運送人はこの者が引渡しを要求した場合には、運送品を引き渡す義務を負う。

　譲渡可能運送書類の所持人は——運送契約とは別の契約に基づいて——運送品の所有権者または担保権者となっていることもあるが、常にそうとは限らないということに留意すべきである。いずれにせよ、ロッテルダム・ルールズの下では、運送品についてそれらの物権を有していることは、運送人に対して運送品の引渡しを請求できるための（追加的）要件ではない。これらの権利は、運送契約に基づく権利とは別のものである。運送契約においては、運送書類を有していることだけで、当該運送書類に表わされている運送品の引渡しを受けうる地位に立つためには十分なのである。

　47条1項(a)号および(b)号におけるシステムの説明は、かなり直截的であるが、いくつかの文言にはさらに注意を払う必要がある。

　(1)　「請求することができる（is entitled to）」[101]

　この文言は、43条に示されているものと同じ原則に従っている。一般

---

(97)　47条2項(a)号を参照。
(98)　後掲注(161)-(163)およびそれに対応する本文を参照。
(99)　前掲注(87)-(89)およびそれに対応する本文を参照。
(100)　本稿Ⅷを参照。
(101)　47条1項(a)号。

に、荷受人は引渡しを受ける義務を負ってはおらず、ただ引渡しを請求した場合には、43条に規定する時および場所において引渡しを受けなければならないのである[102]。

(2) 「運送品が仕向地に到着した後 (after they have arrived at the place of destination)」[103]

「後」という文言は、「到着後いつでも」という趣旨ではない。所持人は運送人が引渡しを行うことができる前に引渡しを請求していなければならず、また47条1項(a)号は運送人に「43条に規定する時」に引渡しを行うことを求めているため、「後」という文言は必然的に運送品が仕向地に到着した時から引渡時として合意された時の間を指すものと解される。したがって、47条1項(a)号にいう「後」は、43条における「時 (when)」と同じ意味を有する。当事者が別段の明示の合意をしない限り[104]、運送品が仕向地に到着し、運送人が43条に規定する時および場所において引渡しをする準備を整えた場合には、譲渡可能運送書類・電子的運送記録が正統化機能を果たすべきである。

(3) 「運送書類の提出」[105]

この義務は、運送書類の文言にかかわらず適用される[106]。ロッテルダム・ルールズの「譲渡可能運送書類」の定義[107]によれば運送書類が譲渡可能なものである場合、当該運送書類が呈示・提出を明示的に求めていない場合や47条2項柱書が規定する警告を含んでいる場合であっても、当該運送書類は運送人に対して呈示され、提出されなければならない[108]。

(4) 「所持人が適切に自己の身分を証明したとき」[109]

運送書類に白地式裏書がされているかまたは持参人式である場合を除い

---

[102] 本稿IVを参照。
[103] 47条1項(a)号（強調は筆者による）。
[104] たとえば、運送人が引渡しの前に運送品を一時保管することを合意した場合が考えられる。
[105] 47条1項(a)号(i)。
[106] 譲渡可能電子的運送記録については、9条が要求する手続が電子版の「提出」を規定することになる。9条1項(d)号、47条1項(c)号第2文を参照。
[107] 1条15項参照。
[108] 後掲注(161)-(163)およびそれに対応する本文を参照。
[109] 47条1項(a)号(i)。

て(110)、運送書類を呈示する者の名称が運送書類に記されていなければならず、運送人が要求した場合には、その者は適切に自己の身分を証明しなければならない。ここで用いられている文言は45条(a)号および46条(a)号のそれと同一ではないが、誤配を可能な限り防ぐという趣旨は同じものである(111)。したがって、運送人は身分の証明を求める（義務ではなく）権利を有しており、荷受人はこれに応じて適切に自己の身分を証明する義務を負っている。

　所持人が運送書類を提出しない場合や、運送人の要求があったにもかかわらず適切に自己の身分を証明しない場合には、運送人は運送品の引渡しを拒絶しなければならない。システムが目的とする確実性を実現するために、45条(a)号では「できる(may)」という語が用いられているが、47条1項(b)号は意図的に「しなければならない(shall)」という語を用いている。しかし、運送人にとってのリスクはいずれの場合も同じである。すなわち、運送人が所持人に身分の証明を求めず、その結果として運送品が誤配された場合には、運送人は責任を負わされる可能性がある。

3　複数の原本が発行された場合

　複数の原本の利用の回避を業界団体等が何度も推奨しているにもかかわらず、運送書類の原本を3通（もしくはそれ以上）発行するという慣行は依然として存在している。ロッテルダム・ルールズは、荷受人が運送品の引渡しを受けるには複数の原本のうちの1通を提出すれば十分であるという現在の実務に従っている(112)。したがって、原本のうちの1通が提出された場合に、（通常は先着順で引渡しを行っている）運送人は運送品の引渡義務を免れることとなり、他の原本は効力を失うことになる。

　残った原本を無効とする規律の厳しさは、原本の数を運送書類に記載することが求められていることにより緩和されている。この要求は、複数の原本を発行する場合には、その数を運送書類に記載しなければならないと

---

(110) 前掲注(87)-(89)およびそれに対応する本文を参照。
(111) 前掲注(45)およびそれに対応する本文を参照。
(112) 47条1項(c)号。

いう運送人の義務から導かれる[113]。原本の数が記載されていない場合には、所持人は、原本は1通のみであると推定することができる[114]。他方、複数の原本が発行されていることが記載されている場合には、所持人は原本のすべてを取得できなかった場合に負うこととなるリスクを認識することになる。

X　48条——引渡未了の運送品

上記のIV、VI、VII、IXにおいては、(運送人がテクニカルには「引渡」義務を果たしているとしても)運送品が物理的に引渡未了である場合について論じてきた。この文脈で、運送人が責任期間の終了後も運送品を占有しているが、引渡しは行われていない場合には、運送人はこれらの運送品についてどのような措置を採りうるか、または採らなければならないかということが問題となる。この問題に関する48条は、引渡未了の運送品に関して一般的に規律している[115]。ここでは、この一般的な規律の内容を検討する。48条によっては実際的な解決が導かれえない場合には、47条2項が別の選択肢となりうる。この選択肢については、XIで検討する。

1　適用範囲

48条は、「本条との関係では」という文言で始まり、「運送品が引渡未了であるとみなされる」という擬制が適用される5つの場合を列挙している。この冒頭の文言と引渡未了の擬制は、48条が契約上の責任期間が終了したにもかかわらず運送品が何らかの形で運送人の管理下にあるという特定の状況に関するものであるということを示している[116]。通常は、引渡

---

(113) 36条2項(d)号。
(114) 36条2項(d)号は、原本の数が記載されていない場合において第二の原本の呈示者が現れた際の帰結を明示してはいない。おそらく、運送人は原本の数を記載する義務に違反したものとして、条約外の準拠法に基づき第二の呈示者に対して責任を負うこととなると思われる。
(115) 48条に関するUNCITRALの議論は、第11会期報告書91-99段落、第17会期報告書90-113段落、第20会期報告書68-83段落、第21会期報告書162-165段落、2008年総会報告書167-172段落に記載されている。
(116) 前掲注(14)とそれに対応する本文および本稿Vを参照。

しにより運送契約の履行が終了する。ロッテルダム・ルールズは、運送契約の終了後も運送人が運送品を管理しているという事態が生じた場合の運送人の法的地位の性質を決定することを避けている。48条は、その代わりに、実務的な法的規律のみを定めている。

　48条の適用場面として列挙されている場合のうちの最初の3つは、ロッテルダム・ルールズが引渡しの行われない場合として規律しているものである。第一は[117]、荷受人がロッテルダム・ルールズ上の引渡しを受ける義務[118]に違反した場合である。第二は[119]、運送人が運送品処分権者、所持人、荷送人または書類上の荷送人を発見できないか、これらの者が運送人に適切な指示を与えないために運送品を引き渡すことができない場合である[120]。第三は[121]、44条、45条、46条または47条に基づき、運送人が引渡しを拒絶することができる、または拒絶しなければならない場合である[122]。

　残りの2つの場合は、よりオープンなものである。第四は[123]、引渡しがなされるべき地の法令により、運送人が荷受人に対して運送品を引き渡すことが認められない場合であり、ロッテルダム・ルールズの範囲外で生じるものである。最後に、第五は、「その他運送人が運送品を引き渡すことが不可能である」状況をカバーするキャッチオール条項である[124]。

　48条1項柱書によると、その実体的ルールは列挙された5つの場面にのみ適用される。「のみ（only）」という語は、このリストが限定列挙であることを意図したものであることを示唆する。しかし、最後のキャッチオール条項の存在により、実際にはリストはオープンなものになっている。

---

(117) 48条1項(a)号を参照。
(118) 43条および本稿IVを参照。
(119) 48条1項(b)号を参照。
(120) 45条、46条、47条、前掲注(50)-(58)、前掲注(79)-(80)、後掲注(165)-(167)とこれらに対応する本文、本稿XIの6を参照。
(121) 48条1項(c)号を参照。
(122) 前掲注(45)、前掲注(81)-(83)、前掲注(111)-(112)およびこれらに対応する本文を参照。
(123) 48条1項(d)号を参照。
(124) 48条1項(e)号を参照。

2 引渡不能な運送品に関する運送人の権利

　運送品が引渡不能である場合、運送人は望まずして運送品についての責任を不確定の期間負うこととなる。このため、48条は運送人に非常に広範な裁量権を与えている。運送人は「運送品について関連する状況から合理的に要求される措置を採ること」ができる[125]。状況はさまざまでありうるが、ロッテルダム・ルールズは3つの例を挙げている。運送人は、(a)「運送品を適切な場所に保管すること」[126]、(b)「運送品がコンテナまたは車両に積み込まれている場合には、これを開扉すること」または「運送品を移動することを含め、その他運送品に関する適切な措置を採ること」[127]、そして(c)「運送品を売却または破壊すること」[128]ができる。

　これらの例示列挙は、伝統的な船荷証券の条項と既存の各国法に由来するものであるため、商取引の実務はすでにロッテルダム・ルールズのアプローチと整合的である。しかし、これらは例示にすぎない。重要なのは、運送人の行為は状況から「合理的に要求される」ものでなければならないという規定である。運送人に与えられた裁量の範囲には、補償状と引換えに商品を引き渡すことも含まれる[129]。実務では、補償状と引換えに運送品を引き渡すことが合理的に要求される場合も多いと思われる[130]。

　運送人は、「運送人が荷送人、運送品処分権者または荷受人に対して有するその他の権利を害することなく」[131] 48条によって認められる措置を採ることができるものとされており、運送人の48条に基づく権利が排他的な救済ではないことが強調されている。たとえば、上記に列挙された者の運送契約の不履行により運送品が引渡不能である場合には、運送人はその者に対して損害賠償を請求することができる。その他の契約上の取り決め

---

(125) 48条2項。
(126) 48条2項(a)号。
(127) 48条2項(b)号。確立された解釈原則によれば、「その他の措置（act otherwise）」という文言は、運送品の開扉や移動と同等の措置を正統化するものであり、48条2項(c)号によってカバーされる運送品の売却や破壊といった、それよりも極端な措置を正統化するものではない。
(128) 48条2項(c)号。
(129) 後掲注(150)-(151)およびこれらに対応する本文を参照。
(130) 典型例として、Sturley et al., *supra* note 1, p.264-265 の設例 8-20 および 8-21 を参照。
(131) 48条2項。

が存在することもある。たとえば、引渡しを短期間遅らせることが状況から合理的に要求される場合には、運送人はデマレージを請求できることがありうる。

多くの法域における契約法の一般原則として、債権者が債務者の義務の履行を誤って拒絶した場合には、危険は債権者に移転する。運送品が引渡不能である場合には、それは荷主側の何らかの過失によるものであることが一般的[132]である。したがって、運送人の48条に基づく措置の危険と費用は「運送品に対する権利を有する者」の負担とされている[133]。

「運送品に対する権利を有する者」という文言は、「荷受人」の定義にも含まれている[134]。しかし、荷受人とは運送契約の下で運送品に対する権利を有する者である一方で、48条は運送契約が終了した後の期間を問題とするものである。48条の範囲においても、運送品に対する権利を有する者が荷受人であることはありうるが、常にそうであるとは限らず、運送品の所有者や担保権者であることもありうる。

3　運送人が48条に基づいて行動する場合の条件と手続

運送人が48条に基づく権利を行使する場合には、48条が定める条件を満たし、同条の手続に従わなければならない。

(1) 合理的な通知

運送人は、権利を行使する前に、(i)通知先がいる場合には通知先[135]と、(ii)運送人に知れている荷受人、運送品処分権者または荷送人に対して（この順序で）、採ろうとしている措置について合理的な通知をしなければな

---

(132) 運送品の引渡不能が常に荷主側の過失によるものであるとは限らない。たとえば、運送品が運送中に運送人の過失によって損傷した結果としてマイナスの価値しかなくなった場合には、引渡しを拒絶したとしても荷主側に過失はない。この場合には、運送人による費用償還請求は（条約外の準拠法に基づいて）運送品についての損害賠償請求と相殺されると思われる。
(133) 48条2項。
(134) 1条11項および本稿Ⅲの(b)-(f)を参照。
(135) 前掲注(29)を参照。48条による通知は、通知先に対する通常の到着の通知とは明確に区別されなければならない。48条による通知は、引渡しが行われない場合に取られる予定の措置を示すものでなければならず、そのため到着の通知よりも後に別の通知としてなされる必要がある。

らない[136]。この通知の趣旨は、「運送品に対する権利を有する者」が運送人による回復不能な措置によって害されることを可能な限り防ぐことにある。

通知は「合理的な」ものでなければならない。ある事案においてどのような通知であれば合理的なものといえるかは、その状況に依存する。通知の趣旨を考慮すると、合理的な通知は、一般的に採ろうとしている措置が何であるかを特定し、可能な場合には、当該措置が採られることを望まない相手方に代替策を講じるための合理的な期間を与えるものということになろう。

(2) 現地の法・規制

運送品を売却または破壊する場合には、運送人は「運送品が現に存在する場所の実務または法令にしたがって」行わなければならない[137]。この場合には、しばしば何らかの裁判所による監督が要求されている。

(3) 売却代金

運送品が売却される場合には、運送人は売却代金を運送品に対する権利を有する者のために保管しなければならない[138]。48条は、売却される運送品に関するものである限り、運送人が負担した一切の費用および当該運送に関して運送人に支払われるべきその他一切の額を控除することを許容している。たとえば相殺によって、これ以外の費用や運送人に支払われるべき額を売却代金から控除することができるか否かは、条約外の準拠法に委ねられている。

4 運送人の責任

運送人が引渡不能な状態にある運送品を保管しているという状況は、一般に荷主側の過失により生じるものであるため[139]、「運送人は本条により引渡未了である間に運送品に生じた滅失または損傷について責任を負わない」のが原則とされている[140]。「引渡未了である」という文言は48条1項

---

(136) 48条3項。
(137) 48条2項(c)号。
(138) 48条4項を参照。
(139) 前掲注(132)を参照。

柱書においても用いられているものであり、「本条により」という文言は48条1項(a)～(e)号で列挙されている場合に言及するものであるため、運送人の責任は列挙されている事由が生じた時から排除される[141]。

運送品を保存するための合理的な手段を「怠った場合には運送品が滅失・損傷するであろうことを運送人が知っていたか、または知ることができた」にもかかわらず、運送人がそのような手段を怠ったということを請求権者が証明した場合には、運送人の責任は排除されない[142][143]。

責任の排除に対する例外を定める48条5項の規定ぶりは、責任制限の利益の喪失に関する61条の文言[144]とは異なっている。もっとも、いずれの場合も、運送人が自らの作為または不作為から滅失または損傷が生じるであろうことを知っていたか、または知ることができたということができる必要があるため、この2つの定式の帰結はかなりの程度似通っている。このような主観的要素は、いずれの場合にも作為または不作為が故意または無謀になされたものであるということを意味するものである。

48条の期間が始まった場合には運送人の運送契約上の義務の履行は完了しているため、48条の下では、運送人と海事履行者の連帯責任[145]の適用はない。履行者とは、「運送品の受取り、積込み、取扱い、積付け、運送、保管、荷揚げまたは引渡しに関して運送人の運送契約上の何らかの義務を履行する……者」[146]をいう。この定義は、履行者の行為を運送契約の

---

(140) 48条5項。
(141) 前掲注(117)-(124)およびこれらに対応する本文を参照。
(142) 48条5項。
(143) 運送品がバナナのような傷みやすい生鮮食品である場合には、運送人は、運送品を保存するための措置や状況に応じた合理的なその他の措置を即時に採らなければならないであろうことを知っているか、知ることができるということができよう。後者の措置には、たとえば運送書類の提出の代わりに（できれば第一級の銀行による署名もなされた）補償状と引換えにバナナを果物輸入業者に引き渡すことや、バナナを最も高い落札者に速やかに売却し、その代金をバナナに対する権利を有していた者のために保管することなどが含まれうる。
(144) 61条は、「責任制限の権利を主張する者自身の、当該損失を生じさせる意図をもって、または無謀にかつ当該損失が生じる蓋然性のあることを認識して行った作為または不作為」に言及している。
(145) 20条を参照。
(146) 1条6項。

期間に限定している。

　また、同様の理由で、運送人の代位責任も、船長や船員と運送人の従業員の作為または不作為についてのみ適用される(147)。また4条1項による自動的ヒマラヤ条項の保護を受ける者に対して直接の訴訟が提起された場合には、48条に基づく運送人の免責も、この自動的ヒマラヤ条項の対象に含まれる。

XI　47条2項──補償状と引換えでの引渡しに対する代替策

　UNCITRALでは、実務で広く行われている補償状システムを含む、譲渡可能運送書類と引換えでなしに行われる引渡しについて、条約上特別の規定を設けるべきか否かについて激しい議論が展開された(148)。47条2項は、この議論の成果である。

1　問題

　引渡しがなされない原因のうち、最もよくあるのは、譲渡化の運送書類の所持人が(i)運送品が仕向地に到着した後も引渡しを要求しないか、(ii)その時に引渡しを要求したが運送書類を呈示・提出しないというものである。後者の方がより多く見られる。このような事態が起こる頻度は過小評価されるべきではない。コモディティ商品の運送では約半分のケースで、原油に関連する取引ではほぼ100％のケースで運送書類が必要な時に入手できていない。

---

(147)　18条を参照。
(148)　この主題に関連するアジア太平洋地域における様々な問題の概観として、Caslav Pejovic, *Delivery of goods without a bill of lading : revival of an old problem in the Far East,* 9 JIML 448-460 (2003) を参照。日本では、この主題について平泉貴士の複数の論文がある。平泉貴士「保証渡と国際海上物品運送人の責任」杏林社会科学研究14巻1号（1998年）、平泉貴士「保証渡と運送人の責任制限・再論」法学新報109巻9-10号（2003年）、平泉貴士「仮渡と船荷証券約款──イギリス法を中心として」法学新報113巻9-10号（2007年）を参照。中国については、YINGYING ZOU, *supra* note 2, p.144-243 を参照。
　　この問題に関する会議として、1983年5-6月のCMIベネチアコロキウムおよび2002年度日本海法学会大会がある。

運送書類が間に合わない原因は、郵便や銀行システムにおける書類処理の遅延といった偶然のものであることもある。しかし、多くの場合は、たとえば企図していた転売がまだ行われていないことなどから、買主である荷受人が運送品を拒絶しようとしている、または銀行から運送書類を回収していないといった、運送契約の背後にある売買契約や貿易金融契約上のトラブルに起因するものである。より深刻なのは、運送書類を入手できない原因は、当該取引の構造や本質に由来するものである場合である。たとえば売買契約についての（標準）の与信期間が運送品の航海に要する期間よりも長い場合などである。特定の取引においては、売買契約が何重にも重なるために運送書類が適時に入手できないことが通常であるということもありうる[149]。

このように運送書類が適時に入手できない要因が取引に関連するものである場合には、48条が当事者にとっての適切な解決とならないことがしばしばある。これは、特に1つの船舶で大量に運送されるコモディティ商品について当てはまる。この場合には、運送人は伝統的に荷送人または運送品の引渡しを受けるべき者が発行した補償状と引換えに運送品を引き渡してきた[150]。補償状により、その発行者・補償者は運送書類を期限までに呈示することと、運送書類の呈示・提出なしに運送品を引き渡すことによって運送人が負担する損害をすべて補償することを運送人に約束する[151]。

2 UNCITRALでの議論

UNCITRALでは、譲渡可能運送書類の提出なしに運送品を引き渡すという実務についてロッテルダム・ルールズが規定を置くべきか否かについて激しい議論が展開された[152]。実際に、UNCITRALの作業部会が承認し、

---

(149) このような売買契約の連鎖には、船積前の売買や将来の（まだなされていない）売買もが含まれうる。最終の買主が運送書類を入手するまでには数週間、時には何か月または何年もかかることがありうる。
(150) 前掲注(130)を参照。
(151) これらの規定は、傭船契約に標準条項として含まれていることがしばしばある。傭船契約に基づいて発行される運送書類には、通常傭船契約の条項が参照方式によって取り込まれている。

2008 年に最終承認のために UNCITRAL の総会に提出された条約の最終草案には、——限られた状況の下で——譲渡可能運送書類の提出なしに引渡しがなされることを認める規定が含まれていた[153]。一連の過程を通じて、異なる見解が鋭く対立していた。

　条約の最終草案のような規律に反対する論者は、運送書類の呈示・提出なしに行われる引渡しを「合法化」することは、国際取引における長年の商慣行であった伝統的な船荷証券システムの最も重要な機能を害するものであると主張した。これにより、システム全体の弱体化と運送書類の価値の低下につながり、また引渡しに関する望ましくない慣行を制度化することになる。このような望ましからざる帰結は、さらに銀行実務にも重大な影響を及ぼす。引渡不能な運送品に関する一般的な規律である 48 条は十分に柔軟であり、仕向地において運送書類を入手することができない事案において当事者が採用する解決を、それがどのようなものであれカバーすることができる。さらに、譲渡可能運送書類が発行されている場合に運送品を誰に対して引き渡すべきかを運送人に支持する権限を荷送人に与えることは、荷送人が運送人と結託して運送品に対する権限のない者に運送品を引き渡そうとするリスクを生じさせるものである。問題を解決するための、より望ましい長期的な解決策は、究極的には電子的運送記録の利用の拡大であると主張された。

　条約の最終草案の規律に賛成する論者も、運送書類の呈示・提出なしに引渡しが行われるという実務が望ましくないものであることは認めていた。しかし、これらの論者の見解によると、伝統的システムは広範に見られるこの実務によってすでに蝕まれており、運送人と銀行を含む荷主側の両方にとって法的不安定性が作り出されている。さらに、荷主側にとっては、運送契約自体の範囲を超えて法的不安定性が拡大している。したがって、関係する当事者すべてにとって法的安定性を可能な限り回復するような解決を条約の中に盛り込むことが、このような実務に伴うコストを回避するための、より望ましい選択肢である。新しいシステムの下では銀行を

---

(152) 前掲注(96)に引用された議論を参照。
(153) 条約最終草案 49 条(d)～(h)号を参照。これらの規定が最終的に成立した条約の 47 条 2 項の基礎となっている。

含む当事者が既存の実務を変更しなければならないということは、既存の実務が望ましくないものであることからは、むしろ利点であると考えるべきである。これらの当事者に対する照会からも、以上のような考え方が支持されると主張された。48条が柔軟なものであるとしても、引渡不能の運送品について多くの国の法律に同様の規定が既に存在するにもかかわらず問題の解決となっていないことから、48条は解決策とはならない。確かにロッテルダム・ルールズによる解決は詐欺の危険性をはらむものであるが、それは伝統的システムについても当てはまる。補償状システムの下でもさまざまなタイプの詐欺が可能であるが、ロッテルダム・ルールズはそのうちのいくつかを防ぐことができる。電子的運送記録も、引渡しに際して何らかの方法で呈示されなければならないものであるため、当該取引の構造上、運送書類を入手できない場合の解決にはならない。

交渉の本当の最終段階であった2008年6月に、UNCITRALの総会は妥協に達した。争点となっていた規定は、文言にいくつかの本質的な実務的修正がなされた上で[154]、47条2項として再編された[155]。この再編によって、運送書類の所持人が運送品の引渡しを請求しない場合や、自身が所持人であると適切に証明しない場合に関する規定がすべて47条2項に含まれることとなった[156]。ただし、反対論者の懸念に対処するために、47条2項の柱書に、同条は運送書類または電子的運送記録の提出なしの引渡しを許容する旨が運送書類または電子的運送記録に明示された場合にのみ適用されるという条件が付された[157]。

3　47条2項柱書

45条(c)号[158]や46条(b)号[159]と同様、47条2項柱書は、「48条の適用を妨げない」との文言で始まっている[160]。この文言によって、運送人は、

---

(154) 2008年総会報告書153-154段落参照。
(155) 前掲注(152)-(153)およびこれらに対応する本文を参照。条約の最終草案49条のうち争点とならなかった部分（(a)～(c)号）は47条1項となった。本稿IXの1と2を参照。
(156) 本稿XIの4と5を参照。
(157) 本稿XIの3を参照。
(158) 本稿VIの3を参照。
(159) 本稿VIIの2を参照。

47条1項(a)号によって運送品を引き渡すことができない場合に、(i)直ちに48条を援用するか、(ii) 47条2項を適用した上で、なお必要がある場合に48条を援用するかを選択できることになる。

47条2項が適用されるためには、運送書類または電子的運送記録の提出なしに運送品が引き渡されうる旨が運送書類または電子的運送記録に明示されている必要がある[161]。この条件の文言のみを見ると、47条1項の原則と矛盾しているようにも見える。しかし、前述のように[162]、引渡しを受けるために運送書類を呈示・提出することは、運送書類の物権的効力の基礎にある「正統化」機能の本質的要素である。したがって、上記の条件の目的は、正統化機能のない運送書類を作り出すことではありえない。そのようなことは、47条全体の目的を害することになる。

47条の文脈においては、柱書の条件は警告として作用する。47条2項は、運送書類がその正統化機能を果たすべき時に入手不可能である場合に生じる問題を解決しようとするものである。換言すると、47条2項は47条1項が機能しえない場合にのみ機能する一種の安全弁である。

47条2項が適用された場合、運送書類はその提出なしに運送品が引き渡された後も流通し続けることになりうる。運送書類の失効を定める47条1項(c)は適用されないが、運送書類の所持人はもはや運送品の引渡しを受ける権利を有しない。運送書類の所持人を保護するため、UNCITRALは、――前述の妥協の本質的な要素として――、47条2項の適用の要件として運送書類への明示を同項柱書に規定した。このため、この要件は、47条2項が導きうる帰結に対する一種の警告とみることができる。所持人は運送書類を受領する際に自らの利益を守らなかった場合に生じうるリスクを当該書類自体から知ることができる[163]。

結論としては、47条2項は、運送書類または電子的運送記録に運送品が

---

(160) 前掲注(59)-(61)およびそれに対応する本文を参照。
(161) 「明示」ということは、とりわけ、本文の記載を含む文書（たとえば傭船契約）を参照方式で取り込むことでは47条2項の適用条件を満たさないということを意味している。前掲注(151)および2008年総会報告書160-161段落、165段落も参照。
(162) 本稿Ⅷを参照。
(163) このようなリスクを認識した所持人は、その利益をいくつかの方法で守ることができる。後掲注(168)およびそれに対応する本文を参照。

当該書類または記録の提出なしに引き渡されうることを示す文言が含まれている場合[164]にのみ、48条に代わる選択肢として適用される。

4　荷送人または書類上の荷送人の指示による引渡し

　47条2項(a)～(c)は、荷送人または書類上の荷送人の指示による引渡しについて規定している。47条1項によって運送品を引き渡すことができない場合、運送人は荷送人または書類上の荷送人に指示を求めることができる。運送人がこの指示に従って運送品を引き渡した場合、運送人は運送契約に基づく引渡義務を免れる。

　47条2項(a)～(b)号は、譲渡不能運送書類・記録に関する45条(c)～(d)号[165]と同様の原則を譲渡可能運送書類にも適用するものである。実際に、これらの規定の文言は類似しており、譲渡可能運送書類または記録への適用に必要な限度でのみ修正が施されている。したがって、45条(c)～(d)号に関する分析[166]は、必要な修正の上で、47条2項(a)～(b)号にも当てはまる。

　運送人は、通常、引渡しに関する指示を荷送人に求める。これは、運送品が仕向地に到着した時点で運送書類を入手できないことがしばしばあるコモディティ取引の多くにおける長年の慣行である。傭船契約の多くは、運送人に対して、運送書類が入手できない場合には傭船者に連絡をし、傭船者が指名した者に対して運送書類の提出なしに運送品を引き渡すことを求めている[167]。運送書類の原本が船舶に積まれており、仕向地において船長がこれを荷送人や傭船者が指名した者に引き渡すのが慣例となっている取引もある。この慣習は、本質的には荷送人または傭船者の指示による運送品の引渡しであり、運送書類は正統化作用を適切に果たしてはいないのである。

---

(164) 47条全体の趣旨に合致する規定の例としては、次のようなものが考えられる。
　「運送品の引渡しを受けるためには、正当に裏書された運送書類の原本1部を提出しなければならない。仕向地において原本が提出されない場合には、運送人はロッテルダム・ルールズ47条2項を援用し、この運送書類の提出なしに運送品を引き渡すことができる。」
(165) 本稿Ⅵの3を参照。
(166) 本稿Ⅵの3を参照。
(167) 後掲注(180)およびそれに対応する本文を参照。

荷送人または傭船者に引渡しに関する指示を求める実務は新しいものではないが、運送人がこれらの指示に従った場合のロッテルダム・ルールズの下での法的効果の新しさは、重要である。運送書類の発行の有無にかかわらず運送人が引渡義務を免れるという帰結は、目新しいものである。

運送人が免責されるかもしれないため、運送書類の所持人は運送品が到着するであろう時期に注意を払う必要がある。銀行は、その貿易金融に関する合意の中で、運送書類上に銀行を通知先として記載するように求めるべきである。運送品がすでに引き渡されたのではないかという疑いのある運送書類の所持人またはこれを取得しようとしている者は、できれば所持人となる直前に運送人に連絡をし、運送品の所在についての情報を要求すべきである。まだ通知先となっていない銀行は、運送人に連絡をして自らを通知先とするように求めるべきである。電子的通信が可能な今日においては、特に36条が運送書類に運送人の名称と住所の記載を要求しているため、運送人に連絡を取ることは比較的容易である。運送書類の本質である正統化機能に鑑みれば、運送品の到着時期に関して注意を払うことを求めたとしても、所持人に対する過大な要求ではない。この要求は、むしろ伝統的なシステム[168]に合致するものである。実際に、47条2項が存在しない場合でも、所持人は補償状によって引渡しがなされるリスクを避けるために注意深くなければならない。

47条2項(b)号による運送人の引渡義務の免責には、47条2項(e)号という例外がある[169]。運送書類の提出なしに運送品を引き渡す運送人は(e)号により善意の所持人に対して損害賠償責任を負うリスクを負担するため、このリスクについて(c)号が荷送人の運送人に対する補償義務を法定している。さらに、場合によっては、荷送人が運送人に対して補償に加えて担保を提供することが合理的であることがありうる[170]。この法定の補償・担保提供義務には、荷送人が運送人に対して不正確または軽薄な指示を与えることを抑止するという追加的な利点もある。

ほとんどの場合においては、(b)号と(c)号の両者が、補償状やその他の

---

(168) 本稿Ⅷを参照。
(169) 本稿Ⅺの5(2)を参照。
(170) 47条2項(c)号第2文を参照。

契約による補償という現在の実務にとって代わるべきである。

5 引渡後に所持人となった者の地位

　47条2項(a)号および(b)号に基づく引渡しの後において、提出されていない運送書類には未だ価値があるかという問題がある。この点については2つの場面を分けて考える必要がある。

(1) 純粋な遅延の場合

　第一のケースは、運送書類の輸送が純粋に遅れたために、運送品の方が運送書類よりも早く到着したという場合である[171]。この場合、運送品の引渡前に運送品を購入した者が、運送書類の提出なしになされた引渡しの後になって運送書類の所持人となることがありうる。換言すれば、引渡しがすでになされた後も、運送書類が売主と買主の連鎖の中を流れていくことがあるということである。この場合には、引渡しがなされた後の運送書類には運送品の引渡しを受ける権利は表章されていないが、他の権利は表章されているかもしれない。その他の権利としてどのようなものがあるかは、運送書類の条項と他の状況に依存するため、47条2項(d)号はこれらの権利を特定していない。たとえば、運送品が損傷した状態で到着した場合には、損害額が売買契約の連鎖の中で売買価格から控除されているのでない限り、所持人は損害賠償を請求することができよう。売買価格がすでに調整されている場合には、この損害賠償請求権は、自らの売主に対して控除前の価格を支払ったが自らの買主からは控除後の価格しか受け取っていない者に帰属することになる。

　(d)号の適用は、引渡後の買主に限られるわけではない。同号の文言は、より一般的であり、「当該引渡しの前になされた契約またはその他の取決めにしたがって」、引渡後に運送書類の所持人となった者のために存続する運送書類上の権利に言及している。この「契約またはその他の取決め」には、売買契約だけではなく、たとえば信用状手続に関する銀行間の

---

[171] 47条2項(d)号を参照。この規定は、イギリスの1992年海上物品運送法2条2項(a)号に示唆を受けたものである。The Law Commission, *Rights of suit in respect of carriage of goods by sea*, LAW COM. No. 196, London：HMSO の 2.42-2.44 段落を参照。

合意も含まれうる(172)。

「契約またはその他の取決め」の形式に関する要件はなく、口頭の合意でも足りる(173)。このことは、(形式要件に関する)3条が47条2項を挙げていないことからも導かれうる。

(2) 認識の欠如による場合

第二のケースは、引渡後に運送書類の所持人となった者が「所持人となった時点で当該引渡しがなされていたことを知らず、また合理的に知りえなかった」(174)場合である。この場合には、(b)号または(d)号によって運送人が引渡義務を免れうる場合であっても、所持人は「譲渡可能運送書類に表章された権利を取得する」。(e)号もまた表章されている権利の内容を特定していないが、この規定の趣旨からは、運送人に対して運送品の引渡しを請求する権利は含まれているはずである。したがって、(e)号は善意の取得者を保護するものであり、この所持人はシステムが提供する安定性を信頼することができる。

(e)号は、運送書類上に、運送品の到着予定時期の記載または運送品の引渡しがなされたかどうかについての情報を取得するための方法の記載がある場合には、所持人は所持人となった時点において運送品の引渡しを知り、または合理的に知ることができたものと推定している(175)。この推定は、運送人にとって、運送品に関係する情報のデータを運送書類に記載する誘因となるはずである(176)。UNCITRALは、運送人と荷主側の双方が、利用可能な現代的通信手段を最適に利用することを期待している(177)。

───────────────
(172) 特に第17会期報告書88段落を参照。
(173) 2008年総会報告書163段落を参照。
(174) 47条2項(e)号。
(175) この推定は、所持人となろうとする者は運送書類を取得する際に注意を払うはずであるという前提に立っている。運送書類の呈示なしに運送品が引き渡されうる旨の警告の記載がUNCITRALにおいて導入されたのが議論の最終段階であったため、この記載の(e)号に対する影響は、これ以上議論されていない。
(176) 運送人は、運送書類にその名称、住所および電話番号だけでなく、下記のような文言を印刷することが賢明であろう。
 「引渡しに関する情報については、customer.service@carrier.com または仕向地における運送人のエージェントにご連絡ください。連絡先については、www.carrier.com をご参照ください」
(177) 28条も参照。

6　荷送人の「合理的な努力」の基準

　条約草案WP.101およびそれ以前の規定案においては、荷送人は、運送人が最終的に45条(c)号、46条(b)号または47条2項(a)号となる規定に基づいて要求した場合には、運送人に対して引渡しに関する適切な指示を与える義務を負うものとされていた[178]。条約の最終的な規定では、荷送人にそのような義務は課されていない[179]。UNCITRALは、実際上の問題として、荷送人が運送人に対して引渡しに関する適切な指示を与えうる地位にないこともありうることから、このような変更をした[180]。

　運送品の到着時に仕向地で運送書類を入手できないのが慣例であるコモディティ取引のいくつかにおいては、傭船者または荷送人が運送中に運送員の売買についての記録をつけているため、最終的な買主が誰であるかを完全に認識している。これらの取引においては、取引に関係した（与信をした銀行を含む）すべての当事者は、運送書類の提出なしに運送品の引渡しが行われるという典型的な実務について知っているか、知っているべきである。この場合には、運送人から指示を求められた荷送人は、最終的な買主に対して運送品を引き渡すように指示することが問題なくできるであろう。ほとんどの場合、運送書類は最終的に到着し、運送人に提出される。このような取引では、47条2項は問題なく機能するであろう。

　また、荷送人が最終的な買主（またはその者に与信した銀行）が誰であるかについての情報を持っているか、それが誰であるかを容易に調査できる地位にあることもありうる。これらの場合にも、荷送人は運送人が所持人を突き止めて適切な引渡しを行うことを助けることができる地位にあるため、運送人が荷送人に対して指示を求めることは合理的である。

　しかし、荷送人が所持人または運送品の最終的な買主が誰であるかについて全く情報を有していないこともありうる。たとえば、荷送人が運送品を売却して、その支払いと引換えに運送書類を交付した後で、さらに売買

---

(178) たとえば、条約草案WP.101の47条(c)号、48条(b)号、50条(d)号を参照。
(179) これは、議論の最終段階でなされた本質的な実務的修正の1つである。前掲注(154)-(157)およびそれに対応する本文を参照。
(180) 55条1項も参照。一方で45条(c)号、46条(b)号および47条2項(a)号の趣旨を、他方で55条1項の趣旨を考慮すると、運送品処分権者または荷送人が引渡しに関する適切な指示を与えうる地位にある場合には、そうしなければならないということができよう。

が行われた場合、荷送人は最終的な買主または所持人を突き止めることができず、運送人に対して適切な引渡しに関する指示を与えることはできないであろう[181]。

荷送人が指示を与えることができるかどうかは状況によって大きく異なるため、少なからぬ問題が生じる。運送品処分権者[182]、荷受人[183]または所持人[184]を突き止めるために荷送人はどの程度運送人と協力しなければならないのか。荷送人は運送人に対して引渡しに関する適切な指示を自ら与えることをどの程度試みなければならないのか。

これらの問題に適切に答えるために、まず荷送人の一般的な義務に関する章[185]から検討する。28条は、荷送人および運送人の、運送品の適切な取扱いおよび運送のための情報や指示のお互いへの提供についての協力義務を定めている。同条について当事者が従わなければならない基準は、あまり厳しいものではない。情報が他方当事者により保有されていなければならず、その当事者が必要な指示を与えることが合理的に可能でなければならない。引渡しに関する協力の水準についても、同じ基準が適用されるべきであろうか。

私は、引渡しについては、より高い協力水準が要求されるべきであると考える。運送人は運送品を引き渡す義務を負っており、運送書類の「正統化」機能からは、荷受人は自らの存在を運送人に知らせるシステム上の義務を負っている[186]。荷受人の所在が分からない場合には、運送人はその所在を突き止めるために「合理的な努力」を尽くさなければならない。

同様の「合理的な努力」の基準が荷送人にも適用されるべきである。運送品を引渡可能な状態にすることは、一般的に、荷主側の責任である[187]。

---

(181) 運送人は、45条(c)および(d)、46条(b)および(c)、そして47条2項(a)および(b)の下で、荷送人の指示に従う義務を負っていないことに注意すべきである。運送人が、荷送人の指示が誤っているか、軽薄になされたものであることを知っている、または合理的に知り得た場合、契約上の義務の履行に際しての一般的な信義則がこれらの指示に優先する。この一般的義務は、2条において「国際取引における信義の遵守」として言及されている。
(182) 45条(c)号、前掲注(52)-(55)およびそれに対応する本文を参照。
(183) 46条(b)号、本稿Ⅶの2を参照。
(184) 47条2項(a)号、前掲注(165)-(167)およびそれに対応する本文を参照。
(185) 27-29条を参照。
(186) 前掲注(93)およびそれに対応する本文を参照。

荷受人または所持人が自らの存在を運送人に知らせる義務を怠った場合には、荷主側の当初の契約当事者である荷送人に、荷受人または所持人の所在の調査について運送人と協力するよう合理的な努力を尽くすことを期待するのが論理的である。また、同じ合理的な努力の基準から、荷送人は、運送人に対して引渡しに関する適切な指示を与えることを試みるべきであり、それが可能な地位にある場合には、そうしなければならない[188]。

7　47条2項の有効性

47条2項の実際の有効性は、文脈によって異なると思われる。運送書類の提出なしに運送品が引き渡されうる旨の明示の記載が運送書類にあるのであれば、取引の構造が運送書類の正統化機能を減殺または無視するものである場合に47条2項がよく機能することは上記の分析[189]から分かるであろう。また、運送人と荷送人の47条2項にいう合理的な努力によって、所持人が判明するか、運送人が引渡しに関する適切な指示を受けられるようになり、適切な引渡しが可能になる場合もあろう。他方で、運送人と荷送人の合理的な努力にもかかわらず運送品を適切に引き渡すことができない場合には、運送人は48条を援用するほかない[190]。

XII　私見の結論と提言

1　結論1：引渡しに関する規律は複雑であり、理解することが難しいものである

ロッテルダム・ルールズの引渡しに関する規律が複雑であり、理解する

---

[187] 運送品処分権者の運送人に対する荷受人の名称および住所を通知する義務について、本稿 III の(ii)、45条(b)および本稿 VI の2を参照。46条の下では（本稿 VII の2）、これらの名称および住所は運送書類に記載されているものと想定されている。しかし、荷受人の名称と住所を通知する義務自体は、荷受人の所在が突き止められ、引渡しがなされうることを保証するものではない。
[188] 荷送人の「合理的な努力」の適切な水準に関する本稿の分析は、それが実務上最も問題となりうるのが47条2項の適用場面であるため、47条2項に関する議論の中でなされているが、この分析は45条や46条が適用される場合にも同様に妥当する。前掲注(180)も参照。
[189] 本稿 XI の4と5を参照。
[190] 本稿 V および前掲注(158)-(160)とそれに対応する本文を参照。

ことが難しいとの指摘は、正当なものである。これは、以下の要因が合わさったことによるものである：

(i) 発行されている運送書類の種類によって規律の内容を分ける必要があったところ、海上運送における現実のドキュメンテーションは、実務家にとってすら複雑で理解することが難しいものであること；

(ii) 運送書類に関する現実の実務には、特に船荷証券の呈示なしの引渡しの慣習のような、誤った実務となっているものもあること；

(iii) ロッテルダム・ルールズの出発点は、既存の実務を変更することではなく、既存の実務に安定性をもたらす点にあったこと。

2 結論2：しかし、引渡しに関する規律は法的安定性を高めるものである

43～48条[191]は、運送契約の性質[192]と船荷証券システムの根幹（すなわち運送書類の正統化機能）[193]に可能な限り従っており、それによって実務家にとっての法的安定性を高めることを企図したものである。

3 結論3：運送品が仕向地に到着した場合には、第三者である所持人は積極的に行動しなければならない

運送品が仕向地に到着することがあった場合に何もしないということは、譲渡可能運送書類または電子的運送記録の所持人である第三者にとって、合理的な選択肢ではもはやない。

所持人は、仕向地において運送品の引渡しを受ける法的義務は負っていないが、運送人が運送品を処分できるように配慮するシステム上の義務を負っている[194]。それに加えて、本稿では、運送書類に47条2項柱書に定める警告が記載されている場合には荷送人がその役割を果たすことができるという事実は、所持人に行動を起こすインセンティブを与えるものであると指摘した[195]。

---

(191) 本稿Ⅳ、Ⅵ、Ⅶ、Ⅸ-Ⅺを参照。
(192) 本稿Ⅲを参照。
(193) 本稿Ⅷを参照。
(194) 前掲注(93)およびそれに対応する本文を参照。

しかし、これよりも強い可能性すらある別のインセンティブも存在することが認識されるべきである。運送品が仕向地に到着した際に所持人が何もしない、すなわち船荷証券を呈示しない場合には、運送品は引渡不能となり、48条が適用される[196]。48条の下では、運送人は運送契約に基づく責任をもはや負わず、運送品を荷受人に引き渡す義務[197]も消滅する結果となる。換言すると、運送人が48条に基づいて「関連状況から合理的に要求される」場合に運送品を処分した場合には、運送人を誤配であるとして訴えることはできないのである[198]。このことは、以下の結論を導く。

4　結論4：船荷証券が呈示されない場合、貨物側は48条よりも47条2項を援用する

　（UNCITRALで議論となっていた）47条2項は、所持人以外の者の運送人に対する引渡しに関しての指示権を定めるものではあるが、船荷証券の所持人に（UNCITRALでは議論とならなかった）48条よりも法的安定性を与えるものである。いずれの規定も、船荷証券の所持人が船荷証券を呈示しないために運送品を引き渡すことができない場合に適用される。

　48条が適用される場合、船荷証券の所持人は、たとえば補償状と引換えに引き渡すことによって運送人が運送品を処分した後も、運送人に対して誤配についての請求権を有しない。所持人は、「運送人の運送品を保存するための関連状況に応じた合理的な手段の懈怠と、運送人がそのような懈怠により運送品の滅失または損傷が生じるであろうことを知りまたは知ることができたこと」についての請求権を持つのみである[199]。

　補償状と引換えでの引渡しがなされる状況のための特則である[200]47条2項が適用される場合も、船荷証券の所持人は同様に（47条2項(e)号が適

---

[195] 本稿Ⅲの(ⅲ)、Ⅵの4および前掲注(165)-(166)とそれに対応する本文を参照。
[196] 48条1項(c)号および前掲注(117)-(123)とそれに対応する本文を参照。
[197] 11条、47条1項(a)号および本稿Ⅸの2を参照。
[198] 運送人が船荷証券の提出なしに運送品を引き渡したにもかかわらず、所持人はもはや運送人に対する請求権を有しないとされたイギリスの判例として、'The Delfini' [1990] 1 Lloyd's Rep. 252；'The Future Express' [1992] 2 Lloyd's Rep. 79, [1993] 2 Lloyd's Rep. 542 (C. A.) を参照。
[199] 48条5項および前掲注(139)-(144)とそれに対応する本文を参照。
[200] 本稿ⅩⅠの1と2を参照。

用されない限り）誤配についての請求権を有しないが、運送人はまず所持人の所在を突き止めて引渡しに関する指示を仰ぐように合理的な努力を尽くすものとされている。さらに、運送人が47条2項(a)号に従って運送品を引き渡した場合であっても、「失効した」船荷証券を譲り受けた所持人は権利を取得することができ[201]、さらに引渡しがなされたことを知らず、また知ることができなかった善意の所持人は保護される[202]。

5　運送人への提言

一般に、運送人は、以下の提言に従うことによって、その顧客の45～47条の理解を容易なものとすることができる。

(a)　運送書類が譲渡可能か譲渡不能かを、常に運送書類（のヘッダー）に明示すること。これによって、(i) 47条と(ii) 45条または46条のいずれが適用されるかが区別される。

(b)　運送品の引渡しを受けるために運送書類の提出が必要か否かを、常に運送書類に明示すること。これによって、45条と46条のいずれが適用されるかが区別される。この点に関して、主要貿易国の中で、ストレート船荷証券については運送品の引渡しを受けるために提出する必要がないとされているのはアメリカ合衆国のみである。アメリカ合衆国がロッテルダム・ルールズを批准した場合には、運送書類の提出の要否について曖昧にしておく実務上の必要性はもはや存在しなくなる。

(c)　譲渡可能運送書類の場合には、運送人が47条2項の手続に従うこともできることを明示しておくこと[203]。このすべての当事者にとって利益となりうる選択肢がある場合でも、その代わりに48条を適用する選択肢も残っている[204]。

(d)　運送書類に運送人の名称と連絡先を常に明示することによって、潜在的な所持人に引渡しに関する情報を含む運送品の情報へのアクセスを提供すること。前段は36条2項(b)号の義務に合致しており、また後段は

---

(201) 47条2項(d)号および本稿XIの5(1)を参照。
(202) 47条2項(e)号および本稿XIの5(2)を参照。
(203) 規定例について、前掲注(164)を参照。
(204) 本稿Vおよび前掲注(158)-(160)とそれに対応する本文を参照。

47条2項(e)号の推定を基礎づける[205]。(d)の提言全体は、一般に運送人と荷受人の円滑な関係を促進するものである。

　(e)　長期的には、運送品処分権の移転を基盤とする電子取引システムについて顧客と合意し、書類の処理に関する現在の問題点の大部分を除去すること[206]。書類の処理に関する問題のほとんどは、紙の書類とそれに相当する電子的記録とに等しく当てはまり得るものであるため、電子書類を基盤とする電子取引システムは、その本当の解決とはならない。

6　銀行への提言

　一般に、銀行は以下の提言に従うことによって、貿易金融業務のリスクを減少させることができる。

　(a)　銀行が担保として保持する運送書類に通知先として記載されるように常に要求するか、さもなければ運送品の引渡時に注意を払うこと[207]。運送人が運送品の占有を喪失した場合、譲渡可能運送書類に依然として表章されている可能性があるのはせいぜい運送人に対する請求権ぐらいであり[208]、運送人に対して行使しえた運送品についての物権は、当該権利に適用される条約外の準拠法によっては、失われる可能性がある。

　(b)　失効した譲渡可能運送書類を決して受け取らないこと。このような運送書類は、場合によっては、運送人に対する請求権すら、もはや表章していないことがありうる[209]。

　(c)　自らが通知銀行でない限り（または通知銀行による補償付でない限り）、決して海上補償状に連署しないこと。これをしてしまった場合には、補償銀行は、あるいは、債務者の最終的な支払能力や支払に関する道徳を知ることなしに通知銀行から信用リスクを肩代わりすることになりうる。手数料を受け取れるとしても、このリスクを上回るものであろうか。

---

(205) 前掲注(175)-(177)およびそれに対応する本文を参照。
(206) MICHAEL F. STURLEY, ET AL., *supra* note 1, 第3章；Gertjan van der Ziel, *Delivery of the goods, rights of the controlling party and transfer of rights*, JIML, vol.14, pp.606-607 (2008)；Gertjan van der Ziel, *Chapter 10 of the Rotterdam Rules: Control of Goods in Transit*, Tex. Int'l L. J., vol.44, pp.383-386 (2009) を参照。
(207) 前掲注(168)およびそれに対応する本文を参照。
(208) 常にそうであるわけではないことについて、前掲注(198)を参照。
(209) 前掲注(198)に引用された"The Future Express"判決を参照。

第Ⅰ部 第4章

ロッテルダム・ルールズと関連業界

11 運送人から見たロッテルダム・ルールズ

早坂　剛

I　はじめに

このたび運送人の立場から話す機会を頂いたが、業界の見解を代弁する立場にはないので、これからお話しすることは、あくまで私個人の考えであることをお断りしておく。

II　総論

まず総論的になるが、船会社の法務を担当した経験から、ロッテルダム・ルールズについて思うことを述べてみたいと思う。

1　現行の法的スキームが余りにも実務の実態から遅れていること

現在の条約に基づく法規制は、（我国では、異なるが）B/Lのみを規制対象としていること、また、tackle to tackleの間のしかも一部の事項しか規制していないことなど、著しく包括性に欠け、船会社の業務の全体像からかなりかけ離れている。そのため、船会社においてさえ、法規制の仕組み等を、若い人に説明するのにいささか苦労する程で、常日頃何か手が打たれるべきではないかと思ってきた。

特にコンテナ化以来、そのような法規制の現状から、明文の契約約款としてB/L裏面でcoverせねばならない事項はますます多岐にわたっており、B/L裏面約款の作成に際し、折角いろいろドラフトしても、その限られたスペース、文字の大きさに関する制約などから、裏面に盛り込むのを

断念せざるをえない事項まで生じているのが現状である。

また、これは条約がB/Lだけを規制しているのに対し、Waybillをも規制の対象としているわが国独特の現象なのかもしれないが、B/LとWay Billの差異に不慣れなせいで、B/Lによる運送の一部を他船社にsubcontractする際、うっかりWay billでの運送に応じた結果、そのWay Billに一方的な免責約款が入っており、貨物の全損クレームについて、荷主にはB/Lに基づいて賠償義務を負ったにもかかわらず、subcontractorからの損害回収には失敗するというような笑えぬ事例も生じている。

2 地域主義跋扈の懸念

米国および欧州において、地域独自の法規制を模索する動きがrealityを帯びているし、現状を放置したままにすると、地域ごとに異なった法規制が出現して、スキームがますます複雑化する危険を孕んでいると思う。しかも、これまでの議論の趨勢から判断して、これらの地域的法規制が、ロッテルダム・ルールズより、運送人に寛容なものになるとはとても思えない。運送人にとって、いわば、前門の虎、後門の狼といった状況だと思えるのである（そして、実は、まさに、このような状況についての見方の違いが、ロッテルダム・ルールズをどう評価するかについての態度の差異に大きく反映されているように思える）。

したがって、これから述べるような懸念があり、また本条約が発効した場合、その適用を巡って、暫くの間は、法的紛争が増加することは不可避であるとは思うが、個人的には本条約の発効を期待している。

III 運送人の視点から懸念することおよび運送人に求められること

ロッテルダム・ルールズは長文の条約であり、すべての懸念点に触れることはできないが、幾つか感じたことを列挙してみる。

1 航海過失免責の廃止、堪航性保持注意義務の航海全体への延長

航海過失免責の廃止、堪航性保持注意義務の航海全体への延長は、既存の制度を大きく変えるものであり、その影響は決して少なくないと思う。

特に、航海中にいわゆる「免責事由」が原因で堪航性（seaworthiness）を失った場合など、従来以上に相当な注意（due diligence）のあり方が難しくなると思われ、したがって、たとえば、21条の延着責任のリスクを取ることは、困難となるかもしれない。

2 Documentation 関係

　運送書類（transport document）、電子的運送記録（electronic transport record）の都合5種の契約類型、数量契約（volume contract）、運送品処分権（right of control）等、船会社の一般社員にとっては全く初耳に近い多くのconceptが含まれており、全体の仕組みが複雑である。また契約明細（contract particulars）の留保（qualification）の仕組みも詳細なものである。したがって、運送人は、それらに対応できるような新たなprocedureを再構築する必要があり、また、社員教育にも一層力を入れる必要がある。

　(1) 新しいconceptと言っても、学問上では、既知のもの、あるいは既知のものに類似したものが多いようであるが、現実の実務の世界では、それこそ、荷送人（shipper）と書類上の荷送人（documentary shipper）の区別さえ、意識していないのが普通である。新しい制度のもとでは、まず書類上の荷送人（documentary shipper）の要件である、「記載されることを容認した（accept to be named）」をどう確実に確認するのか等において困惑することであろう。運送書類（transport document）、電子的運送記録（electronic transport record）の管理、運送品処分権（right of control）の移転の管理などに関する新しい体制の整備が必要である。

　(2) 40条に従った留保（qualification）のための、現場の人々にも分かりやすいprocedureを再構築する必要がある。

　(3) 多くの場面で、それこそ従来ほとんど必要がなかった譲渡可能な運送書類（negotiable document）の場合でさえ当事者の身分の証明（identification）が必要となるので、確実な身分の証明（identification）確認の方法を確立しなければならない。

　(4) 運送品処分権（right of control）は、引渡終了時まで存在することになっているので、deliveryの際のトラブルを避けることなどを考えて、56条の契約の自由の活用を検討しなければならないかもしれない。

(5) 運賃は実際には未収であるにもかかわらず、credit base で"prepaid" B/L や Way Bill が発行されることも多いのであるが、42条により、「Way Bill 上の記載」であることを理由に運賃未収の事実を主張できなくなるので注意を要することになる。なお、この条文の末尾に、「本条は、所持人又は荷受人が荷送人でもある場合には、適用されない（This article does not apply if the holder or the consignee is also the shipper）」とある。当然のことのようではあるが、明記してくれたのは有り難いと思う。と言うのも、私の経験であるが、自動車専用船で、全貨物につき運賃未収のまま prepaid B/L を発行した直後、B/L 上に記載された「書類上の荷送人（documentary shipper）」が破綻し、巨額の運賃未収が生じたケースがあった。売買契約を調査したところ FOB 契約であることが分かったので、揚地で全貨物に留置権を行使したが、その際、少してこずり、「この様な明文の規定が有れば助かるのになあ」と思ったことがある。

(6) 9条1項の要件を満たす「譲渡可能な電子的運送記録（negotiable electronic transport record）」のシステムをいかに早く構築するかも運送人間の競争の1つのテーマとなるかもしれない。なお、そのようなシステムの採用には、P&I 保険の承認が必要となると思う。

3 危険品

危険品のリスクは大変大きく、船会社にとって深刻な脅威である。危険品に関する15条・32条には、新しい「危険となる可能性があると合理的に判断される場合（reasonably appear likely to become dangerous）」という考え方が入っている。すなわち、逆に言うと "what goods do not reasonably appear likely to become dangerous?" という議論を生むもので、これにより危険品に関する従来の考え方が微妙に変化しないのか、特に、危険品に関する荷主の責任を絶対責任（absolute liability）としている国々への影響はないのかが気になるところである。

また、「危険となる可能性があると合理的に判断される場合（reasonably appear likely to become dangerous）」か否かは、見解の相違を生みやすいものであるが、そのような貨物に対する「物品の受取又は積込の拒絶及びその他の合理的な手段（物品の荷揚、破壊、又は無害化を含む）を講ずる

(decline to receive, or to load, ...unloading, destroying , or rendering harmless)」権利は、15条で、履行者（performing party）の権利でもあることが明記されている。運送人とその履行者である船主等との間で危険品に関する意見の衝突が起こることも珍しくないので、そのような傾向を助長することにならないか懸念される。

4　管轄（Jurisdiction）

　私の在職中、さまざまな国で都合250件以上の訴訟・仲裁を経験したが、専属裁判管轄が認められる例も少なくなかった。ロッテルダム・ルールズにより、原則として専属裁判管轄の合意が認められず、66条のように荷主が広い選択権を持つことは、従来以上に、信頼性の低いかつ/または時間のかかる法廷での争いに晒され、結果として和解を余儀なくされるケースが多くなるのではないかと思う。

5　数量契約（Volume contract）

　最も議論となったテーマであるが、まず米国のサービス・コントラクト（service contract）での経験からお話したいと思う。

　サービス・コントラクト（service contract）の契約ドラフトのチェックは、Charter Partyのチェックよりずっと手間が掛かり大変であった。というのも、急に、今までshipping業務の経験がない荷送人が登場し、小売業や製造業で使用する契約をベースにして、それに少し手を加えたサービス・コントラクトのドラフトを提示してくることが多発した。その結果、売買契約の規定やpatentの規定などshippingに相応しくない規定が、ドラフトに入り込み、また荷主の方が、bargaining powerが強いのが現実であるので、責任制限を外せ、consequential damagesまで賠償責任の対象にしろと言われることも稀ではなく、果ては製造物責任に相当するものまでドラフトに紛れ込んでいる始末で、従来の海事法の実務では通常ありえないような経験をした。当然、ヘーグ・ヴィスビー・ルールズより運送人が不利な契約になるので、通常のP&I保険だけではriskはcoverできないから、成約のたびに、個別に追加保険の手配が必要になる。

　数量契約（volume contract）はサービス・コントラクト（service contract）

とは異なるが、船会社は、bargaining power の差から数量契約を受けざるをえないのが、当面の実情だと思うので、サービス・コントラクトの時と同じようなことが起こるのではないかと心配している。いずれにしても、厳しい自由競争に直面することとなるであろうし、結局、「需要と供給」が決定的要素となるのではなかろうか？

　数量契約（volume contract）の議論では、運送人が悪用する可能性を論ずるものが多く、たとえば、数量契約を通じて運送人が失った航海過失免責を取り戻すこと等を想定し、"Lower freight rate could be negotiated in exchange for the assumption by the carrier of lower level of risk" と主張する議論もあるが、需要と供給の現実から、実態はかなり異なる様相を呈することになるのではないかと思う。

　そもそも、航海過失免責のような契約条件のメリットは、前もって金銭的に評価することは難しく、たとえば、船会社の成約担当者が、「navigational fault が免責されるタームにしたから、これだけ運賃を安くしたよ」と社内で報告しても、「それにそれだけの価値が本当にあるのか？」という疑問に答えるのはかなり難しいのである。

　なお、数量契約（volume contract）の第三者に対する効力の点で、1つ気になることがある。サービス・コントラクトでは、その利益を多くの荷受人（consignee）に享受させるため、荷受人を、初めからサービス・コントラクトの契約当事者、すなわち、荷送人としてリストアップしておく手法が使われる例があったように思う。

6　海事履行者（maritime performing party）

　海事履行者（maritime performing party）は、海運関連業界にとって、結構厄介な問題である。

　海事履行者は、19条で運送人と同じ義務と責任を負うが、これは、従来不法行為責任しか負わず、結果として直接にクレームを受けることの少なかった傭船船主、port operator, slot provider 等の当事者が、強行法的ルールの規制対象となり、直接、契約上の請求を受けることになりうるということであり、不法行為責任ではなく、過失が推定される契約上の責任を負うことになる。したがって、従来そのような事態を想定していないすべて

のターミナル契約や Space Charter Agreement 等の見直しは避けられない。しかも、荷主と海事履行者とは、直接の commercial な関係がないので、そのクレーム交渉は極めてドライなものになる可能性がある。

また、海事履行者は、運送人の直接の subcontractor に限られるものではないので、たとえば、NVOC の海事履行者となった船会社、その傭船船主やターミナル等のように、重畳的に海事履行者が存在することがありえ、したがって、同一のクレームの二重・三重の請求を防止する連絡体制を持つことが必要となる。

数量契約の導入により、船会社は、その利益を享受し、それに対して、個別の荷主さんに B/L を発行する NVOC が、結局運送人として、ロッテルダム・ルールの一般原則上の義務を負担することになりえるとの考え方もあるが、従来から NVOC の B/L に関するクレームが、直接船会社に寄せられる傾向がある。まして、今後、個々の荷主から見て、NVOC の海事履行者となる船会社は、追及しやすい対象となる。

20条によって海事履行者と運送人は、連帯責任（joint and several liability）を負うから、共に被告とされやすくなるかもしれない。数量契約で、訴訟の take-over や indemnity をよほど上手く設定しておかないと、船会社は、個々の荷主と直接契約した時と同様のリスクと手間を抱え込むことになるかもしれない。

Ⅳ 運送人の視点から見て、評価したい点

懸念すべき点ばかりに触れるのでは、"fair" では無いので、最後に評価したい諸点に触れたいと思う。

1 荷送人の義務が明記されたこと

これは、従来、準拠法ないし B/L 約款で cover されていたものではあるが、明記されたのは評価できる。

2 12条2項(b)

いわゆる "Custom Delivery" の制度に従い当局に荷渡しした後、当局

がB/Lなしで引き渡した結果、carrierが積地で提訴される例は珍しくないので、12条2項(b)号が明文の規定を置いているのは歓迎である。ただし、積地の裁判所が、揚地の制度の立証に関し運送人に極めて厳しい態度をとり、その結果、この規定が効果を上げることができないことは、今後もありえると思う。

3　引渡しに支障を来した際の対応策が設けられたこと

　引取りのない貨物の問題は、結構な頻度で発生する。私の経験でも競売まで行ったケースさえ少なくない。荷主さんが破綻して放置された冷凍貨物、産業廃棄物や医療廃棄物が入ったまま放置されたコンテナ、揚地に置きっぱなしの中古車などがその例である。

4　24条で、離路（deviation）に関する考え方が整理されたこと

12 荷主から見たロッテルダム・ルールズ（Cargo claim の観点から）

平田大器

I　はじめに

　ロッテルダム・ルールズ（以下「本条約」という）は、国際海上物品運送法において定める運送人と荷主間の海上運送契約上の権利義務関係に関する規定のほかに、海陸の複合運送期間の運送人の責任、荷主の物品受取義務等に関する規定を有する。本稿は、主に、海上運送中の貨物につき受損事故が発生した場合の荷主の契約運送人に対する損害賠償請求（いわゆるカーゴクレーム）に関して、ヘーグ・ヴィスビー・ルールズを国内法化した国際海上物品運送法と本条約とを比較し、想定される事案につき、本条約が具体的にどのように適用されるかを検討することにより、本条約がいかに海上運送において機能するかを考察するものである。

II　カーゴクレーム

　荷主（貨物保険者）は、海上輸送中に発生した貨物の滅失、損傷につき、運送契約上の債務不履行あるいは不法行為に基づき、運送人あるいはその下請運送人らに対して損害賠償請求を行う。本条約は、海上運送期間だけでなく、陸上輸送期間にも及ぶものであるが、本稿は、海上運送中の貨物の滅失および損傷について検討する。

　一般に、カーゴクレームにおいて検討すべき問題は次の事項である[1]。

1　国際裁判管轄

本稿においては、日本の裁判所に裁判管轄権があることを前提とする。本条約第14章および第15章には、裁判管轄および仲裁に関する規定がある。しかし、本条約91条においてこれに拘束される旨の宣言をした締約国のみに対して、拘束力を有するとの定めがある。したがって、現実には、本条約91条の宣言の有無により、裁判管轄の有無に関する判断が異なることになる。

2　誰の名前で損害賠償請求できるか

英国法では、訴権（Title to sue）と言われる問題であり、本条約制定準備作業においては、Right for suitと言われた問題である。たとえば、1992年 UK COGSA は、船荷証券の正当な所持人に訴権を認める。訴権については、本条約に定めはないため、運送契約の準拠法あるいは不法行為の準拠法により判断される。

3　誰に対して何を根拠に損害賠償請求ができるか

(1)　契約運送人に対する損害賠償請求

運送契約の当事者である運送人に対する債務不履行を理由とする損害賠償請求である。国際海上物品運送法は、運送人の債務不履行責任（および不法行為責任）につき規定する。

(2)　船主あるいは裸傭船者に対する損害賠償請求

実際に貨物を運送する船主あるいは裸傭船者に対する不法行為を理由とする損害賠償請求である。

(3)　その他の運送に関わった者に対する請求

たとえば、ターミナルオペレーター、ステベ、定期傭船者、あるいは

---

(1) 要件事実を検討する場合には、まず、訴訟物に適用される準拠法あるいは条約を確定する必要がある。遅延損害金の準拠法は、主たる債権の準拠によることになる。日本法が主たる債権の準拠法と指定されると、運送契約上の債務不履行に基づく損害賠償請求については、商事法定利率年6分の遅延損害金を請求することになる。一方不法行為に基づく損害賠償請求の場合には、民法上の年5分の遅延損害金を請求することになる。訴権に関しては、貨物保険者が保険金を支払った場合、保険代位に関連して保険者が訴権を取得するかとの問題もある。

下請運送人である Non-Vessel Operating Common Carrier（NVOCC）に対する不法行為を理由とする損害賠償請求である。

　上記、(2)および(3)に関して、本条約は、「海事履行者」という概念を新たに創設して、この問題の解決を図っており、本条約の特色の1つである。実際には、1つの運送に関わる者が複数存在するため、運送人以外のこれらの者に対する損害賠償請求につき、荷主と運送人との間の権利義務関係と同一の権利義務関係を創設して、損害賠償請求に関する問題の統一的な解決を図ることは、公平の観点から望ましいことであろう。

4　運送人の責任の内容

　国際海上物品運送法は、ヘーグ・ヴィスビー・ルールズを国内法化したものであるけれども、その直訳ではない。その運送人の責任体系は、運送人の過失責任の原則、航海過失免責（船長および船員の操船上・船舶の取扱上の過失による貨物損害の免責）、火災免責（ただし、運送人自身の過失のある場合は有責）、発航時の船舶の堪航性保持義務という特色を有している。

　本条約においては、運送人の過失責任は維持しているけれども、航海過失免責の規定が存在しないところに、極めて重要な意味がある。火災免責についても、運送人の使用人の過失の場合には、運送人は有責とされることから、国際海上物品運送法上の火災免責とはその意味するところが異なる。さらに、船舶の堪航性保持義務については、発航時だけでなく、航海中の保持義務（継続的義務）を認める点において、国際海上物品運送法の規定とは異なる。つまり、運送人の責任につき、重要な変更が加えられたのである。

　荷主の立場から、いわゆるカーゴクレームに関する運送人の責任につき、本条約がどのような規律を行っているのか、国際海上物品運送法とどのような違いがあるのか、さらに、荷主と運送人との関係につき、本条約に定めのない問題には、運送契約において合意された国の法律が準拠法として適用されることになるのである。その場合、どのような問題について、運送契約の準拠法が適用されるのかを検討する必要がある。

III 運送人および船主に対する請求

【設例1】 荷送人は、運送人との間で、貨物を海上運送する旨の契約を締結し、運送人は、貨物を受取り、船舶に船積みし、荷送人に対して、船荷証券を発行した。船荷証券には、日本法を準拠法とする条項および下請運送人も運送人の免責規定を援用することができる旨のヒマラヤ条項があった。船荷証券は裏書きされ、荷受人が受領した。船舶は、荷揚げ港に到着する直前、荒天に遭遇し、船長の操船ミス、エンジントラブル（船舶の不堪航）等があり、座礁し、船舶および貨物は全損となった。運送人は、本船を、船主から定期傭船していた。

1 国際海上物品運送法が適用される場合

(1) 運送人に対する請求

ア 請求原因は、船荷証券により証明される運送契約上の債務不履行に基づく損害賠償請求である。

その要件事実は次の通りである[2]。すなわち、①荷送人と運送人間の契約の成立、②それに基づく貨物の運送人への引渡、③運送人保管中の貨物の滅失、損傷の発生、④荷受人が船荷証券の正当な所持人であること、である。

ただし、後述するが、損害の原因が、船舶の発航時の不堪航性を理由とする場合には、不堪航を請求原因と挙げるべきとの説がある（東京地裁平

---

[2] 藤田友敬「統一条約の受容と国内的変容——国際海上物品運送法を例として」関俊彦先生古稀記念『変革期の企業法』（商事法務、2011）383頁注(12)は、「運送品の滅失、損傷に関する運送人の責任についての請求原因は、国際海上物品運送法には規定されておらず、国際海上物品運送法の適用のない運送契約と同様に考えるべきである」とし、具体的には、次の要件を挙げて論じている。

　「原告である荷受人・船荷証券所持人としては、①運送契約の存在および②運送人による物品の受取りから荷受人への引渡しまでの間に物品が滅失・損傷したこと（あるいはこれらの原因が生じたこと）を主張立証すれば足り、これに対して債務者である運送人の側が、注意義務を尽くしたことを抗弁として主張立証することになる。……この点は、諸外国においても異論がなく、その後の海上物品運送条約においては明文で定められているところである。」

成22年2月16日判決（ジャイアント・ステップ号事件)[3]）。

　イ　設例1の事実認定における争点は、何が損害の原因であるかである。原因の違いによって、運送人の責任の有無が決まることになる。そこで、国際海上物品運送法の運送人の義務を定める規定を見ておく。

　法3条1項は、運送人に、運送品に関する注意義務を定める。一方、法3条2項は、船長および船員の操船上（および船舶の取扱上）の過失による貨物損害については、運送人は、免責される旨定める。火災について、原則免責である。ただし、火災が、運送人自身の過失による場合は有責である。

　法4条は、各免責事由を示して、運送人の無過失立証を容易にする規定である。荒天遭遇は、おそらく、最も運送人が主張する免責事由であろう。

　法5条は、運送人に、発航時の堪航性保持義務を定める。堪航性に関する立証責任は、請求権者にあると解される。前掲東京地裁平成22年2月16日判決（ジャイアント・ステップ号事件）によると、原告において損害

---

[3] 判タ1327号232頁以下。その評釈として、笹岡愛美「国際海上物品運送法20条の2第1項にいう『荷受人』の意義――ジャイアントステップ号事件」法學研究84巻8号（2011）103頁がある。

　本件は、ジャイアント・ステップ号の座礁沈没事故により積載されていた鉄鉱石が海中に没して全損となり、運送人及び船主に対して、本船が発航時に堪航性を有していなかったことが原因であるとして損害賠償請求した事案である。

　裁判所は、事故原因について、本船の船長が荒天避難の措置を適切に採らなかったために、損害が発生したものであり、本船は、本件発航時においては、堪航能力を有していたと判示した。

　裁判所は、国際海上物品運送法5条1項の堪航能力担保義務違反による債務不履行に基づく損害賠償請求については、「法5条1項及び2項の文理に照らして、運送品の損害が不堪航を含む同条1項各号のいずれかの事由によって生じたことは、運送人に対して損害賠償を求める者に証明責任があると解するのが相当である」と判示した。この判断は、学説上争いのあるところであったが、裁判所として今まで、明確な判断を示したものは見当たらなかった。したがってこの判決が、堪航能力保持義務に関する裁判所の新判断である。

　さらに、本判決は、法3条1項の運送品に関する注意義務違反による債務不履行に基づく損害賠償請求について、上記の通り本件事故は、本船船長の荒天避難措置の遅れを原因とするものであり、船長の荒天避難措置は、船長の航行に関する行為に当たるから法3条2項に定めるいわゆる航海過失免責の規定が適用されることとなり、運送人は、損害賠償責任を免れると判示した。日本の判例上、航海過失免責が認められた初めての事案ではないかと思われる。

が発航時の不堪航によることを立証しなくてはならない。
　ウ　設例1へのあてはめ（運送人に対する損害賠償請求）
　荷受人は、正当な船荷証券の所持人として、損害賠償請求権がある（訴権の問題）。遅延損害金は、商法上年利率6％である。
　まず、本件事故の原因が、船長の操船上の過失である場合（法3条2項）、運送人は免責される。次に、本件事故の原因が、発航時の船舶の不堪航性であり、その点につき、運送人に過失があった場合には、運送人は有責となる。ただし、発航時の不堪航について無過失であることの立証責任は運送人にある。

(2) 船主に対する損害賠償請求
　ア　請求の原因
　準拠法上定められる不法行為に基づく損害賠償請求権である。
　その要件事実は次の通りである。すなわち、①船主の貨物保管中の過失行為、②上記過失による貨物の減失又は損傷、③荷主所有貨物の所有権侵害あるいは荷主の経済的損害の発生（訴権）[4]、である。
　遅延損害金は、年利率5％である。
　本件事故の原因が、船長の操船上の過失である場合、船長は、船主の法定代理人であるから、商法690条により船主には損害賠償責任が発生する。
　イ　ヒマラヤ条項
　しかし、船主は、抗弁として、運送契約上のヒマラヤ条項を援用して免責を主張することになる。国際海上物品運送法20条の2第2項に定める法定ヒマラヤ条項は、運送人の使用する者のみが、同法に定める免責規定を援用することができる。したがって、船主のような独立の下請運送人に免責規定の援用を認めるためには、船荷証券のヒマラヤ条項が必要となる。ただし、そもそもこのような船荷証券のヒマラヤ条項が有効か無効かは争いがある[5]。

---

[4]　英国法では、不法行為に基づく請求の場合貨物の所有権侵害が、その要件とされる。*Aliakmon* 事件 英国貴族院判決、[1986] 2 Lloyd's Rep. 1.
[5]　東京地判平成6・5・24金法1400号104頁。

ヒマラヤ条項に基づき、免責規定の援用が認められる場合には、船主は不法行為に基づく損害賠償義務につき免責される。

　ウ　設例1へのあてはめ

　設例1において、実務上、荷主は、運送人だけでなく、船主に対しても損害賠償請求する事案は少なくない。その場合、船主は、船荷証券上のヒマラヤ条項に頼ることになる。一方、荷受人は、運送人に対しては、債務不履行に基づく損害賠償請求のため、運送人の過失を自ら立証する必要がない。しかしながら、荷受人は、船主に対する請求について、不法行為を理由とするため、船主の過失行為を自らが立証する責任を負わされている上に、元請運送契約上のヒマラヤ条項により運送人の利用する免責規定を援用されてしまうことになる。

　荷主の船主に対する不法行為に基づく請求の場合の立証責任は、運送人に対する契約上の請求の場合の立証責任と同じにすべきである。また船主の責任の範囲は、運送人の責任の範囲と原則一致させるべきであり、そのために契約上のヒマラヤ条項ではなく、条約上の法定ヒマラヤ条項が規定されることは、公平の観点から望ましいと考える。

2　ロッテルダム条約が適用される場合

(1)　運送人に対する損害賠償請求

　ア　請求の原因

　運送人に対する請求については、荷送人と運送人との間において締結された運送契約上の債務不履行に基づく損害賠償請求権である。

　請求の原因事実は、次の通りである。すなわち、①荷送人と運送人間の契約の成立、②それに基づく貨物の運送人への引渡、③運送人保管中の貨物の損失、損傷の発生、④荷受人が船荷証券の正当な所持人であること、である。

　本条約は、運送人の責任原因および立証責任等については、国際海上物品運送法と異なる規定を設けている。本条約は、運送人の義務、責任期間、航海に適用される具体的義務、責任原因および立証責任を明記している（本条約11条ないし14条参照のこと）。

イ　継続的堪航性保持義務

国際海上物品運送法と異なる本条約 14 条には、注意を要する。

14 条は、航海に適用される具体的義務を定める。国際海上物品運送法 5 条は、発航時の船舶の堪航性を保持する義務を定める。本条約は、発航時だけではなく、航海中もその義務を課すものであり、今までの国際海上物品運送法上の義務に重大な変更を加えたものである。従来、船舶のハッチコーミングからの浸水事故に関して、事故発生時の船舶の不堪航が問題となる事案にあっては、その原因が、発航時の船舶の堪航性に問題があったことが、裁判所によって認定される場合にのみ、運送人に対する請求が認められた。しかし、本条約では、航海中の事故発生時に船舶が不堪航であり、それが損害の原因である場合には、運送人の責任が認められる。ただし、不堪航につき、運送人が無過失であった場合には、運送人の責任は認められない。無過失の立証命題の対象となる時期が、発航時の不堪航と事故時の不堪航では異なることに注意すべきである。

ウ　運送人の責任原因と立証責任

17 条は、運送人の責任原因と立証責任を詳細に規定するものであり、本条約の最も重要な規定の 1 つである。

㋐　17 条 1 項

17 条 1 項は、運送人の貨物の保管中に、貨物に損傷が発生したことを請求者が証明した時に、運送人の責任が発生すると定める。つまり、請求原因およびその立証責任を規定したものである。

㋑　17 条 2 項（運送人の過失の不存在の立証責任）

17 条 2 項は、貨物の滅失、損傷又は延着の原因または原因の 1 つが自己または 18 条に規定するいずれの者の過失に帰しえないことを証明した時は、本条 1 項による責任の全部または一部を免れると規定する。

これは、運送人に無過失の立証責任を負担させる規定である。国際海上物品運送法上、運送契約の債務不履行に基づく損害賠償請求については、運送人に無過失の立証責任が課されていることに照らすと、この規定は、日本法と同一の考えであることがわかる。日本法においては、不法行為に基づく損害賠償請求につき、不法行為者の過失の立証責任は請求者にある。後述する海事履行者に対する請求につき、19 条に基づき、17 条 1 項が

適用されることになるため、海事履行者者に対する請求については、180度立証責任が転換されたことになる。

　注目すべきは、17条2項の要件として、「滅失、損傷又は延着の原因または原因の一部」が、何であるかを、運送人が証明することが必要であることである。つまり、運送人は、損害の原因を特定した上で、自らの無過失の立証、つまり、注意義務を尽くしていたことを証明することが必要である。

　㈦　17条3項（運送人無過失推定事象）

　長年にわたり世界的に受け入れられた免責事由（不可抗力）等がリストになって定められていることは、関連する海運業、保険業の人々にとって1つの指針を与える意味で、有意義である。その趣旨から、3項は、運送人に対して、2項の貨物の滅失、損傷の原因の証明に代えて、天災等15の事象のうち、1つまたは複数の事象が滅失、損傷または延着の原因になったまたはそれに寄与したことを証明したときも、本条1項の規定による責任の全部または一部を免れると定める。いずれもそれ自体においては運送人に過失がない事象である。なお、後述の通り、4項(a)は、これらの事由の発生につき、運送人の過失が原因であることを請求者が証明した時には、運送人に責任があると定める。

　免責事由につき、国際海上物品運送法との比較において注目すべき点が、2つある。

　①　航海過失免責の廃止

　まず、長年運送人にとって最大の防御方法の1つであった航海過失免責の規定が存在しないことである。近年のめざましい通信事情の進展を考慮すると、もはや、これは不要な免責規定であろう。陸上運送、航空運送においても、トラック運転手、機長の操作上の過失による貨物損害の発生につき、運送人を免責とするような、航海過失免責と同趣旨の規定は存在しない。

　②　火災免責の変容

　国際海上物品運送法に定める火災免責は、船長および船員の過失による火災の発生につき、運送人の免責を定めるものであり、その限りで、上記の航海過失免責と同様な効果があった。国際海上物品運送法上、運送人自

身に火災の発生につき過失がある時は、運送人有責とされた。本条約17条4項により、船長あるいは、船員の過失による火災は、運送人有責とされるのである。

　㈐　17条4項について——3項の運送人無過失推定事象に対する反証1・2

運送人は、次の場合に責任を負う。

　(a)　請求者が、運送人の過失が、3項の運送人無過失推定事象の原因となったまたはそれに寄与したことを証明したとき

　　これは、3項の運送人無過失推定事象発生の原因につき、請求者が、直接、運送人の過失を立証した場合である。

　(b)　請求者が、3項の運送人無過失推定事象以外の事象が滅失、損傷または遅延に寄与したことを証明したとき、ただし、運送人が、当該事象につき、無過失を証明した時はこの限りではない[6]。

　㈑　17条5項堪航性保持義務——3項の運送人無過失推定事象に対する反証3

航海中に発生する損害について3項の運送人無過失推定事象の主張に対する3つめの反証の定めがある。

請求者が、滅失、損傷あるいは遅延が、船舶の不堪航から、おそらく生じたことを証明した場合である。つまり、運送人による荒天遭遇、あるいは火災免責の主張に対する反証となる。

この点、立証の程度が、他の規定と異なる点に注目すべきである。すなわち、請求者の船舶の不堪航の主張に対して、運送人は、①船舶の不堪航が、損害の原因ではないこと（因果関係の不存在）あるいは②船舶の堪航性保持義務につき、運送人は、注意義務を尽くしたことを主張、立証することになる。

なお、運送人の責任が認められた場合であっても、その責任は、次の3つの場合に制限される。①一部免責（17条6項）、②賠償に関する責任制

---

[6] これは、3項の運送人無過失推定事象以外の事象、つまり他原因が存在することである。因果関係の問題である。例として、ALEXANDER VON ZIEGLER, JOHAN SCHELIN, STEFANO ZUNARELLI, THE ROTTERDAM RULES 2008, p.106 注83 では、火災の主張に対して、請求者が、損害の原因は、消火活動によるものではなく、火災の前の雨による濡れ損であることを証明した時とある。

限（22条）、③責任制限規定（59条以下）である。
　(カ)　17条6項（原因競合の場合の規定）
　運送人が責任の一部につき免責される場合、運送人は責任のある事象により生じた滅失、損傷または遅延についてのみ、責任を負う。
　エ　設例1へのあてはめ
　設例1の事案において、運送人は、まず、荒天遭遇による損害であると主張する。つまり運送人は、17条2項あるいは17条3項(b)号の運送人無過失推定事象の主張立証を行うことになる。
　本件損害の原因が、船長の操船の過失による場合には、国際海上物品運送法上の航海過失免責の規定に該当する規定が、本条約にはないため、船長の操船の過失は、運送人の過失を意味する。運送人が、荒天遭遇を主張した場合、請求者は、17条4項(b)号に基づき、本件貨物損害は、船長の操船により本船が座礁し、その結果、貨物に損害が生じたことを主張、立証する。これに対して、運送人が、操船につき、運送人および船長に過失のないことを立証できなければ、運送人は、有責となる。
　本件損害の原因が、エンジンの故障、つまり、事故時の船舶の不堪航である場合には、請求者は、17条5項(a)号に基づき、船舶の不堪航がおそらく損害の原因であろうことを証明する。ただし、運送人が、船舶の不堪航につき、注意義務を尽くしていたことを証明した時には免責される。
　以上は、運送人の責任原因についての主張、立証である。請求者は、本件運送契約が、本条約の適用される運送契約であることを主張、立証する必要がある。運送契約の準拠法上、訴権が自らにあることを主張、立証する必要がある。また遅延損害金の要件事実の主張、立証も必要である。損害の立証は、貨物の物理的な滅失、損傷または遅延である。貨物の到達地価格の主張、立証（22条）も必要である。準拠法上の問題ではあるが、訴権との関係では保険代位が問題となる。
　(2)　船主（海事履行者）に対する損害賠償請求
　ア　請求の原因
　船主に対する損害賠償請求は、準拠法上の不法行為に基づく損害賠償請求権を基礎として、本条約19条において創設された海事履行者の法定責任により修正された損害賠償請求であると解する。

請求の原因は、次の事項と解する。すなわち、①荷送人と運送人間の契約の成立、②運送契約が本条約の適用を受けること、③船主が海事履行者に該当すること、④締約国内で運送のため物品を受け取ったか、締約国内で物品を引き渡したか、または、締約国の港において物品に関する行為を行ったこと、⑤滅失、損傷の原因となった事象が、(i)船舶の船積港への物品の到着から船舶の荷揚港からの物品の搬出までの期間、(ii)海事履行者が物品を保管している時、または(iii)その他海事履行者が運送契約により想定される何らかの行為を行うことに関与している時に生じたとき、⑥貨物の損失、損傷の発生、⑦荷主所有貨物の所有権侵害あるいは荷主の経済的損害の発生、である。

イ　本条約19条の概要

本条約19条は、海事履行者に対して、運送人と同一の義務及び責任を負担させ、かつ、運送人の有する抗弁権の援用を認める規定である。今までの条約にはない新しい規定である。本条約の特徴の１つであり、実務に影響を与える可能性は大であると考える[7]。

従来、荷主の船主に対する不法行為に基づく損害賠償請求につき、運送契約上のヒマラヤ条項が適用されると、荷主にとっては不利な結果となる。下請運送人である船主は、荷主と元請運送人間の契約上の免責規定、責任制限規定を、何らの対価を支払うことなく、利用できることになる。荷主の運送人に対する運送契約上の債務不履行に基づく損害賠償請求については、運送人に無過失の立証責任があるにもかかわらず、荷主の船主に対する不法行為に基づく損害賠償請求につき、荷主に、船主の過失を立証する責任がある。ヒマラヤ条項が有効であるとすると、下請運送人である船主は、ヒマラヤ条項を利用することにより、荷主からの請求に対して運送人と比較して有利な立場に置かれていたことになる。

これに対して、本条約では、まず請求者の海事履行者に対する請求と請求者の運送人に対する請求は、原則として同一の内容となる。つまり、荷主の船主に対する損害賠償請求については、船主において、その無過失を

---

(7) Tomotaka Fujita, *Performing parties and Himalaya Protection,* Colloquium on the Rotterdam Rules September 21, 2009 参照のこと。

立証する必要がある。これにより、従来船主に対する損害賠償請求につき、その立証責任の問題があるために、躊躇を感じていた荷主が、本条約19条に基づき船主に対して請求する機会が増加するのではないかと予想される。

本条約20条は、条約の義務に違反した場合の損害賠償の額は、運送人あるいは、その下請運送人、その他の関係者に対して、荷送人、荷受人あるいはその他の者が請求しても同額であると定める。運送人側の責任を考えた場合、これは、バランスの取れた合理的規定と考える。

　ウ　海事履行者の責任原因規定につき個別に検討する
　　㋐　海事履行者該当性

海事履行者については、本条約1条7項に定義規定がある。船主が海事履行者に該当することには争いはない。しかし、どの範囲の者が該当するかは、議論がある。海事履行者は、本条約1条6項に定める履行者に該当する必要がある[8]。

　①　運送人以外の者　　本条約1条6項(a)号

運送人自身は、履行者には含まれない。独立の下請運送人は含まれる。

　②　運送人の義務を履行するあるいは履行を引き受ける者　　本条約1条6項(a)号

履行者は、自ら実際に運送人の義務を履行する者だけではなく、運送人の義務を引き受け、実際の履行を他の者に委託した者を含む。したがって、1つの運送に関して、複数の履行者が、同時に存在することになる。

　③　物品の受取、積込、取扱、積付、運送、保管、荷揚または引渡しに関しての運送契約上の何らかの運送人の義務

履行者となる独立の契約者は、貨物の取扱あるいは運送に直接に関係する運送人の義務を履行するか引き受けることが必要である。

したがって、海事履行者として、倉庫業者、ターミナルオペレーターらが、該当することは明らかであろう。さらに、下請運送人、タグボート、ステベ、艀業者等が含まれるであろう。

---

[8] Frank Smeele, *The Maritime performing party in the Rotterdam Rules 2009*, European Journal of Commercial Contract Law, 2010 1, p.72-86 参照のこと。

運送の履行または運送人あるいは海事履行者の貨物に関する義務の履行を単に補助するに過ぎず、自らは、運送人のこれらの義務を履行することのない者（たとえば、ポートパイロット）は、履行者から除かれる。また、運送契約上の運送人に課された他の義務、たとえば堪航性保持義務、書類を発行する義務を履行する者あるいは引き受ける者は履行者から除かれる。これらの義務は、貨物の取扱あるいは運送と、間接的な関係しかないからである。ただし、これらの者が、同時に貨物の取扱あるいは運送に直接に関係する運送人の義務を履行する場合、本条約1条6項の履行者に該当する場合があろう。

　(イ)　場所的関連性

本条約19条1項(a)号は、海事履行者が、締約国内において運送のため物品を受け取ったか、締約国内にて物品を引き渡したか、または、締約国の港において物品に関する行為をしたことを要件として定める。本条約5条1項の要件とは異なる。この関連性は、すべて海上運送に関係するものである。本条に定める受取場所及び引渡場所は、現実のものであり、合意されたところではない。

　(ウ)　滅失等の原因

本条約19条1項(b)号は、滅失、損傷または遅延の原因となった事象が、(i)船積港への物品の到着から荷揚港からの物品の搬出までの期間、(ii)海事履行者が物品を保管している時、または(iii)その他海事履行者が運送契約により想定される何らかの行為を行うことに関与している時に生じたとき、との要件を定める。

(i)については、海上運送期間における下請運送人が該当する。(ii)については、倉庫業者、ターミナルオペレーターが該当する。さらに、下請運送人はこれにも該当する。(iii)については、ステベが該当する。

荷主は、まず損害を発生させる原因となった事象が海事履行者の責任期間中に生じたことを立証しなくてはならない。次に、海事履行者は、損害の原因が自らおよびその使用者の過失によるものでないことを証明しなくてはならない。あるいは、本条約17条2項に定める運送人無過失推定事象によって生じたことを証明しなくてはならない。損害の原因を海事履行者が証明できない場合、同人は、有責となる。もし、海事履行者が、無過

失を反証できたとすると、次に、荷主は本条約17条4項、5項により海事履行者が、有責であることを証明しなくてはならない。海事履行者の責任期間が開始した時点において、貨物がSOUNDであったことの立証責任は、荷主にある。

エ 本条約上の運送人が存在することが海事履行者に対する請求の前提要件か否か

本条約20条は、運送人と海事履行者は、共同かつ各別の責任を負担すると定める。しかし、この規定を根拠にして、運送人の存在が、海事履行者に対する請求の前提要件となると解することは難しい。つまり、20条は通常の場合を定めたに過ぎないからである[9]。

海事履行者は、本条約上運送人に課された義務および責任を負担し、本条約に規定する運送人の抗弁および責任制限を援用することができるとの本条約19条1項の規定の文言から、海事履行者の責任を認める前提として運送人の責任が存在するものと推測できる。反対に、運送契約が条約の適用を受けないため、運送人が、条約上の運送人の義務および責任を負担しないような場合（条約上の運送人が存在しない場合）には、本条約19条は、適用されないと解される[10]。

たとえば、締約国にある船積港のステベの過失による貨物損害については、ステベは、海事履行者に該当するけれども、基本契約が、傭船契約であれば、19条が適用されないということになるのであろうか。しかし、その場合に、船主である運送人が船荷証券を発行し、それが、第三者に譲渡された場合には、その船荷証券の所持人は、運送人である船主に対して本

---

(9) BAATZ, DEBATTISTA, LORENZON, SERDY STANIL AND TSIMPLIS, THE ROTTERDAM RULES A PRACTICAL ANNOTATION, INFORMA LAW, 2009, p.64 には、「海事履行者は、19条の要件を満たす場合には、運送人の義務を負担するとともに、運送人のために免責規定、責任制限規定を援用することができることを考えると、運送人の責任が実在することが前提となると思われる」との記載がある。

(10) Richard Williams 教授は、*The Rotterdam Rules: Winners and loser*, The Journal of International Maritime Law, vol.16, p.196（2010）において、「荷主と運送人との間の基本契約が傭船契約あるいはCOAの場合、海事履行者の権利と義務に関する本条約の規定は適用されない。その理由は、19条及び20条は、運送人のために下請契約者として履行を行う者に、運送人と同じ責任を負担させ、その代わり、運送人の有する抗弁等を援用できるとしたからである」と説明する。

条約17条に基づく請求が、ステベに対して本条約19条に基づく請求ができると解されよう（本条約7条）。

オ　設例1へのあてはめ

船主は、海事履行者である。本条約19条1項(a)号および(b)号の要件を満たせば、運送人と同じ義務と責任を負担する。不法行為の一般的要件と異なり、荷主が、海事履行者の貨物保管中の過失行為による損害の発生を最初に主張立証をする必要はない。ただし、訴権の問題は準拠法によって判断される。遅延損害金の問題も同様である。運送人と海事履行者との求償関係については、条約に規定はない。本条約20条は、個別かつ連帯責任と定めるのみである。

Ⅳ　個別問題

1　誰が請求権者か（Title to Sue の問題）

誰が、貨物損害につき、損害賠償請求権を運送人あるいは海事履行者に対して請求する権利があるかという問題である。

運送契約上の損害賠償請求権は、運送契約の当事者である荷送人が、運送人に対して行使できるはずである。しかし、船荷証券が発行されている場合、あるいは、荷受人が貨物を受領している場合には、荷送人ではなく、船荷証券所持人あるいは荷受人が、損害賠償請求することに利害を有する場合が多いのである。

英国では、従来1855年船荷証券法が船荷証券と貨物の所有権の移転の関連性を要件として、船荷証券所持人に対して、訴権を認めていた。その後 Carriage of Goods by Sea Act 1992 により、正当な船荷証券所持人に訴権を認めた。

わが国においても、船荷証券の正当な所持人には、運送人に対する損害賠償請求権が認められる。しかし、単なる運送状が発行された場合には、それが有価証券ではないとの理由から、運送状記載の荷受人というだけでは、訴権が認められない。商法583条1項により貨物が荷揚げ港に到着したことにより、損害賠償請求権が認められることになる。

船主に対する不法行為請求については、船主は、海事履行者に該当する

場合には、本条約19条に基づき、本条約が定める運送人と同じ責任を負い、かつ、運送人の抗弁および責任制限を援用することができることは前述の通りである。しかし、英国法上、訴権については、不法行為の場合、貨物の所有者が、自らの損害につき、損害賠償請求できるのである[11]。しかし、単なる経済的損失を被った荷受人が、不法行為を理由に、船主に請求することは認められていない。

訴権の問題は、UNCITRALでも取り上げられたが、最終段階においては採用されなかった。条約の起草過程において、訴権に関する条文案は削除された。訴権の問題は、準拠法に委ねられたのである。なお、本条約57条は、訴権の問題を扱った条文ではない[12]。

2 費用損害の請求

【設例2】 荷送人は、運送人との間で、貨物を海上運送する旨の契約を締結し、貨物を受取り、船舶に船積みし、荷送人に対して、船荷証券を発行した。船荷証券には、日本法を準拠法とする条項および下請運送人も運送人の免責規定を援用することができる旨のヒマラヤ条項があった。船荷証券は、裏書きされ、荷受人が受領した。船舶は、荷揚げ港に到着する直前、荒天に遭遇し、船長の操船ミス、船舶の不堪航等があり、座礁した。その後海難救助業者により、船舶および貨物は救助された。荷受人は、救助業者に対して海難救助料を支払った。運送人は、本船を、船主から定期傭船していた。

海難救助料を支払った荷受人は、運送人及び船主に対して海難救助料相当額を損害賠償請求できるかが問題となる[13]。

(1) 国際海上物品運送法

国際海上物品運送法上、荷主が海難救助者に対して支払った海難救助料を、運送人に対して、運送契約上の債務不履行を理由に請求することができるかが問題となる。

---

(11) 前掲注(4)参照のこと。
(12) UNCITRAL第3作業部会における第18会期（2006年11月6日乃至17日）にて、日本政府から提出された報告書（A/CN.9/WG.III/EP.76）に、訴権の問題が詳細に述べられている。

国際海上物品運送法3条および5条の条文を見ると、運送品の滅失、損傷についての損害と規定しているため、上記費用損害が、法3条および5条の損害に該当するかが問題となる。海難救助料は、運送人の債務不履行により荷主に生じた費用損害であることは明らかであるから運送人に責任があると解することになろうが、果たしてこの条文に該当するかが問題となる。

　東京地裁平成23年7月15日判決は、海難救助料について、法5条にいう、運送品の滅失、損傷についての損害に該当することを認めた。これは、日本の裁判所の新判断である[14]。

　しかしながら、法5条の損害に該当することを理由に、運送人の責任を認めたとしても、国際海上物品運送法上の責任制限に、この費用損害が服するかがさらに問題となる。責任制限規定は、本来運送品の物理的滅失、損傷の場合につき、規定されていると考えるからである。

　船主に対して、費用損害を請求できるかは、不法行為に基づく損害賠償請求の準拠法による。仮にその準拠法が日本法とされた場合には、請求することは可能であろう。

---

(13) そもそも、貨物の海上運送に関する荷主と運送人間の法律関係として問題となるのは、次の3つである。
　① 貨物について物理的な滅失、損傷が発生した場合、荷主は運送人に対して運送契約上の債務不履行に基づく損害賠償請求を行う。ヘーグ・ヴィスビー・ルールズの主な目的は、この問題に対する運送人の責任を規律することである。
　② 船舶と貨物が海難に遭遇し、海難救助者が、船舶及び貨物を救助した場合、荷主は海難救助者に対して、海難救助料を支払うことになる。海難の原因が、運送人の運送契約上の債務不履行であった場合、荷主は、自分が海難救助者に対して支払った海難救助料を、運送人に対して、運送契約上の債務不履行を理由に、損害賠償請求することになる。この問題が、本稿にて扱われているのである。ヘーグ・ヴィスビー・ルールズが、この問題を意識して策定されたものとは思えない。本条約の作業部会においても、この問題が、議論されたとする公式の記録はないようである。
　③ 共同海損の場合、船主が荷主に対して共同海損分担金請求を行う場合、海難の原因につき、船主の過失が存在する場合には、荷主の抗弁として、荷主は、船主に対して、共同海損分担金の支払いを拒むことができる。これはヨーク・アントワープ規則におけるいわゆるRule D defenseと言われるものである。

(14) 判タ1384号270頁。

(2) ロッテルダム・ルールズ

本条約17条1項の文言は、「請求者が、……物品の滅失、損傷若しくは遅延又はそれらの原因となった若しくは、それらに寄与した事象が生じたことを証明したときは、運送人は、当該滅失、損傷又は延着について責任を負う。」とある。

ここで問題となっている海難救助料に関する運送人に対する請求は、文言上は、17条1項には該当しないと思われる。

しかしながら、本条約13条に定める運送人の注意義務、あるいは14条に定める航海に適用される具体的義務に、違反した運送人の行為によって、荷主が、海難救助料の支出を余儀なくされたことは明らかであろう。従って、本条約上、運送人には、賠償責任が発生すると解する。

本条約59条1項は、本条約に基づく義務の違反に対する運送人の責任は、1梱包もしくは1船積単位につき875計算単位または請求もしくは紛争の対象となっている物品の総重量1キログラムにつき3計算単位のいずれか高い方の額を限度とすると定める。本条項は、文言上「本条約に基づく義務の違反に対する運送人の責任」について、規定しており、本条約13条あるいは14条の義務に違反した運送人の責任について、適用があるようにも見える。これは、本条約59条1項の解釈の問題となろう。

海事履行者に対して、費用損害を請求できるかは問題である。まず、費用損害につき、不法行為を理由に船主に請求できるかどうかが問題となる。これは、本条約の問題ではなく準拠法上の問題である。準拠法上不法行為に基づく損害賠償として、費用損害が認められる場合には、海事履行者に対する請求が認められるであろう。

V 結 論

1 運送人の権利義務に関して、国際海上物品運送法上認められた航海過失免責の規定を廃止し、火災免責についても、船長あるいは船員に過失がある場合に、運送人が有責となる点が、本条約の特徴であり、荷主にとって、有利な方向での変更である。

2 本条約17条は、運送人の責任に関する立証責任を詳細に規定してい

る。これは国際海上物品運送法が、単純に運送人の権利義務を定めた法律であることからすると、異なる事項を定めたことになる。実務上の利便性は増すことになり、運送人および荷主双方にとって、有意義な規定である。本条約に立証責任に関する規定を置くことは、異なる法廷地において、同じ結論が出ることにつき、その予測可能性を高めるものである。本条約の先進性を示すものと評価できる。

3 法定ヒマラヤ条項の適用範囲を広げたことおよび海事履行者の責任を創設したことは、本条約の特徴である。船主にとっては、条約上のヒマラヤ条項によって、保護されることになる。一方荷主にとっては、従来不法行為に基づく損害賠償を行う場合、船主の過失につき、荷主に立証責任があったものが、海事履行者に対する請求においては、原則として、荷主に船主の過失の立証責任を負担させないことになり、荷主の、実務上の負担が軽減されたことである。また、運送の履行行為を具体的に分担する関係者について、同じ責任を負担し、同じ権利を有する責任体系を構築できたことは、公平性の観点からも支持できる。

4 ただし、本条約に定める範囲と準拠法によって規律される範囲を明確に峻別する必要はある。つまり、訴権問題、遅延損害金の問題等は、準拠法の問題として残る。

13 フレイト・フォワーダーから見たロッテルダム・ルールズ

山口修司

I 緒論

　フレイト・フォワーダーは、荷主と運送契約を締結して、陸海空のうち最適な運送方法を利用し、貨物の集荷から配達までの一貫したサービスである利用運送事業を行う運送業者である。

　海上輸送を含む複合輸送においては、荷送人に対し House B/L と呼ばれる船荷証券を発行して運送契約を締結し、実運送人に対しその運送を再委託し、実運送人からは Mater B/L と呼ばれる船荷証券の発行を受ける。そのため、荷送人に対しては運送人であるが、一方、実運送人に対しては荷送人であるという2つの立場を有することになる。

　そのため、フレイト・フォワーダーは、荷主の顔と運送人の顔と2つの顔を持つ存在である。ロッテルダム・ルールズでは、運送人の責任および荷送人の責任が法定され、発効すれば、フレイト・フォワーダーの法的地位に大きな影響を与えることになる。

　ここでは、運送人としての立場でどのような影響を受けるのか。荷主の立場でいかなる影響を受けるのかを検討する。

II 運送人としてのフレイト・フォワーダー

1 運送人の義務と責任

　条約1条5項は「運送人」とは、荷送人と運送契約を締結している者をいうと規定している。

そのため、House B/L を発行するフレイト・フォワーダーは、ロッテルダム・ルールズ上運送人である。

そのため、フレイト・フォワーダーは、第4章、第5章および第12章に規定されている運送人の義務を負うことになる。

すなわち、運送人の責任期間（12条）は、貨物の受取りから引渡しまでであり、物品を適切かつ注意して、受取り、積込み、荷扱いし、保管し、運送し、保持し、注意を払い、荷下ろししかつ引き渡す責務を負い（13条）、海上航海開始前および航海中において、船舶を航海に堪える状態におきかつそれを維持する堪航能力担保責任を負う（14条）。また、貨物の滅失、毀損が運送人の責任範囲であることが立証されたときは、運送人は貨物の滅失毀損について有責とされる（17条1項）。なお、17条3項に規定される免責事項を立証すれば責任を免れるが、運送人に過失がある時は有責である（4項）。

ロッテルダム・ルールズでは、航海過失免責がなくなり、火災においても、運送人に過失ある限り責任を負うことになり、フレイト・フォワーダーは運送人として、Hague-Visby Rules のときに比べて極めて重い責任を負う。

なお、運送人の責任の限度は、1包または積荷単位あたり875SDRまたは物品の総重量のキログラムあたり3SDRで計算した金額のいずれか高い方に制限される（59条）。

2　実運送人に対する求償

（1）　船積港から荷揚港までの間の運送人の義務を履行し、履行を引き受けた当事者である海事履行当事者（maritime performing party）、すなわち実運送人および実履行者は、契約運送人と連帯責任を負う（19条、20条）ため、契約運送人だけでなく実運送人も直接荷主に対し責任を負う。そのため、荷主が実運送人のみを相手として損害賠償請求を行えば、フレイト・フォワーダーは、事実上責任を免れる可能性がある。

しかし、荷主が契約運送人のみに損害賠償請求してくる場合もある。そのような場合は、下請けである実運送人に対する求償請求を行うことになる。

(2) 求償請求についての提訴期限については、ロッテルダム・ルールズ上特別規定がある。62条は、提訴期間を2年と定めている。しかし、求償の訴えについては、64条において特別規定を設けている。

「有責とされた者による求償の訴えは、その訴えが次の期日までに提起されるときは、62条に規定された期間の失効後においても、提起することができる。
a) 訴訟が提起される法廷地で適用される法により認められた期間または
b) 求償の訴えを提起する者が、請求を和解解決した日または訴状の送達を受けた日のいずれか早い日から90日」

現行の国際海上物品運送法14条3項は、裁判上の請求をされた日から3ヶ月以内に提起すればよいことを定めている。

ロッテルダム・ルールズは、これをさらに延長したことになる。現行法においては、契約運送人であるフレイト・フォワーダーが訴えられた日から提訴延長期間がカウントされている。しかし、通常提訴されたことは被告にはわからない。また、訴え提起から、訴状送達まで、通常1-2ヵ月かかり、訴状が送達されたときには残期間がわずかであったり、場合によっては提訴延長期間が経過した後に送達される可能性も存在した。しかし、訴状送達後90日と提訴期間が延長されたことにより、フレイト・フォワーダーとしては求償訴訟を提起しやすくなったことは間違いがない。

(3) 管轄問題について、ロッテルダム・ルールズでは、第14章において裁判管轄が規定されている。66条によれば、運送人であるフレイト・フォワーダーは、(i)運送人の本拠、(ii)受取地、(iii)引渡地、(iv)最初の船積港または最後の荷揚港および合意管轄地に訴えを提起される。しかし、求償相手方である実運送人には、実運送人の本拠地、受取地、引渡地、船積港、荷揚港、合意管轄地で訴えることになる。たとえば、フレイト・フォワーダーが、埼玉で受け取り、東京港から船積みし、ロッテルダム港で荷揚げし、デュッセルドルフで引き渡した場合、デュッセルドルフでフレイト・フォワーダーは訴えられる可能性があるが、東京からロッテルダムまでの運送を行った実運送人に対し、デュッセルドルフで求償訴訟を提起することはできない。

しかも「管轄を定める第14章は、特に拘束される旨を宣言する国のみ

を拘束する」(74条)ため、締約国のすべてに適用される訳ではない。むしろ、ほとんどの締約国がこの第14章の適用を希望しないものと推定される。そのため、ロッテルダム・ルールズが発効しても、現在と同様に船荷証券裏面約款の裁判管轄約款が有効とされ、フレイト・フォワーダーの合意管轄条項と実運送人の合意管轄条項が相違すれば、元になる損害賠償請求訴訟と求償訴訟の管轄地が異なることになる。

(4) フレイト・フォワーダーの求償において、最大の問題は、フレイト・フォワーダーがロッテルダム・ルールズの適用を受けるが、実運送人がロッテルダムルールズの適用を受けない場合が存在することである。

条約5条1項は次の通り規定する。

本条約は運送契約で次のうち1つでも締約国にあれば、受取地と引渡地が互いに異なった国にあり、かつ、海上運送の船積港と荷揚港が互いに異なった国にある運送契約に適用する。

(i)受取地
(ii)船積港
(iii)引渡地
(iv)荷揚港

運送品がA国で受け取られ、B国で船積みされ、C国で荷揚げされ、D国で引き渡され、D国だけがロッテルダム・ルールズの締約国である場合、フレイト・フォワーダーの運送証券House B/LはA国からD国までの全運送過程をカバーしているが、実運送人の運送証券Master B/LはB国からC国までの海上運送だけしかカバーしていないという事例を考えてみる。なおB国はヘーグ・ヴィスビー・ルールズの締約国とする。この事例においては、フレイト・フォワーダーにとって引渡地であるD国が締約国であるため、フレイト・フォワーダーの運送証券にはロッテルダム・ルールズが適用になるが、実運送人の運送証券の受取地および船積港のB国、荷揚港および引渡地のC国のいずれもがロッテルダム・ルールズの締約国ではなく、船積港のB国がヘーグ・ヴィスビー・ルールズ締約国であるため、ヘーグ・ヴィスビー・ルールズが適用されることになる。

この事例においては、ロッテルダム・ルールズ運送人であるフレイト・フォワーダーは、航海過失免責ではないが、ヘーグ・ヴィスビー・ルールズ運送人である実運送人からは航海過失免責の対抗を受けることになる。

また責任制限についても、フレイト・フォワーダーは、1包あたり875SDRあるいは物品総重量の1kgあたり3SDRで計算した金額のいずれか高い方を支払わなければならないが、実運送人からは1包あたり666.67SDRまたは物品総重量の1kgあたり2SDRで計算した金額のいずれか高い方しか回収できない。

そして、出訴期限については、フレイト・フォワーダーは2年であるが、求償の場合、実運送人に対する期限は1年である。そのため、フレイト・フォワーダーが請求を受けた段階で、実運送人に対する求償のための出訴期限が経過し、求償できなくなっているということもありうるのである。

その意味で、ロッテルダム・ルールズの締約国と、ヘーグ・ヴィスビー・ルールズの締約国が併存するような場合は、フレイト・フォワーダーは予想外の責任を負うことになる可能性がある。

そのため、上記のような事例とならない方針をきめ細かく行うことが必要である。すなわち上記事例においては、D国までの運送証券を発行せず、引渡地をC国として運送証券を発行すべきである。

(5) Volume Contractとフレイト・フォワーダー

ロッテルダム・ルールズ80条は、Volume Contractについて規定している。

1項は「79条にかかわらず、運送人と荷送人間においては、本条約が適用されるVolume Contractは、本条約により課せられるよりも権利義務及び責任を増減して定めることができる。」と定める。

Volume Contractとは、合意された期間内に一連の積荷としての物品の特定数量の運送を定める契約をいう。数量特定には最小最大もしくは一定の範囲を定めることができる（1条2項）。

フレイト・フォワーダーが顧客から大量の貨物の運送を一定期間にわたって引き受けるときに、このVolume Contractの締結を要求され、その結果、運送人に認められた免責、責任制限、提訴期限などの利益を放棄な

いし制限する内容の契約を締結させられた場合、フレイト・フォワーダーは荷主に対して負う責任を実運送人に対しそのまま求償できないことになる。

逆に、実運送人との契約で、実運送人がフレイト・フォワーダーから大量の荷物を運送するスペースを供給することを条件に、実運送人の責任を免責したり、低額の責任制限額を定めた Volume Contract を締結したときは、荷主からロッテルダム・ルールズに基づく請求を受けたとしても、実運送人に対しては Volume Contract で定められた責任の範囲しか追及できないことになる。

フレイト・フォワーダーが Volume Contract を締結する際には、特に注意を要する。

Ⅲ　荷送人としてのフレイト・フォワーダー

1　ロッテルダム・ルールズ1条8項は「荷送人」とは運送人と運送契約を締結する者をいうと規定する。フレイト・フォワーダーは実運送人と運送契約を締結するものであるから、実運送人に対しては荷送人の立場となる。

2　ロッテルダム・ルールズ第7章が運送人に対する荷送人の義務を規定している。その中でもっとも重要な規定は、危険物に関する特則について定める32条である。

32条は次の通り規定する。

「物品が、その性質特性により、人又は財物又は環境に対して危険であるときには、
a)　荷送人は、運送人又は履行当事者に物品が引き渡される前に、時宜にかなった方法で物品の危険な性質又は特性を運送人に通知するものとする。荷送人が通知を怠り、運送人又は履行当事者が物品の危険な性質又は特性を知らない場合、荷送人は、通知の欠缺の結果である損失損傷について、運送人に対し有責である。
b)　荷送人は、物品の意図された運送のいかなる段階に適用される法律、規則又はその他官公庁の要求に従って危険物マーク又はラベルを貼付するもの

とする。荷送人が貼付を怠ったときは荷送人はその欠缺から発生する損失損傷について運送人に対して有責である」。

また、この規定による荷送人の責任は無過失責任とされている（30条2項）。

すなわち、フレイト・フォワーダーは、貨物に関し実荷主の申告以上の情報を持っていないが、実運送人に委託した荷物が実際危険物であった場合には、危険物であると知らなかった場合にも、運送人に対して無過失責任を負うことになる。少なくとも国連危険物輸送規則に規定する危険物は、通知しなければ、責任を負うことになる。

たとえば、実運送人に委託した貨物が国連危険物輸送規則に規定される貨物であり、フレイト・フォワーダーがそのことを知らず、告知を怠り、その結果貨物が爆発あるいは発火して、運送人に損害を与えた場合、フレイト・フォワーダーは実運送人に対しその損害を賠償しなければならない。

もちろん、その損害賠償を受けた損害を、フレイト・フォワーダーのHouse B/L上の荷送人に求償することは同じ条文に基づいて可能である。しかし、荷主が無資力のときは、損害はフレイト・フォワーダーが責任を負わなければならない。

なお、爆発または火災によって、他の貨物に発生した損害については、爆発または火災に故意または過失がない限り、フレイト・フォワーダーは賠償責任を負わない。

一方、実荷主から危険物の申告を受けていながら、実運送人に対する申告を怠ったときは、フレイト・フォワーダーのみが大きな責任を負担せざるをえなくなるので、注意を要する。

3 また、31条1項によって、荷送人は、運送契約明細情報を提供することになっており、同条2項でその提供情報の正確性を保証し、その情報の間違いから発生する損害に対し、運送人に対して補償しなければならない。この責任も無過失責任とされる。そのため、フレイト・フォワーダーは、運送契約明細情報について、荷送人から提供された情報に間違いがないか十分確認する必要がある。なぜなら実運送人からは、契約明細情報の誤りについて、過失がなくても損害賠償責任を追及されることになるから

である。

4 27条3項は「コンテナが荷送人により詰め込まれ又は車輌が荷送人によって積まれるときは、荷送人はコンテナ又は車輌の中又は上の内容物を適切且つ注意深く積み付け縄がけ固定するものとし、且つ物品が人又は財産に加害しないような方法でそれを行うものとする」と定める。コンテナ貨物については、安全なラッシングおよび積付けを行ったコンテナを引き渡す義務がある。

コンテナ内の積付け不良のため、船舶および他の貨物に損害が発生した場合、荷送人であるフレイト・フォワーダーは責任を負うか。

この義務は30条において「運送人が、事故によって被った損失又は損害が本契約上の荷送人の義務違反を原因とすることを証明したときは、荷送人は当該損失又は損害について責任を負う」と定められている。

まず、運送人が荷送人の義務違反を立証する。すなわち、コンテナ内の積付けが海上運送に耐えられないものであることを立証する。それに対し、荷送人であるフレイト・フォワーダーは、30条2項の規定、すなわち「荷送人は、損失又は損害の原因の全部又は一部が自己の過失又は34条に規定する者の過失に帰し得ないときはその責任の全部又は一部を免れる。34条は、荷送人は自己の義務の履行を委託した者（荷送人の被用者代理人及び下請け人を含む）の作為又は不作為を原因とする本契約上の義務違反について責任を負う」に基づいて立証を行う。

つまり、フレイト・フォワーダーがコンテナの積込みを行わず、荷送人からshipper's packのコンテナを受け取っただけである場合については、荷送人であるフレイト・フォワーダーに過失はなく、責任を負わないと考える。

なお、フレイト・フォワーダーあるいはその委託先がコンテナ内の積付けを行った場合は30条2項に従って、荷送人であるフレイト・フォワーダーは運送人に対し、コンテナ内の積付け不良から発生する損害に対し責任を負う。

またコンテナ内の積付け不良によって、他の貨物に損傷が発生した場合、他の貨物に対して、積付けを行ったフレイト・フォワーダーは不法行為責任を負うに過ぎない。そのため、フレイト・フォワーダーの委託先が

積付けを行った場合は、フレイト・フォワーダー自身に過失がない場合が多く、他の貨物に対して、責任を負わない。

IV 結　論

以上のように、フレイト・フォワーダーは、ロッテルダム・ルールズ上、運送人としての立場と荷送人としての立場の2面性を有し、その結果として、大きな負担を被る可能性がある難しい立場におかれることになることに注意を要する。

14 保険者から見たロッテルダム・ルールズ

石井　優

I　はじめに

　これまで報告されてきたようにロッテルダム・ルールズは、運送人と荷主の責任関係を改めて見直したものであり、新たに規定、変更された点は多岐にわたるが、ここでは、海上保険の実務の観点からその影響について報告をする。
　まず海上保険と本条約の関係について見た後で、貨物の損害に対する運送人の責任についての主な改定点についての評価、及び共同海損や救助の制度に及ぼすであろう影響について、保険者の公式見解は出されていないので、何れも個人的な見解として評価、コメントしたい。

II　保険との関係

　始めに本条約が海上保険全般について及ぼす影響について見ることとする。
　運送契約での運送人と荷主の責任関係の変更、即ち航海過失免責の廃止や責任限度額の引き上げにより運送人の責任が強化されたことについては明らかである。
　これに対しては、運送人や荷主等それぞれの立場からは異なる評価がなされるのは当然なことだと思う。
　航海中に貨物に生じた損害や費用は、運送人と荷主の間で負担され、それぞれの保険によってカバーされている。つまり船主のための船舶保険、

P&I保険や荷主のための貨物保険によってである。荷主の負担する貨物の損害は、運送人に責任がある場合は、通常貨物保険者が荷主に保険金として支払後、代位求償として運送人に請求することになる。

　注目すべきは、運送人と荷主の責任関係の変更や責任制限限度額の引き上げによって、分担割合がどのように変わろうともそこで生じる総損害額全体、これには例えば救助費や避難港費用等の費用損害も含むが、これは変わらない。

　保険の観点から見ると理論的にはそれぞれの保険のカバーする範囲が増減するだけであり、それに合わせて保険料が決定されることになる。運送人の責任範囲が拡大すればその分P&I保険の担保範囲が広がる訳である。

　従って、海上保険全体として見れば本条約に対しては、中立的な立場であり、当事者である運送人と荷主及びその他の関係者の間で本条約を採用することについての合意ができれば、保険者はそれに合わせて必要な保険カバーを提供することになると考える。

Ⅲ　貨物から見て有利と思われる点

　次に本条約で貨物から見て有利になった、あるいは判り易くなったと思われる主な改定点について、見ていきたいと思う。

1　航海過失免責の廃止（17、18条）

　本条約の大きな変更点として衝突、座礁、転覆等大きな海難を引き起こす原因となる航海過失の免責が廃止された。その結果これらに起因する損害に対し船長、船員等の過失があれば運送人に損害賠償を求められること（18条）になるので、明らかに貨物に有利な変更点であると同時に本条約の中で最も重要な影響の多い規定だと言える。

　航海過失免責は、海上運送について精通していない者にとってはなかなか理解しにくい海上運送に固有の免責事由であった。実際に多くの荷主、外国貿易実務にかかわっている者でもこれについては知らない場合も多いようである。

　陸上のトラック輸送で、運転手の過失によって衝突や横転などの交通事

故がおきた場合、運送人に責任が生じるのが普通なので、これと比べるとなかなか理解を得られないところである。

　本条約は複合運送の陸上運送部分にも適用されるので、海上運送部分も陸上運送部分と共通する同一の責任体系となり、海上運送について特段の知識を有していない荷主から見ても判り易くなったと言える。

2　船舶上の火災免責（17条）

　本船上での火災によって生じた貨物の損害も、これまでは特別に扱われており運送人自身の故意過失がない場合は運送人免責であった。

　これも本条約では、航海過失と同様に船長や船員等の運送人の被用者の過失により生じた場合には、火災に対しても運送人が責任を負うこととなった。

3　責任限度額の増加（59条）

　これは明らかに貨物に有利な改定点である。

　日本法で言えば、1992年に改正された現在の国際海上物品運送法で1梱包あたり666.67SDR（約8万円）が、本条約では875SDRと約10.5万円に引き上げられた（exch.@¥120）。重量制限については、Kgあたり2SDRから3SDRと50％の引き上げである。

4　出訴期間の延長（62条）

　貨物の損害賠償請求権についての出訴期間が1年から2年へ延長された。これは請求者である貨物に有利である。貨物の損害賠償の実務では貨物の引渡しから1年で解決しないケースも多く、都度時効の延長合意か、訴訟提起の手続きをとらねばならないが、これらについての荷主の負担はかなり軽減される。

5　堪航性の継続担保義務（14条）

　運送人は航海の開始の時点、発航時に本船が航海に堪える状態にすることが要求されていたが、これが発航時から航海中にまで拡大された。本船の堪航性保持の運送人の義務が拡大されたもので、貨物に有利な改定であ

る。

Ⅳ 運送人から見て有利と思われる点

一方当然運送人に有利になったと思われる規定もある。

1 数量契約（80条）

本条約の各規定は強行規定であるが、80条の数量契約は、例外的に運送人の責任を軽減できるとする特例であり当然運送人に有利な規定である。数量契約は米国で盛んに用いられているようであるが、実務上はその実態が必ずしもはっきりしないのでどのような影響が出てくるのかが問題となる。本条約に貨物の立場から反対する者は、この規定を反対理由の1つに挙げている。

2 裁判管轄（66条、67条、74条）

B/L上の専属的管轄合意条項の効力を制限し、運送契約で合意された受取り地や引渡し地などに一定の管轄を認めるものなので、その部分は貨物に有利である。しかし74条で締約国はこの条項を適用除外とすることができるとされている。これを適用除外とする国が多いのではないかと思われるので、その場合は逆にB/L上の専属的管轄合意条項の効力を認めるという意味で運送人に有利な規定と言える。

3 荷主の義務（30条、32条、43条、58条）

危険物（32条）について荷主に運送人への通知義務違反等があった場合無過失の無限責任を負う規定や貨物の引渡しに伴う荷主の義務についての規定（43条、58条）の新設は何れも運送人に有利である。

4 海事履行者の責任（19条）

海事履行者の責任についての条項の新設であり、運送人側に不利な規定との意見もあるが、ヒマラヤ条項が不用となった点は、運送人に有利な変更ではないかと思う。

5 適用区間（12条、13条）

これまで必ずしも取扱いがはっきりしていなかったFIO条項の有効性を認める規定（13条）は、運送人に有利な規定だと思う。

Door to door で複合運送の陸上運送部分にも本条約を適用すること（12条）も米国の例などを見ると運送人を保護することになると考えて良いと思う。

米国では、最高裁の2度（2004年のKirby事件と2010年のRegal-Beloit事件）の判決にもかかわらず、複合運送B/Lの下で輸出の為に内陸鉄道輸送される貨物の損害についての（内陸鉄道）運送人の責任に対して、州際通商法のCarmack修正を排してUSCOGSAの適用があるかどうかについては依然として争われている。

米国の運送人や海法会は米国務省に本条約の早期批准を要望しているが、仮に米国が批准するとなると、複合運送B/Lのもとで米国の内陸鉄道運送人にとっては有利な改定になると思う。

なお本条約ではすでに発効している他の（運送手段による物品運送を規律する）条約があればこれが優先するとの規定（82条）があるので、欧州では現行の道路運送条約（CMR）が適用されると思われるが、本条約がこれに波及するのではないかとして、ヨーロッパの荷主団体は本条約の陸上部分への適用に反対している。

V 共同海損

貨物の損害に対する運送人の責任とは別に、航海過失免責の廃止によりもう1つ大きな影響を受けると思われるのが共同海損だと思う。

周知のように共同海損とは、海上保険以前の古くからある海上運送に固有の制度である。

この制度の下では、本船が座礁、衝突、火災などの事故を起した際に船と貨物の共同の安全のために支出された費用や損害、例えば救助や避難に要した費用は、船と貨物によって分担される。

本条約は84条で「本条約は、共同海損の精算に関する運送契約条項又は国内法規定の適用には一切影響を及ぼさない。」としている。これによ

れば一見すると本条約のもとでも共同海損については影響がないように見える。しかし、共同海損の精算が行われても航海過失により生じた座礁や衝突の場合には、運送人は免責されておらず有責なので、これは疑問である。

　船主から共同海損分担金の請求を求められても、荷主はその分担に応じないことになると思われる。

　これは、共同海損の精算に関する国際的な規則であるヨークアントワープ規則の D 条によるものである。そこでは、「事故が当事者のうちの 1 人の過失に起因した場合でも、共同海損の分担請求権には影響を受けない。」としているものの後段では、「この場合その当事者に対しかかる過失に関し求償または抗弁をすることを妨げない。」とあり、これに該当するからである。

　共同海損についての代表的なテキストとして世界的に知られているLowndes and Rudolf の 13 版でも、本条約の影響について

　「この航海過失免責規定が廃止されたことにより、訴訟原因となる過失（actionable fault）を理由に分担金の支払拒絶が認められるケースが大幅に増加するであろうことは言うまでもない。」

と述べられている。

　その結果船貨共同の安全のために生じた費用や損害を船と貨物がその価額に応じて分担するとの共同海損の原則を維持することは難しくなるのではないかと思われる。

　海難事故の発生後、貨物の継送費用を共同海損として回収できる見込が少なくなるので、運送人が航海放棄や航海中絶を宣言して貨物の継送に応じないといった事態も想定される。

　本条約の下で、共同海損と海上保険の関係は今後どのようになるかについてであるが、個人的には荷主から回収不能となった共同海損分担金はP&I クラブがカバーするかあるいは、船舶保険の下での少額共同海損担保特約（small general average clause）や航海費用保険（voyage expenses insurance）といった形でカバーされることになるのではないかと思う。

VI 救　助

　救助関連の費用は共同海損としても処理されるが、船主が共同海損を宣言しない場合や救助費を共同海損から除外して別に個々の利益、船主及び各荷主が負担する場合も見られる。

　このような場合荷主は救助された自己の貨物の救助費を直接救助業者に支払う義務が生じる。しかし航海過失による事故の場合、本条約の下では荷主が負担した救助費用に対して、運送人の荷主に対する損害賠償義務が生じることとなる。

　その結果、最終的には運送人が貨物の救助費も負担することとなり、共同海損と同様今後の実務に大きな変更が生じる。

VII 統一性

　そのような中で最も問題となるのは、本条約を採用する国と従来のヘーグ・ヴィスビー・ルールズにとどまる国とに分かれると、必然的に当事者間での貨物の損害や費用の分担責任についての議論が分かれ、混乱し、その解決に多くの時間と費用がかかることになる点である。

　先に実務面では共同海損や救助において混乱が生じるだろうと述べたが、貨物の損害に対しても適用法規や裁判管轄を巡って争いが増える可能性がある。

　米国は早期批准に前向きと言われているので、もし米国が批准すると日本の貿易量の中で大きな比重をしめる日米間の海上運送でUSCOGSAと国際海上物品運送法の何れが適用となるのか実務上も大きな問題となりうる。

　このように異なる条約が適用されると実務に重大な影響を与えるので、日本としてもこのような混乱や関係者の負担をさけるために、本条約に対しどのように対応するのかの国内合意を早期に形成する必要があるのではないかと思われる。

第Ⅰ部 第5章

ロッテルダム・ルールズをめぐる
アジア太平洋諸国の状況

15 中華人民共和国

宋　迪煌
藤田友敬　訳

　他国同様、中華人民共和国（以下、中国）においても、批准は容易ではない。ロッテルダム・ルールズの準備段階及び採択後、国際的なコミュニティの中で若干の論争があったのであり、この画期的な条約に対する中国国内の意見が多様であるのも驚くに当たらない。とりわけ、先ほどの報告の中で部分的に触れたように（本書164頁以下）、条約の複雑さ、時に条文の理解が難しいこと、各条文相互のクロスレファレンス等に対する一般的な不満がある。これが業界の人々、とりわけ海運業界及び荷主側の業界の一般的な見方である。革新的でありヘーグ・ルールズやヘーグ・ヴィスビー・ルールズと比べてはるかに複雑なロッテルダム・ルールズについては、いくらか消極的な考えを持っているわけである。

　おそらくすでに知られていることであろうが、中国は既存の国際条約——ヘーグ・ルールズ、ヘーグ・ヴィスビー・ルールズ、ハンブルク・ルールズ——のいずれについても、加入も批准もしていない。したがって、他国と比べれば、おそらくは中国はロッテルダム・ルールズを採用すると決めることが容易であるということになろう。中国法のもとでは、国際条約に加盟した場合、これを国内法化するための第2の立法は必要なく、既存の法律を放棄したり、改正したりする必要はない。したがって、ひとたび中国がロッテルダム・ルールズを批准すれば、それは中国法の一部になり、また国際条約が優先するために既存の国内法と国際条約との抵触も生じない。

　これはよい面なのであるが、残念な面は次の通りである。中国の関連当局——特に海運業界を代表する交通運輸部及びおそらくは荷主及び、商社、フレイト・フォワーダーを代表する商務部——によって、ロッテルダ

ム・ルールズについての実質的かつ包括的な研究がすでに行われている。そして包括的な研究がなされたが、残念ながら決定はまだなされていないのである。大連大学、中国政法大学、北京大学といったいくつかの大学に調査を委託したようであり、またその報告書のいくつかは目にすることもできたが、明らかに政府は定見をもたず、他国——とりわけアメリカのような主要貿易相手国——のスタンスを見たいと考えているようである。アメリカのスタンスについては、追ってスターレイ教授により説明されるであろう。残念ながら中国の立場は依然不明確であり、批准するか否かについて中国政府がいかなる立場をとるかは分からない。

　しかし、私見としては、積極的に採択に進むべきだと考える。新しいルールは複雑かもしれないが、それは国際条約の難点ではなく、人々を心配させたり、疑念を表明させたりするのは条約の複雑さではなく、取引の厳しさ、現代の貿易と運送の厳しさと複雑さ——現代の国際条約はこれらに対処しなくてはならない——であるという、ファン・デル・ツィール教授の述べた意見（本書207頁以下）に全面的に賛成である。ベア氏がその講演の中で述べられたように（本書9頁以下）、われわれには変革が必要なのである。

16 日本

藤田友敬

　ロッテルダム・ルールズをめぐる日本の状況について簡単に述べることとしたい。

　私の知る限り、日本政府はロッテルダム・ルールズに加盟するか否かについて、決定してないことはもちろん、正式には検討すら始めていないのではないかと思われる。日本の業界は、何らかの意見をもっているかもしれないが、ヨーロッパやアメリカの業界団体が盛んにその立場を表明しているのに比べると、業界団体としてロッテルダム・ルールズについての立場を明示的に述べるようなことはあまりしてきていない。一言で言うと、署名式から2年以上経つが、日本では、表だっては何も起きていないということである。関係当事者は、徹頭徹尾「様子見」の立場を貫いている。それがまさに、このようなシンポジウムが企画された理由なのである。

　ただ条約の署名という点については、1点だけ補足しておきたい。日本はロッテルダム・ルールズに署名していない。そのことは、しばしば日本政府の条約に対するネガティブな評価を示すものと諸外国から受け取られがちであるが、実情はそうではないと思われる。日本は、この種の条約については、ほぼ確実に批准することが見込まれていない限り、なかなか署名しない傾向があるようである。そして国際条約に参加する場合、最終的に参加するか否かを決める前に署名をしなくてはならない「批准」ではなく、「加入」という方法が用いられることが少なくない。それゆえ、日本がロッテルダム・ルールズに署名していないということは、日本政府がロッテルダム・ルールズの内容に強い不満を持っているということを必ずしも意味しない。そうではなくて、日本はまだ態度決定していない、あるいはそもそも問題を真剣に検討すらしていない、つまり現段階では完全に中立

的であるという方が正確なのではないかと思われる。

　日本が条約に対して特段ネガティブな意見を持っているわけではないとしても、他の国の人から見ると、日本政府と日本の業界はなぜかくも受動的な反応しかしないのかと奇異に思われるかも知れない。しかし、それは驚くことではない。日本がヘーグ・ヴィスビー・ルールズに加盟したのは、その採択後24年も経った1992年である。国連売買条約に加盟したのは、採択後28年経った2008年である。日本がこの種の私法条約について「様子見」の態度をとるのは、決して珍しいことではないのである。国際条約に対してこのように非常に慎重な態度がとられるのはなぜかということは、それ自体非常に興味深い問題であるが、ここではその理由について検討することはしない。このシンポジウムの範疇外の問題だからである。

　またここでは、ロッテルダム・ルールズが日本の業界にとっていいルールか否かということについての評価も述べないこととする。それは本シンポジウムにおける私の役割を超えるからである。日本の運送人、荷主、フレイト・フォワーダー、保険者各々の立場からの意見は、別のセッションで表明されることとなっており（本書第Ⅰ部第4章参照）、それを傾聴する方が有意義だと思われる。

　そこで今回は、政府や業界が将来ロッテルダム・ルールズを受け入れるか否かを検討する際に——そういうことを検討するという決断自体いつなされるかという問題があるが——注意すべき点について、何点か補足しておきたいと思う。

　第1に、まず政府も業界団体も、条約への加盟を考えるに当たって、ロッテルダム・ルールズが完璧な条約であるか否かと問うべきではないということである。そんなことは意味のある問いかけではない。問題は、ロッテルダム・ルールズは、全体として、他の選択可能な法制と比べて、よりよいものか否かということである。

　それでは「他の選択可能な法制」とは何か。ヘーグ・ヴィスビー・ルールズは、この場合の候補ではないことに注意する必要がある。仮にロッテルダム・ルールズが失敗に終わったと想定してみよう。ヘーグ・ヴィスビー・ルールズは、しばらくの間は生き延びるであろうが、いずれ現在のような圧倒的優位は失うことになる。ヘーグ・ヴィスビー・ルールズ体制

が衰退していった後には何が来るか？　国際海上物品運送の領域で、「地域主義」が支配的になっていくことが、最もありそうなシナリオである。アメリカでは、すでに海上物品運送法（COGSA）改正案が議会でペンディングになっている。現在はロッテルダム・ルールズのなりゆきを待っているわけであるが、もしこれが失敗だということになれば、いつでも改正法を通すことはできる状態である。ヨーロッパにおいては、EUレベルでの複合運送についての新しい法制について議論がなされようとしている。われわれがロッテルダム・ルールズと比較しなくてはならないのは、これらの将来出てくる可能性のある体制なのであって、ヘーグ・ヴィスビー・ルールズと比べることはまったく的外れなのである。

　わが国の一部の実務家、業界団体と話した経験では、この点が適切に認識されているか気になることが多い。たとえば、ロッテルダム・ルールズでは、ヘーグ・ヴィスビー・ルールズと比べて限度額が上がっていることや、航海過失免責がなくなったことが問題であるという不満を、船主・運送人側の実務家からよく耳にする。しかしその際、今後各国毎、地域毎のルール化が進むというシナリオとどちらが自分達の利益になるかという観点はあまり見られない。各国毎、地域毎のルール化が進んだ場合、ヘーグ・ヴィスビー・ルールの責任限度額や航海過失免責がそのまま維持されるとは考えにくいし、それらの新しいルールとロッテルダム・ルールズと比べてどちらがより厳しくなりそうなのかという点こそ、考えなくてはならない要素のはずである。わが国やアジア諸国の業界団体とヨーロッパのそれとの間に見られる温度差は、アメリカのCOGSA改正案やEU独自の規制をどれだけ現実的な脅威と受け止めているかの認識の差に由来する面が大きいのかもしれない。

　最後に、選択することのできる時間は限られているということも覚えておかなくてはならない。様子見をあまり長く続けると、その間に、意味のある選択をする機会は失われてしまう可能性がある。業界及び日本政府が、しかるべき時期に、賢明な選択をすることを願ってやまない。

17 大韓民国

金　仁顯
藤田友敬　訳

　大韓民国（以下、韓国）は、2009年から2011年の間、いまだロッテルダム・ルールズを批准すべきか否かの議論を始めるきっかけを得るに至っていない状況である。しかし、韓国の雑誌には、ロッテルダム・ルールズに関するいくつかの論文が現れ、政府や業界も他国によるロッテルダム・ルールズの批准に関心を示すようになってきている。

　法務省と国土海洋部（Ministry of Land, Transport and Maritime Affairs）という2つの政府機関が、私法に関する国際条約を担当している。国土海洋部は、韓国船主協会の意見に大きく影響されるが、法務省は中立的な機関である。

　韓国船主協会と韓国P&Iクラブは、船主及び運送人の利益を代表する2つの影響力ある任意団体である。両者はロッテルダム・ルールズの早期批准には反対する傾向を示してきた。

　定期船を持つ主要な海運会社のロッテルダム・ルールズ担当者にインタビューしたところ、中国や日本といった近隣の競争国に先駆けてロッテルダム・ルールズを批准する差し迫った必要性は感じていないとの返答であった。

　韓国の海運会社は、アメリカの状況とは異なり、ロッテルダム・ルールズにおける航海過失免責の撤廃によって悪影響を受けるだろうとの意見を表明した。それによって荷主への支払が増加し、運賃が高騰し、最終的には、韓国の海運会社は、他国の定期船を持つ主要な海運会社との競争に負けるだろうというのである。

　数量契約については、数量契約に関して契約の自由が認められても、定期船を持つ韓国の海運会社は数量契約を結ぶ荷主と同じだけの交渉力は

持っていないと感じているようであった。従って、ロッテルダム・ルールズのもとでの数量契約は、定期船を持つ韓国の海運会社――マースク・ラインのような超巨大なものではない中規模のものと見られている――にとって、さほど有利なものではないとのことである。

韓国荷主協会は、韓国船主協会ほど影響力のある団体ではない。彼らはロッテルダム・ルールズに対して肯定的である。彼らは航海過失免責の撤廃も、数量契約も歓迎している。

韓国において海事法のオピニオン・リーダーと目される人々が何人かいる。船主の利益を代表する海事弁護士は、ロッテルダム・ルールズの批准に後ろ向きである。しかし、荷主の利益を代表する海事弁護士はロッテルダム・ルールズを歓迎し、早期批准を支持している。海事法の専門の裁判官は、早期批准を期待する傾向を見せている。

私の行ったインタビューに対して、すべての回答者（15名）は、アメリカ、中国のロッテルダム・ルールズ批准は、韓国に影響を与えるであろうことで一致していた。ヨーロッパ諸国や東アジア諸国のための地域的条約は、国際的統一という目標および私法に関する国際条約における予見可能性を害するものであるから、望ましくないということでも、ほとんどの回答者は意見が一致していた。

韓国が2、3年中にロッテルダム・ルールズを批准するということはありそうにないというのが、私の個人的な感触である。しかしアメリカと中国が批准することがあれば、韓国の業界及び政府は批准についての議論を開始するであろうし、批准のプロセスも加速されるであろう。このセミナーが東アジア諸国のロッテルダム・ルールズ批准の強力な契機となることが期待される。

韓国における1つの積極的な動きとして、2011年11月、韓国法務省によって設置された運送法特別委員会が、韓国政府が「1976年の海事債権についての責任の制限に関する条約を改正する1996年の議定書」を批准することを要望する報告書を提出したことがある。これは韓国政府が、海事条約を批准することなしに、条約のほとんどの規定を国内法に取り込むという伝統的な態度を捨て去り、他の主要海運国――たとえば日本――にならって早期に批准するようになるのではないかというよいメッセージで

ある。委員会は、韓国政府はロッテルダム・ルールズも早期に批准せよと勧告すべきか否か検討するかも知れない。

18　シンガポール

スティーヴン・ガーヴィン

藤田友敬　訳

　シンガポールの現況について話すこととしたい。ただ一見して明らかなように、私はシンガポールを代表できる立場にはない。私は、現地の言葉で言うところの「紅毛（Ang Moh）」、また広東語で言うところの「鬼佬（Gweilo）」、つまり外国人である。ただシンガポールでは、今どうなっているか、またどうすべきかということについての、私見を述べるように努めたい。

　シンガポールでは、ロッテルダム・ルールズについての判断に関わる可能性がある2つの機関がある。第1は、政府の法務機関であるシンガポール法務省（Attorney General's Chambers；AGC）である。実際、UNCITRALのほとんどの作業部会においてシンガポール代表を務めているのは、法務省の上級職員である。これに加えてシンガポール海事港湾庁（Maritime and Port Authority；MPA）という機関がある。海事港湾庁は、要するに、港湾を監督下に置き、実施を規制するという規制機能を持つものであり、こちらもロッテルダム・ルールズに関心をもっている。しかし、当然のことながら、シンガポールがロッテルダム・ルールズを批准すべきか否かについての決定について一次的な責任を負うことになるのは、シンガポール法務省の方である。

　シンガポールは、他のいくつかの国と同じく、これまで、多国間条約（もちろん海事条約を含めて）について先頭を切って批准するという態度はとってきていない。いくつか例をあげるなら、たとえば、1986年に発効した1976年の海事債権に関する責任制限に関する条約（ロンドン条約）について、シンガポールは2004年まで批准しなかった。1988年に発効した1980年の国際物品売買契約に関する国際連合条約についても、1996年ま

で批准しなかった。したがって、現段階では、シンガポールの公式の立場は、「じっくり腰を据え（sit tight）」、どっちに風が吹くかを見極めるといったところである。もしシンガポールの主要貿易相手国——アメリカ、中国、EU 諸国等ということになろうが——がロッテルダム・ルールズの批准にむけて積極的に歩を進めるとすれば、それは、シンガポールにとって、ロッテルダム・ルールズをより詳細に検討し、あるいは批准するための強い誘因となろう。

　以上、公式の立場について説明してきたが、もとよりシンガポールにおいてロッテルダム・ルールズについて何も関心が払われていないということではない。ロッテルダム・ルールズの採択及び署名式以来、数多くの精力的なセミナーが開催されてきた。シンガポール海法会は、ロッテルダム・ルールズについてセミナーをいくつも開催してきた。シンガポール法律学会（Singapore Academy of Law; SAL）も、いくつものセミナーの開催を引き受けており、そのうちの1、2については私自身も関与した。またシンガポールの船主の集まりであるシンガポール海運協会（Singapore Shipping Association; SSA）という団体がある。その法務・保険委員会には、私も顧問という形で参加しているが、この委員会はロッテルダム・ルールズの各条項——とりわけ国際船主協会（International Chamber of Shipping）の受け取ったアドバイスに関連して——を検討してきた。

　ただ結論としては、「様子見」が当面は続くということにはなるであろう。

19 アメリカ合衆国

マイケル・スターレイ
藤田友敬　訳

　すべての人がアメリカについてどのような話がなされるか関心を持っているようであるが、私もまずはガーヴィン教授と同様の免責のお願いから始めなくてはならない。私にも別に公的資格があるわけではなく、合衆国政府を代表してお話しするわけでもない。ただ、アメリカ国務省とは定期的に連絡をとっているので、アメリカの現状については正確に報告できると信じている。

　合衆国の状況は、政府は依然ロッテルダム・ルールズをできるだけ早期に批准するという態度を堅持しているということである。政府がそういう姿勢を続けているのは、国内の利害関係者──新しい条約によって規律されるであろうアメリカのすべての商業的利害関係者──が、批准に前向きな態度を堅持しているからである。UNCITRALにおける交渉に出席した者であれば、代表団の中に多くの商業的利害関係者を取り込んでいたため、合衆国はいつも議場における最大規模の代表団であったことを思い出すであろう。議論が分かれるような論点が会期中に出てくると、新しいルールによって最も直接的な影響を受けるであろう者から、直ちに指図を得ることができたのである。

　ロッテルダム・ルールズの交渉の間、アメリカ代表団が、その目標を達することができた問題もあれば、そうでない問題もある。もしロッテルダム・ルールズを、われわれが実現したいと考える仮定上の「完璧な条約」と比較するとすれば、ロッテルダム・ルールズは、われわれの立場からすれば「完璧」ではないということになる。しかし藤田教授が述べられた通り（本書263頁）、仮定上の完璧な条約というのは、そもそも選択肢にはないものである。いかなる交渉であれ、妥協は避けられない。誰しも、交渉

に成功する論点と失敗する論点があることになる。しかし、全体としては、アメリカの商業的利害関係者は、最終的な産物に満足している。というのも、現実的に考え得る他のいかなる選択肢よりも優れたものだからである。実際、ロッテルダム・ルールズは、あまり遠くない将来に得られる、あるいは得られるであろう、他のいかなる選択肢と比べても、はるかに優れている。新しい条約は、われわれが置かれている現状を大きく改善することを意味するものであり、また、統一性が非常に重要なこの領域における、国内的あるいは地域的な解決という非常に現実的な可能性と比べると、はるかに大きな改善なのである。だからこそアメリカの商業的利害関係者は前向きな態度をとっており、政府も合衆国の批准に前向きなのである。

　散発的な反対意見――だいたいはこの分野で実務に携わる法律家からのものである――も見られるが、各反対意見についてはそれぞれ対応がなされている。ほとんどの反対は、主として知識を欠くか、十分な理解を欠くことによるものである。ちょうど昨晩、ある人と話す機会があったが、その人によるとアメリカ国内におけるある反対者が、今はロッテルダム・ルールズに好意を示すようになっているとのことである。たまたまであるが、問題の法律家を私は知っており、なぜ彼が意見を変えたかが分かる。実のところ、彼はロッテルダム・ルールズが一体どういう結果をもたらすのかということについて理解していないがゆえに反対していたのである。交渉における失敗点だけに着目し、非常に視野が狭かったわけである。ひとたび新条約がいかなるものなのかについてより完全な理解が得られるや、彼は「そうか、それが新しい条約なのか。それなら支持できる。」と言ったわけである。本シンポジウムのようなセミナーが大変すばらしい機会なのは、ロッテルダム・ルールズについてよく理解すればするほど、それがいかに大きな進歩なのかということ（そして批准することがよい話であること）が分かるようになるからである。アメリカにおける強みは、利害関係者が最初からプロセスに取り込まれており、それゆえ主要な利害関係者はすでにロッテルダム・ルールズを十分理解し、支持しているということである。

　このようなことを聞くと、「それでは、なぜアメリカはまだ批准していな

いのか」、「署名式以来のこのような長期の遅れはなぜなのか」といった疑問が、当然のように生じるであろう。この遅れは、他の多くの場合と同じく、いくつかの状況の組み合わせによるものである。まず交渉の期間中アメリカ代表団の代表を務めた者が、署名式のほぼ直後に引退した。彼女の後任は、すばらしい法律家で、大変知性的で、非常な努力家であるが、署名後に初めてこのプロジェクトに加わったのである（しかも従前の仕事や他の新たな仕事をこなしつつ、である）。彼が学ばなくてはならないことが多々あることは明らかである。ロッテルダム・ルールズについて自分自身で学習した経験のあるものであれば、これを理解することがどれだけ時間を要するものであるか分かるであろう。しかも、彼にとっては、条約を批准すべきであると自分自身で納得できるだけでは不十分で、他の政府機関、大統領、上院議員に対して、条約を批准すべきである旨を説得できるだけ条約を理解しなくてはならないのである。

　散発的な反対意見に対応することも、時間を要する仕事である。ある反対者については、単に教育の問題であった。他の反対者は、従前考えていなかった反対理由を提起しており、そのように提起された問題は解決されなくてはならない。遅延の中には、反対者によって引き起こされたのではなく、ロッテルダム・ルールズが実務的にいかに機能するかということを単に確認したいと考える利害関係者によって引き起こされたものもあった。

　そして間違いなくほとんどの国の場合も同様であろうが、合衆国においても、ロッテルダム・ルールズがすでに効力を生じている他の法律といかに関わり合うかということも解決しなくてはならない。いくつかの論点については、答えは明らかである。その適用範囲内にある国際取引における航海については、ロッテルダム・ルールズはアメリカ海上物品運送法（COGSA）に優先することになる。しかし、今日海上物品運送法によって時折カバーされている国内輸送についてはどうなのか。またロッテルダム・ルールズの批准は、ハーター法やポメリン法にいかなる影響を与えるのか。こういった問題の解決に時間がかかることは避けられない。

　こういった過程で、ロッテルダム・ルールズの最終版には、実務的な問題を引き起こしかねない技術的な誤りが含まれていることも分かった。実

際、この誤りが条約に対する深刻な反対を引き起こすのではないかとの不安があった。幸い、UNCITRAL事務局も問題を認識しており、修正のための手続を開始した[1]。しかし、この問題が解決されている間は、合衆国による批准のプロセスは一層遅く進むことになる。

　アメリカ国内における手続は、非常に徹底したものである。ロッテルダム・ルールズは国務省内において、何重にもわたって見直され、その見直しにともない多くの書類作りがなされる。国務省は、最終的には、「送付用一括文書（transmittal package）」と呼ばれるものを用意し、承認しなくてはならない。完成すれば、それは連邦政府の他の部門が何がなされるべきかについて議論に加わる機会を与えるための省庁間審査（Interagency Review）として知られる手続に出されることになる。幸いなことに、他の政府機関は当初から交渉過程に加わっていたために、省庁間審査は非公式的にではあるがすでに開始されている。とはいえ、この手続も公式に完了しなくてはならない。

　省庁間審査の後、国務省は最終的な送付用一括文書を大統領に送付する。大統領自身が送付用一括文書を検討することは考えにくい。大統領には、予定されたやるべき仕事がもっと別にある。報道によれば大統領はアメリカ国内の雇用（job）に非常に関心を持っているようであるが、おそらく2012年には、自分自身の職（job）の維持が気になって仕方がないであろう。それゆえホワイトハウスにおいては、ロッテルダム・ルールズの実質についてではなく、ロッテルダム・ルールズに何か政治的な争点になるような点が含まれているか否かについての大統領の政治顧問の評価について焦点が当てられるであろう。政治顧問としては、ロッテルダム・ルールズの批准は、論争において防御しなくてはならなくなるような大統領選挙における争点になることはないと確信したいであろう（そして条約中に再選の助けになり得る何かがないか目を皿のようにするかもしれない）。

　ロッテルダム・ルールズには、政治的な利害関係者を興奮させるであろ

---

(1) 【訳者注】ここで言及されている技術的誤りについては、寄託機関である国連事務総長からの2012年10月11日付による訂正手続開始の通知がなされ（Depositary Notification C.N.563.2012.TREATIES-XI.D.8)、2013年1月9日に訂正の効力が発生した（Depositary Notification C.N.105.2013.TREATIES-XI.D.8)。

うようなものが何も含まれていないことは、われわれは皆知っていると思う。大統領の政治顧問がその結論に達するには、われわれよりも時間がかかるかもしれない。しかし、ひとたびその結論に達すれば、大統領は、承認を得るために条約を上院に送付することになる。

　余談であるが、ロッテルダム・ルールズには政治的利害が含まれていないということは、2012年の大統領選挙がどうなるかは、アメリカの批准の見通しとは全く無関係であることを意味するということを、言っておいた方がよいであろう。条約は共和党政権下で国連総会によって交渉され、承認されたが、合衆国が条約に署名したのは民主党政権下である。商事法を新しくし、現代化するということは、いずれの政党が政権の座に就こうが、アメリカの商業的利害関係者の利益になるものであろう。

　われわれの憲法制度のもとでは、大統領がロッテルダム・ルールズのような条約を批准できるためには、上院が事前に助言と承認を与えなくてはならないとされている。上院における3分の2の多数決が要求されるが、このことは別段大した意味はない。もし上院がロッテルダム・ルールズについて決議するとすれば、ほとんど間違いなく全会一致であろう。上院議員が反対することがあるとすれば、それは当該議員の提起した疑念に対する対処がなされていない場合に、単に決議は延期すべきであるとするためのものであろう。しかし、そもそも何か疑念を持つような上院議員がいるとは考えにくい。上院議員は、アメリカの商業的利害関係者が条約に好意的であることは知りたいであろうが、商業的利害関係者が好意的である以上、上院の指導者が本気で取り組むための時間を割けば、直ちに全会一致によって上院を通ることになろう。したがって、一度ロッテルダム・ルールズが上院に送られると、後はやる気があるかどうかというだけの問題である。上院における指導者が、上院議員達が大きく報道されたり、およそその再選の助けとなったりするわけではないような案件について、上院の時間を5分か10分割いてもいいと考えるのは、いつになるだろうかという話である。

　個人的な希望としては、大統領選挙と会期末との間に――つまり皆が新しい会期に期待を抱き、上院が物議を醸すようなことは何もできない時に――、上院議員達が、およそ論争の種にならない仕事をしようとし、それ

ゆえ早急に批准すべきであるという助言と承認をなすということになればいいと思う。
　しかし、一度物事が上院に移されたなら、それは何が起きてもおかしくないブラックホールであることは認めなくてはならない。日本がヘーグ・ヴィスビー・ルールズを批准するまでにどれだけかかったかということは今聞いたばかりであるが、アメリカではそれ以上に長く待ってきたのである。ヘーグ・ルールズの批准に12年かかった。別の言い方をすれば、単に惰性から時間のかかるプロセスとなってしまうという危険もあるということである。しかし、惰性は反対とは違う。われわれは批准することは前向きなのであり、惰性を克服することができしだい、批准する予定である。しかし、アイザック・ニュートンが説いたとおり、動いていない巨大な物体を動かすには、相当な力が必要である。合衆国政府は巨大な官僚機構であり、いつも迅速に動くわけではない。しかし、それにもかかわらず、合衆国政府が迅速に動くことを期待している。

第 II 部

ワークショップ
ロッテルダム・ルールズの解釈と運用

ワークショップ
ロッテルダム・ルールズの
解釈と運用[1]

後藤元・笹岡愛美・藤田友敬　訳[2]

設例1　運送人の義務：現行船荷証券に挿入されている裏面約款条項の有効性

(1) Caspiana 条項（当初の運送の完遂が、物理的・絶対的に不能となるか、物理的に可能であってもそのまま続行することが運送人に不当な犠牲を強いることになる等、実際的・経済的には契約の目的を達成することが不能である場合に、運送人に「アバンダン」する権限を与えるもの）は、多くの国においてヘーグ・ヴィスビー・ルールズ上有効と考えられてきた。ロッテルダム・ルールズ 11 条は運送人に仕向地での貨物引渡しを義務付け、同 79 条は運送人の義務を排除する条項は無効と規定するが、従来の議論と同様に Caspiana 条項は有効と考えてよいか。

(2) Retla 条項（鉄、鋼材等に生じる錆については、「損害」とはみなさず、「外観上良好」の記載も錆等の不存在は意味しないとする条項。似たものとして「『外観上良好』の記載にもかかわらず、無包装品の運送について、通常の注意で分からない、曲損、凹損、掻き傷、穴、切り傷等についての不存在は保証しない」とする条項がある）の有効性について、ヘーグ・ヴィスビー・

---

[1] ワークショップは、2011 年 11 月 21 日午後、22 日午後の 2 回にわたり行われた。ワークショップで用いた設問は、「ロッテルダム・ルールズに関する法律問題検討会」における検討に基づいて作成されたものである。同検討会のメンバーは、雨宮正啓（小川総合法律事務所）、池山明義（阿部・阪田法律事務所）、小塚荘一郎（学習院大学）、後藤元（東京大学）、笹岡愛美（流通経済大学）、戸塚健彦（岡部・山口法律事務所）、箱井崇史（早稲田大学）、平田大器（一橋綜合法律事務所）、藤田友敬（東京大学）である。
[2] 設例 11、12 を後藤が、設例 9、14 を笹岡が、残りを藤田が翻訳を担当した。ただし設例自体は「ロッテルダム・ルールズに関する法律問題検討会」作成にかかる日本語版を、日本人については発言者本人の表現をそのまま用いている。

ルールズ上は争いがある。ロッテルダム・ルールズは、ヘーグ・ヴィスビー・ルールズと同様に運送品の特殊な性質または固有の欠陥から生じる損傷を免責事由とし（17条3項(j)）、運送書類または電子的運送記録上の契約明細に、運送人又は履行者が運送のために受け取った時における物品の外観上の状態に関する記載を含まなければならない（36条2項(a)）と規定している。ロッテルダム・ルールズ上も、Retla条項の有効性については明示的に解決されておらず、各国の裁判所の判断に委ねられていると考えてよいか。

※ Caspiana条項及びRetla条項の参考例（Japan International Freight Forwarders Association Inc. 制定のMultimodal Transport Bill of Ladingsから許可を得て転載）

10. CONTINGENCIES
(1) If at any time the performance of the Carriage hereunder is or is likely to be affected by any hindrance, danger or disturbance of whatsoever kind which cannot be avoided by exercise of reasonable endeavors, the Carrier may, whether or not the Carriage is commenced, without notifying the Merchant, treat the Carriage as terminated and discharge, land, store or take any other necessary means whatsoever on the Goods or any part thereof and place them at the Merchant's disposal at any place or port which the Carrier may deem safe and convenient whereupon the responsibility of the Carrier in respect of such Goods shall cease. In such case, the discharge, landing and storing and any means whatsoever taken shall constitute complete and final delivery and full performance of the Carriage hereunder, and the Carrier shall be discharged from any further responsibility of the Goods.
(2) The situations referred to in the preceding paragraph shall include, but not limited to, those caused by the existence or apprehension of war, declared or undeclared, hostilities, warlike or belligerent acts or operations, riots, civil commotions or other disturbances; or interdict or prohibition of or restriction on commerce or trading; quarantine, sanitary or other similar regulations or restrictions; strikes, lockouts or other labor troubles whether partial or general and whether or not involving employees of the Carrier or any Actual Carrier; congestion of port, wharf, sea terminal or any other place; shortage, absence or obstacles of labor or facilities for loading, discharge, delivery or other handling of the Goods; epidemics or diseases; bad weather or any other obstacles to the Carriage of the Goods.

(3) In case of the preceding paragraphs, the Carrier shall be entitled to all freight and other charges due and the Merchant shall be liable for payment of all freight to the Port of discharge or place of landing or for any other expenses incurred at such port or place as a result of the discharge, landing, storing or other means whatsoever taken by the Carrier in relation to the Goods.

14. AUTOMOBILE AND OTHER UNPACKED GOODS

The term apparent good order and condition with reference to any automobile, rolling stock, tractor, machinery and other unpacked goods does not mean that the condition of the Goods when received were free of any dent, scratch, hole, cut and bruise that could not have been found by ordinary care and diligence. The Carrier shall in no event be liable for such conditions.

15. IRON, STEEL AND METAL PRODUCTS

Superficial rust, oxidation, moisture or any like condition of any iron, steel or metal products is not a condition of damage but is inherent to the nature of the Goods and acknowledgement of receipt of the Goods in apparent good order and condition does not mean that the Goods when received were free of visible rust, oxidation or moisture. The Carrier shall in no event be liable for loss or damage arising out of or resulting from such inherent nature of the Goods.

雨宮　設例1は、現行船荷証券に挿入されている裏面約款条項の有効性に関する問題です。ここでは、2つの条項、すなわち多くの国においてヘーグ・ヴィスビー・ルールズ上有効と解されてきた条項として Caspiana 条項及び有効性に争いのある条項として Retla 条項を取り上げます。Caspiana 条項は、運送の履行が相当な努力を尽くしても避けることができない障害や危険の影響を受けまたは受けそうなときには、運送人は当初の仕向地と異なる地において運送品を荷揚げし、運送が終了したものとして処理することを認めています。このような Caspiana 条項 は、運送品を仕向地まで輸送し荷受人に引き渡すという義務（11条）を排除するものとして 79 条に基づきロッテルダム・ルールズ上では無効とされるのでしょうか。Retla 条項は、鉄、鋼材等の表面の錆その他の類似の状態は、損害ではなく、運送品の性質に固有のものであり、また外観上良好の記載も運送品が受け取られたときに、明らかに錆その他類似の状態がなかったことを意味しないとする条項です。ロッテルダム・ルールズ 36 条 2 項(a)は、運送書類または電子運送記録上の契約明細に、運送人または履行補助者が運送のた

めに受け取った時における物品の外観上の状態に関する記載を含まなければならないと規定しています。そこでRetla条項はこの義務を免除するとして79条によって無効となるのかというのがお尋ねしたい第1の点です。さらに、17条3項(j)は、物品の特殊な性質から生じる損傷については免責されると規定しています。鉄、鋼材等の表面の錆が運送品の特殊な性質から生じている場合は、17条3項(j)に基づき免責され得るので、このような規定は不要なのでしょうか。

設問1(1)

藤田 この設例は、既存の法制と比べロッテルダム・ルールズのもとで何が変わり、何が変わっていないかを確認するものです。「変革の必要性」という表題の報告(本書9頁以下)を行ったベアさんの方からお答えをいただけますでしょうか。

ベア 設問(1)に対する短い答えは、イエスです。11条は「目的地」について触れていますが、目的地というのは、契約で定められた陸揚港あるいは引渡地であると一応は言えます。しかし、それは契約条項によって修正できますし、Caspiana条項の挿入は、目的地を修正するものです。ですからCaspiana条項は有効だし、79条は適用されないと考えます。ただし、合理的なCaspiana条項と合理的ではないCaspiana条項について区別する判例法があります。合理的ではないCaspiana条項の例は、定期傭船契約のもとで運賃の支払いを受けていない運送人が、どこでも一番近い港で物品を陸揚げできるとするものです。これに対し、特に設けられた戦争条項や海賊条項は、今日なお運送に伴っている危険に対し特に対処しようとするもので、ロッテルダム・ルールズのもとでも、ヘーグ・ヴィスビー・ルールズのもとでと同様、許容されるものだと考えています。

藤田 ご説明ありがとうございました。私にも条約条文の合理的な解釈のように思われます。設問1(2)の「Retla条項」についてはいかがでしょうか。

設問1(2)

ベア サンプル条項15は、「物品の固有の性質から生じた滅失・損傷について、運送人は責任は負わない」と定めます。17条3項(j)は、「物品の固有の欠陥から生じる容積若しくは重量の減少又はその他の滅失又は損傷」と規定しています。これらはヘーグ・ルールズ4条2項と全く同じ文言です。ですから、そのようなRetla条項についての扱いは、ロッテルダム・ルールズのもとでも、現在のヘーグ・ヴィスビー・ルールズと全く違いはないと思います。

藤田 スターレイ教授は、別のご意見ですか？

スターレイ 別に反対だというわけではないのですが、Retla条項にもいろんな形態のものがあるという点について補足したいと思います。ベア氏の答えは、

あるタイプの Retla 条項については全く正しいと思います。しかし、まさに Retla 条項の名付けのもととなった判決——第 9 巡回控訴裁判所の判決（Tokio Marine & Fire Insurance Company, Ltd. v. Retla Steamship Company, 426 F.2d 1372 (9th Cir. 1970) です——は、アメリカの取引において、全く別のタイプの Retla 条項があることを示しています。しかも、アメリカの取引においては、Retla 条項はその他の物品、たとえば木製品にも広げられています。運送人を物品の「固有の欠陥」による損失について免責している限りでは、条項は完全に有効でしょう。しかし、そのような条項はロッテルダム・ルールズのもとでも、ヘーグ、あるいはヘーグ・ヴィスビー・ルールズのもとでも、全く不要でしょう。問題の Retla 条項が、運送人が物品の外観上明らかな状態を記載することから免責することを免除している限りにおいて——ヘーグ、あるいはヘーグ・ヴィスビー・ルールズのもとでは議論がありましたが——、ロッテルダム・ルールズのもとでは議論の余地はないと思います。ロッテルダム・ルールズは、運送人は物品の外観上明らかな状態を記載しなくてはならず、そうしなかった場合には、物品は外観上問題のない状態で船積みされたものと推定されます。

　したがって答えは、どのような種類の Retla 条項を問題にしているかによります。現在の法制のもとで有効とされてきたある種の条項はもはや有効ではないでしょうし、ベア氏が述べられたような種類の条項であれば——ロッテルダム・ルールズのもとでは全く不要であるにしても——、完全に有効でしょう。

藤田　Retla 条項についての補足的な説明をありがとうございました。

設例 2　責任期間

　荷送人が運送品処分権を有している場合に（51条1項参照）、運送品が仕向地に到着し、本船から陸揚後、荷受人が最終的に（物理的に）引き取る引渡日時を指定し、それまでの期間の暫時保管を運送人に要請したとする。この場合、運送品処分権（たとえば温度の変更等の指示権）は、なお荷送人に残ることになるか。

　ロッテルダム・ルールズでは、運送品処分権は、12条に規定する運送人の責任期間が終了したとき——物品が引き渡されたとき——に消滅するが、この「引渡し」は、貨物の引取要請に対して、運送人が爾後荷受人のために占有・保管すると荷受人に対して回答すれば足り、物理的な占有の移転がなくとも「引渡し」があったと考えてよいか。もし、そうだとすれば、「引渡し」後（運送人の責任期間終了後）に運送人（保管者）の過失により貨物に損傷が発生した場合には条約の規律は及ばないと考えてよいか。

雨宮　設例 2 は「運送品の引渡し」に関する事例です。ロッテルダム・ルールズ 51 条 1 項は、2 項ないし 4 項に規定する場合を除き、荷送人が運送品処分権者であると規定しています。このような場合、運送品が仕向地に到着した後、運送人が荷受人の依頼に基づき、事後荷受人のために占有するという意思を表明し、占有改定によって荷受人に占有が移転したとします。ロッテルダム・ルールズ 50 条 2 項は、「運送品処分権は第 12 条に規定する運送人の全責任期間中に存在し、当該期間が終了した時に消滅する」と規定し、12 条は、運送人の責任期間は運送品が引き渡された時に終了すると規定しています。運送人が物理的に当該貨物を所持していたとしても、占有改定後は、貨物の引渡しが行われたとして荷送人の運送品処分権は消滅するのかが第一の質問です。さらに、そうだとした場合、占有改定による引渡後、事実上保管している運送人（保管者）の責任は、ロッテルダム・ルールズの適用範囲外なのでしょうか。

藤田　ご報告の「運送品の引渡し」に関係しますので、ファン・デル・ツィール教授の方でお答えいただけないでしょうか。

ファン・デル・ツィール　短く答えるなら、現実の占有はあまり重要ではないということになります。ロッテルダム・ルールズのもとでの引渡しの本質は、運送人と荷受人の間での責任の移転にあります。

　たとえば石油の輸送に関する運送契約が、引渡しは石油が船のマニホールドを越えた時に起きると定めていれば、船のマニホールドが引渡場所だということになります。そして船のマニホールドを越えた石油が依然陸上のタンクの中で運送人の占有下にあるか否かは問題ではありません。したがって、「引渡し」は、物理的に何が起きているかということにはあまり依存しないのです。重要なのは一方当事者から他方の当事者に責任が移転しているか否かなのです。

　実務では、物理的な扱いの多くは、代理人——運送人の代理人であることも、荷受人の代理人であることもあります——によってなされ、物理的に物品を取り扱っている者が誰のために行動しているか決めがたいことがあります。そういう場合には、合意された引渡時点や引渡場所が決め手となるでしょう。決められた時点・場所より前は、物品の取扱いをする者は運送人を代理して行動し、決められた時点・場所より後は、荷送人を代理して行動していることになります。

　この設例の運送品処分権の問題に戻りますと、問題の荷送人の運送品処分権は、責任が運送人から荷送人に移転する時点で消滅します。したがって、責任が移転した後は、荷送人はもはや運送品処分権を有せず、この場合、運送人が指図を受けてよい人間は、荷受人だけということになります。

藤田　お答えについて若干確認させていただけないでしょうか。運送人の責任期間の決定に当たって物理的占有は重要ではないと言われました。このため責

任期間は運送人の物品についての物理的占有が続いている場合でも終了しうるということになります。これはロッテルダム・ルールズ自体の条文からもたらされる帰結でしょうか。それとも準拠法が占有の物理的な移転を伴わない引渡しを容認していることによるものでしょうか。たとえば日本民法は、設例のようなケースにおいて有効な「引渡し」があることを認めています（民法183条）。このことは議論に何か影響があるでしょうか。それとも準拠法上の引渡しに関するルールとは無関係な話なのでしょうか。

ファン・デル・ツィール　関係する条文は、運送人の責任期間を決定するために、当事者は引渡しの時間・場所を合意することができると規定するロッテルダム・ルールズ12条3項です。また例を挙げさせて下さい。傭船契約が、「引渡しは船側において引渡可能になり次第行われる」という条項を含んでいるとします。その場合、この条項が引渡場所――船側――を決めており、引渡時点――貨物の荷下ろしが可能になり次第――を定めていることになります。したがって、この場所と時点において、荷受人は貨物を受け取らなくてはなりません。木材が貨物である場合を考えてみましょう。この場合には、船舶のデリックやクレーンが材木を下ろせるように、荷受人は岸壁（船側）にトラックを着けなくてはなりません。トラックがいっぱいになったら、荷受人は自分の場所まで輸送し、次のトラックが同じ場所に着くことになります。もしトラックがない（十分な数がない）場合には、フォークリフトが船側から木材を、岸壁近くの置き場に（一時）保管のため移動するでしょう。後者の場合、荷受人は物品を（まだ）引き取っていないので、貨物は依然運送人の占有下にあります。しかし、法的には、ロッテルダム・ルールズのもとでは、船側において運送人から荷受人への責任の移転は起きており、木材を岸壁から置き場まで運んだフォークリフトのドライバーは、荷受人に代わって行動していることになります。だからこそ、私はロッテルダム・ルールズのもとでは、引渡しは責任の移転であり、貨物の物理的な移転ではないと申し上げているのです。

質問に戻りますと、これはロッテルダム・ルールズの解釈の問題であって、準拠法が物理的な占有の移転を伴わない引渡しを容認しているか否かとは無関係です。

藤田　ありがとうございました。もしこの設例において「引渡し」があり、運送人の責任期間が終了しているとすれば、運送人が物理的に占有している物品の滅失・毀損にはいかなる法が適用されるのでしょうか。この状況のもとでの運送人の責任は、ロッテルダム・ルールズの範囲外の話で、国内法が適用されるのでしょうか。それともこの状況についても依然ロッテルダム・ルールズが運送人の責任を規律しているのでしょうか。

ファン・デル・ツィール　この問題をさらに明確にする機会をいただきありが

とうございます。運送契約のもとでの運送人の責任期間が終わっているか否かという問題にとっては、引渡の時と場所についての当事者の合意が決定的な意味を持ちます。合意された時と場所の後には、もはや運送人は運送契約に基づく責任は負いませんし、運送品処分権もなくなります。このことはすべてロッテルダム・ルールズによって決まることで、国内法とは無関係です。

しかし、引渡しがあったために運送契約のもとでの責任が終わった後も、物品が依然として運送人の占有下にある場合には、そのような占有継続中の期間には国内法が適用されるというのが私の考えです。たとえば国内法は、そのような継続した占有は（黙示の）委託契約に基づくものと見るかもしれませんし、あるいは事務管理（*negotiorum gestio*）に基づくものと見るかもしれません。ご質問が、物品がすでに引き渡された場合に関連するものであるということに照らせば、48条は適用されないことになります。この規定は引渡しのなされていない物品に関するものだからです。

したがってご質問に短く答えるなら、この状況のもとで運送人が負いうる責任については、ロッテルダム・ルールズの射程外であり、国内法が適用されることになります。

藤田　ありがとうございました。宋さん、何かコメントがありますでしょうか？

宋　どうもありがとうございます。若干のコメントです。引渡時点は運送契約の条件によるという点についてファン・デル・ツィール教授に賛成です。引渡しは、物品の現実の占有とは必ずしも関係しません。この点についてはこれ以上立ち入りませんが、この設例のシナリオで一点注意していただきたいことがあります。

荷送人が運送品処分権者であるとしましょう。設例2は、51条1項に言及していますので、ここでは譲渡性のある運送書類も譲渡性のある電子的運送記録も発行されていないものと想定されているのではないかと思います。これが確認したい第1点目です。

第2に、荷送人が51条によって運送品処分権者である場合に、荷受人が目的地への物品の到着時に、運送人に物品を保管するように頼んだというので、少し分からなくなりました。荷送人がこの時点で荷受人に対して運送品処分権を譲渡しているか否かはっきりさせる必要があります。もし譲渡していれば、運送品処分権は荷受人のものです。そうなると、そもそも運送品処分権が依然荷送人のもとにあるかという問題は起きません、荷受人のもとにあるのですから。

藤田　ご確認どうもありがとうございました。おっしゃる通り、設例では譲渡性のある運送書類あるいは電子的運送記録は発行されていないという想定です（51条(3)項、(4)項参照）。さらに証券と引き替えに物品を引き渡す旨が記載され

た譲渡性のない運送書類も発行されていないと想定しています（51条(2)項参照）。もしこういった書類・記録が発行されていたとすれば話はもっと面倒になります。

　第2に、単純化のため設例2では、荷送人が運送品処分権を譲渡していないと仮定しています。たとえ運送人の責任期間が続いており、依然運送品処分権が存在しているとしましても、運送品処分権が譲渡されていれば荷送人がこれを行使することはできません。

設例3　運送人の義務・責任とFIO条項

　(1)　運送人と荷主間において、荷主が船積み、積付および陸揚作業等（荷役作業）を行う旨を合意することがある（FIO条項）。このようなFIO条項の有効性については、ヘーグ・ヴィスビー・ルールズのもとで争いがあった。例えば、英国判例法は、FIO条項は、運送契約の期間を定めるものであり、運送人の運送契約上の義務を減免するものではないとして有効とする（Pyrene v Scindia Navigation［1954］2 QB 402. 近時の貴族院判決である Jindal Iron and Steel Co ltd and Others v Islamic Solidarity Shipping Company（The "JORDAN II"）,［2005］1 Lloyd's Rep 57 においても踏襲されている）。ロッテルダム・ルールズは、異なったアプローチをとる。すなわちFIO条項のもとでの行為も運送人の責任期間内であることを前提に、13条2項において明示的にFIOの効力を認める、17条3項(i)号において免責事由として掲げる反面、運送人等の過失を荷主が証明した場合に運送人は責任を負うと規定しており（17条4項(a)号）。ロッテルダム・ルールズのもとでの解決は、上記の判決例と実際的な要件・効果において異なることになるのか。たとえば上記判決例を前提としても、乗組員が積極的に荷役作業に関与したことにより運送品に損傷が生じたような場合には、運送人は責任を免れないとする余地があるが、その根拠は、運送契約上の義務違反ではなく、不法行為に求められるのが一般的であった。この点は、ロッテルダム・ルールズのもとでは異なってくるか。

　(2)　運送業者Aは、荷送人Bとの間で海上運送契約を結び、その際FIO条件を合意した。Aはステベドア業務も行う部門を有しており、荷送人から別途、当該貨物の船積み業務を委託されてステベドア契約を締結し、貨物の船積みを行った。BとAとの間のステベドア契約上には軽過失免責が定められていた。

　貨物は、Aの雇用する労働者により船舶に積み付けられ、その後AはFIO

条件の注記を付けた船荷証券をBに発行し、荷受人Cはその証券をBから取得した。到着地において、貨物は積付時の固縛不良により破損していることが分かった。

① 貨物の損害について、荷受人CはA社発行の船荷証券に基づきAの責任を追及した。Cからの請求に対して、Aは、(a)船積みはステベドア契約に基づいて行っており、運送人として行ったものではないから、Aは約定17条3項(i)号の免責を享受できる、(b)仮に約定17条3項(i)号の免責を享受できないとしても、Aは海事履行者としてロッテルダム・ルールズ59条の責任制限を享受できると主張している。これらの主張は正当か？

② 貨物の損害について、荷受人CがAを不法行為で訴えた。Cは、Aの従業員による積み付けは、FIO条項に基づき荷送人のために行っている行為であり、Aのステベドアとしての責任はロッテルダム・ルールズでは規律されていない、したがってAは責任制限できないと主張する。Aはロッテルダム・ルールズ4条1項に基づく責任制限を主張している。いずれの主張が正しいか。

③ B社が出航前の事実を原因とする損害であることを理由にC社の損害を弁済して、Cの訴権を譲り受けてAに請求する場合については、どのように考えられるか。

戸塚 まず設問3(1)ですが、「荷主による物品の船積み、取扱、積付及び荷揚げ」の合意（以下「FIO条項」という）については、ヘーグ・ルールズ等のもとでは明確な規定はなかったところです。FIO条項のもとでの荷主の貨物の処理に問題があった場合、荷主の作業は運送人の運送契約上の義務ではないため、この問題による運送人の責任は問えないとする英国判例上の考え方が存在していたのですが、今回のロッテルダム・ルールズでは、このFIO条項について正面から13条2項で言及し、その上で17条3項(i)号の免責規定を置いています。

このロッテルダム・ルールズの考え方では、FIO条項のもとであっても、運送人にはなお物品の船積み、取扱、積付および荷揚げに一定の責任があるが、これを荷主が行う約定がある場合、17条の免責規定により責任を免れるという構造となっているが、従前の考え方とは異なっているのではないか。また考え方が異なることで、具体的な結論が変わることになるのでしょうか。

次に設問3(2)です。運送契約においてFIO条項を含む運送が定められたが、同じ会社が別契約で「荷主のために物品の船積み、取扱、積付」を請け負っていた場合、運送契約上は物品の船積み、取扱、積付義務はないことになるはずですが、ロッテルダム・ルールズでは、ステベ契約に基づく責任のほかに、運送契約に基づく責任も一旦負うが17条で免責ということになるのでしょうか。

もし、ロッテルダム・ルールズ上業者が運送人として責任を負うのであれば、

この責任はロッテルダム・ルールズ59条の責任制限の利益を受けると考えられますが、その効果はステベドア契約にも及びますか。そして運送人の責任は、ステベドア契約の当事者である荷主からの請求である場合と、他の荷主（船荷証券の譲受人等）からの請求である場合とでは差異があるでしょうか。

設問3(1)

藤田 設問3(1)はイギリス判例法に関係しますので、ベアさんにお聞きいたしましょう。

ベア 設例は貴族院によって下されたJORDAN II事件についての近時のイギリス判例に触れています。スタイン判事による法廷意見から引用しますと、「〔荷送人や荷受人が主張するように〕〔ヘーグ・ヴィスビー・ルールズ〕3条2項は海上運送人によって提供されるべき運送サービスの縮小できない範囲を定めるものなのか、それとも役務提供契約において運送人が引き受けた機能についてどのように履行すべきかを定めたものなのかというのが、中心的な争点である」とあります。これがJORDAN II事件において裁判所が決定しなくてはならなかった中心的争点です。裁判所は、かつてのPyrene v. Scindia事件——これも設例で触れられています——におけるDevlin判事の判示を支持しました。Devlin判事による判示の末尾を読ませていただきますと、「ヘーグ・ヴィスビー・ルールズが、各々が役割を果たす範囲について、当事者が自分の契約によって決定するに任せてはならない理由はない」。

この見解によると、運送契約全体がヘーグ・ヴィスビー・ルールズにより規律されますが、船積み、荷揚げがどの範囲で運送人の義務に含まれるかは、当事者の決定に委ねられることになります。ロッテルダム・ルールズと英国判例は結論に達する道筋は異なりますが、ロッテルダム・ルールズ13条2項の定めは、当事者は物品の船積み、取扱、積付および荷揚げが荷送人によってなされると決めることができることを、完全に明白なものとしています。したがって、実際上は、同じ結論に、今申し上げた通り、異なったルートを通って達することになります。

藤田 ベア氏が指摘されたようにロッテルダム・ルールズは、FIO条項の有効性に関して、イギリスの裁判所と同じ結論に達するために異なった道筋を用意しています。しかし、それは単に説明の仕方の違いなのでしょうか。それとも何か実質的な違いももたらすものでしょうか。ファン・デル・ツィール教授、この点について何かご意見がおありでしょうか。

ファン・デル・ツィール ありがとうございます。FIO条項は、物品の船積み、取扱、積付および荷揚げが荷送人によって履行されるということを意味しているだけだということを付け加えさせていただければと思います。13条1項の運送

人の義務を見ていただきますと、それ以外に「受取、運送、保管、管理」が残っていることが分かります。たとえば、貨物の船積み、荷揚作業中に、運送人の保安措置が十分ではなかったために物品が盗まれたとか、降雨中に運送人がハッチを閉じておかなかったために貨物に濡損が発生したとかいったことが生じれば、たとえ FIO 条項の適用があったとしても、運送人は責任を負う可能性があります。船積み、荷揚げは運送人の責任期間に含まれているからです。FIO 条項のもとで、17 条 3 項(i)による運送人の免責は、物品の不適切な船積み、取扱、積付および荷揚げによって引き起こされたものに限られます。運送人の物品の船積み、取扱、積付および荷揚げ以外の義務（たとえば「保管（care）」）は、FIO 条項によっても影響されることはないのです。

藤田　ご説明ありがとうございます。イギリス判例法とのもう 1 つの違いは、設問 3(1)の最後の段落に示唆されています。もし乗員が現に物品の船積み・荷揚げに関与しており、その過失が物品の滅失・損傷に寄与した場合、運送人は責任を負う可能性があります。ただイギリス判例法の場合、その責任は運送契約の外の問題ですので、不法行為によることになります。これに対して、ロッテルダム・ルールズのもとでは、FIO 条項に基づく船積み・荷降しは運送人の責任範囲内での行為です。もし運送人の被用者が船積み・荷降しに関与しているとすれば、運送人は不法行為ではなく、運送契約上の責任を負うことになります（17 条 3 項(i)号参照）。

設問 3 (2)

藤田　設問 3 (2)はスターレイ教授に答えていただきましょう。

スターレイ　第 1 の論点は、ステベドア会社が運送人から十分に独立しているかどうかだと思います。設例は同一会社のように読めたのですが、完全に自信はありません。しかし、いずれにせよこの問題はロッテルダム・ルールズの範囲外の問題です。ロッテルダム・ルールズは、密接に関係する関係会社が同一会社なのか 2 つの別の会社なのかという会社法上の問題には立ち入るものではありません。

　もしステベドアと運送人が同一会社である――A 社は運送人でかつステベドア業務を行う部門も持っている、しかし準拠法上は単一の会社と扱われる――とすれば、設問の答えは非常に単純です。作業部会でも具体的に議論されましたし、十分文言も明確だと思います。厚かましくもわれわれの著作について宣伝させていただけるなら、この問題については第 5 章パラグラフ 37 で触れています（MICHAEL F. STURLEY, TOMOTAKA FUJITA AND G.J. VAN DER ZIEL, ROTTERDAM RULES: THE UN CONVENTION ON CONTRACTS FOR THE INTERNATIONAL CARRIAGE OF GOODS WHOLLY OR PARTLY BY SEA, SWEET & MAXWELL, 2010, §5.037）。答えは、運送人は自身の過失

について、依然責任を負うということです。たとえ運送契約とは別のステベドア契約があったとしても、FIO条項、FIOS条項その他FIOの亜種の条項があるか否かにかかわらず、物品の船積み、取扱、積付および荷揚げは運送人の責任期間内でなされています。運送人は荷送人が引き起こした損害については免責されますが、自らが引き起こした損害については責めを免れません。17条3項(i)を見ると、13条2項のもとで行われた船積み、取扱、積付および荷揚げについて触れていますが、「運送人あるいは履行者が荷送人、書類上の荷送人あるいは荷受人に代わってそのような行為を行った場合」を明示的に除外しています。FIO条項は、単なる費用負担に関する条項——船積み・荷揚げは運送契約の一部ではありませんとするもの——であることもあります。運送人がこういったことをするかもしれませんが、荷送人は別途お金を支払うことになります。運送人は自身の過失による損害についてはすべて責任を負います。そしてその文言上、17条3項(i)の利益を主張することはできません。それゆえA社の主張は認められません。

　したがって設問3(2)の第1問への答えは、運送人は自身あるいは海事履行者の過失については、FIO条項にかかわらず責任を負うというものです。これは運送人にとっては悪いニュースです。そこで次の問題です。運送人は責任制限を援用できるか？　より具体的には、59条により運送人は責任を制限できるか。今度は、運送人にとって明るいニュースです。というのも答えは、「イエス」だからです。運送人は義務違反により責任を負い、また自身または履行者の過失についても責任を負いますが、59条の責任制限は適用されます。

　設問3(2)②ですが、ここでもステベドア会社が運送人の会社から十分に独立しているのか否かを問うことから始めることになります。もしステベドア会社が荷送人のために行動する独立の会社なら、ロッテルダム・ルールズは適用されませんし、A社はロッテルダム・ルールズのもとで責任を制限することはできません。もちろん、A社がステベドア契約上の免責条項を主張できるのだとすれば、請求者にとっては「ピュロスの勝利」（訳注：非常な犠牲を払って得た引き合わない勝利）かもしれませんが、そういったことはロッテルダム・ルールズの範囲外の話です。

　しかし、もしA社が単一の会社で船積みは運送人自身の手でなされていたのであったとすれば、荷主側が「運送契約に基づいてあなたを訴えているのではない、ステベドア契約を履行する際のあなたの過失による不法行為責任を追及しているのだ」と主張するか否かは、問題になりません。いずれにせよその訴訟は運送人に対する訴訟であり、4条が適用されます。条約上の抗弁や責任制限が適用されることになります。A社にとって、悪いニュースは責任を負うということであり、よいニュースは、どのような形で訴えられようと責任を制限でき

るということです。

　次の設問3(2)③に対する答えは、求償による代位に関する法に大きく依存しますが、これはロッテルダム・ルールズの射程外の問題です。もし求償による代位についての準拠法が、CがA社に対して行使できたであろう権利と同じ権利をBに与えるとすれば、答えは設問3(2)①と②——これらはCのA社に対する潜在的な請求権に関するものです——と同じことになります。Bは荷送人ですから、求償権はない場合も、C社に対して独自の請求権を有するかもしれません。他方BはCに対して物品を売ってしまっていますので、Bはもはや独立の権利は有しないとされるかもしれません。UNCITRALは、この問題は扱わないと明示的に決めましたので、答えは準拠法として適用される法によらなくてはならないことになります。ただし、もしBが荷送人としてA社に対して独自の請求権を行使することができるとすれば、その場合の分析は、実質的に設問3(2)①と②とほぼ同じということになります。

設例4　運送人の責任(1)：基本的な問題

　運送人Aは、荷送人Bとの間で、米国・ロングビーチ港において、コンテナに詰められた機械一式（以下単に「本件貨物」という）をC号に船積みし、横浜港まで、海上運送する旨の運送契約を締結し、荷送人Bに対して、Dを荷受人とする船荷証券を発行した。荷送人Bと荷受人Dとの間の売買契約には、本件貨物が、本船に船積みされた段階で、所有権がBからDに移転するとの定めがあった。

　C号は、太平洋を航行中、予想できないほどに急速に接近した低気圧に遭遇し、かつ、本船にエンジントラブルが発生したため、船体が激しく揺れることとなった。このため本件貨物に損傷が生じた。この損害には、本件貨物のコンテナへの積付不良、エンジントラブルおよび荒天遭遇が寄与しており、いずれかがなければ損害は相当程度軽減していたことが分かった。

　(1)　ロッテルダム・ルールズ17条は運送人の滅失、損傷および遅延に関する責任について規定するが、誰がどういう資格で損害賠償請求できるかについては明確に規定していない（同条は claimant という言葉を使っている）。この点は各国準拠法に委ねられていると考えてよいか。またこれと関係して、17条に基づく責任追及の前提として、原告には何が要求されるのか。たとえば、毀損した物品にかかる船荷証券所持人であったことを示せれば足りるのか、物品についての所有権その他の経済的利害が損なわれたことを示す必要があ

るか。この問題も準拠法に委ねられていると理解してよいか。

(2) 上記のケースでは、17条6項によると具体的にどのような結論が導かれるのか（17条3項(b)号、(k)号および5項(a)号(iii)の競合）。複数の原因が競合した場合の損失の配分を定める17条6項は、各原因の寄与度が証明されない場合の扱いを明示していないが、完全に裁判所の裁量に委ねているという理解でよいか。

平田 設問4(1)は、ロッテルダム・ルールズ17条に定める、貨物の滅失、損傷に関する運送人の責任についての問題です。17条には、「請求者」という言葉がありますけれども、本条約には、その定義規定がありません。本条約において定められている事項と、そうではない事項を峻別することは重要です。「請求者」については、条約ではなく、運送契約の準拠法によって決められると解するのでしょうか。また、さらに、所有権侵害ではなく単に経済的損失を被った者が請求権者となれると解してよいでしょうか。

設問4(2)では、損害の原因として、荒天遭遇、梱包不良、本船の不堪航が、競合したことが想定されます。17条6項は、このように原因の競合する場合の運送人の責任に関する規定ですが、裁判実務上どのように機能するとお考えでしょうか。

設問4(1)
藤田 この問題は、運送人の責任について報告されたホンカ教授にお願いしましょう。運送人の責任原則についての設例4をお答え下さいますか？
ホンカ 大学の試験の席に座っているのでなくてよかったと思いました。これまでの設問で、すでに落第確定ですから（笑）。ともかくも、この設例ではいろいろな事実が書かれていますが、質問は単刀直入なものです。

誰が訴えることができるかという問題については、ある段階までは条約草案に含まれていました。そしてその規定が残っていれば、この問題についての統一をより進めることになったでしょう。しかし、その章はある段階で削除され、その結果ロッテルダム・ルールズにはこの問題について何も触れないことになりました。ということは、これは主として各国法の問題だということになります。そこで国際紛争だとすれば、どこの国の法が適用されるかが問題となります。少なくとも私の法的素養を背景とするなら、これは手続法的な問題だと思います。国際私法は、準拠法は法廷地法、つまり手続が行われている地の法と答えると思います。私の住んでいる地では、誰が訴えることができるかという点については、非常に柔軟なアプローチを採っています。ただこれはロッテル

ダム・ルールズのレベルの問題ではないので、この点について深入りすることはいたしません。

　他方、たとえこれが手続法の問題で、ロッテルダム・ルールズには直接の答えはないにせよ、ロッテルダム・ルールズが間接的な影響を与えているかもしれないとは思います。というのも条約は多くの当事者——運送人、海事履行者、荷送人、荷受人、運送品処分権者、証券所持人——を扱っており、そういった実体法上のルールは、もちろん、各国裁判所や仲裁廷が、これらの当事者の立場をどのように判断するかということに、影響を与えうるからです。そして、このことは、これらの当事者のすべてが、紛争に関する実体的利益を有しており、それが十分なものであるという状況を確認するものと言えるかもしれません。

藤田　ありがとうございます。ご指摘の通り、条約草案はかつて誰が訴えを提起できるかについての規定が置かれていたことがありました（Chapter 14 (Articles 67 and 68) contained in Transport Law: Draft convention on the carriage of goods［wholly or partly］［by sea］, U.N. doc. no. A/CN.9/WG.III/WP.56（8 September 2005）参照）。UNCITRAL 作業部会は、第 18 会期においてこれを削除することを決めました（Report of Working Group III (Transport Law) on the work of its eighteenth session (Vienna, 6-17 November 2006), U.N. doc. no. A/CN.9/616 (2006), paras.114-118 参照）。作業部会の報告書によると、「この章の目的は、いかに立派なものとはいえ、あまりに野心的で、作業部会がその内容について合意にいたることは難しいであろうということが明らかになった」ということです（同 para.116）。

設問 4 (2)

藤田　誰が原告となりうるかということは別として、設例 4 のもとでの運送人の責任はどうなるでしょうか。3 つの原因が物品の損傷に寄与しています。ホンカ教授いかがでしょうか？

ホンカ　17 条 6 項は起草するのが難しい条項でした。私はこの問題についてさまざまな努力がなされたことを知っています。とりわけ、どのように起草すべきかについて、アメリカが特に関心を持っていたと思います。多くの他の法域では、厳密な起草の仕方は、必ずしも重要な問題とは思われていませんでした。このことは、この条文が他の法域にとってややなじみのない形で書かれていることの部分的な説明にもなるでしょう。しかし、17 条 6 項と合わせて、多くの因果関係に関する理論——とりわけスイス代表によって意見が述べられたのですが——が議論されました。たとえば、原因が競合する場合、原因の連鎖がある場合、損害が生じるために複数の原因が必須の場合といったさまざまなタイ

プの因果関係とこの条文がどう関係するかといった問題です。

17条6項は、この種のこういった因果関係の区別をしているようには思えませんし、そのことは問題をもたらすかもしれません。裁判所は、各原因の寄与度、貢献度が証明されていない状況のもとで、裁判所は完全な裁量を有しているかと問いを立てられることになります。私は、裁判所が完全な裁量を有しているとは言いません。裁判所は証拠と何が証明されたと言えるのかを勘案し、おそらくは最終的に各原因の与えた効果の確率を評価しなくてはならないでしょう。しかし、そういうことを全部考慮した上で、裁判所は大きな裁量の余地を有する状況ではあると思います。これ以上は申し上げることができません。

なお付言しますと、私の国では、「寄与原因（contributory causes）」という問題は非常になじみのあるもので、それが真に大きな問題だと考えられたことはほとんどありません。非常にしばしば裁判所は裁量を行使しています。異なった人による異なった過失をどうやって数値的に計算できるというのでしょう。それは不可能というものです。

設例5　運送人の責任(2)：延着・滅失・不履行

　運送人は、運送契約の目的である商品1000個を荷送人から受け取ったが、うち100個をコンテナの中に入れ忘れ、900個だけを目的地に輸送した。到着地の代理店から数量不足を指摘され気付いた運送人は、この100個を別の船（コンテナ）に積載して発送した。その結果、1000個の全部の貨物の引渡しは、当初想定されていた引渡時期よりも3週間遅れた。荷受人が3週間の間に下落した貨物の市場価値について、運送人の責任を主張して賠償を求めたところ、運送人は、物品の引渡時期について約束していない以上責任はないと主張している。運送契約中には、物品の引渡時期について明文の規定は置かれていない。荷送人は、事前に運送人の提供する配船表（shipping schedule）によりいつ船舶が目的地へ到着する予定であるかを確認した上で、運送人に対して運送を依頼しており、予想到着時は当然守られるものと考えていた。

　(1)　この場合、運送人は何ら責任を負わないか。

　(2)　上記の事案で、船荷証券中に、延着による責任は負わないと明文の規定があったとする。この場合、目的地の代理店が荷受人に900個の貨物を引き渡した時点で、荷受人が欠けている100個について損害賠償を求めたとす

る。運送人は何ら責任を負わないか。遅れて到着した100個について3週間後に引き渡した後に、荷受人が賠償請求する場合でも同じか。

　(3)　より一般的に、運送品の滅失、延着および単に運送をしないという形の不履行との区別は、どのようになされるのか。たとえば、①運送品の一部が行方不明になって、運送人に対して荷主が運送品の滅失の責任を追及している間に、運送品が見つかり、当初の予定より遅れて荷受人に引き渡された場合、到着時期の合意がない限り、運送人は延着責任を負わないということでよいのか。また②荷送人が運送品を届けたのに、運送人がうっかり忘れ、いつまでも船積みを開始していなかった場合、契約に到着時期の規定がなければ、その後運送人が気付いて船積みし、運送すれば、「延着」扱いとなり、運送人は責任を免れることになるのか。荷送人としては、合理的な期間経過後は、そもそも履行がないとして、運送人の責任を追及することはできないのか。

平田　設例5は、運送品の延着、滅失、およびロッテルダム・ルールズではカバーしていない運送契約不履行について検討するものです。ロッテルダム・ルールズ21条は、引渡しの合意のある場合にのみ、延着による運送人の責任を認めています。引渡しの合意は、黙示的なものでもよいと解されています。それでは、船荷証券に明示的に、延着による責任は負わないとの規定がある場合は、どのような結論となるのでしょうか。また、一部不着の運送品について、滅失あるいは、運送契約の不履行として運送人を訴えることは可能でしょうか。

設問5(1)
藤田　設例5も運送人の責任に関するものですので、ホンカ教授にお願いしたいと思います。第1の問題は、運送契約中に引渡時期が明記されていない場合、およそ運送人は延着責任を負わないのかということです。
ホンカ　ご指摘の通り21条は非常に狭いです。実際、21条の背景については、スチュアート・ベア氏が強調されたと思います（本書16頁）。延着に関する荷送人の責任の問題とも関連づけられてしまったという事情もいくらか関係しています。そして、運送人の責任と荷送人の責任は問題解決において一種相互関連づけられてしまったのですが、21条は運送人側の解決に関するものです。しかし、すでに本日も申し上げましたが（本書104頁）、引渡時期について合意しなくてはならないとは言うものの、それは明示的ではない黙示の契約条件であってもよいわけで、荷送人は運送人に船舶は予定通り、公にされた配船表に従った予定日通りに着くと理解してよいかと聞いています。何らかの黙示の条件があったと主張することができるかもしれない、唯一の事情がこれです。

しかし、実態を見る限り、配船表自体、運送人あるいは運行者によって、これは単なるモデルあるいは提案にすぎないといった旨の留保が付せられていることが非常に多いと思います。そして配船表は必要が生じれば変更されるでしょう。したがって、こういうことも合わせて考えると、黙示の条項が現に存在したというためには、さらなる証拠が必要なのではないかと思います。配船表があるといけると思うかもしれませんが、実際には、あまり決定的なものとは私には思えません。

藤田 ありがとうございます。「問題解決において一種相互関連づけられてしまった」という立法の沿革については、UNCITRAL 作業部会第 19 会期の報告書に書かれています（Report of Working Group III（Transport Law）on the work of its nineteenth session（New York, 16-27 April 2007), U.N. doc. no. A/CN.9/621 (2007), paras 177-184 参照）。21 条は物品が合意された期間内に到着しなかった場合に延着となると規定します。この条文は黙示の合意の可能性を排除はしていませんが、設例に書かれたような状況だけでは、このような合意を認めるには十分ではないかもしれません。

設問 5(2)

藤田 設問(2)はどうでしょうか。こちらでは船荷証券が明示的に黙示の合意を排除していますので、運送人は延着責任を免れることができます。しかし、原告としては、「私は物品 900 個を受け取った。100 個はなくなっている。したがって 100 個の滅失した物品について損害賠償を請求する」ということはできるでしょうか？

ホンカ ロッテルダム・ルールズは「コンバージョン・ルール」を持っていないので、これは答えのない質問ですね。ハンブルク・ルールズは、物品の滅失について責任追及する者は、引渡時期経過後 60 日以内に要求に従った引渡しがなされない場合には、物品が滅失したものと扱うことができる云々という規定があります。このようにハンブルク・ルールズにはコンバージョン・ルールが含まれているわけですが、ロッテルダム・ルールズにはありません。しかし、私は、コンバージョンは国内法の問題だと思います。したがって、ロッテルダム・ルールズのもとでも排除されていない、少なくとも明示的には禁止されていないと思います。

　たとえば、私の国では、現行のヘーグ・ヴィスビー・ルールズを適用する際に、それと矛盾しない限りでハンブルク・ルールズによって補完されてきました。ヘーグ・ルールズおよびヘーグ・ヴィスビー・ルールズが運送人の責任を船積みから荷揚げまでと定めている場合に、立法者がこれを港から港まで拡張することも、完全に可能だと考えられてきました。ヘーグ・ルールズは、その

部分はカバーしていないからです。この問題も、それと同じようなことです。条約が沈黙していることには、国内法の規定や原則が適用されます。しかし、もちろんそのような原則の場合には、ハンブルク・ルールズの場合のような明確な期間というのはないでしょう。したがって、ここで確信をもって問いに答えることはできませんが、コンバージョンが起きると考えることはありえますが、それはロッテルダム・ルールズによってそうなるのではないということです。そして、その種のコンバージョンが起きていると考えられるとすれば、今度は、物品の滅失・毀損についての責任に関する限りはロッテルダム・ルールズに戻らなくてはならないことも明らかです。

藤田 ホンカ教授、ありがとうございます。私の理解が正しければ、たとえ物理的な滅失が生じていなくても、引渡しの可能性はあってもすでに著しい延着が生じている場合には、裁判所は、物品が滅失していると扱ってよい場合もある、そしてそれは、ロッテルダム・ルールズの規律ではなくて、準拠法とされる国内法の規律事項であるということですね。論旨には全く賛成なのですが、日本法のもとでコンバージョンがどのように生じるか、とりわけ運送人がそもそも物品を一定期間内に届けるという義務を全く負っていないという場合にどのように生じるかということについては、私にもよく分かりません。宋さん、何かコメントがおありでしょうか？

宋 この設問に答えようという趣旨ではないのですが、引渡時期について特別の合意がなされない限り、ロッテルダム・ルールズのもとでは延着ということがほとんど生じないということについては確認する必要があります。これは中国海商法と似た規律です。そこで、設問の船荷証券による契約が結ばれた場合に、運送人は延着による責任は全く負わないだろうかと思いました。しかし他方、引渡時期についての特別の合意があったとすれば、それは船荷証券の条項と明らかに相容れないことになります。そういう事情がなければ、矛盾はなく延着は存在しないことになります。この種のシナリオではこの点こそが最初に解決されなくてはならないと思います。ありがとうございました。

スターレイ 私も、設問に答えようとするわけではないのですが、少し質問したいと思います。私も宋氏と同じ風に考えていました。つまり船荷証券が延着については一切責任を負わないという条項を含んでいたとすれば、それは79条のもとで無効ではないかと思います。延着責任を排除することはできません。しかし、そうではなくて——宋氏がホンカ教授への補足で示唆されたように——引渡時期について合意はありませんということを確認するような条項を入れることはありえます。船荷証券に入れることができるとすれば、黙示の合意を排除するような条項です。そのような条項は延着責任を免責するものではない、そうではなくて運送人が特定の時期に引き渡す義務は引受けていないとい

うことを明らかにするものです。あるいは、予定表の時期から17年以内に引き渡す（！）といった義務を負うというものでもいいですが。

藤田　お2人からのコメントどうもありがとうございます。第1に、設問5(2)の趣旨ですが、船荷証券には「延着責任は負わない」とあり、また引渡時期については明記されていません。この設問を作った際には、「延着責任は負わない」と言う文言によって、引渡時期についての黙示の合意を有効に排除している、そしてそれは79条には反しないという理解でした。だからこそ荷受人は設問5(2)で物品の滅失についての運送人の責任を追及しているわけです。しかし、お2人のコメントをお聞きすると、裁判所によって無効とされてしまうおそれがあるため、運送人としてはこのような単純な条項に依拠するのは危険であることが分かりました。より慎重な運送人であれば、たとえば「引渡時期については保証しません。運送人は特定の期間内に運送品を引き渡す義務は負わず、延着責任も負いません」といったような、もう少し神経を使った文言を用いるでしょう。そして運送人が延着責任を有効に排除することができたとすれば、そこから後は、ホンカ教授の「コンバージョン」に関する分析に戻ることになります。

設問5(3)

藤田　それでは設問5(3)に進みましょう。ホンカ教授、お願いします。

ホンカ　ありがとうございます。物品の滅失、延着および単なる不履行について、あらゆる状況のもとで、きちんと区別できるわけではありません。設問5(3)①——遺失物が最終的に見つかって荷受人に届けられたような場合——のようにはっきりしている場合もあるでしょう。もし荷主が、準拠法上適用がありうるコンバージョン・ルールに基づいて全損を請求していない限り、そして契約を解除していない限り（契約解除の問題もロッテルダム・ルールズの規律する事項ではありません）、物品の延着という状況にあることになります。そして引渡時期についての明示・黙示の合意がない限り、運送人は責任がないということになって、それで終わりです。

　設問(3)②では、運送品が運送のために引き渡されてはいますが、運送は全く開始されていないという状況が問題となっています。このような場合、荷主は運送をキャンセルする、より正確に言うと、運送契約を各国法に基づいて解除する（国際物品売買契約に関する国際連合条約（CISG）は、"avoidance"という言葉を用いています）ことが考えられます（そのためには、通常は、本質的な違反の存在が必要とされます）。荷主にとってのもう1つの可能性は、運送が開始されるのを待って、目的地で引渡しを受けることです。こちらの場合には、引渡しに遅延が生じるかもしれません。しかし、これはロッテルダム・ルール

ズのもとで延着がどのように解釈されるかということに依存します。ロッテルダム・ルールズのもとでの延着は、運送開始前に生じた遅延をも含むのか、それとも航海中に（もしくは運送自体から）生じた遅延のみをカバーするのかということです。もっとも、このことは、この事案では問題とはならないかもしれません。というのは、引渡しの日時に関する明示もしくは黙示の約定がない限り、いずれの遅延も問題とならないからです。また、荷主による運送契約の解除は、もちろん航海がすでに開始された後で主張された場合には、遅すぎることになります。契約の本質的な違反による解除は、運送の開始前にのみ可能なのです。本設問のような場合には、荷主には選択肢があることになります。荷主は、契約を解除せず、海上運送がなされることを受け入れるということもできるのです。この場合、もはや契約の解除は不可能になり、そして運送人の延着についての責任も生じない可能性があります。したがって、荷主には、契約の解除か契約の履行を（それが事実上は遅延しているが法律上は遅延したものとは扱われない場合であっても）受け入れるかという選択肢があるのです。

　また、運送が開始される前に荷主が契約を解除し、物品を取り戻して別の運送人に運送を委託した場合には、荷主が第一の運送人に対して支払う必要のあった運賃よりも高額の運賃を第二の運送人に対して支払わなければならなかったとすると、荷主が第一の運送人に対してその補償を請求することができるかということも問題となります。

設例6　運送人の責任(3)：物品にかかわるさまざまな責任と条約の規律

>　(1)　運送品である木材の荷揚げの際に、ステベの作業ミスにより、貨物が海中に散乱した。木材の価値が毀損されることを防ぎたいと思った荷受人は、業者を雇い早急に木材の回収作業を行った。その結果、木材はほぼ毀損が無い状態で回収することができた。荷受人が運送人に対して回収に要した費用を請求した。この請求は、「条約上の義務違反についての運送人の責任」として責任制限、出訴期間の制限の対象となるか。
>
>　(2)　運送品である化学薬品（梱包品）の陸揚げの際に、ステベの作業ミスにより、貨物が海中に散乱した。そのまま放置すると危険なため、港湾当局が、これらの回収作業を行い、運送人に対して要した費用を請求した。この請求は、「条約上の義務違反についての運送人の責任」として責任制限、出訴期間の制限の対象となるか。

300　第Ⅱ部　ワークショップ　ロッテルダム・ルールズの解釈と運用

> (3) 荷送人が格安の運賃による運送を引き受ける会社との間で運送契約を締結した。ところが、荷送人が契約上の物品の受渡場所に運送品を届けたにもかかわらず、当該運送人はいつまでも船積みを開始しない。やむなく荷送人は、契約を解除し、別の運送人に運送を委託し、目的地まで物品を運送した。これによりもともとの運賃よりも相当高額の費用がかかった。荷送人が余分にかかった費用及び延着による経済損失について、当初の運送人に対して損害賠償請求した。この請求は、「条約上の義務違反についての運送人の責任」として責任制限、出訴期間の制限の対象となるか。

戸塚　ロッテルダム・ルールズでは、運送人は貨物の滅失、損傷について責任があるとしていますが、それ以外の形で荷主に損害が発生する場合がありえます。設問6(1)ですが、たとえば、運送品が海中に落下しこれを荷主が集めたため費用損害が発生したとき、貨物に滅失損傷が発生しなかったような場合でも、ロッテルダム・ルールズでは運送人は賠償責任を負うのでしょうか。そしてこの場合においても、運送人は59条で責任を制限することができるのでしょうか。

　次に設問6(2)です。運送契約当事者以外の者に(1)と同じような費用損害が発生する場合にも、運送人はロッテルダム・ルールズ上の責任を負い、責任制限の利益を享受できるのでしょうか？

　設問6(3)です。運送人が何もしないことで遅延等の損害が発生することがありえます。このような状態を解消する為に荷主が契約を解除して、運送人の責任を追及する場合もありうるが、このような損害賠償の請求はロッテルダム・ルールズ上のどの規定に基づいて請求できるのですか。また解除後であっても運送人はロッテルダム・ルールズの責任制限の利益を受けることができるのでしょうか。

藤田　設例6も一見運送人の責任についての問題であるかのように見えます。しかし、真の争点はロッテルダム・ルールズの適用範囲です。ですから、この問題については、スターレイ教授に分析をお願いしたいと思います。

スターレイ　学生時代に戻ってこの種の試験問題に回答している気分です。背後にもっと難しい問題が潜んでいますが、この問題は一見非常に簡単そうに書かれています。

　設問(1)は、荷受人に直接引き渡すのではなくて、材木を港の海中に落としてしまったという話です。どのように「引渡し」が行われるかについて当事者は自由に定めることができますが、海中に貨物を落とすといったやり方が、「引渡し」に含まれないということは当然と考えてよいと思います。それゆえ、これは物品を目的地に届け、運送契約の条件に従って荷受人に引き渡すという、11

条の定める運送人の義務違反です。運送人は、物品を海中に落とすのではなくて、荷受人に届けるという条約のもとでの義務を負っているのです。59条は、条約のもとでの義務違反に対する運送人の責任について、一定額に責任を制限しています。

　このように運送人が責任を制限することができるかという形で問いを立てられている限り、答えはイエスです。より難しい問題は、運送人の賠償義務をいかに理由づけることができるかということです。ロッテルダム・ルールズが物品の滅失、毀損、延着による責任について明確な規定を置いているからです。荷受人は物品を毀損がない状態で取り戻すことができました。もし延着があったとしても、ささいなことでしょう。荷受人は、海中から非常に手早く引き揚げたはずです、さもなければ毀損がないなどということはないはずでしょう。としますと、物品の滅失も毀損も延着もないということになります。そこで、その代わりに荷受人が、物品が海中に放置されてしまったとすれば被ったであろう滅失、毀損を防止するために支出した金銭に着目することにしましょう。私は、荷受人はこういった費用について、59条の限度額の範囲内で、保証を受けられることは、十分に明らかではないかと思います。貨物が誤配され、全損になるべきところ、荷受人は損害を軽減し、滅失を最小化することができました。そのような軽減のための努力に成功したということが、補償を受けることを妨げはしないでしょう。

　設問(2)はさらに簡単だと思います。このケースでは、物品を回収しあるいは運送人を訴えているのは荷受人ではなく港湾当局です。港湾当局は運送契約当事者ではありません。ロッテルダム・ルールズの適用範囲は、大まかにいって運送人と荷受人の間の話だということを知る必要があります。荷受人の権利は、たとえば荷受人とか運送品処分権者といった人が荷主側の請求者になる結果、他の荷主側の人間に移ることもありますから、若干それよりは広いことにはなりますが。また、運送人側についても、ロッテルダム・ルールズは、海事履行者をカバーしているという意味で、若干広いですが。ただ港湾当局は、このこととは全く関係ありません。港湾当局は運送人がその義務に違反したといって訴えているわけではありません。運送人は港湾当局に対して物品を引き渡す義務を負っているわけではありません。運送人が港湾当局に負っている義務は、おそらくは港湾規則あるいは環境法その他のロッテルダム・ルールズ以外のものによるものでしょう。港湾当局がそのような責任追及に成功するかどうかは、その適用される法次第ですし、運送人が責任制限できるか否かも、何法かは知りませんがいずれにせよ適用される法によって定まる話で、ロッテルダム・ルールズによるわけではありません。したがって、設問6(2)において最終的な結果がどうなるかは私には分かりませんが、運送人がロッテルダム・ルールズ

のもとで責任を制限することができない、なぜならロッテルダム・ルールズは全く関係がないからだということは確かだと思います。

　設問6(3)に進みましょう。運送人は、ロッテルダム・ルールズのもとで、責任を制限することができるか？　答えはイエスだと思います。運送人はロッテルダム・ルールズのもとでの義務に違反しています。運送人は物品を引き渡すものとされていますが、実際には引き渡しませんでした。いや、そもそも運ぶプロセスすら始めていません。したがって、義務違反があり、運送人は義務違反に基づくあらゆる訴訟において、責任制限を主張することができます。したがって、運送人は義務違反をしたが、同時に責任制限を享受しうる。この設例では、貨物がどこにあるか分かりません。誰か別の人に引き渡されたかもしれません。荷送人は延着に基づく責任を追及したいかもしれませんし、あるいは運送人は本来の場所に貨物を届けなかったため、荷送人が別の人を雇って届けさせなくてはならなかったという設問6(1)と少し似た分析が可能かもしれません。状況は設問6(3)でも似ています。運送人の義務違反は、設問6(3)では、設問6(1)よりも、少しばかり早く起きていますが。そしてもちろん、運送人の行動が義務違反であることはここでは当然の前提にしています（実際、ここでなされていることは、われわれ英米法系の者なら「履行期前の拒絶（anticipatory repudiation）」と呼ぶものに似ています）。もちろん、ロッテルダム・ルールズはどういうことがあれば「履行期前の拒絶」になるかといった詳細は規定していません。ロッテルダム・ルールズは契約法のすべてをあらためて規定し直すといったことは試みていないのです。したがって、運送人が輸送しなかったことが債務不履行になり、契約解除を正当化することになるかといった点については、準拠法を見る必要があるでしょう。ロッテルダム・ルールズの外を見なくてはならないのです。しかし責任限度額に関しては、答えは明白です。運送人は設問6(1)(3)では責任を制限できますし6(2)ではできません。

藤田　設例6のすべての問を通して、物品の損傷は「本条約のもとでの義務違反」によって引き起こされています。にもかかわらず、設問6(2)において運送人の港湾当局に対する責任はロッテルダム・ルールズの責任限度額や提訴期間の制限には服しないというスターレイ教授の見解には、皆さん賛成されると思います。他方、設問6(1)と(3)はもう少し微妙な問題を含んでいるように思います。スターレイ教授は、設問6(1)と(3)における運送人の責任は、ロッテルダム・ルールズの責任限度額や訴えをできる期間の制限に服するとお考えのようですが、それでよろしいでしょうか？　ホンカ教授は別のお考えですか？

ホンカ　設問6(1)(2)については、特に異論はないのですが、設問6(3)については全く異なった解決を考えています。この事案では、荷送人は運送契約を解除しています。したがって、もし運送契約がなくなっているとすれば、運送人が

何らかの義務を負っているということは難しいのではないかと思います。ですからロッテルダム・ルールズが規定している運送人の義務は適用がないのではないかと思われます。これに対しては、運送人はすでに契約に違反している、だからこそ荷送人によって契約は解除されたのだと反論されるかもしれませんが、これには運送人としては、「別に解除して欲しかったわけではない。運送はするつもりだ、ただし遅れるというだけだった。そして引渡時期については合意はなかったのだから、延着については責任は負わないはずだった」と反論するでしょう。したがって、私としては、ひとたび荷送人が解除した以上、この問題は完全にロッテルダム・ルールズの外の問題で、もし準拠法である国内法がおよそ運送をしなかった運送人についても責任限度を定めているとすれば、特別の限度額があるかということを含め、当該国内法が問題をすべて解決することになり、ロッテルダム・ルールズからは責任制限の可否は導けないと思います。期間制限についても同じことが当てはまります。

藤田 スターレイ教授からはご意見はありますか？

スターレイ ホンカ教授と私が設問6(3)について意見が対立しているとは思いません。われわれはいずれも、荷送人が契約を解除できるか否かは準拠法によって規律されるということについては意見が一致しています。ホンカ教授と私は、前提が少し違っているのではないかと思います。私は、準拠法上、解除が有効であるのは義務違反があるからだということを前提としていました。もし運送人が全く義務を負わない本当に完全な解除があったとすれば、確かに運送人はなんら義務を負わないかもしれません。後には何も残りません。しかし、義務違反によって解除がなされ、準拠法上は、その義務違反の帰結として、善意の相手方が依然運送人に対して、損害賠償を請求することができるという場合を想定してみて下さい。これは少なくともアメリカ法のもとで生じることですし、多くの他の法システムのもとでもそうなのではないかと思っています。運送人が契約違反によって損害賠償責任を負う限りにおいて、もともとの契約がロッテルダム・ルールズに服する限り、その責任はその責任制限にも服することになります。

なお設問6(1)においては、荷受人がどのように損害賠償請求できるかということについて難問があるということは、そうだと思います。だから、その問題については避けたのです。ただ、運送人が責任制限を主張できるかということが問題であるとすれば、答えはイエスだと思います。というのも条約上の義務違反があることは明白で——たとえその義務違反の結果、荷受人がどのように損害賠償請求できるかははっきりしないにせよ——条約のもと荷受人が損害賠償請求をしている場合には、運送人は責任を制限することができます。

ホンカ 設問6(1)において、ロッテルダム・ルールズのもとでの責任は生じな

いでしょうが、責任制限は適用されるでしょう。しかし、ここでは通常の意味での滅失・毀損はありません。ちょっと比較を思いついたことがあります。正しいかどうかはよく分からないですが、共同海損を例にとって下さい。共同海損において、船主が受け取ることになる場合であっても、荷主は分担金を支払わなくてはなりません。しかし、たとえ共同海損の精算がなされたとして、後に運送人が自己について責任があるということが分かったとします。この場合、荷主は共同海損の精算がなされたにもかかわらず、分担金の支払いを拒絶できるか、あるいはすでに支払った分担金を取り戻す権利があるかという問題が生じます。私の国では、この問題が責任のルールあるいはヘーグ・ヴィスビー・ルールズと近づけて考えられた裁判例が少なくとも1つあります。分担金が実際に支払われるべきか、あるいは支払われた分担金を取り戻すことができるかを判断するに当たっては、これらのルールに従うわけです。実際、ハンブルク・ルールズでは明示的にこの点が明確にされていますが、ロッテルダム・ルールズには規定が欠けています。私はそのことについて多少残念に思いますが、その点は人によりけりでしょう。ただ通常の意味での滅失・毀損がないという事実を示すものに他なりませんし、ここでの問題と比肩しうるもので、だからこれらの回収費用は、やはり損害なのだと言えるのではないかと思います。私はロッテルダム・ルールズが適用されるとは言いませんが、それと非常に近い、特に考慮しなくてはならない位置にあるのだと言いたいのです。

藤田 設問6(2)に関する限りは、ロッテルダム・ルールズの責任制限や期間制限が適用されないということについては、どなたもご異論はないと思います。たとえ、この場合の運送人の責任は、「本条約のもとでの義務違反」によるものと言えるとしても、それは運送契約とは無関係な責任で、ロッテルダム・ルールズの範囲外の話だからです。

　設問6(1)と(3)も、条約そのものではなくて、運送人の準拠法上の責任を扱っています。ただ仮に運送人の責任が条約に基づくものではなくても、「本条約のもとでの義務違反」から生じた責任であれば、ロッテルダム・ルールズの責任制限や期間制限は適用されます。加えて、設問6(2)とは違って、設問6(1)と(3)は、何らかの意味で運送契約には関係した責任であり、原告も荷送人あるいは荷受人です。これゆえこれら両ケースにおける運送人の責任については、設問6(2)とくらべると、ロッテルダム・ルールズの責任制限や期間制限に服するという議論がしやすい面があり、このため結論について意見が当然に一致するというわけではないのでしょう。

設例7　運送人の特定

> P丸（登録船主A社）とQ丸（登録船主B社）は同一航路を運航しており、いずれも傭船者R社に定期傭船されていた。R社の積み地船舶代理店は、従前からBIMCO CONGENBILL 1994のフォームに"for the master"として署名する方法で船荷証券を発行していた。
>
> この代理店は、ある時、運送契約の対象となっている物品を船舶「P丸」に船積みされたと書かれている船荷証券を発行したが、実際にはこの物品は同日Q丸に積載されており、「P丸」と記載したのは船舶代理店の誤記であった。船舶Pの登録船主Aは、代理店がQ丸をP丸と誤記して船荷証券を発行した事実を知らなかった。ところがQ丸は航海中に積載貨物と共に沈没した。
>
> 買主（荷受人）と貨物保険者は、船荷証券記載のP丸の登録船主であるA社を被告に訴えた。このような場合でも、P丸の登録船主A社は、ロッテルダム・ルールズ37条2項によって、運送人と推定され、運送人でない旨を立証できない限り、運送人として責任を甘受することになるのか。P丸に貨物が積載されていなかったことを証明することで推定をくつがえすことができるか。くつがえすことができないとすれば、A社はどのようなことを立証すればよいか。

池山　これは、運送人の特定に関するロッテルダム・ルールズ37条2項の適用に関連する事例です。同条同項は、本件のように運送人の名前が明記されていない船荷証券が発行された場合には、船荷証券に記載された本船の登録船主を運送人と推定すると規定しています。しかし、推定の対象となった登録船主は、本船が裸傭船されていることを証明することにより、またはindentify the carrier and its addressすることにより、自分に対する推定を覆すことができるとも規定しています。

　この事例における貨物側の主張は、同条同項に定める推定規定に依拠しています。これに対し、貨物滅失について実質的には関知しない本船P丸の所有者A社が、船荷証券の記載にもかかわらず、自分はこの貨物の運送に関知しておらず一切責任を負わないということを認めてもらうためには、いかなる事実を主張または証明する必要があるかということが、ここでの質問です。

藤田　この問題はガーヴィン教授に答えていただきましょう。

ガーヴィン　ありがとうございます。運送人の特定に関するロッテルダム・ルールズのこの規定は、荷主側が誰を訴えればよいかということに関してしばしば困難を引き起こしてきた長年の問題を解決するものです。時間が刻々と過

ぎていき、ある時点で期間制限によって訴えが退けられてしまうことになってしまうということだけからしても——ほかにもいくつもの理由はありますが——、これは明らかに重要なことです。そしてこれはロッテルダム・ルールズの議論の分かれる争点の1つでもありました。実際、起草資料（*travaux préparatoires*）を見ていただければ、これらの困難さのいくつかについての説明を見ることができます。

　さて念のため事案を繰り返しておきますと、たまたま同時期に傭船にだされていた2隻の船があるという状況です。P丸とQ丸という船です。貨物は実際にはQ丸によって運ばれているのですが、船荷証券には誤ってP丸と書かれています。船が沈んだことによって損害が発生したことに伴い、荷主がP丸の所有者A社を訴えました。A社は37条のもとで責任を負うかという問題です。

　念のため、この設問では想定されていない、それ以前の状況も追加的に取り上げてみましょう。もし運送人が関係する運送書類の明細中で具体的に特定されていたとすれば、37条1項によってきわめて単純にカバーされています。とりわけ運送人が氏名によって特定されている場合には、運送人の特定に関するその他の情報は、その氏名と矛盾する限りにおいて効力はないとされます。

　しかしそのような状況は、ここではありません。運送人の名前が示されてはいない状況です。しかし、船舶の名前に関連する情報はあります。そこで、概説において説明しました通り、われわれは37条2項に取りかかることになります。ここでは裸傭船はありません。定期傭船の事案です。そして問題の船舶との関係では、37条2項の規定するところを見る必要があります。37条2項は、もし運送人の特定がなく、契約明細において、物品が、名前が示された船舶に船積みされた旨が示されていた場合には、登録船主が運送人だと推定されるというのです。

　したがって、船荷証券がP丸と記載しているので、P丸の登録船主が責任を負う当事者であると期待しうることになります。先ほど言いました第2文が別の選択肢を示していますが、ここでは裸傭船はありません。登録船主は、運送人であるという推定を、誰が運送人であるかということと、その住所とを特定することで、覆すことができます。しかし、そもそもの問題は、船主はこのような状況のもとで、推定に対して反証しなくてはならないような立場に置かれることになるのかということです。

　運送人を特定し、その住所を示すことで反証するというのが確かに1つの対応だと思います。そして実際に船舶が同じ傭船者に傭船に出されている、あるいは2隻の船が同じ傭船者に傭船に出されているというこの状況下では、比較的容易なことなのではないかと思っています。

藤田　ちょっと確認させて下さい。仮に、Q丸の船主B社の代理人で、A社とは

何も関係のないXがいるとします。物品はQ丸に船積みされ、Bによって運ばれた。Xが、船荷証券上にQ丸と書くべきところをA社所有のP丸の名前を単純な間違いで記載してしまった。このようなケースで、船荷証券上にP丸の記載があるからと言って、A社は運送人だと推定されるのでしょうか。A社とはなんら関係のないXによる記載にA社は拘束されるのでしょうか？

ガーヴィン 1つのやり方としては、単に間違いを修正し、情報は誤って記載されていましたと指摘することで、実際には37条2項の手続まで行かないで済ませることではないかと思います。

ファン・デル・ツィール 41条に関連して一言よろしいでしょうか？ 41条(b)項は、「契約明細が譲渡可能運送書類に含まれている場合には、運送人は、契約明細のいかなる事項についても異なる事実を証明することができない」と規定します。注意してほしいのは、契約明細のいかなる事項についてもという点です。ヘーグ・ヴィスビー・ルールズ3条4項によれば、物品の記載に関連した契約明細だけが終局的証拠力を有します。それゆえヘーグ・ヴィスビー・ルールズと比べると、ロッテルダム・ルールズは、船舶の名前を含む物品に関する事項以外の契約明細にも終局的証拠力を与えることで船荷証券の価値を高めていることになります。

この拡張はこのケースにも関係してきます。というのも、誤った船舶名を単なる事務的なミスによって船荷証券に記入してしまったということに基づく反論は、ロッテルダム・ルールズのもとでは、ヘーグ・ヴィスビー・ルールズの場合と比べると、有効性は薄いだろうからです。

より一般的に言って、今日に至るまで、41条についての多くのコメントは、この運送実務にとって重要な船荷証券の価値の重要な拡張を見逃してきているということに留意していただければと思います。

藤田 ファン・デル・ツィール教授の言われる通り、41条(b)号により契約明細に含まれる情報は、確定力のある証拠（conclusive evidence）と扱われます。しかし、そもそも誰か私と全く無関係な人が、私の承諾なしに、船荷証券上に私の代理人と称して物品の記載をしたとしても、そのような船荷証券は無効ですし、41条にかかわらず物品の記載は私を拘束しません。設例7の状況というのは、このような無効な船荷証券についての状況と似た面はないでしょうか。

ホンカ ありがとうございます。十分よく分かっていないのですが、問題だけ提起させていただければと思います。この問題を、一般契約法のルールと原則に基づいて解決することはできないでしょうか。たとえば、誰かがマイケル・スターレイ教授のところに拳銃を持って行って、「P丸が運送していると書かれているこの船荷証券に署名してくれ」と言ったとします。実際はQ丸が運んでいることは双方とも知っています。この問題は、本当にロッテルダム・ルール

ズに基づいて解決されなくてはならないものなのでしょうか。というのも契約は一般契約法上、無効であったり取り消しうるものだったりするからです。錯誤との関係でも無効あるいは取り消しうる契約であるという論点があります。双方の錯誤とか一方的錯誤とか、そういったすべての状況を、むしろ契約法の原理を通じて検討することになるでしょう。自信はありませんが、物理的強制を伴う状況との対比をしてみました。そして契約が無効あるいは取り消しうるいくつかの理由が存在するのではないかと思います。

宋 ホンカ教授に追加して一言だけコメントです。私はこの問題は、おそらくはロッテルダム・ルールズというよりは代理の問題なのではないかと思います。ここでは間違ったことをしたのは、確かに本人ではなくて、代理人です。もし本人が間違ったのであれば、弁解の余地はないでしょう。しかし、もし間違ったことをしたのが代理人であって、本人が当該代理人は船長のためにこの誤った船荷証券に署名したりする権限はないのだと主張したとすれば、登録船主は拘束されるのでしょうか。Ｐ丸の船主は、きっと「これは私の船荷証券ではなく、物品の滅失・毀損については責任を負うべき代理人の方に行ってくれ」と言うでしょう。

藤田 お２人からのコメントありがとうございました。大変重要な点だと思います。設例７の意図を説明させていただければと思います。およそ船主Ａ社を代理する権限——明示・黙示・表見的な代理権のいずれも——を欠く者によって船荷証券が発行された場合、船主Ａ社が船荷証券上の記載によって拘束されるようなことはないのではないかということです。もちろん代理に関する法は、ロッテルダム・ルールズの範囲外の問題ですが、多くの国の裁判所は権限のない代理人により発行された船荷証券は無効と考えていると思います。

設例７は、もちろん、もっと微妙です。Ｐ丸もＱ丸もＲによって傭船され、Ｒの代理人が「船長のために」という署名を船荷証券にしています。それゆえ船荷証券上の記載がＡ社との関係で拘束力を有する、そしてＡ社は37条２項により運送人だと推定されるといった議論が可能かもしれません。ただＰ丸の名前が船荷証券上にあるというそれだけの事実だけから、常に37条２項の適用が正当化されるかというと、そういうことはないのではないかと思います。

設例８　運送契約をめぐるさまざまな関係人：運送人、履行者、代理人等

荷主コンソーシアムを構成する商社Ａ社は、プロジェクト貨物の現地サイトへの運送をＮＶＯＣであるフォワーダーＢ社に委託した。Ｂ社は船会社Ｃ社

との間で海上貨物運送契約を締結したが、船荷証券上に荷送人として商社A の名前を記載した。貨物は、別のコンソーシアムメンバーのメーカーが製造しており、このメーカーはこの貨物のフラットラックコンテナへの積込み・固縛を港湾運送業者D社に依頼した。ところが本船航海中この貨物は当該コンテナから滑り落ち、船の側壁に損傷を与えた。原因はDの貨物のコンテナへの固縛不良である。

(1)① C社が、船荷証券上に荷送人と記載されているA社に対して、船体の損害について責任を追及した。A社は、船会社との運送契約はフォワーダーB社が締結したもので自己が締結したものではなく、またA社は船荷証券上に荷送人と記載されることも承知していない以上、書類上の荷送人（"documentary shipper"〔1条9項参照〕）ではないと主張して、C社に対する荷送人としての責任を否定している。また、A社は、貨物をコンテナに固縛した業者D社は、メーカーが契約した者であってA社とは関係がないから、A社はD社の行為について不法行為責任を負うこともないと主張している。この主張は認められるか。
② C社が運送を実際に委託したフォワーダーB社の責任を追及しようとしたところ、B社は、C社との運送契約は船荷証券の記載通りA社との間で成立しており、自分は代理人として行動しただけである、したがって、B社は荷送人としての責任は負わないと主張している。この主張は認められるか。A社がフォワーダーB社との間で別途プロジェクト貨物運送についての数量契約を締結していた場合だと、何か違いが出てくるか。

(2) 固縛業者D社は、C船会社から当該コンテナ船へのすべてコンテナの積載・陸揚げ業務を請け負っていたので、上記メーカーも貨物の固縛業務をD社に委託していた。したがって、この貨物は、物理的にはメーカーからD社（固縛業者）が受取り、D社が固縛を行った上コンテナヤードまで輸送し、コンテナヤードにおいてD社がコンテナ船舶に積載するという流れをたどっていた。この場合D社は、固縛業務に関する荷主Aやメーカーからの賠償請求に対して、海事履行者として、ロッテルダム・ルールズ59条に定める責任制限の利益を享受することができるか。

戸塚　「書類上の荷送人」とは、書類上に荷送人として記載されており、かつそのことを承諾した者（条約1条9項）とされていますが、たとえば、運送契約の締結代理権の授与があれば、その本人はロッテルダム・ルールズによる荷送人として記載されることを承諾したものとして考えてよいのですか。それとも

これは代理の問題で各国の国内法に照らして判断されると考えるべきなのですか。

また、条約34条で荷送人が責任を負うべき「自己の義務の履行を委託した者」とありますが、荷送人から履行を委託された関係にないような、売買の相手方当事者である売主の下請人が行った行為についてもロッテルダム・ルールズ上責任を負う対象に含まれるのでしょうか。これが設問8(1)①です。

次に設問8(2)です。もし、そのような下請人が、運送人の義務もあわせて履行する下請人であった場合、荷送人から義務違反の責任を問われた場合に、運送人の履行補助者でもあることを利用してロッテルダム・ルールズの59条を使って責任を制限することができるのでしょうか。

設問8(1)

藤田 この設問はスターレイ教授にお願いできますでしょうか。

スターレイ これは答えるのが非常に簡単な問題です。答えは、「分かりません」です。しかし、分からないのにも理由があります。まず、これは実際のところ事実認定の問題だからです。また UNCITRAL 作業部会において、すべての人が繰り返し合意した1つの問題があります。それは、ロッテルダム・ルールズは代理に関する法は扱わない、代理に関する法は準拠法に委ねるということです。もし作業部会の報告書を見られれば、ロッテルダム・ルールズは代理に関しては扱わないという結論への多くの言及を見つけられることでしょう。

したがって、もしB ——このケースでは NVOC ですが——がAの代理人として行動していたとすれば、Aがロッテルダム・ルールズのもとでの書類上の荷送人であるということもありうるでしょう。代理人が書類上の荷送人を拘束しうることも明らかです。私が物品を輸送してもらいたい商社だとして、自分の代理人を運送人のもとに派遣し、代理人に対して私の名前を荷送人として記載するようにと伝えておく、こういったことはすべて代理人を通じてすることができます。実際、ここで問題にしているほとんどすべての者は会社ですが、会社法の最も基本的な原理の1つは、会社は代理人・被用者を通じてのみ行動できるということです。したがってBがAの代理人として行動したということはありえますし、またそうなのか否かということは、事実問題あるいは準拠法で定まる問題です。あるいはそうではなくて、たとえばBが運送人として行動し、Bが貨物を運ぶ旨を合意し、そして輸送をCに下請運送に出したということも、可能性としてはありえます。しかし、ここでも、そういったことは事実問題であり、また代理に関する問題はロッテルダム・ルールズでは規律されておらず、準拠法に委ねられているわけです。したがって、もしBが代理人であれば、Aは代理行為を通じて、荷送人と記載されることを承諾した「書類上の荷送人」と

なる可能性がありますし、あるいはそもそも実際の荷送人なのかもしれない。しかし、こういった問題は、そのすべてが事実関係および代理の問題次第であって、ロッテルダム・ルールズが答えるところではないのです。

藤田 設問8(1)①は、一部はロッテルダム・ルールズによって、一部は準拠法となる国内法によって解決されることになります。ファン・デル・ツィール教授、何かありますか？

ファン・デル・ツィール ありがとうございます。ここでの事実に基づいて、若干の補足をさせていただければと思います。私は、Ａが書類上の荷送人なのか疑問があると思います。書類上の荷送人は、荷送人ではないにもかかわらず、運送書類上で荷送人と記載され、かつそう記載されることを容認している者と定義されています。設例に書かれた事実関係は、この定義に相容れないように思われます。ＡはNVOCに対して、ブッキングをすることを依頼していますが、もしブッキングがＡのためになされたのだとすれば、Ａは単に真の荷送人で、また船荷証券上もその通り記載されているだけということになります。設問には、船荷証券が誰に対して発行されたか書かれていませんが、通常このようなケースでは、船荷証券はＡのために行動するNVOCに対して発行されます。したがって、私見によれば、事実関係からはＡは荷送人であるという、単純至極なケースになると思います。

もし荷送人であるとしますと、Ａは荷送人の義務（この事例では27条1項の義務）を引き受けたことになります。フラット・ラックの実際の固縛が荷送人によってなされたか、その他の人によってなされたかは、それが荷送人からフラット・ラック固縛をするよう委託された者である限り（34条参照）、問題ではありません。設例中のカーゴ・コンソーシアムへの言及からは、製造コンソーシアムのメンバーが、積付を行うステベドアに依頼する権限を荷送人から与えられていたと結論づけることができると思います。このように、ステベドア会社は、その義務を履行すべく荷送人によって委託を受けたものと言えるわけです。もしステベドアが運送人のために行動していたとすれば、また話は別でしょうが。

藤田 ありがとうございます。もちろん、もしＡが荷送人であれば、「書類上の荷送人」か否かということを検討する必要はありませんね。宋さん、さらに追加のコメントがおありでしょうか？

宋 ありがとうございます。この設例は明らかにFOB売主に関わるもので、こういうことは中国ではよく起きます。というのも、中国から他の地域への輸出のほとんど——半分以上だと思います——は、FOB条件での輸送です。別の言い方をするなら、定期船による輸送があるところに、FOB売主がNVOCあるいはフレイト・フォワーダー——荷送人としてとは限りません——と交渉を持つ

ことになります。というのも、買主の方ですでに海上運送人と話をつけていて、海上運送人が今度は売主の国のエージェントのところに行って売主と交渉する、そしてフレイト・フォワーダーによってなされるべき種類の仕事を売主が自分の倉庫や工場を通じて行うといったことがあるからです。したがって、この話はなかなか複雑です。とりあえずここで止めます。

藤田 スターレイ教授、これまでのご発言に何かコメントはおありですか？

スターレイ 答えは、やはりどういう事実関係を想定するか、そして代理についてどのような法があるかということに、大幅に依存すると思います。ファン・デル・ツィール教授や宋氏の言われたこと、つまりいろいろな見方があるということには全く賛成です。確かに、1つの見方は「A」は荷送人だということでしょう。また「A」は書類上の荷送人であるという見方もあるでしょう。いずれも、「B」が「A」の代理人として行動しているということを前提としています。もし、「B」が「A」の代理人として行動していないなら、そういうことにはならないでしょう。設例の事案のもとでは、「B」は、「私は単なる代理人です。だから責任はありません」と言っています。確かにそういう可能性もありますが、そうではないかもしれません。それは、代理関係がいかなるもので、どのような事実が認定されるべきなのかということに依存しています。そしてそういう問題はいずれもロッテルダム・ルールズが答えを与えることのできるものではないのです。

藤田 設問8(1)②についても同様でしょうか。つまり基本的には代理に関する法の問題であって、準拠法によって答えがきまるという性格のものだということですが。

スターレイ はい、その通りです。「B」は、自分は単なる代理人だと主張していますが、その議論は準拠法に従って解決されなくてはなりません。ロッテルダム・ルールズは代理の問題は答えていません。「A」と「B」の間の数量契約は、「B」が単に「A」の代理人として行動しているわけではないということの証拠となるかもしれないと私は思いますが、ロッテルダム・ルールズは、やはりこの問題に答えるものではありません。

設問8(2)

藤田 設問8(2)はどうでしょうか。

スターレイ ステベドアが荷送人を代理して行動している限りで——繰り返しですが、事実関係がどういうもので、代理関係がどういうもので、誰が誰に雇われ、その関係は何かといった事実問題です——、ステベドアの過失について、荷送人は運送人に対して責任を負います。荷送人は船舶への損傷について責任があることになります。しかし、ステベドアが運送人に雇われた海事履行者で

ある限りにおいて、荷送人は、ステベドアの過失について責任を負いません。いずれにせよ、運送人はステベドアに対し、不法行為者であるとして、ステベドア自身の過失について、ロッテルダム・ルールズの外で訴訟を提起することがおそらくできるでしょう。しかしこれもロッテルダム・ルールズの射程外の話です。

したがって、この設問はロッテルダム・ルールズの試験問題では全然ありません。これは大半は準拠法に関する問題です。つまり、「誤った科目に登録してしまった！」ということになるのでしょうね。

設例9　海事履行者の責任

> (1)　荷主と直接契約関係に立たず、船舶を有していない運送人から物品の船積み、陸揚げ等の履行の委託を受け、さらにその義務を再委託した者は、実際に自らが義務を履行する場合でなくても、すべて海事履行者に該当しうると考えてよいか。たとえば、中間傭船者（time charterer, voyage charterer）も条約に基づき荷主から直接訴えられると考えてよいか。
>
> (2)　海事履行者のみを被告として訴える場合、条約19条に基づく請求に際して、請求原因として何を主張立証する必要があるか。具体的には、訴訟当事者ではない運送人との間で条約の適用のある運送契約が締結された事実および当該契約運送人と被告との委託関係についても荷主は立証しなければならないのか。条文上は、この結論はどこから導かれるのか。
>
> (3)　数量契約によって運送人の責任を追及できないときに、海事履行者の責任を追及することはできるか。それとも海事履行者も数量契約による責任の軽減を当然に享受しうるか。

笹岡　設例9は、「海事履行者」に関する条約19条の意味を明確に理解することを目的としています。そのため、やや確認的な質問も含まれています。

設問9(1)では、「海事履行者」という概念の射程についてお聞きします。条約1条6項(a)号および1条7項の要件に当てはめていくと、①荷主と契約関係になく、②海事に関する運送人の義務を引き受けている者はすべて、自らは履行せず他の者に履行を委ねている場合にも、「海事履行者」に該当することになりますが、条約の解釈としてこのような理解でよいのでしょうか。

設問9(2)は、荷主が条約19条に基づいて運送人ではなく海事履行者の責任の

みを追及する場合に荷主側が証明しなければならない事実についてお聞きするものです。

　設問9(3)は、荷主と運送人との間の契約が数量契約であった場合に、海事履行者は運送契約上の免責条項を援用することができるのかをお聞きするものです。条約19条2項は、運送人が条約以上の義務を引き受け、または責任制限の上限を引き上げた場合について規定していますが、条約の規定する義務または責任を免除または軽減する場合については言及していません。仮にこの場合にも条約通りの義務と責任を負うことになれば、海事履行者の方が運送人よりも重い義務と責任を負担することになりますが、このような帰結でよいのでしょうか。

設問9(1)
藤田　海事履行者の問題は、私が報告した内容なので（本書87頁以下参照）、本来私が答えるべきなのですが、あいにく司会をしていますので、申し訳ありませんが、スターレイ教授お願いできますか？

スターレイ　設問9(1)については、「その通りです」とお答えします。もちろん、具体的な事案次第ですが、中間的な介在者も海事履行者になりえます。ただ、この質問によると、その範囲がやや広くなりすぎると思います。直接的にだけでなく、間接的にでも荷主に使用される者は、海事履行者とはなりません。したがって、たとえば、FIO条項に拘束される荷主が、船積みまたは陸揚げを別の会社に依頼し、その会社もさらに第3の会社に下請けさせる場合、この第3の会社は、たしかに荷主と直接の契約関係にはないですが、それでも間接的には荷主に使用されていたと言えるので、海事履行者とはならないでしょう。重要なのは、運送人ではない者が、直接か間接かを問わず、荷主に使用されるわけではなく、運送人の責任において運送人の義務の一部を履行することを引き受けている場合に、その者が海事履行者となる、ということです。これは、その義務を自ら履行するかどうかを問いません。たとえば、私がよく挙げる例で、この業種がときにかなり特異なものとなることを示す事例があるのですが、荷主がNVOCと貨物の運送契約を締結するとします。NVOCは、「はい、ありがとうございます。それでは、御社の貨物を（たとえば）アメリカから中国まで運びます」と言います。それから、NVOCは、今度は第2のNVOCに依頼し、こちらのNVOCも、「はい、ありがとうございます。それでは、御社の貨物をアメリカから中国まで運びます」と言います。さらにこのNVOCも、第3のNVOCに依頼し、そのNVOCも、「はい、ありがとうございます。それでは、御社の貨物をアメリカから中国まで運びます」と言う。そしてその後、第3のNVOCが、実際に運送品をアメリカから中国に運送する海上運送人と契約を締結しま

す。

　最初の NVOC が、荷主にとっての「運送人」です。第 2、第 3 の NVOC は、自らで履行せず、また履行することを意図していないにもかかわらず海上運送を引き受けているので、海事履行者です。海上運送人は、運送を実際に履行しているので、海事履行者です。したがって、この一連の作業を行うことを約したすべての者が、自らが履行することを意図せず、運送を第三者に下請けさせようとしている者であっても、海事履行者となります。

藤田　そうですね。スターレイ教授のご説明には異論はないのではないかと思います。設問 9(2)に進んでよろしいですか。

設問 9(2)

スターレイ　荷主が 19 条に基づいて海事履行者を訴えようとする場合には、請求の原因を証明しなければなりません。そして、その証明が成功したかどうかは、かなりの程度で、法廷地の手続法によって判断されます。そのため、この限りでは、詳細についてはロッテルダム・ルールズの適用対象外となるでしょう。ただ、アメリカではどうなるかということについて説明させてください。この分析の大部分はロッテルダム・ルールズに依拠していますので、多くの国でもかなりの部分で同じ結論になることだと思います。

　荷主がやって来て、「私は被告を訴えようとしています。請求の原因はこの通りです。私は、ロッテルダム・ルールズ 19 条に基づいて訴えるつもりです。被告は、私の貨物に損害を与えた海事履行者です」と述べるとします。これに対して、裁判所と被告が発する最初の問いは、「いったいなぜ、ロッテルダム・ルールズが適用されるのですか？　あなたがロッテルダム・ルールズ 19 条に基づいて訴えるというのであれば、まずロッテルダム・ルールズ自体が適用されることを証明してください」となるでしょう。そうすると、全部または一部が海上区間である運送契約があったこと、国際性の要件と「加盟国との関連性」の要件を満たしていること、すなわちロッテルダム・ルールズが適用されることを証明しなければなりません。これは、日本の特定の法律に基づいて誰かを訴えるときに、その法律が適用されることを証明しなければならないのと同じです。あるいは、アメリカ法に基づいて日本の裁判所に訴えを提起する場合に、アメリカ法を適用するよう裁判所を説得しなければならないのと同様です。つまり、ロッテルダム・ルールズを適用するように裁判所を説得しなければならず、これには、適用範囲に関する要件、すなわち、5、6、7 条を満たしていることが求められます。

　そうした上で、正しい被告を訴えているのかどうか、訴えるべき者を訴えているのかを証明しなければならない。つまり、「海事履行者として責任がある」

と主張するためには、その者が海事履行者であるということを証明しなければなりません。そうなると、海事履行者の概念に立ち戻って、被告が履行者であること、さらに海事履行者であること、その結果、19条が適用されることを証明する必要があります。

　私が1点、注意として付け加えておきたいことは、この質問の聞き方は、荷主側が19条に依拠したいと主張し、そのため、荷主がすべての事実を証明しなければならない事態を想定しているということです。しかし、多くの事案において、すべての事項を証明しようとするのは、むしろ海事履行者の側ではないかと思います。なぜならば、荷主側は不法行為に基づいて訴えようとするからです。荷主は、「あなたはわが社の貨物に損害を与えました。ついては、全損害について賠償してください」と主張するでしょう。これに対してステベドア側は、「それはありえません。わが社は海事履行者であって、59条に基づいて責任制限を受けることができます。不法行為に基づいて訴えられることはありません。貴社は、条約に基づいて訴えるべきです」と答えます。さらにその後、ステベドア側は、「これは、ロッテルダム・ルールズが適用される運送契約で、わが社は海事履行者です」と主張するでしょう。このように、証明自体は同じですが、証明をするのは相手方ということになります。いずれにしても、ロッテルダム・ルールズによる利益を主張しようとする者が、それが適用されること、いかにして適用されるのかを証明することになります。

藤田　ありがとうございます。これも結論には異論がないのではないかと思います。問題があるとすれば、条約の文言のもとでいかにしてその結論に至るかということだと思います。そしてこの点についてスターレイ教授は、説得力ある説明を下さったと思います。それでは設問9(3)に進みたいと思います。

設問9(3)

スターレイ　まず言っておかなければならないのは、これが非常に素晴らしい質問であるということです。これまでさまざまな場所で4、5回は聞きました。アメリカでこの問題について検討した際、ある海事履行者の組織から、まさに同じ質問をいただきました。

　この質問には、回りくどく答える道と簡単に答える道があります。まず、簡単な方から始めさせてください。この問題は、作業部会においても議論の対象となりました。海事履行者は、性質を問わず、条約上の制限に服する旨を明記するよう法文を修正すべきとの提案があった際です。つまり、海事履行者は、数量契約において運送人が高い賠償制限を合意していたとしても、それには拘束されず、反対に低い賠償制限にも拘束されないというものです。アメリカ代表が作成したものですので、私個人は、この提案に賛同しています。結果的に

は賛成を得られませんでしたが（Report of Working Group III（Transport Law）on the Work of Its Twelfth Session, para. 163, U.N. doc. no. A/CN.9/544（2003）参照）、作業部会はこの提案を検討し、最終的には、海事履行者がそれに明示的に同意していない限り、高い賠償制限には拘束されないというものになりました。この結論が、今は19条2項に明示されています。一方、運送人が数量契約において低い賠償制限を合意した場合には、海事履行者は低い賠償制限の利益を享受できます。したがって、海事履行者は、どちらであっても、有利な条件で活動することができます。海事履行者の同意なく賠償制限が引き上げられることはないけれども、引き下げられることはありえます。これは、多くの国（イングランドと一部のコモンウェルスは別として）の契約法に見られる、第三者受益の原則に類似するものです。

　この法文については、結論は同じですが、もっと複雑な説明が必要でしょう。19条1項において用いられる、「本条約に規定される（provided）責任制限」という文言と、19条2項の「本条約のもと特定される（specified）責任制限」という文言は、意味が異なります。本条約に「規定される」責任制限とは、59条の制限を言います。一方、本条約のもと「特定される」責任制限とは、80条によるものも含む、本条約のもとで適用されるすべての制限を意味します。

　20条1項でも、同様に、「本条約のもと特定される責任制限」の代わりに、「本条約に規定される責任制限」という文言が用いられています。これも、二つの用法の違いを示すものですし、海事履行者の同意なく高い賠償制限を合意するという例外的な場合は別として、海事履行者は、運送人と同じものを得るということを表すものです。

　さらに述べておきたいのは、19条2項の第一義的な適用対象は、海事履行者が運送人とは異なる責任制限体系を予定している事案だということです。つまり、運送人が高い賠償制限を合意する一方で、海事履行者はそれに同意していないという場合です。それ以外のあらゆる事案では、海事履行者は19条1項に基づいて運送人と同じものを得ることになります。したがって、19条2項が暗に意味するところは、反対の事案では、依然として一般原則が適用されるということです。

　この質問は非常にポピュラーなものですが、実務において一般的な問題となるとは思いません。数量契約において、当事者が低い賠償制限を合意するということが度々起こるとは考えられないからです（理由については、すでに説明しました。本書61頁以下）。そういうことですので、この問題が、実務上というより学問上の話に属するという意味では、学者にとっては良い質問ですね。

藤田　説明ありがとうございます。スターレイ教授のご説明はお分かりいただけたかと思いますが、おそらく結論にも異論は少ないと思います。

設例 10　複合運送と限定的ネットワーク原則

> 　運送人と荷送人が、ベルリンからシカゴまでの運送契約（ベルリン＝ロッテルダム間はトラックによる陸上運送、ロッテルダム＝ニューヨーク間は海上運送、ニューヨーク＝シカゴ間は鉄道による陸上運送）を締結した。管轄は米国の連邦裁判所、契約準拠法は米国法とされている。物品の一部がベルリン＝ロッテルダム間で滅失し、引渡しがなされなかった。荷受人（米国在住）が、米国の連邦裁判所において、物品の滅失による損害賠償請求訴訟を提起した。ロッテルダム・ルールズを適用した場合の責任限度額は 42,500SDR、CMR を適用した場合の限度額は 38,700SDR である。
> 　米国の荷主は、次のように主張し、CMR ではなくロッテルダム・ルールズの限度額が適用されるとしている。
> 　①　ロッテルダム・ルールズ 26 条(a)号の適用上仮定されるベルリン＝ロッテルダム間における「別個の独立の契約」には、CMR ではなく米国法が適用される。当該「別個の独立の契約」にも実際の契約と同様の裁判管轄条項及び準拠法条項があると考えるべきだからである。米国法が準拠法として選択されているので＊、CMR は適用されない。したがって、26 条(a)号の要件を満たしていない。
> 　②　仮に当該「別個の独立の契約」に CMR が適用されるとしても、26 条柱書は、ロッテルダム・ルールズの規定は CMR の規定に "prevail over" しないと規定しているだけで、当該「別個の独立の契約」が CMR の適用範囲内である限り裁判所は常に CMR を適用すべしと規定しているわけではない。したがって、CMR の締約国ではなくロッテルダム・ルールズの締約国に過ぎない米国の連邦裁判所は、CMR を適用する義務はなく、ロッテルダム・ルールズを適用することが許されるし、むしろロッテルダム・ルールズの締約国としてこれを適用する義務がある。
> 　これらの荷受人の主張は正しいか。

＊ 正確に言えば、当該契約における準拠法は、法廷地即ち米国連邦裁判所における国際私法により定められる。本件では、単純化のため、米国裁判所は本件における準拠法条項の効力を認めると想定している。

池山　これは、陸上および海上からなる典型的な複合運送における陸上運送中に事故があった場合、ロッテルダム・ルールズ 26 条がどのように適用されるかが問題となる事例です。同条は、大雑把に言いますと、貨物の滅失や損傷が、本件のように海上運送の前後の期間に起きた場合、運送人の責任に関するロッテルダム・ルールズの規定は、当該期間のみに関する別個かつ直接の仮定的な

運送契約に強行的に適用されるであろう international instrument が存在すれば、それには優先しないと定めています。本件でそのような international instrument として想定されるのは CMR です。では、ロッテルダム・ルールズが CMR に優先しないとはいかなる意味か？ それは、逆に CMR が優先する、「即ち」適用されるということを意味するのだと考えると、結局、本件ではロッテルダム・ルールズ 26 条によって、ロッテルダム・ルールズそれ自体の責任制限ではなく、CMR の責任制限が適用されるという結論になりそうです。しかし、本件の荷受人は、ここに掲げたような論拠で、CMR ではなくロッテルダム・ルールズの責任制限が適用されると主張しています。質問は、端的に、この主張が正しいと考えますか、間違っていますかということです。

　この条項の解釈は、米国のみでなく、日本やその他のアジアの国にとっても典型的かつ重要な問題です。その理由は、この例のニューヨークやシカゴを、アジア各国の諸都市に置き換えれば明らかです。もし、この主張が誤りであり、この場合にも、ロッテルダム・ルールズではなく CMR が適用されるのだとすれば、それは、別の言い方をすれば、アジア諸国は、CMR の非締約国であるにもかかわらず、ロッテルダム・ルールズの締約国になれば、同ルールズの効力として、ヨーロッパ域内の道路運送で事故が生じている限り、CMR を適用する義務を負わされるということだからです。しかもそれは、CMR の内容が当事者間の運送契約により契約上 incorporate されたからではなく、26 条という条約それ自体によって法律上 incorporate されたからという理由によってです。

　この点については、すでに意見の相違があると理解していますし、どのような見解であれ、国際的な解釈の趨勢が明らかにならなければ、検討作業自体に影響が及ぶのではないかと思っています。折角の機会ですので、是非、先生方の見解をお聞きしたいと思います。

藤田　アメリカの裁判所が出てきていますので、スターレイ教授の方から、設例のアメリカの荷主の立場からの議論についてどう思われるかコメントいただければと思います。

スターレイ　興味深くも最も難しいこの問題に答えるべく最善を尽くしましょう。どうも試験はどんどん難しくなってきているようですね。

　まず最初に付け加えさせていただきますが、ロッテルダム・ルールズのもとでの責任限度額が、CMR や COTIF-CIM のもとでの限度額を超えるということは、決してまれなことではないということです。UNCITRAL 作業部会に出ていた代表のうちの一部は、CMR の重量による限度額がロッテルダム・ルールズの重量による限度額よりも高額であるために、このことをなかなか理解できなかったようです。しかし、コンテナ貨物の場合、一包はしばしば小さなものとなります。たとえばこの設例ですと、一包は約 93 キロということになり、ロッ

テルダム・ルールズの一包あたりの限度額はCMRの重量による限度額よりも高額になります（8.33×93＝774.69＜875）。

　この設問では、荷主はロッテルダム・ルールズの一包あたりの限度額を得るために、2つの異なる議論をしています。第1の議論は、仮定される独立の契約（hypothetical separate contract）を考える際には、もともとの契約に含まれていた準拠法条項も取り込まれるべきであるというわけです。契約が締結された地あるいは契約が履行されるであろう地ではエンフォースできない条項が含まれた契約を想定するというのはなかなかおもしろいです。しかし、この点はあらぬ方向に目を向けさせるものでしょう。仮定される契約の中にどのような準拠法条項が含まれるかということは、おそらくは問題ではないのです。26条を注意深く読んでほしいのですが、同条が適用されるために4つの独立の要件が満たされる必要があります。

　第1の要件は、柱書きに書かれていますが、滅失等の問題の事象が適切な時期——船積前あるいは荷揚後——に生じる必要があります。ここではこの要件は満たされています。第2の要件は、26条(a)項にありますが、これはすぐ後で触れます。第3の要件は、26条(b)項で、これも満たされています。CMRは運送人の責任限度について、8.33SDR／キロという限度額を規定しています。そして26条(c)号に規定された第4の要件、CMRの規定は契約で変更できないというもので、私はCMRの専門家ではないですが、私の理解するところによると、CMRの規定するところにより、この要件は満たされていると思います。そこで、第1、第3、第4の要件は満たされています。

　このため決め手となる条項は、26条(a)号に書かれた第2の要件です。その要件は、独立の直接的な契約を仮定した場合、CMRがその規定に従い、適用されることになったであろうというものです。たとえ仮定された独立の直接的な契約が、アメリカ法を準拠法とする条項を含んでいたとしても、CMRがその規定に従って適用されるというのであれば、CMRが適用されます。CMRが、その規定によって、「アメリカ法を準拠法とする条項は無視して、CMRを適用せよ」としていることになるだろうからです。したがって、第2の要件も満たされ、すべての要件が満たされたことになり、内陸運送について締結されたと仮定される契約中にアメリカ法を準拠法とする条項があるにもかかわらず、26条は適用されます。

　しかし、問題はまだ済んでいません。この試験はいよいよ佳境に入ることになります。ここで荷主側の第2の議論が出てきます。それは26条が適用されたとすればどうなるかを問うものです。26条は、裁判所はCMRの条件を適用しなくてはならないとは規定していません。単に、ロッテルダム・ルールズの規定は、CMRの規定に優先しないとしているだけです。これは26条の柱書きに書か

れていることです。したがって、問題は次のようになります：*CMR の規定は、ロッテルダム・ルールズにもかかわらず適用されることになるのか？* ロッテルダム・ルールズが優先するということはありません。しかし、もしアメリカ法の抵触法の原則のもと、──ロッテルダム・ルールズとは無関係に──そもそも CMR が適用されないということであれば、どうなるのでしょうか。

　試験を受けている私の立場にとっていいニュースは、これはロッテルダム・ルールズの問題ではなく、そして私はロッテルダム・ルールズの問題だけ答えればよいということです。これはアメリカの国際私法の問題であって、私はこの点についてあまりよく知りません。私の知る限り、判例集に載っている裁判例で CMR が適用されるか否かがアメリカの裁判所で問題となったものは 1 件しかありません。そこでの問題は、複合運送に含まれるヨーロッパの道路運送中に盗まれた自転車の輸送について、CMR の責任限度額とアメリカの海上物品運送法（COGSA）のそれと、いずれが適用されるかというものでした。ご承知の通り、本当に高価な自転車というのは、あまり重量が大きくないものなのです。実際、高価であれば高価であるほど軽量です。判例集登載の事件では、CMR のもとでの責任限度額は重量によるものだけなので、COGSA のもとでの 500 ドルの一包の責任限度額よりも、ずっと低かったのです。

　そこで運送人は、「CMR の重量による責任限度額を適用したい。自転車は軽量なので、その方がずっと低額だから」と主張しました。そして荷主側は、「私は一包あたり 500 ドルの限度額を適用したい。多くの包があるから、その方がずっと高い限度額が得られる」と主張しました。準拠法条項は含まれていなかったので、この設問とは完全に同じではありません。しかし、アメリカの連邦控訴裁判所（連邦最高裁の直下位の裁判所）は、CMR を適用しました。したがって運送人は低い限度額を享受できたわけです。

　われわれの設問では、アメリカ法を準拠法とする条項が含まれているため、話はより複雑です。ベルリンとロッテルダムの間で生じた物品の滅失についての損害について、この設例において、アメリカ法は──ロッテルダム・ルールズ以外には──規定を有していません。しかし 26 条は、ロッテルダム・ルールズは CMR の規定に優先しないとしています。そこでアメリカの裁判所としては、この点について、いずれの方向に行くこともありえるだろうということが容易に想像されます。私は、ロッテルダム・ルールズはアメリカの裁判所が CMR を適用することを強制しているとは思いません。確かに、ロッテルダム・ルールズが、アメリカの裁判所に対して、59 条の限度額を適用することを要求するものではないことは明らかです。もしロッテルダム・ルールズ自身がアメリカの裁判所に対して 59 条を適用せよと要求するのであれば、オランダやドイツの裁判所に対しても同じことを要求することになるでしょうし、それは明ら

かに間違っています。26条の肝心な点は、ヨーロッパの裁判所が条約の衝突に直面することを回避してやることにあるからです。ドイツやオランダの裁判所がCMRを適用することを要求されているのは明らかで、ロッテルダム・ルールズはそれを許容しているわけです。

通常ですと、アメリカの裁判所はアメリカの国際私法の原則に従ってCMRを適用するだろうと思います。しかし、この設問では、アメリカの裁判所はアメリカ法を準拠法とする条項を有効と扱うと仮定されています。そうなると最終的には、この問いはその仮定に基づいて回答されることになります。日本の裁判所が似た問題に直面した場合には、日本法に基づいて判断することになるでしょう。そしてその点については、私は何ら専門的知見を有していません。

藤田 スターレイ教授は、荷受人の第1の議論はだめだが、第2の議論には賛成されるということです。実は私も似たようなことを書いたことがあります (Tomotaka Fujita, *The Comprehensive Coverage of the New Convention: Performing Parties and the Multimodal Implications*, 44 Texas International Law Journal 349, 360-362（2009））。しかし、これには異論が少なくないということも知っています。どなたかご意見はありますか。ファン・デル・ツィール教授、どうぞ。

ファン・デル・ツィール ありがとうございます。いかにも私は異なった意見をもっています。違うと申し上げるのは、私見によれば、26条の意図は、単純に、損害がもっぱら陸上運送部分で起きた場合については、適用ありうべき陸上運送条約をロッテルダム・ルールズに摂取するということにあるからです。ロッテルダム・ルールズがしていることは、コンテナ運送業者によって用いられている実際の船荷証券において見られるシステムに多かれ少なかれ従っているもので、それは若干文言が違うものの、ロッテルダム・ルールズと同じネットワーク原則を含んでいます。これらの船荷証券も仮定的な内陸運送契約に言及し、そのような規定に従い仮定的契約に適用されることとなる内陸運送条約に触れています。

26条の起草資料を見ますと、26条は何度も変更されたことが分かります。最終段階で、われわれは仮定的契約という構成を採用しました。そして、「優先する」という表現は、26条の古いバージョンからそのまま残されたものです。議論の最終段階で、仮定的契約の発想を採用した後の最新のバージョンの26条において、「優先する」という文言は依然適切なものであろうかという疑問が提起されました。これはまさに的を射た疑問です。というのも、この文言は、純粋に立法技術的に、この条項の意図をめぐって混乱を引き起こしかねないものだからです。しかしこの疑問は、議論の過程の本当の最後の最後になって、皆が疲れ切った段階で提起されました。加えて、「優先する」という文言を変更し、立法意図をより明確に示すドラフトを作ろうとするなら、条文全体あるいは少

なくとも条文の柱書全体を完全に書き替えなくてはならなくなるかもしれず、そのようなことはこの段階では容易なことではなかったのです。そんなことをする時間も機会ももはや残されていませんでした。多かれ少なかれこのような理由から、このとき各国代表は、意図は明確であり、たとえ「優先する」という文言は完全に正しいとは言えないかもしれないとしても、われわれはそれが何を意味するか理解しているということにしたのです。これが私の異論の基礎にある立法の沿革です。

　要約すると、この条文の意図は、他の条約をロッテルダム・ルールズに摂取するというもので、その結果として、損害が——この設例で言えば——ロッテルダムとベルリンの間で生じたとするなら、CMRの当事国ではない国の裁判所もCMRを適用しなくてはならないということになるのです。ありがとうございました。

スターレイ　ファン・デル・ツィール教授が今言われたことにはどこにも異論があるわけではありません。26条の目的は、CMRの規定が内陸部分の運送それ自体に適用されうるものであれば、CMRの規定をロッテルダム・ルールズに摂取するということにあります。しかし、その趣旨は、CMRの規定を、それが本来適用される場合よりも広く適用しようというものではないはずです。したがって、たとえば貨物がベルリンからロッテルダム、ロッテルダムからモントリオール、モントリオールからシカゴと移動した場合に、モントリオール・シカゴ間の輸送にCMRを適用しようというものではありません。たとえその輸送がトラックによる国際運送であったとしてもです。いうまでもなくカナダもアメリカもCMRの当事国ではなく、これらの国の間の自動車運送にはCMRは適用がないからです。

　したがって、ここで考えなくてはならないのは、ベルリン・ロッテルダム間だけの運送があるとして、アメリカの裁判所はCMRを適用することになるのだろうかということだと思います。仮に海上運送が全くないとしましょう。単にベルリンからロッテルダムまでの陸上運送があるとし、ロッテルダムが最終引渡地だと仮定しましょう。理由は分かりませんが、荷主は、輸送中に生じた損害について、アメリカで訴訟を提起することにしたとします。トラック会社がアメリカの会社の子会社で、ドイツの子会社は資力がないために、アメリカの親会社を訴えたといったことかもしれません。

　この場合、アメリカの裁判所はCMRを適用するでしょうか？　ドイツの裁判所なら適用するでしょうし、オランダの裁判所でもそうでしょう。アメリカの裁判所はCMRに拘束されませんので、アメリカの国際私法のルールを用いてCMRを適用すべきか否かを判断します。一般論としていうと、裁判所はドイツ法かオランダ法を適用することが期待できるでしょう。というのもそれら

がこの取引に最も密接に関連する法だからです。アメリカ法が最密接関連地法だと考える理由はありません。しかし、他方でアメリカの国際私法の原則によると、アメリカの裁判所は当事者の法の選択を一般的には有効と認めます。したがって、この設例にあるように、仮に当事者がアメリカ法を準拠法とするという条項を合意していたとしら、アメリカの裁判所はこれに従うかもしれません。もしそうだとすると——そういう前提で考えよというのが設例の趣旨ですが——裁判所が単独の内陸運送に CMR を適用しないであろう状況においても、なお CMR を適用することを強いるのはロッテルダム・ルールズの意図するところではないと思います。CMR 加盟国においては、裁判所は CMR に拘束されますので、この問題を CMR 自身に従って判断するでしょう。しかし CMR の適用範囲外の国においては、内陸運送部分だけを切り離した契約に CMR が適用されるか否かを判断するために通常用いるルールに従って、CMR が適用されるか否かが判断されることになるでしょう。もっともベルリン・ロッテルダム間のケースについては、アメリカの裁判所が CMR を適用しないというのは、あまりありそうにないことだとは思っています。しかし、CMR 自身がそうせよと要求する以上に、ロッテルダム・ルールズがそうせよと裁判所に強制するものではないと思います。

　すでに述べました通り、アメリカの裁判所がこの問題に直面した唯一のケースにおいて、——準拠法条項がないケースではありましたが——裁判所は CMR を適用しました。したがって、私は CMR が陸上運送部分に適用されるのであれば、ロッテルダム・ルールズは陸上部分で生じた損害に CMR を適用することを裁判所に求めることになるという点で、ファン・デル・ツィール教授に全く賛成です。ただ、問題の国内裁判所が陸上運送部分だけのケースであっても CMR を適用しないであろう場合に、それでも当該裁判所は複合運送のコンテクストで CMR を適用することを要求するということについては、それほど説得力を感じません。しかし、ファン・デル・ツィール教授はどうも、私には賛成して下さらないようですね。

　ファン・デル・ツィール　あまり議論を長引かせたくはないのですが、初期のドラフトでは、現在の 26 条となった条文の最後の項には、同条の他の項は、準拠法条項とは無関係に、——繰り返します準拠法条項とは無関係に——適用されると明示的に述べられていたということを想起したいと思います。26 条は準拠法とは無関係な形でドラフトされた、それゆえこの点は無視して差し支えないので、この条項はもはや不必要だと各国代表が考えたために、後の段階で削除されました。

　ですから、そのときは問題の条項は一般的に不必要だと思われていたのに、ここに至って全くもって突然準拠法の問題が提起されたということに、少しば

かり驚いています。私自身は、この条項は残しておきたいと考えた数少ない代表の1人でした。これが問題になることがありうると思ったからです。しかし、起草資料（*travaux préparatoires*）を見れば、準拠法の問題は無関係であると、最終的に排除されたのだということを、明確に読み取れると思います。ありがとうございました。

藤田　UNCITRAL作業部会の議事録を確認する必要がありますね。ところで裁判所は条約文言の解釈にあたってどの程度起草資料を参照するものでしょうか。国によって異なるかもしれませんが。

ホンカ　議論の内容に口を挟むつもりはないのですが、ウィーン条約法条約32条は、一定の要件のもと、起草資料は条約を適用する際に考慮されなくてはならないと、はっきり述べています。さらにこの点について、興味深いイギリスの貴族院判決が、これらの要件について議論し、起草資料がいかに条約の解釈に適用され、考慮されるかということについて議論しています（Fothergill v Monarch Airlines Ltd - House Of Lords［1981］AC 251;［1980］2 All ER 696;［1980］3 WLR 209;［1980］2 Lloyd's Rep 295）。これらを合わせ考えるなら、ロッテルダム・ルールズの背景に26条の意味を明らかにしうるはっきりした言明があるということが強く示されるとすれば、それは考慮にいれられなくてはならないでしょう。

ベア　先ほど触れました最近のJORDAN II事件の貴族院判決は、ホンカ教授が今おっしゃったことを完全に支持するものです。Steyn判事は、判決の中で、「起草資料は、WilberforceがFothergill事件で述べた通り、立法意図の明確かつ議論の余地がない証拠となるならば、その限りにおいて手助けになるということが十分確立している」と述べています。興味深いことに、この判決は荷主の弁護団に導かれ、スターレイ教授の手による "The Legislative History of the Carriage of Goods by Sea Act and the Travaux Préparatoires of the Hague Rules" の助けを借りて、関係ある起草資料について非常に綿密な調査を行っています。

藤田　ご参考までに1969年のウィーン条約法条約の関係条文を引用しておきます。

「第31条　解釈に関する一般的な規則

1　条約は、文脈によりかつその趣旨及び目的に照らして与えられる用語の通常の意味に従い、誠実に解釈するものとする。

2　条約の解釈上、文脈というときは、条約文（前文及び附属書を含む。）のほかに、次のものを含める。

（a）条約の締結に関連してすべての当事国の間でされた条約の関係合意

（b）条約の締結に関連して当事国の一又は二以上が作成した文書であつてこ

れらの当事国以外の当事国が条約の関係文書として認めたもの
  3　文脈とともに、次のものを考慮する。
  (a)　条約の解釈又は適用につき当事国の間で後にされた合意
  (b)　条約の適用につき後に生じた慣行であつて、条約の解釈についての当事国の合意を確立するもの
  (c)　当事国の間の関係において適用される国際法の関連規則
  4　用語は、当事国がこれに特別の意味を与えることを意図していたと認められる場合には、当該特別の意味を有する。

第32条　解釈の補足的な手段
  前条の規定の適用により得られた意味を確認するため又は次の場合における意味を決定するため、解釈の補足的な手段、特に条約の準備作業及び条約の締結の際の事情に依拠することができる。
  (a)　前条の規定による解釈によつては意味があいまい又は不明確である場合
  (b)　前条の規定による解釈により明らかに常識に反した又は不合理な結果がもたらされる場合

 これによると裁判所は起草資料に依拠することが認められることもありますが、条約法条約32条の定めるいくつかの要件があります。いずれにせよ、問題点についていずれかの結論を導いてくれることを期待して、26条の起草資料を確認してみる必要がありそうです。

※起草資料に関する補足[3]

作業部会での議論　　上記の議論で言及されている26条をめぐる作業部会における議論については、下記の資料を参照されたい。第11会期報告書（Report of Working Group III (Transport Law) on the work of its eleventh session (New York, 24 March-4 April 2003), U.N. doc. no. A/CN.9/526 (2003)), paras. 245-250, 第12会期報告書（Report of Working Group III (Transport Law) on the work of its twelfth session (Vienna, 6-17 October 2003), U.N. doc. no. A/CN.9/544 (2003)), para. 25, 第18会期報告書（Report of Working Group III (Transport Law) on the work of its eighteenth session (Vienna, 6-17 November 2006), U.N. doc. no. A/CN.9/616 (2006)), paras. 216-228, 第19会期報告書（Report of Working Group III (Transport Law) on the work of its nineteenth session (New York, 16-27 April 2007), U.N. doc. no. A/CN.9/621 (2007)), paras. 185-193, 第21会期報告書（Report of Working Group III (Transport Law) on the work of its twenty-first session (Vienna, 14-25 January 2008), U.N. doc. no. A/CN.9/645 (2008)) paras. 83-87, 204.

UNCITRAL 第41会期　　ロッテルダム・ルールズが最終的に確定したUNCITRAL第41会期（2008年6月18日）において、ドイツ代表が、「優先する (prevail)」という後を「適用する (apply)」と変更すべき旨を提案した（Summary record of the 870th meeting, held at Headquarters, New York, on Wednesday, 18 June 2008, at 3 p.m., A/CN.9/SR.870 and Corr.1, paras. 10 (UNCITRAL YEARBOOK Volume XXXIX(2008), pp.958))。ドイツ代表は、変更の理由について、「草案第27条（注：現26条）が条約の衝突に関する条項ではないことを明確にするものである。もし損害がどこで起きたかが特定され、他の国際文書の適用されるべきものであったとすれば、当該国際文書の規定が適用される」と説明した（ibid., para. 22）。1カ国の代表（スイス）がこの提案を支持したが（ibid., para. 18）、多くの代表は賛成しなかった。ノルウェイ、オランダ、ベラルーシ、日本は、「優先する」という文言の方が望ましいと明示的に述べた。他の国（イギリス、フランス、スペイン、ギリシア、チリ）は、「優先する」と「適用する」の選択については特に言及しないまま、原案の文言を支持した（ibid., paras 15-21）。条約の衝突が存在せず、裁判所がロッテルダム・ルールズを適用すべきと考える場合には、裁判所がロッテルダム・ルールズを適用することを認めてやるべきであるという理由から、「優先する」という文言を支持すると明示的に述べた代表（ベラルーシ、日本）もあった（ibid., paras 20-21）。

---

(3) 以下は本ワークショップにおける議論を受け、あらためて確認した26条に関する起草過程に関する資料である。

設例11　荷主の責任

　商社Ａ社（荷送人）は、ある化学品メーカーから買い付けた殺虫剤をドライコンテナに入れて運送を運送人（船舶所有者）に対して依頼した。この殺虫剤は、IMDGコードにおいて取扱方法が指定されている危険物である。しかし、荷送人から提出された書類には、物品として、実際とは異なった種類の殺虫剤が記載されていた。運送開始後にコンテナ内の温度が上昇したため、内部の圧力が上昇し、その結果として缶が破裂して内容物が流れ出して、船体や周囲のコンテナ及びその中の貨物を腐食損傷させた。缶の破裂の原因は、積付場所が燃料油タンクとその加熱管に隣接していたことからコンテナ内が高温になったことによるが、貨物となる殺虫剤が熱に弱いことも原因であった。

　ただし、コンテナの設置場所は、実際に積み込まれた殺虫剤にとってのみならず、表示された通りの殺虫剤にとっても、あまり適切な場所ではなく、仮に物品が、運送書類記載の通りのより熱に強い殺虫剤であったとしても、燃料油タンクや加熱管の熱により、缶の破裂事故を起こした可能性は少なからずあった。また、燃料油の流動性を確保するための加熱が通常よりも長時間、高温のスチームで行われていたことにより、燃料油タンクや加熱管周囲の温度が一時的に異常に高くなっていたことも判明した。

　(1)　運送人が、船体に生じた損害について荷送人である商社に対して請求することはできるか。またその場合、船体に生じた損害全額について責任が認められるか。

　(2)　被害を受けた貨物の荷主が、運送人に対して損害の賠償を求めた。運送人はいかなる範囲で責任を負うか。

　(3)　(2)において責任が認められた運送人は、これを商社Ａに請求することはできるか。
　これができるとした場合、現実に支払いをしていない段階さらには荷主からの請求すらない段階でも請求をすることができるか。商社Ａが当該荷主から直接賠償請求を受けている場合であってもその状況は変わらないか。

後藤　設例11は、荷送人側の危険物に関する情報提供義務（32条）の違反と運送人側の運送品の不適切な場所への積付という過失とが競合して発生した事故により船舶や他の貨物が損傷した場合の、荷送人の損害賠償責任の内容を確

認するものです。まず設問11(1)は、運送人の所有する船舶に生じた損害のうち、荷送人が運送人側の過失分についての責任を免れることができるかということを問うものです。結論としては、免れることができて当然であるようにも思われますが、そのことを条約の規定上、どのように構成するかという問題です。また、他の貨物に生じた損傷については、その荷主が運送人の責任を追及した上で、運送人が情報提供義務違反のあった荷送人に対して求償するという可能性と、損傷を受けた貨物の荷主が情報提供義務違反のあった荷送人の責任を直接追及するという可能性とが考えられます。後者はロッテルダム・ルールズの範囲外の不法行為等の問題となるかと思われますが、設問11(2)および(3)では、前者のルートについて、どのような処理となるのかを確認させていただきたいと思います。

設問11(1)
藤田　これは荷送人の責任についての設問ですので、金教授に回答をお願いいたします。
金　設例11の事実によると、商社A社が荷送人です。実際に船積みされた貨物は、船荷証券に記載されている貨物について荷送人Aから提供された情報とは別の物でした。このため、貨物の危険な性質が運送人に正確に伝えられていなかったのです。もし荷送人Aが貨物に関する正確な情報を運送人に伝えていたら、運送人は当該貨物をより加熱されにくい場所に設置するように配慮したかもしれません。したがって、荷送人Aは、32条(a)項に基づいて、運送人に生じた損害について厳格責任を負うことになります。
　しかし、与えられた事実によると、運送人も殺虫剤を加熱されやすい場所に設置したことにより損害の発生に寄与しているとのことです。したがって、これは複数の原因が競合している事案です。そのため、荷送人Aは、自分自身の過失に帰せられる部分の損害についてのみ責任を負うことになります。それでは、このような責任の配分の根拠規定はどの条文になるでしょうか。1つの候補は30条3項ですが、同項は荷送人の過失に関する事案にしか適用されません。ここで問題となっているのは、危険な貨物に関する荷送人の厳格責任ですので、30条3項に依拠するのは適切であるとは言えません。ロッテルダム・ルールズの中には関連する規定が見当たりませんので、適用される準拠法によって解決されることになると思います。
藤田　ありがとうございます。おそらく運送人の過失が損害に寄与している場合には、荷送人が損害全部について責任を負わされるわけではないという結論については、皆さん異論はないと思います。しかし金教授がご指摘の通り30条3項は、文字通り読む限り、役に立ちません。外国法が、このような場合の荷

送人をどう扱っているかはよく知りませんが、日本法が適用される限り、裁判所は因果関係論——運送人の過失が介在している限りにおいて、コンテナ内容物に関する誤った情報と最終的に運送人が被った損害との間には限定的な因果関係しかないという議論——によるのではないかと思います。因果関係に関する問題は、準拠法に委ねられています。他の国の裁判所は、同じような結論を得るために、私たちの知らない別の道具を使うかもしれません。

それでは設問11(2)に進んでよろしいでしょうか。

設問11(2)

金 2つ目の設問では、別の貨物の荷主、これを荷主Bとしますが、このBが運送人に対して損害賠償請求をしています。これは、純粋に運送人と荷主Bの間の契約上の関係の問題だと思います。運送人は、発生した損害の一部が自らの過失に帰せられるべきものではないことを証明すれば、17条2項に基づき、当該部分については免責されます。この事案の運送人は、損害の一部は荷送人Aの過失によるものだと証明できるでしょう。そして、この事案は、複数の原因が競合している事案でもあり、その場合については17条6項が規律しています。したがって、運送人は、自らの過失に帰せられる部分についてのみ責任を負うことになります。

藤田 これは厳密には荷送人の責任についての問いではありません。これは17条のもとでの運送人の責任で、金教授ご指摘の通り、運送人は爆発を起こした危険物以外の貨物の所有者に対して部分的に責任を負います。おそらくこの結論には異論はないと思います。そこで、次に求償の問題に進むことになります。金教授、設問11(3)をよろしくお願いします。

設問11(3)

金 はい。運送人は荷送人に対して求償することができます。しかし、この事案については、少し注意深く検討する必要があるでしょう。先ほど説明した通り、運送人は自らの過失に帰せられる部分についてのみ責任を負います。したがって、荷送人Aに対する求償は荷送人Aの過失を基礎とするものである以上、運送人は荷送人Aへの求償により損害を回復することはできません。このシナリオでは、運送人は荷送人Aの過失に帰せられる部分の損害については責任を負っていないと考えられるからです。

藤田 設問11(3)の前半については、否定されるわけですね、それでは設問11(3)の後半はいかがですか？

金 すみません、設問の後半に答えていませんでした。私は、運送人は求償をすることはできないと考えていますが、仮に求償をすることができるものとし

てみましょう。この場合、求償権はロッテルダム・ルールズの適用範囲には含まれません。これは、適用される準拠法に基づくものになります。したがって、設問11(3)の後半部分への回答は、どの国の法律が適用されるかにより異なることになります。韓国法のもとでは、運送人は消滅時効の成立を防ぐために荷送人に対して求償の訴えを提起することができます。また、韓国の不法行為法では、第三者である荷主が荷送人Aを直接不法行為に基づいて訴えることも認められています。

藤田 ありがとうございました。答えは準拠法に依存することになりますので、最終的な答えははっきりしません。ただ、仮に日本法が適用されたとしても、金教授がご説明下さった韓国法のもとでの解決と、そう違ったものにはならないと思います。

設例12　物品の受取義務

(1) 物品が引渡地に到着したので、荷受人が引渡しを要求した。ところが現実の引渡しがなされる前に、荷受人の資力に不安を抱いた荷送人が運送品処分権を行使し、荷受人に無断で荷受人を変更した。新しい荷受人が最終的に貨物の引渡しを要求しなかった場合、当初の荷受人（変更された荷受人）は43条により、貨物の引取義務を負うのか。

(2) 船荷証券には、「本船荷証券上の荷主の定義に該当する者は、本船荷証券上、荷主によって引き受けられたすべての義務の履行について連帯責任を負う。」「運送人の適用タリフの各条項は、本船荷証券に摂取されているものとみなされる。」と規定されていた。そして、タリフには"Demurrage Charge"として、受取拒否によって運送人が現実に被る損害の数額とは無関係に、極めて高額の金額が定められている。

物品の目的地到着後、船荷証券所持人が運送品の引渡しを請求し、港湾内の倉庫において、内容を改めたところ、内容物は、一部が腐敗しており、およそ商用に適さず、廃棄するにも非常に多くの費用がかかるものであったため、そのまま引き取りを拒絶しようとしている。

① この場合、荷受人には受取義務があるか。またその場合、運送人の料金表にあるDemurrage Chargeを支払わなくてはならないのか（58条2項参照）。

② 荷受人側において、無価値で処分に困る運送品の受け取りか、多額の賠償のいずれかを強いられるリスクを避けるために、どういう手段を講じる

ことができるか。たとえば、「引渡し」の請求をしないまま、「サンプル採取」、「物品の状態の検査」をして、引渡請求するか否かを決定するといったことは、ロッテルダム・ルールズ43条のもとで可能か。

(3) 運送契約上、仙台港において貨物を引き渡す旨が合意されていた。しかし、仙台港に着く直前に発生した非常に規模の大きな地震の影響で同港は閉鎖されてしまった。そこで、運送人は、Caspiana 条項（設例1を参照）に従い、複数の港（鹿島、東京、千葉、横浜）の中から、運送人にとって最も便利な千葉港（別の貨物の荷揚げがあった）において貨物を荷揚げした。千葉港は、特定の荷主にとっては実務上不便な港である。
　ロッテルダム・ルールズ48条は「仕向地到着後」と規定しているが、運送人は荷主が受け取らない貨物を48条の規定に従って処理できるか。48条でいう「仕向地」は、もともとの運送契約で合意された港のみならず、運送人が Caspiana 条項に従い裁量によって決めた（荷受人に不便な）港も含まれるということか。

後藤　設例12には、荷受人の運送品の受取義務と、それに関連する条約中の他の規定や運送契約中の条項に関する3つの異なる事例が含まれています。まず設問12(1)は、運送品処分権との関係を取り上げています。ロッテルダム・ルールズの50条2項は、わが国の商法582条2項とは異なり、運送品処分権は荷受人による引渡要求があっても消滅しないものと定めていることから、荷受人による引渡要求の後で運送品処分権が行使された場合の法律関係を確認するものです。続いて設問12(2)は、到着した運送品の引渡要求やサンプル採取を行った船荷証券所持人が、運送品が腐敗しているとして受取りを拒絶し、また船荷証券上のタリフ摂取条項によって摂取されているタリフ上の高額の demurrage charge の支払を拒むことができるか、このような拒絶が認められるためにはどうすればよいかということを問うものです。荷受人の受取義務については43条が、荷送人以外の船荷証券所持人に対する運送契約上の義務の拡張については58条2項が規律しているところですが、その解釈を確認させていただきたいと存じます。また設問12(3)は、設例1でも取り上げられた Caspiana 条項に基づいて、災害発生時に運送品が当初の目的地とは異なる港に荷揚げされたが、荷主が当該港において運送品を受け取らない場合に、運送人は「仕向地到着後」に引渡未了であるとして48条に定める措置を採ることができるかという点を確認するものです。

設問 12(1)

藤田 設問 12 は物品の引渡しについて扱っていますので、ファン・デル・ツィール教授に答えをお願いいたします。

ファン・デル・ツィール 荷送人が運送品処分権を行使して荷受人を変更した後は、当初の荷受人はもはや荷受人ではありません。今や 2 番目の荷受人が正当な荷受人であることになります。これは、当初の荷受人は、もはや引渡しを受ける権限を持たない以上、引渡しを受ける義務も負わなくなったということを意味します。「荷受人」とは、「引渡しを受ける権限を有する者」と定義されており、荷受人の変更後は、2 番目の荷受人がそれに当たることになるのです。

ロッテルダム・ルールズにおけるこのような立場の背景をご説明しましょう。運送人に対して運送品の引渡しを請求した当初の荷受人／買主が、倒産状態にあったため、その時点で運送品の代金を支払っていなかった場合、荷送人／売主は、この倒産状態にある買主への引渡しを防止できるべきです。このため、ロッテルダム・ルールズは、他の運送法条約とは異なり、運送品処分権は運送人の責任期間全体について存在するものとしています。実務では、(運送品処分権を有する) 荷送人は、運送品の引渡し前であれば、運用上の観点から合理的に可能である限り、荷受人を変更することができるものとされています。言い換えると、ロッテルダム・ルールズは、引渡しを請求するだけで買主が代金を払わずに運送品を取得できるような事態が生じることを防ごうとしているのです。

藤田 それでは設問 12(2)に移りたいと思います．

設問 12(2)①

ファン・デル・ツィール 設問 12(2)の前半部分への答えは、イエスです。貨物が目的地に到着し、荷受人がその引渡しを請求した場合には、荷受人はその引渡しを受けなければなりません。運送人のタリフは荷受人のことも拘束するので、demurrage charge についても同じことが当てはまります。

藤田 demurrage charge についての責任は、「譲渡性のある運送書類から確認することができる」(58 条 2 項)、また物品の引渡しを請求した荷受人／船荷証券所持人は権利を行使しているので、運送人のタリフの demurrage charge は荷受人を拘束するという理解でよろしいですか？

ファン・デル・ツィール はい、その通りです。さらに言うと、demurrage charge が取引上の問題として高すぎるように思われるという事実は、ロッテルダム・ルールズには関係がありません。運賃その他の料金は、条約上、意図的に扱われていないのです（実務家として、多くの運送人は、demurrage charge の額を実際の損失と関連づけて定めてはいないということも付け加えておきます。

運送人は、この金額は、運送人がコンテナの占有を（運用できる状態で）できる限り早く回復できるようにするために、荷受人がコンテナを素早く空にして返却しようとするに足りるほど高いものであるべきだと考えているのです）。

藤田 宋さん、何かコメントがありますか？

宋 一言だけコメントです。この設問は、船荷証券の所持人がこの事案において引渡しを受ける義務を負っているかというものです。権利の移転ということについて考えていたのですが、ある者が船荷証券の原本を所持していて、その正当な所持人となったとしても、それだけでは、荷受人になるという意思決定をしたのでない限り、運送品の引渡しを受ける義務を引き受けたということまで意味しないと思います。

藤田 その通りですね。船荷証券の所持人となったというだけでは、物品を受け取る義務は生じません。設問12(2)では、船荷証券所持人は物品の引渡しを請求しており、これが46条のもとでの物品受取義務を発生させ、さらには58条2項のもとで負いうる責任も発生させることになります。

設問12(2)②に進んでよろしいでしょうか？　ファン・デル・ツィール教授よろしくお願いします。

設問12(2)②

ファン・デル・ツィール　はい、この設問の荷受人は、順番を逆にして、まずサンプル採取をした後に、その結果に基づいて、引渡しを請求するか否かを決めようとしています。43条のもとでは、このようなことも可能でしょう。UNCITRALにおいては、サンプル採取とその引渡しに関する効果について、立ち入った議論がなされ、サンプル採取だけでは運送品の引渡しを受ける義務を生じさせないということが一般的に合意されました。引渡しの請求だけが引渡しを受ける義務を生じさせるのであり、43条はそのような考えに基づいて起草されているのです。

設問12(3)

ファン・デル・ツィール　この小問の事実を前提とすると、この事案のCaspiana条項は有効であるということだと思います。そして、この条項に基づいて、目的港として合意された港は仙台港から千葉港に変更されています。したがって、48条に関するものを含め、目的港としての法律上の効果を有するのは、仙台港の代わりに千葉港のみということになります。このようなお答えでよろしいでしょうか？

藤田　ええ、Caspiana条項は有効という前提でお答え下さい。

ファン・デル・ツィール　わかりました。運送人にとって便利な点と荷受人に

とって不便な点についても少し説明しておきましょう。

　私の考えでは、Caspiana 条項をいつどのように適用するかという点については、運送人には合理的な裁量がなければなりません。Caspiana 条項は偶然の事態によって適用されることが多く、このような偶然の事態に運送に関するすべての利害関係者の利益を適切に考慮して反応するのは運送人（と船長）の義務であるといえます。これらの利益は対立するものであることもあるため、運送人は合理的なバランスを実現しなければならない。すべての者が満足できないことはしばしばあるし、（完全に）満足する者は存在しないということもありうる。このため、私の見解では、運送人に適切な裁量が与えられるべきであることになります。

　もっとも、これには限界もあります。先ほど、有効な Caspiana 条項と言いましたが、むしろ Caspiana 条項の適用も有効なものでなければならないというべきかもしれません。このワークショップの前半においては、雨宮氏から、運送人に避難港における運送品のアバンダンを認める条項への言及がありました（設問 1(1)）。しかし、すべての状況を考慮しても、これがロッテルダム・ルールズのもとでも可能であるかという点には疑問を持っています。関係する条文は、私の考えでは、運送人に「この条約に従って」、そして「運送契約の条項に従って」運送品を引き渡す旨を義務付ける 11 条です。この 2 つの要件をあわせると、一種の緊張状態が生じると思われます。一方では、「この条約に従って」という文言は、運送品を目的地まで運送してそこで引渡しをする義務を含む運送人の義務を制限する運送契約中の条項を無効にする 79 条に従ってという意味を含んでいます。他方で、Caspiana 条項は、運送品を別の場所に運び、その場所で荷受人に対する（運送品に関する責任の移転という意味での）引渡しを行う旨の決定を運送人が一方的に行うことを一定の条件のもとで認めるものです。この別の場所を代替的な目的地とすることが事前に合意されていたものとみなされうるために、このような引渡しも認められると考えることができる一方で、このような引渡しは、運送品を目的地まで運んで、その場所で引渡しを行うという 11 条に基づく運送人の強行法的義務を制限するものであると考えることもできそうです。

　たとえば、コンテナ船の機関室で火災が発生し、その鎮火後に当該船舶は避難港に曳船されたものとします。この場合には、私の見解では、運送人は、運送品を埠頭に積み降ろして、荷受人に対し、「これがあなたの貨物です。これで私は運送契約上の義務を履行したことになります」と主張することはできません。私の見解では、この状況のもとでは、ロッテルダム・ルールズ上、運送人は当初に合意通りの目的地において運送品を引き渡す義務を負い続けていることになります。ほとんどの運送人は週単位での運航を行っているため、運送人

は自らの船舶か同業者の船舶上に追加のスペースを見つけることができると考えるのが合理的でしょう。Caspiana 条項の適用によって、本来の目的地において運送品を引き渡すという義務を運送人が簡単に免れるようなことがあってはなりません。Caspiana 条項の有効性は、合理的な適用が可能かどうかによって判断されるべきです。

設例 13　物品の引渡し

> (1)　運送書類上に、受戻証券性を否定する文言の含まれていない通常の船荷証券について、船荷証券と引き換えではない物品の引渡し（いわゆる保証渡し）が行われた。この場合に、後に船荷証券所持人が現れたとすると、運送人は条約 59 条 1 項の責任制限を主張することができるか。このような状況に、条約 61 条はどのように適用されるか。
>
> 　たとえば、運送人が、①保証渡しの相手方は船荷証券の権利者となることが予定されている者であり、船荷証券の決済が遅れているために船荷証券を所持していないだけであるという説明に対して、疑うべき事情はないと信じ切っていた場合、②当該船荷証券に関しては、特に何の情報も持っていなかったが、相手は顔なじみの顧客であり、これまでの取引履歴から信頼できると考えていた場合、③船荷証券の決済が遅れているだけであるという説明に対して疑うべき事情があると考えていたが、銀行保証状と引き換えにすると懇請されたために物品を引き渡した場合で、扱いに何らかの違いがあるか。
>
> (2)　運送契約に関して、運送人は当該運送書類と引き換えでなく運送品を引き渡すことが可能である旨の明示的な記載がある譲渡可能な運送書類が発行された。このような運送書類は、CIF 売買上要求される「買主が仕向港で運送人に物品の運送の引渡しを請求することを可能に」する書類（INCOTERMS 2010, A8 参照）といえるか。

後藤　設例 13 は、運送書類と引き換えでなくなされる物品の引渡しに関する 2 つの小問からなっています。

　まず設問 13(1)は、通常の船荷証券について、いわゆる保証渡しが行われた場合に、その後に現れた船荷証券所持人からの損害賠償請求に対して運送人が条約上の責任制限を主張することができるか、ということを確認するものです。ヘーグ・ヴィスビー・ルールズのもとでは、保証渡しを含む misdelivery が同条約 4 条 5 項の物品の「滅失（loss）」に当たるかという問題であり、わが国の国際海上物品運送法についてはこれを否定的に解する見解も有力なところですが、

ロッテルダム・ルールズのもとでは、この場合の運送人の責任が59条1項にいう「本条約に基づく義務の違反に対する運送人の責任」に当たるかという問題となるかと思います。また、仮にこの要件が充足されるとすると、今度は保証渡しが故意またはrecklessな行為に当たり、61条により責任制限の主張が否定されることはないかということが問題となります。この点は具体的な事情に依存することになると思われますので、実務上問題となりそうな状況として①から③を例示しております。

また設問13(2)は、47条2項の記載のある譲渡可能運送書類については、運送書類とは引き換えでない引渡しが行われ得る結果、その所持人が仕向港で運送人に物品の引渡しを請求することができない場合が生じうるため、INCOTERMSのCIF売買の条件を満たしていないのではないかということを問うものです。結論がいずれであるにせよ、売買契約の当事者は特約により対処することは可能であると思われますが、その前提として、解釈が明らかになっていることが望ましいと思われます。

設問13(1)

藤田 設問(1)は、責任制限阻却事由に関するものですので、ホンカ教授にお答えをお願いします。

ホンカ この問題は、実は、現在のヘーグ・ルールズおよびヘーグ・ヴィスビー・ルールズの規定ぶりに関連しています。これらの条約における「運送品の、または運送品に関連した」(4条5項)という文言は、非常に不明確であり、たとえば本件のような場合に適用されうるのかは疑問であると考えられてきました。今回のロッテルダム・ルールズは、私が見たところ、この点について、より明確な立場をとっています。ロッテルダム・ルールズの47条1項(b)号は、運送人は同項の要件が満たされていない場合には引渡しを拒絶しなければならないものと定めており、この要件の1つに、「譲渡可能運送書類と引き換えに」というものがあります。そのため、本問のように譲渡可能運送書類と引き換えでなしに引渡しをした運送人は、47条のこの規定に違反したことになります。これは「本条約上の運送人の義務の違反」であり、59条に基づいて、運送人はその責任を制限できることになります。

その上で、今度は、61条によって責任制限を破ることができるか否かを考えることになります。伝統的には、船荷証券と引き換えでなしに運送品を引き渡すことは、保険保護すら失いかねない重大な違反であると考えられてきました。しかし、61条をそのまま読むと、重要な点が2つあります。ここで61条の冒頭部分を引用しておきましょう。「本条約上の運送人の義務の違反に起因する損失が、責任制限の権利を主張する者自身の、当該損失を生じさせる意図をもって、

または無謀に、かつ、当該損失が生じる蓋然性のあることを認識して行った作為もしくは不作為に帰すべきものであることを、請求者が証明したときは、運送人および18条に規定する全ての者は、59条または運送契約に規定された責任制限の権利を受けることができない」。

このように、「個人的な」作為または不作為という重要な要件があります。では、船会社や運送会社の場合に、個人的な作為または不作為とは何でしょうか。私は、ほとんどの法域において、明確な線引きは困難であるとしても、これは会社の経営トップの行為を指すと理解されているものと確信しています。61条の適用の有無は、設問13(1)の①②③に挙げられている追加的事実に依存するものではありますが、それでも、「個人的な」作為または不作為があることが必要になります。

もう1つの要件は、「無謀に、かつ、そのような損失が生じる蓋然性のあることを認識して」というものです。運送人が、自身の行為により何らかの損失が生じうると予想できていただけでは十分ではなく、実際に生じた特定の損失である必要があります。このルールを「ブレーク」することはできませんので、残念ながら、挙げられているすべての場合について責任制限は否定されないということになるかもしれません。もっとも、これはさらなる事実に依存することでもありますので、絶対にそうであるというわけではありませんが。

次に、引渡しの相手方を間違ったという事案に言及されていますが、これがどういう意味を持つのかはよく分かりません。というのは、私の理解では、運送品を引き渡す相手を間違った場合にも、誤った引渡しをしたことになるからです。たとえば、私に引き渡されるべき運送品がスターレイ教授に引き渡されたとします。この場合でも、私の立場からは、運送品は滅失しているのです。損失を被るのは、荷受人である私なのです。したがって、これは運送品の完全な滅失であるということができ、17条等を適用することができます。このこと自体は、59条や61条の解釈にはあまり影響しません。

第2の可能性は、運送品は私に引き渡され、そしてまた私に引き渡されるはずだったのですが、引渡しを受けた時点では私は船荷証券を持っておらず、その後私が破産し、売主は運送品についての代金を受領していないという場合です。この事案では、利害関係を有しており、損失を被るのは売主です。しかし、この状況であっても59条および61条の解釈には影響しません。依然として、これら2つの条文が問題となるのです。このケースは、運送品を正しい相手に引き渡したのだが、その前提が誤っていたという場合も、これらの条文の1つの適用のされ方にすぎません。損害の計算――私の理解ではこれはロッテルダム・ルールズによって全く規律されていないものです――が異なる特別の方法でなされるだけでしょう。

藤田 ファン・デル・ツィール教授、何か付け加えることはありますか。

ファン・デル・ツィール ありがとうございます。今のお答えに補足をしたいと思います。この設問ではあまり明確にはなっていませんが、ホンカ教授は、これらの場合には運送人は47条に従って引渡しを拒絶しなければならないということを指摘されました。運送人が47条に従って引渡しを拒絶した場合には、運送品は引渡不能であることになり、48条が適用されることになります。そして、48条によると、運送人は「関連状況から合理的に要求される措置をとること」ができます。

設問で挙げられている3つのケースのすべてにおいて、運送人はこの「合理的に要求される措置」をとったものである可能性があります。ただし、これは、状況次第です。たとえば、③のケースにおいて、貨物が15万トンの原油である場合には、この貨物を保証状と引き換えに引き渡すしかありません。コストの面をさておくとしても、15万トンもの原油を取引目的で備蓄できる港は世界にも多くはありません。また、原油の取引においては、保証状と引き換えに引渡しをするのが確立された実務であり、取引参加者は全員このことを知っているべきです。このような場合には、運送人は合理的な措置をとったものということができるでしょう。しかし、仮に貨物が腐敗しない品物が入っているコンテナ1つである場合には、設問で挙げられている3つのケースのすべてにおいて、運送人がとるべき合理的な措置は、コンテナをしばらく保管して船荷証券が提示されるのを待つことになるかと思われます。

48条に従って合理的に行動した運送人は、運送品の減失・損傷について全く責任を負いません。また、運送人が「関連状況に応じて運送品を保存する為の合理的な措置をとること」を怠った場合も、運送人は「そのような懈怠に起因して運送品の減失または損傷が生じることを運送人が知りまたは知ることができた」場合にのみ責任を負うのです。

藤田 ありがとうございます。正直申し上げて、本設問を作成したときには48条の適用は全く念頭にありませんでした。しかし、確かにおっしゃる通り、48条が適用されるかもしれませんね。それでは設問13(2)に進んでよろしいですか。時折、47条2項の証券——それと引き替えでなく物品を引き渡すことができる旨の明示の記載のある譲渡性のある運送書類——はCIF条件のもとで要求される運送書類とは認められないという主張を聞くことがあります。ファン・デル・ツィール教授、このような見解には賛成されますか？

設問 13(2)

ファン・デル・ツィール いいえ、「47条2項の証券」がCIF条件の要件を満たさないという主張には賛成できません。そのような主張は、おそらくこのよう

な場面での47条の作用に関する誤解に基づくものでしょう。

「47条2項の証券」は、1条15項の定める「譲渡可能運送書類」の定義に合致するものであるため、すべての譲渡可能運送書類に適用される47条1項が適用されることになります。そして、CIF条件のA8は、運送書類は「買主が目的港において運送人に対して物品の引渡しを請求することを可能にするもの」でなければならず、そしてロッテルダム・ルールズの47条1項(a)号によると、「47条2項の証券」を所持している買主は、「運送品が目的地に到着した後、運送人に対しその引渡しを請求することができる」のです。ここでは、ロッテルダム・ルールズがインコタームズのCIF条件の要件に合致していることを示すために、インコタームズとロッテルダム・ルールズをあえて引用しました。

さらに、48条の適用の代わりの選択肢である47条2項は、買主である「47条2項の証券」の所持人が運送品の引渡しを請求しない場合か、運送品の目的地到着後に運送人に対して「47条2項の証券」を提出しない場合にのみ、適用されるということも付け加えておきましょう。

以上から、ロッテルダム・ルールズがインコタームズのCIF条件にかなうものであることに疑いの余地はありません。

藤田 ご説明ありがとうございます。私にも、運送人が限定された場合に免責されうると記載されているからといって、47条2項の証券がインコタームズで要求される運送書類とは言えなくなるとは思えませんね。

設例14　数量契約

> 定期船による海上運送を引き受けている運送業者Aは、継続的に自社船を利用してきた荷主Bのもとに営業担当者を派遣し、一般的な料金表よりも安い運賃で運送できる旨を説明させ、新たな契約の締結を申し出た。その内容は、(a)Bが1年間で計50トンの貨物を2回に分けて発送すること、および、(b)ロッテルダム・ルールズではなく、ヘーグ・ルールズに従った運送人の責任体系の一部を採用するというものであった。契約書中には、「本契約から生じる運送人の責任については、『1924年の船荷証券に関するある規則の統一のための国際条約』(以下、ヘーグ・ルールズ)における次の規定を適用いたします」との文言と、ヘーグ・ルールズ4条の全文が赤字で記載されていた。
>
> 契約締結後、第1回目の運送は問題なく完了したが、第2回目の運送後、受取地において運送品の損傷が発覚した。荷受人Cが受け取った運送書類には、契約書にあるような運送人の責任に関する記載はなかったが、Cは、運送人の責任について荷送人Bから事前にe-mailで連絡を受けていた。

(1)　この契約は、条約1条2項にいう「数量契約」であると理解してよいか。数量契約とスロット・チャーター、スペース・チャーターとの違いはどこにあるか。

　(2)　本契約書中の記載は、条約80条2項(a)号の要件、および、「顕著に特定」という(b)号の要件を満たしているか。Aの営業担当者が、条約と異なる契約条項についてBに対して読み聞かせた上で、「契約書をよくお読みになった上で、1週間以内に契約を締結するかどうかのお返事をお聞かせください」と言ってBに契約書を交付し、1週間後、Bが「とくに問題ない」として契約を締結していた場合、「個別に交渉された」ものと言えるか。

　(3)　本契約が数量契約に該当するとして、Aの営業担当者が、自己の営業成績を上げるために、「本船を利用されるほぼすべての荷主様がこの契約書の条件のもとで発送されています」と告げて、これを強く推奨していた場合、「本条約に依拠した条件での運送契約を締結する機会」が与えられていたと言えるか。条約に従った運送契約については、船積み順位を繰り下げるなど、数量契約の場合と比べて不利な条件が設けられていた場合はどうか。「機会の通知」は荷送人に対して明示的に行われる必要があるか。ホームページなどで、条約に従った運送契約の締結も可能である旨を提示するだけで足りるか。

　(4)　荷受人Cに対して数量契約の内容を主張するためには、「顕著に記載された情報」が与えられている必要があるが、荷送人Bから荷受人Cに対して送信されたe-mailの記載はこれに該当するか。Cが、Bに対して、「契約の内容について、承知いたしました」と返信していた場合、荷受人による「明示的な同意」があったと言えるか。

笹岡　設例14は、数量契約に関する特則を定める条約80条の各要件を明確化するための質問です。
　設問14(1)は、事例のようにごく少量の貨物を2回に分けて発送するというような合意であっても、「数量契約」の要件を満たしているのかどうかを聞くものです。このような少量の貨物の運送のためにはスペース・チャーターやスロット・チャーターというアレンジメントの可能性もありえますが、それらの合意と数量契約との違いはどの点にあるのかを教えていただければと思います。
　設問14(2)および(3)は、運送人と荷送人との間における具体的な状況が、条約からの逸脱を認めるための各要件（80条2項）に該当するのかどうかをお聞き

するものです。
　設問 14(4)では、第三者に対して数量契約上の逸脱を対抗するための要件（80条5項）についてお聞きします。具体的には、荷受人に対して情報を提供し、または荷受人からの明示的な同意を受け取る相手方が、運送人ではなく荷送人であった場合にも、当該荷受人に対する対抗が認められるのかどうかを確認させていただきたいと思います。
藤田　設例 14 はスターレイ教授が報告された数量契約に関するものですので、スターレイ教授に回答をお願いします。

設問 14(1)

スターレイ　この質問には、すぐに解答できます。そうです、これは数量契約です。これは、1条2項の数量契約の条件を明らかに満たしています。スペース・チャーターやスロット・チャーターとは違います。本問の契約は、船腹の利用を規定しているわけではないので、ロッテルダム・ルールズの適用対象からは除外されません。それらの違いは、数量契約が、とりあえずはロッテルダム・ルールズに従うという点にあります。つまり、数量契約におけるデフォルト・ルールは、ロッテルダム・ルールズが適用されるということです。スペース・チャーターやスロット・チャーターについては、まずロッテルダム・ルールズが適用されないという点から始まります。
　もちろん、契約によって、傭船者はロッテルダム・ルールズの適用を合意することはできます。ただ、この合意がなければ、ひとまずロッテルダム・ルールズは適用されません。いずれにしても、この質問によれば、この契約は数量契約となりますので、条約からの逸脱の要件を満たした場合は別として、まずはロッテルダム・ルールズが適用されるということになります。

設問 14(2)

藤田　お答えありがとうございます。もし契約が「数量契約」だとすれば、80条のもとでの要件は満たしているでしょうか？
スターレイ　まずは、2点、一般的な指摘をさせてください。第1に、実際には、運送業者が1年でたった50トンを発送する荷主に営業担当者を送り、個別に交渉するということは考えられません。そうですね、1年にコンテナ100個以下の場合に、個別に交渉する運送人はいないとずっと言われてきました。50トンの場合には、当然ないです。こういった事実を受け入れた上で、本問の場合に、ロッテルダム・ルールズがいかにして適用されるのかを考えることはできます。
　第2に、80条を見れば気付くと思うのですが、裁判所に多くの裁量を残すために、かなり曖昧な文言になっています。たとえば、記載は「顕著」でなくて

はなりません。では、「顕著な」記載は、どの程度の「顕著さ」でなくてはならないか？　わかりません。条約からの逸脱は、「個別に交渉」されていなければなりませんね。これは何を意味するのでしょう？　どの程度の個別的な交渉が必要なのでしょう？　また、荷送人は「機会および機会の通知」を与えられなければならないとの文言があります。この機会はどのくらい現実的なものでなければならないか、通知はどのくらい明確なものでなければならないか？　このように解釈の余地を残しているのは、実は熟慮の結果なのです。数量契約に関する条項が議論されていた際に、何人かの代表は、数量契約の交渉をもっと容易にすることを求めました。別の代表は、数量契約が合意されるのをもっと難しくしようとしました。そのため、文言をどうするのかについて、明確な合意に至ることはできませんでした。その結果、裁判所にかなりの裁量を持たせるという状況が残りました。

　ある国の裁判所は、より顕著な記載を求めることになり、別の国の裁判所は、そこまで顕著でない記載で、運送人を免除することになるのではないかと考えています。もし、この点について訴訟が起これば、の話ですが。私は、そのようなことはあまり起こらないと思っています。ここでもまた、運送人が顕著な記載を怠るとは思わないからです。ただ、もし訴訟になったとすれば、そこにはいくらかの裁量の余地が残されています。

　すでに述べたところですが、この質問はかなり簡単だと思いますので、さらに質問に答えていきましょう。条約からの逸脱が顕著に記載されることだけでは足りません。80条2項(a)号が求めるのは、数量契約が条約から逸脱することについての顕著な記載であり、これが逸脱であるとの記載ではありません。荷送人は、「ロッテルダム・ルールズの代わりに、ヘーグ・ルールズを適用しようと思います」だけではなく、「そうすると、あなたはロッテルダム・ルールズの代わりにヘーグ・ルールズ上の制限的な権利しか享受できません」ということまで知らされなければなりません。ロッテルダム・ルールズ上の権利を放棄することを意味すると荷主に告げないかぎり、記載は顕著であったとしても、これは誤った顕著な記載となるか、あるいは十分ではない顕著な記載となるでしょう。

設問 14(3)
藤田　80条のその他の要件を検討しましょう。設問14(3)の事実関係のもとで、運送人は条約に合致する契約を締結する機会を提供していることになるのでしょうか。
スターレイ　ここでも先ほどの一般的な説明が当てはまります。ロッテルダム・ルールズは、どの程度が要求されるのかについて、意図的にやや曖昧にし

ています。ですので、これで十分だと判断する裁判所もあるかもしれません。私の予測では、少なくとも、アメリカの裁判所は、これでは十分でないとすると思います。運送人は、明示的かつ直接的に荷送人に対して機会を与えなければならず、「これは御社の選択です」と荷送人に告げなければならないということになるでしょう。実際、アメリカ法では、国内運送人を対象とした制定法であるカーマック修正（The Carmack Amendment）において、まさに同様のことが規定されています。それによれば、運送人は荷送人に対して、全額賠償を定めたカーマック条項を提示しなければなりません。ただ、運送人は、別のレートとともに、より低い責任を提供することもできます。この法律はさらに、このような選択肢を明示することを運送人に求めています。選択肢を明示しないかぎり、十分なものとはなりません。そうすると、ウェブサイトで選択肢を提示することで足りるとは思えません。80条3項は、若干文脈は異なりますが、ウェブサイトでは十分でないということを示しています。運送人は、選択肢を現実に荷送人に対して提示しなければなりません。

　アメリカ法において、実務上この条件を使用したいのであれば、以下のように言うのがいいでしょう。「御社は、ロッテルダム・ルールズの条項を利用できます。その場合、このくらいの負担があります。あるいは、ヘーグ・ルールズの条項も利用できます。その場合、このくらいの負担があります。余分な補償が必要かどうか、差額の料金を支払う価値があるかどうかをご自身でご判断ください」。

設問 14(4)

藤田　最後の質問は、第三者との関係での条約からの逸脱の有効性です。設問14(4)の状況では、条約80条5項の要件は満たされているでしょうか。

スターレイ　この質問に答えますと、この場合、荷受人に対する通知は、十分に顕著なものですが、それでも不適切な通知です。荷受人はさらに、逸脱があるという通知を受領する必要があります。荷受人も、荷送人と同様に、ロッテルダム・ルールズによれば適用されたはずの運送人の責任が、契約で軽減されているという事実を認識しなければなりません。この通知が顕著に与えられていないのであれば、通知は不十分ということになります。

　本問の後半ですが、荷受人は、このような形で同意を与えることができると思います。荷受人には、運送人のために、荷送人に対して同意を与えることが許容されています。そして、荷送人がそれを運送人に伝え、運送人はそれに依拠することができます。したがって、こういう形で同意が与えられていたのであれば、同意は有効です。もっとも、運送人は適切な通知をする必要があり、本問の事実関係ではそれは認められません。

藤田 設問14⑷の前半に関して、スターレイ教授は、荷受人が受けた情報では十分ではないとお考えでした。では、通知の内容を検討する前の問題として、この通知はいったい誰が発するべきなのでしょうか？ 80条5項(a)号は、「数量契約が本条約から逸脱することを顕著に示す情報」を第三者に提供すべき者を特定していません。これは、誰でも第三者に対して情報を提供しうるということでしょうか？ それとも、運送人自身がそのような情報を提供すべきなのでしょうか。

スターレイ 80条5項は、第三者がどのようにして情報を受け取るかという点については、意図的に曖昧にしています。重要なのは、荷受人が情報を受け取るということであって、誰がそれを提供するかではありません。荷送人を含む、誰でも、これを提供できることでしょう。実務上は、荷受人が通知を受け取り、同意を与えることができるのは、――荷受人が同時に荷送人である場合は別ですが。当然、ここでの議論はそういう場合には問題とはならないでしょう――荷送人を通してしかありません。

藤田 宋さん、何か追加のコメントがおありですか？

宋 80条2項および5項については、書面性の要件があるということを思い出していただきたいと思います。3条に書かれています。この条文はいずれにしても覚えておく価値のあるものです。同様に、ロッテルダム・ルールズの多くの条文にも言及していますから。同意と通知には書面性の要件が適用されます。これはただのリマインダーです。ありがとうございました。

藤田 コメントありがとうございました。そうですね。書面性の要件については3条に規定があります。

第 III 部

〈資料〉
ロッテルダム・ルールズ
条文対訳表

ロッテルダム・ルールズの条文訂正について

　2012年10月11日、寄託機関である国連事務総長から、ロッテルダム・ルールズの条文の訂正提案の通知がなされた（Depositary Notification C.N.563.2012. TREATIES-XI.D.8）。これは条約法に関するウィーン条約79条2項に沿った手続である。条約の署名国から特に異議は述べられなかったため、2013年1月11日、提案された訂正の効力が発生した（Depositary Notification C.N.105.2013. TREATIES-XI.D.8）。訂正されたのは、下記の2点である。

　1条6項(a)号　履行者の定義に関する1条6項(a)号では、履行者が運送人に代わって行う行為が列挙されている。ところが同号においては、運送人の義務との関係で13条1項に規定されている諸行為のうち、「管理（keep）」に対応する語が欠けている。これは明らかな起草ミスであると考えられ、今回の訂正によって補充された。

　19条1項(b)号　19条1項(b)号は海事履行者の責任が発生する要件として、「滅失、損傷又は遅延の原因となった事象が、(i)船舶の船積港への物品の到着から船舶の荷揚港からの物品の搬出までの期間、(ii)海事履行者が物品を保管している時、又は(iii)その他海事履行者が運送契約により想定される何らかの行為を行うことに関与している時に生じた」ことを要求する。ここで掲げられている(i)～(iii)は、本来は並列的な関係ではなく、(i)は常に要求され、それに加えて(ii)あるいは(iii)が満たされる必要があるという関係である。すなわち、まず(i)が「港から港まで（por-to-port）」という海事固有の地理的適用範囲を画し、これに加えて、(ii)(iii)により、物品が海事履行者の占有下にあるかあるいは海事履行者がその他運送契約に基づく活動を行っているかいずれかの場合という条件を課しているわけである。実際、起草段階の途中まではこのような条文構造になっていたのであるが[(1)]、最終的に採択された条文文言は(i)～(iii)のいずれか一

---

(1) 2007年2月13日付の草案では、現在の19条1項（b）に相当する箇所は、

　"1. A maritime performing party [that initially received the goods for carriage in a Contracting State, or finally delivered them in a Contracting State, or performed its activities with respect to the goods in a port in a Contracting State]：

　(a) Is subject to the obligations and liabilities imposed on the carrier under this Convention and is entitled to the carrier's rights and immunities provided by this Convention <u>if the occurrence that caused the loss, damage or delay took place during the period between the arrival of the goods at the port of loading of a ship and their departure from the port of discharge from a ship, when it has</u>

つを満たせばよいかのように読める形になっていた。今回の訂正手続でこの点も修正され、上記の趣旨が明確化された。

　本書に収録した条文及び翻訳は、以上の修正を反映させたものである。参考までに、寄託機関通知の付録（英文テキスト）を次に掲げる。

藤田友敬

---

custody of the goods or at any other time to the extent that it is participating in the performance of any of the activities contemplated by the contract of carriage, and ....."（下線筆者）とされていた（Transport Law：Draft convention on the carriage of goods [wholly or partly] [by sea], U.N. doc. no. A/CN.9/WG.III/WP.81 (13 February 2007))。

　この条文は、2007年11月14日付の草案（Transport Law：Draft convention on the carriage of goods [wholly or partly] [by sea], U.N. doc. no. A/CN.9/WG.III/WP.101 (14 November 2007))）によって、最終草案とほぼ同様の文言に修正された。同草案の説明では、作業部会第19回会合（ニューヨーク、2007年4月）の議論を受けた（ここでの論点とは無関係な）実質修正に加え、「条文文言の改善のため、事務局により微修正と並べ替えを行った（as slightly revised and reordered by the Secretariat for improved drafting）」(id. footnote 40) とある。その結果、意図せざる条文内容の変化が生じてしまったのであるが、そのことは条約採択まで看過された。

CN.563.2012.TREATIES-XI-D-8 (Annex/Annexe)

	Current text	Proposed corrections
1.	**Article 1(6) (*a*)** "Performing party" means a person other than the carrier that performs or undertakes to perform any of the carrier's obligations under a contract of carriage with respect to the receipt, loading, handling, stowage, carriage, care, unloading or delivery of the goods, to the extent that such person acts, either directly or indirectly, at the carrier's request or under the carrier's supervision or control.	INSERT THE WORD "KEEPING" "Performing party" means a person other than the carrier that performs or undertakes to perform any of the carrier's obligations under a contract of carriage with respect to the receipt, loading, handling, stowage, carriage, **keeping**, care, unloading or delivery of the goods, to the extent that such person acts, either directly or indirectly, at the carrier's request or under the carrier's supervision or control.
2.	**Article 19 1(b)** 1. A maritime performing party is subject to the obligations and liabilities imposed on the carrier under this Convention and is entitled to the carrier's defences and limits of liability as provided for in this Convention if: * * * (b) The occurrence that caused the loss, damage or delay took place: (i) during the period between the arrival of the goods at the port of loading of the ship and their departure from the port of discharge from the ship; (ii) while the maritime performing party had custody of the goods; or (iii) at any other time to the extent that it was participating in the performance of any of the activities contemplated by the contract of carriage.	INSERT THE WORDS "AND EITHER" AFTER REQUIREMENT (i) IN SUBPARAGRAPH (b) . (b) The occurrence that caused the loss, damage or delay took place: (i) during the period between the arrival of the goods at the port of loading of the ship and their departure from the port of discharge from the ship; **and either** (ii) while it had custody of the goods; or (iii) at any other time to the extent that it was participating in the performance of any of the activities contemplated by the contract of carriage.

ロッテルダム・ルールズ条文対訳表

United Nations Convention on Contracts for the International Carriage of Goods Wholly or Partly by Sea	全部又は一部が海上運送による国際物品運送契約に関する国際連合条約（仮訳）
The States Parties to this Convention, *Reaffirming* their belief that international trade on the basis of equality and mutual benefit is an important element in promoting friendly relations among States, *Convinced* that the progressive harmonization and unification of international trade law, in reducing or removing legal obstacles to the flow of international trade, significantly contributes to universal economic cooperation among all States on a basis of equality, equity and common interest, and to the well-being of all peoples, *Recognizing* the significant contribution of the International Convention for the Unification of Certain Rules of Law relating to Bills of Lading, signed in Brussels on 25 August 1924, and its Protocols, and of the United Nations Convention on the Carriage of Goods by Sea, signed in Hamburg on 31 March 1978, to the harmonization of the law governing the carriage of goods by sea, *Mindful* of the technological and commercial developments that	本条約の締約国は、 平等及び相互の利益を基礎とした国際取引が諸国間の友好関係を促進する上での重要な要素であることを再確認し、 国際取引法の調和と統一を進め、国際取引業務に対する法的な障壁を減少又は除去することが、平等、衡平及び共同利益を基礎とした全ての諸国間の世界的経済協力並びに全ての諸国民の福祉に重要な貢献をすることを確信し、 1924年8月25日にブラッセルで署名された船荷証券に関するある規則を統一する国際条約及びその改正議定書、並びに1978年3月31日にハンブルグで署名された海上物品運送に関する国際連合条約が、海上物品運送を規律する法の調和に重要な貢献をしてきたことを認識し、 それら諸条約の採択以来生じた技術的及び商業的発展、並びにそれら諸条約を統合し現代化する必要性に留意し、 荷送人及び運送人が、他の運送手段を伴う海上運送契約の運用を支援する拘束力ある世界的な体制の利益を享受していないことに留意し、 全部又は一部が海上運送である国際運送契約を規律する統一的準則を採択することが、法的安定性を促進し、国際

have taken place since the adoption of those conventions and of the need to consolidate and modernize them,

Noting that shippers and carriers do not have the benefit of a binding universal regime to support the operation of contracts of maritime carriage involving other modes of transport,

Believing that the adoption of uniform rules to govern international contracts of carriage wholly or partly by sea will promote legal certainty, improve the efficiency of international carriage of goods and facilitate new access opportunities for previously remote parties and markets, thus playing a fundamental role in promoting trade and economic development, both domestically and internationally,

Have agreed as follows:

CHAPTER 1. GENERAL PROVISIONS

Article 1. Definitions

For the purposes of this Convention:

1. "Contract of carriage" means a contract in which a carrier, against the payment of freight, undertakes to carry goods from one place to another. The contract shall provide for carriage by sea and may provide for carriage by other modes of transport in addition to the sea carriage.

物品運送の効率性を改善し、従前は遠隔の地にあった当事者と市場に対する新たなアクセスの機会を創出し、もって国内的及び国際的な取引と経済発展の促進に基本的な役割を果たすことを確信して、

以下のとおり協定する。

第1章　総則

第1条　定義

本条約において、

1 「運送契約」とは、運送人が、運賃の支払と引換えに、ある場所から他の場所まで物品を運送することを引き受ける契約をいう。当該契約は、海上運送を規定していなければならないが、海上運送に加え他の運送手段による運送を規定していてもよい。

2. "Volume contract" means a contract of carriage that provides for the carriage of a specified quantity of goods in a series of shipments during an agreed period of time. The specification of the quantity may include a minimum, a maximum or a certain range.

3. "Liner transportation" means a transportation service that is offered to the public through publication or similar means and includes transportation by ships operating on a regular schedule between specified ports in accordance with publicly available timetables of sailing dates.

4. "Non-liner transportation" means any transportation that is not liner transportation.

5. "Carrier" means a person that enters into a contract of carriage with a shipper.

6. (a) "Performing party" means a person other than the carrier that performs or undertakes to perform any of the carrier's obligations under a contract of carriage with respect to the receipt, loading, handling, stowage, carriage, keeping, care, unloading or delivery of the goods, to the extent that such person acts, either directly or indirectly, at the carrier's request or under the carrier's supervision or control.

(b) "Performing party" does not include any person that is re-

2 「数量契約」とは、合意された期間内における一連の船積により特定の数量の物品の運送を規定する契約をいう。数量の特定は、最低限、最大限又は一定の幅を持つものを含む。

3 「定期船輸送」とは、出版物又はそれに類似する方法により公衆に対して提供される輸送サービスであって、公開された出帆日程に従って特定の港の間を定期的なスケジュールで運航する船舶による輸送を含むものをいう。

4 「不定期船輸送」とは、定期船輸送ではない輸送をいう。

5 「運送人」とは、荷送人と運送契約を締結する者をいう。

6 (a)「履行者」とは、運送人以外の者であって、運送人の直接又は間接の要請による又は監督若しくは支配下での行為として、物品の受取、積込、取扱、積付、運送、管理、保管、荷揚又は引渡に関して運送契約上の何らかの運送人の義務を履行する又は履行を引き受ける者をいう。

(b)「履行者」には、運送人によってではなく、荷送人、書類上の荷送人、運送品処分権者又は荷受人によって、直接又は間接に確保される者を含まない。

tained, directly or indirectly, by a shipper, by a documentary shipper, by the controlling party or by the consignee instead of by the carrier.

7. "Maritime performing party" means a performing party to the extent that it performs or undertakes to perform any of the carrier's obligations during the period between the arrival of the goods at the port of loading of a ship and their departure from the port of discharge of a ship. An inland carrier is a maritime performing party only if it performs or undertakes to perform its services exclusively within a port area.

8. "Shipper" means a person that enters into a contract of carriage with a carrier.

9. "Documentary shipper" means a person, other than the shipper, that accepts to be named as "shipper" in the transport document or electronic transport record.

10. "Holder" means:

(a) A person that is in possession of a negotiable transport document; and (i) if the document is an order document, is identified in it as the shipper or the consignee, or is the person to which the document is duly endorsed; or (ii) if the document is a blank endorsed order document or bearer document, is the bearer thereof; or

(b) The person to which a

7 「海事履行者」とは、船舶の船積港への物品の到着から船舶の荷揚港からの物品の搬出までの間に、何らかの運送人の義務を履行する又は履行を引き受ける履行者をいう。陸上運送人は、港湾地域内のみにおいてその役務を履行する又は履行を引き受ける場合にのみ、海事履行者となる。

8 「荷送人」とは、運送人と運送契約を締結する者をいう。

9 「書類上の荷送人」とは、荷送人以外の者であって、運送書類又は電子的運送記録において「荷送人」として記載されることを承諾した者をいう。

10 「所持人」とは、以下の何れかに該当する者をいう。

(a) 譲渡可能運送書類を占有する者であって、(i) 当該書類が指図式書類である場合には、当該書類において荷送人若しくは荷受人として特定されている者又は適式に当該書類の裏書を受けた者、又は (ii) 当該書類が白地式裏書がされた指図式書類又は持参人式書類である場合には、当該書類の持参人

(b) 第9条第1項の手続に従って譲渡可能電子的運送記録の発行又は譲渡を受けた者

negotiable electronic transport record has been issued or transferred in accordance with the procedures referred to in article 9, paragraph 1.

 11. "Consignee" means a person entitled to delivery of the goods under a contract of carriage or a transport document or electronic transport record.

 12. "Right of control" of the goods means the right under the contract of carriage to give the carrier instructions in respect of the goods in accordance with chapter 10.

 13. "Controlling party" means the person that pursuant to article 51 is entitled to exercise the right of control.

 14. "Transport document" means a document issued under a contract of carriage by the carrier that:

 (a) Evidences the carrier's or a performing party's receipt of goods under a contract of carriage; and

 (b) Evidences or contains a contract of carriage.

 15. "Negotiable transport document" means a transport document that indicates, by wording such as "to order" or "negotiable" or other appropriate wording recognized as having the same effect by the law applicable to the document, that the goods have been consigned to the order of the shipper, to the order of the con-

11　「荷受人」とは、運送契約又は運送書類若しくは電子的運送記録に基づいて、物品の引渡を受ける権利を有する者をいう。

12　「運送品処分権」とは、第10章の規定に従って運送人に物品に関する指示を与える運送契約に基づく権利をいう。

13　「運送品処分権者」とは、第51条の規定に従って運送品処分権を行使する権利を有する者をいう。

14　「運送書類」とは、運送契約に基づき運送人により発行される書類であって、以下の双方に該当するものをいう。

（a）運送契約に基づく運送人又は履行者による物品の受取を証するものであること

（b）運送契約を証する又は内容とするものであること

15　「譲渡可能運送書類」とは、「指図人宛」若しくは「譲渡可能」等の文言又は当該書類に適用される法により同様の効果を有すると認められるその他の適切な文言により、物品が、荷送人の指図人宛、荷受人の指図人宛又は持参人宛として委託された旨表示された運送書類であって、「譲渡不能」又は「譲渡不可」と明記されていないものをいう。

signee, or to bearer, and is not explicitly stated as being "non-negotiable" or "not negotiable".

16. "Non-negotiable transport document" means a transport document that is not a negotiable transport document.

17. "Electronic communication" means information generated, sent, received or stored by electronic, optical, digital or similar means with the result that the information communicated is accessible so as to be usable for subsequent reference.

18. "Electronic transport record" means information in one or more messages issued by electronic communication under a contract of carriage by a carrier, including information logically associated with the electronic transport record by attachments or otherwise linked to the electronic transport record contemporaneously with or subsequent to its issue by the carrier, so as to become part of the electronic transport record, that:

 (a) Evidences the carrier's or a performing party's receipt of goods under a contract of carriage; and

 (b) Evidences or contains a contract of carriage.

19. "Negotiable electronic transport record" means an electronic transport record:

 (a) That indicates, by

16 「譲渡不能運送書類」とは、譲渡可能運送書類ではない運送書類をいう。

17 「電子的通信」とは、電子的、光学的、デジタル又は類似する手段によって作成、送信、受信又は保存される情報であって、通信された情報が後に参照して使用するためにアクセス可能なものをいう。

18 「電子的運送記録」とは、運送契約に基づき運送人により電子的通信によって発行される、一又は複数のメッセージの形態をとる情報であって、以下の双方に該当するものをいい、添付されて当該電子的運送記録に論理的に結合される情報又はその他の方法で運送人による電子的運送記録の発行と同時若しくはその後に当該電子的運送記録と関連付けられる情報であって、当該電子的運送記録の一部となるものを含む。

 (a) 運送契約に基づく運送人又は履行者による物品の受取を証するものであること

 (b) 運送契約を証する又は内容とするものであること

19 「譲渡可能電子的運送記録」とは、電子的運送記録であって、以下の双方に該当するものをいう。

 (a) 「指図人宛」若しくは「譲渡可能」等の文言又は当該記録に適用される法により同様の効果を有すると認められるその他の適切な文言により、物品が、荷送人の指図人宛又は荷受人の指図人宛

wording such as "to order", or "negotiable", or other appropriate wording recognized as having the same effect by the law applicable to the record, that the goods have been consigned to the order of the shipper or to the order of the consignee, and is not explicitly stated as being "non-negotiable" or "not negotiable"; and

 (b) The use of which meets the requirements of article 9, paragraph 1.

 20. "Non-negotiable electronic transport record" means an electronic transport record that is not a negotiable electronic transport record.

 21. The "issuance" of a negotiable electronic transport record means the issuance of the record in accordance with procedures that ensure that the record is subject to exclusive control from its creation until it ceases to have any effect or validity.

 22. The "transfer" of a negotiable electronic transport record means the transfer of exclusive control over the record.

 23. "Contract particulars" means any information relating to the contract of carriage or to the goods (including terms, notations, signatures and endorsements) that is in a transport document or an electronic transport record.

として委託された旨表示された記録であって、「譲渡不能」又は「譲渡不可」と明記されていないものであること

(b) その利用が第9条第1項に規定する要件に合致するものであること

20 「譲渡不能電子的運送記録」とは、譲渡可能電子的運送記録ではない電子的運送記録をいう。

21 譲渡可能電子的運送記録の「発行」とは、当該記録が作成されてから無効となるまでの間排他的支配の対象となることが確保されている手続に従った当該記録の発行をいう。

22 譲渡可能電子的運送記録の「譲渡」とは、当該記録に対する排他的支配の譲渡をいう。

23 「契約明細」とは、運送書類又は電子的運送記録に含まれる、運送契約又は物品に関する情報（条項、注記、署名及び裏書を含む。）をいう。

24. "Goods" means the wares, merchandise, and articles of every kind whatsoever that a carrier undertakes to carry under a contract of carriage and includes the packing and any equipment and container not supplied by or on behalf of the carrier.	24	「物品」とは、運送人が運送契約に基づいて運送を引き受けるあらゆる種類の製品、商品及び物件をいい、包装並びに運送人により又は運送人のために供給されたものではない全ての機器及びコンテナを含む。
25. "Ship" means any vessel used to carry goods by sea.	25	「船舶」とは、海上物品運送に使用される全ての船をいう。
26. "Container" means any type of container, transportable tank or flat, swapbody, or any similar unit load used to consolidate goods, and any equipment ancillary to such unit load.	26	「コンテナ」とは、物品をまとめるために使用される、あらゆる種類のコンテナ、輸送用タンク若しくはフラット、スワップボディ又はこれらに類似したユニット・ロード及び当該ユニット・ロードの付属装置をいう。
27. "Vehicle" means a road or railroad cargo vehicle.	27	「車輌」とは、貨物自動車又は鉄道貨車をいう。
28. "Freight" means the remuneration payable to the carrier for the carriage of goods under a contract of carriage.	28	「運賃」とは、運送契約に基づく物品運送に対して運送人に支払うべき報酬をいう。
29. "Domicile" means (a) a place where a company or other legal person or association of natural or legal persons has its (i) statutory seat or place of incorporation or central registered office, whichever is applicable, (ii) central administration or (iii) principal place of business, and (b) the habitual residence of a natural person.	29	「ドミサイル」とは、(a) 会社その他の法人又は自然人若しくは法人の団体が (i) 適用がある場合には法定の設立地又は登記された本店、(ii) 中心となる業務執行地、又は (iii) 主たる営業所を有する場所、及び (b) 自然人がその常居所を有する場所をいう。
30. "Competent court" means a court in a Contracting State that, according to the rules on the internal allocation of jurisdiction among the courts of that State, may exercise jurisdiction over the dispute.	30	「権限ある裁判所」とは、締約国内の裁判所であって、当該国の裁判所間での国内的管轄分配規則に従って紛争につき管轄権を有するものをいう。

CHAPTER 1. GENERAL PROVISIONS

Article 2. Interpretation of this Convention

In the interpretation of this Convention, regard is to be had to its international character and to the need to promote uniformity in its application and the observance of good faith in international trade.

Article 3. Form requirements

The notices, confirmation, consent, agreement, declaration and other communications referred to in articles 19, paragraph 2; 23, paragraphs 1 to 4; 36, subparagraphs 1 (b), (c) and (d); 40, subparagraph 4 (b); 44; 48, paragraph 3; 51, subparagraph 1 (b); 59, paragraph 1; 63; 66; 67, paragraph 2; 75, paragraph 4; and 80, paragraphs 2 and 5, shall be in writing. Electronic communications may be used for these purposes, provided that the use of such means is with the consent of the person by which it is communicated and of the person to which it is communicated.

Article 4. Applicability of defences and limits of liability

1. Any provision of this Convention that may provide a defence for, or limit the liability of, the carrier applies in any judicial or arbitral proceeding, whether founded in contract, in tort, or otherwise, that is instituted in respect of loss of, damage to, or de-

第2条　本条約の解釈

本条約の解釈においては、その国際的な性格並びにその適用における統一及び国際取引における信義の遵守を促進する必要性を考慮しなければならない。

第3条　書面性の要件

第19条第2項、第23条第1項ないし第4項、第36条第1項(b)号、(c)号及び(d)号、第40条第4項(b)項、第44条、第48条3項、第51条第1項(b)号、第59条1項、第63条、第66条、第67条第2項、第75条第4項並びに第80条第2項及び第5項に規定する通知、確認、同意、合意、宣言及びその他の通信は、書面でされなければならない。電子的通信は、これらの目的のため使用することができるが、当該方法の使用につき通信を発信する者及びその通信を受信する者の同意がある場合に限る。

第4条　抗弁及び責任制限の適用

1　運送人の抗弁又は責任制限を規定する本条約の一切の規定は、契約、不法行為、その他何に基づくかを問わず、以下に規定する何れかの者に対する、運送契約の対象たる物品の滅失、損傷若しくは延着に関して又は本条約上のその他の義務違反を理由として提起される全

lay in delivery of goods covered by a contract of carriage or for the breach of any other obligation under this Convention against:

 (a) The carrier or a maritime performing party;

 (b) The master, crew or any other person that performs services on board the ship; or

 (c) Employees of the carrier or a maritime performing party.

 2. Any provision of this Convention that may provide a defence for the shipper or the documentary shipper applies in any judicial or arbitral proceeding, whether founded in contract, in tort, or otherwise, that is instituted against the shipper, the documentary shipper, or their subcontractors, agents or employees.

CHAPTER 2. SCOPE OF APPLICATION

Article 5. General scope of application

 1. Subject to article 6, this Convention applies to contracts of carriage in which the place of receipt and the place of delivery are in different States, and the port of loading of a sea carriage and the port of discharge of the same sea carriage are in different States, if, according to the contract of carriage, any one of the following places is located in a Contracting State:

ての訴訟又は仲裁手続において適用される。

（a）運送人又は海事履行者

（b）船長、船員又は船舶上で役務を履行するその他全ての者

（c）運送人又は海事履行者の被用者

2　荷送人又は書類上の荷送人の抗弁を規定する本条約の一切の規定は、契約、不法行為、その他何に基づくかを問わず、荷送人、書類上の荷送人又はそれらの下請人、代理人若しくは被用者に対して提起される全ての訴訟又は仲裁手続において適用される。

第2章　適用範囲

第5条　一般的適用範囲

1　第6条に従うことを条件として、本条約は、受取地と引渡地が異なる国にあり、且つ、海上運送の船積港と当該海上運送の荷揚港とが異なる国にある運送契約であって、当該運送契約によれば以下の何れかの地の一が締約国にあるものに、適用される。

（a）受取地

（b）船積港

(a) The place of receipt;
(b) The port of loading;
(c) The place of delivery; or
(d) The port of discharge.

2. This Convention applies without regard to the nationality of the vessel, the carrier, the performing parties, the shipper, the consignee, or any other interested parties.

Article 6. Specific exclusions

1. This Convention does not apply to the following contracts in liner transportation:

(a) Charterparties; and
(b) Other contracts for the use of a ship or of any space thereon.

2. This Convention does not apply to contracts of carriage in non-liner transportation except when:

(a) There is no charterparty or other contract between the parties for the use of a ship or of any space thereon; and
(b) A transport document or an electronic transport record is issued.

Article 7. Application to certain parties

Notwithstanding article 6, this Convention applies as between the carrier and the consignee, controlling party or holder that is not an original party to the charterparty or other contract of carriage excluded from the application of this Convention. However, this Con-

(c) 引渡地
(d) 荷揚港

2　本条約は、船舶、運送人、履行者、荷送人、荷受人又はその他のあらゆる関係者の国籍に関係なく適用される。

第6条　適用除外

1　本条約は、定期船輸送における以下の運送契約には適用されない。
　(a) 傭船契約
　(b) 船舶又は船腹の一部を利用するその他の契約

2　本条約は、以下に該当する場合を除き、不定期船輸送における運送契約には適用されない。
　(a) 当事者間に傭船契約又は船舶若しくは船腹の一部を利用する契約が存在しない場合であって、
　(b) 運送書類又は電子的運送記録が発行されているとき

第7条　特定の当事者への適用

第6条の規定にかかわらず、本条約は、運送人と、本条約の適用から除外されている傭船契約又はその他の運送契約の原当事者でない荷受人、運送品処分権者又は所持人との間についても適用される。ただし、本条約は、第6条により適用が除外される運送契約の

vention does not apply as between the original parties to a contract of carriage excluded pursuant to article 6.

原当事者間には適用されない。

CHAPTER 3. ELECTRONIC TRANSPORT RECORDS

第3章　電子的運送記録

Article 8. Use and effect of electronic transport records

Subject to the requirements set out in this Convention：

　(a)　Anything that is to be in or on a transport document under this Convention may be recorded in an electronic transport record, provided the issuance and subsequent use of an electronic transport record is with the consent of the carrier and the shipper ; and

　(b)　The issuance, exclusive control, or transfer of an electronic transport record has the same effect as the issuance, possession, or transfer of a transport document.

第8条　電子的運送記録の利用と効力
本条約に規定する要件に従うことを条件として
　(a)　本条約により運送書類に記載できる全ての事項は、電子的運送記録に記録することができる。ただし、電子的運送記録の発行及びその後の利用について運送人及び荷送人が同意している場合でなければならない。
　(b)　電子的運送記録の発行、排他的支配又は譲渡は、運送書類の発行、占有又は譲渡と同じ効果を持つものとする。

Article 9. Procedures for use of negotiable electronictransport records

　1.　The use of a negotiable electronic transport record shall be subject to procedures that provide for：

　(a)　The method for the issuance and the transfer of that record to an intended holder；

　(b)　An assurance that the negotiable electronic transport record

第9条　譲渡可能電子的運送記録を利用する手続
1　譲渡可能電子的運送記録の利用は、以下の全ての事項を規定している手続に従わなければならない。
　(a)　所持人になろうとする者に対し当該記録を発行し譲渡する方法
　(b)　譲渡可能電子的運送記録がその完全性を維持する保証

retains its integrity ;

　　　(c)　The manner in which the holder is able to demonstrate that it is the holder ; and

　　　(d)　The manner of providing confirmation that delivery to the holder has been effected, or that, pursuant to articles 10, paragraph 2, or 47, subparagraphs 1 (a) (ii) and (c), the electronic transport record has ceased to have any effect or validity.

　　2.　The procedures in paragraph 1 of this article shall be referred to in the contract particulars and be readily ascertainable.

Article 10. Replacement of negotiable transport document or negotiable electronic transport record

　　1.　If a negotiable transport document has been issued and the carrier and the holder agree to replace that document by a negotiable electronic transport record :

　　　(a)　The holder shall surrender the negotiable transport document, or all of them if more than one has been issued, to the carrier ;

　　　(b)　The carrier shall issue to the holder a negotiable electronic transport record that includes a statement that it replaces the negotiable transport document ; and

　　　(c)　The negotiable transport document ceases thereafter to have any effect or validity.

　　　(c)　所持人が自らが所持人であることを証明する方法

　　　(d)　所持人への引渡がなされたこと又は第10条第2項若しくは第47条第1号（a）（ii）号及び（c）号の規定に基づき当該電子的運送記録が無効となったことを確認する方法

2　本条第1項に規定する手続は、契約明細に規定され、容易に確認できなければならない。

第10条　譲渡可能運送書類又は譲渡可能電子的運送記録の代替

1　譲渡可能運送書類が発行されている場合であって、運送人及び所持人が当該書類を譲渡可能電子的運送記録に代替することに同意したときは、

　(a)　所持人は、当該譲渡可能運送書類（複数通発行されている場合には全通）を運送人に提出するものとし、

　(b)　運送人は、所持人に対し、譲渡可能運送書類を代替するものである旨の文言を含む譲渡可能電子的運送記録を発行するものとし、

　(c)　当該譲渡可能運送書類は、以後、無効となる。

2. If a negotiable electronic transport record has been issued and the carrier and the holder agree to replace that electronic transport record by a negotiable transport document :

(a) The carrier shall issue to the holder, in place of the electronic transport record, a negotiable transport document that includes a statement that it replaces the negotiable electronic transport record ; and

(b) The electronic transport record ceases thereafter to have any effect or validity.

CHAPTER 4. OBLIGATIONS OF THE CARRIER

Article 11. Carriage and delivery of the goods

The carrier shall, subject to this Convention and in accordance with the terms of the contract of carriage, carry the goods to the place of destination and deliver them to the consignee.

Article 12. Period of responsibility of the carrier

1. The period of responsibility of the carrier for the goods under this Convention begins when the carrier or a performing party receives the goods for carriage and ends when the goods are delivered.

2　譲渡可能電子的運送記録が発行されている場合であって、運送人及び所持人が当該電子的運送記録を譲渡可能運送書類に代替することに同意したときは

(a) 運送人は、所持人に対し、当該電子的運送記録にかえて、譲渡可能電子的運送記録を代替するものである旨の文言を含む譲渡可能運送書類を発行するものとし、

(b) 当該電子的運送記録は、以後、無効となる。

第4章　運送人の義務

第11条　物品の運送及び引渡
運送人は、本条約に従い、且つ、運送契約の規定に従って、物品を仕向地まで運送し荷受人に引き渡さなければならない。

第12条　運送人の責任期間
1　本条約における物品に関する運送人の責任期間は、運送人又は履行者が運送のために物品を受け取った時に開始し、物品が引き渡された時に終了する。

2. (a) If the law or regulations of the place of receipt require the goods to be handed over to an authority or other third party from which the carrier may collect them, the period of responsibility of the carrier begins when the carrier collects the goods from the authority or other third party.

(b) If the law or regulations of the place of delivery require the carrier to hand over the goods to an authority or other third party from which the consignee may collect them, the period of responsibility of the carrier ends when the carrier hands the goods over to the authority or other third party.

3. For the purpose of determining the carrier's period of responsibility, the parties may agree on the time and location of receipt and delivery of the goods, but a provision in a contract of carriage is void to the extent that it provides that：

(a) The time of receipt of the goods is subsequent to the beginning of their initial loading under the contract of carriage；or

(b) The time of delivery of the goods is prior to the completion of their final unloading under the contract of carriage.

Article 13. Specific obligations

1. The carrier shall during

2 (a) 受取地の法令により、当局又はその他第三者に物品を引き渡さなければならならず、運送人がそれらから物品を受け取る場合には、運送人の責任期間は、運送人が当該当局又はその他第三者から物品を受け取った時に開始する。

(b) 引渡地の法令により、運送人が当局又はその他第三者に物品を引き渡さなければならず、荷受人がそれらから物品を受け取る場合には、運送人の責任期間は、運送人が当該当局又はその他第三者に物品を引き渡した時に終了する。

3 運送人の責任期間を規定するため、当事者は、物品の受取及び引渡の時及び場所を合意することができるが、以下の何れかの内容を規定する運送契約の条項は、無効である。

(a) 物品の受取時を、運送契約に基づく最初の積込の開始より後の時点とすること

(b) 物品の引渡時を、運送契約に基づく最終の荷揚の終了より前の時点とすること

第13条　具体的義務

1 運送人は、第12条に規定する責

the period of its responsibility as defined in article 12, and subject to article 26, properly and carefully receive, load, handle, stow, carry, keep, care for, unload and deliver the goods.

 2. Notwithstanding paragraph 1 of this article, and without prejudice to the other provisions in chapter 4 and to chapters 5 to 7, the carrier and the shipper may agree that the loading, handling, stowing or unloading of the goods is to be performed by the shipper, the documentary shipper or the consignee. Such an agreement shall be referred to in the contract particulars.

Article 14. Specific obligations applicable to thevoyage by sea

 The carrier is bound before, at the beginning of, and during the voyage by sea to exercise due diligence to：

 (a) Make and keep the ship seaworthy；

 (b) Properly crew, equip and supply the ship and keep the ship so crewed, equipped and supplied throughout the voyage；and

 (c) Make and keep the holds and all other parts of the ship in which the goods are carried, and any containers supplied by the carrier in or upon which the goods are carried, fit and safe for their reception, carriage and preservation.

任期間において、また第26条に従うことを条件として、物品の受取、積込、取扱、積付、運送、保管、管理、荷揚及び引渡を、適切に且つ注意を尽くして行わなければならない。

2　本条第1項の規定にかかわらず、運送人及び荷送人は、物品の船積、取扱、積付及び荷揚を、荷送人、書類上の荷送人又は荷受人が行うべき旨合意することができる。当該合意は、契約明細に規定されなければならない。ただし、第4章の他の規定及び第5章から第7章の規定の適用を妨げない。

第14条　航海に適用される具体的義務

運送人は、航海の開始前、開始時及びその期間中、以下の全ての事項につき相当の注意を尽くさなければならない。

(a) 船舶を航海に堪える状態に置き、且つそれを維持すること

(b) 船員の乗組、船舶の艤装及び需品の補給を適切に行い、航海の間を通じてそれらを維持すること

(c) 船倉その他船内の物品を積み込む全ての場所及び物品をその内部又は上部に積み込むコンテナで運送人が提供したものを物品の受入、運送及び保存に適する良好且つ安全な状態に置き、且つそれを維持すること

Article 15. Goods that may become a danger

Notwithstanding articles 11 and 13, the carrier or a performing party may decline to receive or to load, and may take such other measures as are reasonable, including unloading, destroying, or rendering goods harmless, if the goods are, or reasonably appear likely to become during the carrier's period of responsibility, an actual danger to persons, property or the environment.

Article 16. Sacrifice of the goods during the voyage by sea

Notwithstanding articles 11, 13, and 14, the carrier or a performing party may sacrifice goods at sea when the sacrifice is reasonably made for the common safety or for the purpose of preserving from peril human life or other property involved in the common adventure.

CHAPTER 5. LIABILITY OF THE CARRIER FOR LOSS, DAMAGE OR DELAY

Article 17. Basis of liability

1. The carrier is liable for loss of or damage to the goods, as well as for delay in delivery, if the claimant proves that the loss, damage, or delay, or the event or circumstance that

第15条　危険になりうる物品

第11条及び第13条の規定にかかわらず、運送人又は履行者は、物品が、人、財産若しくは環境に対する現実の危険となっているか、又は運送人の責任期間中に現実の危険となる可能性があると合理的に判断される場合には、物品の受取又は積込の拒絶及びその他の合理的な手段（物品の荷揚、破壊、又は無害化を含む）を講ずることができる。

第16条　航海中の物品の犠牲損害

第11条、第13条及び第14条の規定にかかわらず、運送人又は履行者は、共同の安全のため、又は人命若しくは海上冒険を共にするその他の財産を危険から保存する目的のため、合理的になされる場合には、物品を海上で犠牲損害に供することができる。

第5章　運送人の滅失、損傷又は延着の責任

第17条　責任原因

1　請求者が、第4章で規定する運送人の責任期間内に、物品の滅失、損傷若しくは延着又はそれらの原因となった若しくはそれらに寄与した事象が生じたことを証明した

caused or contributed to it took place during the period of the carrier's responsibility as defined in chapter 4.

2. The carrier is relieved of all or part of its liability pursuant to paragraph 1 of this article if it proves that the cause or one of the causes of the loss, damage, or delay is not attributable to its fault or to the fault of any person referred to in article 18.

3. The carrier is also relieved of all or part of its liability pursuant to paragraph 1 of this article if, alternatively to proving the absence of fault as provided in paragraph 2 of this article, it proves that one or more of the following events or circumstances caused or contributed to the loss, damage, or delay:

　　(a)　Act of God；

　　(b)　Perils, dangers, and accidents of the sea or other navigable waters；

　　(c)　War, hostilities, armed conflict, piracy, terrorism, riots, and civil commotions；

　　(d)　Quarantine restrictions; interference by or impediments created by governments, public authorities, rulers, or people including detention, arrest, or seizure not attributable to the carrier or any person referred to in article 18；

　　(e)　Strikes, lockouts, stoppages, or restraints of labour；

　　(f)　Fire on the ship；

ときは、運送人は、当該滅失、損傷又は延着について責任を負う。

2　運送人は、滅失、損傷又は延着の原因又は原因の一が自己の過失又は第18条に規定する何れかの者の過失に帰し得ないことを証明したときは、本条第1項による責任の全部又は一部を免れる。

3　運送人は、本条第2項に規定する過失の不存在の証明に代えて、以下の一又は複数の事象が滅失、損傷又は延着の原因となった又はそれに寄与したことを証明したときも、本条第1項の規定による責任の全部又は一部を免れる。

(a)　天災

(b)　海上その他の可航水域の危険及び事故

(c)　戦争、武力紛争、海賊行為、テロリズム、暴動及び内乱

(d)　検疫上の制限、政府、公的機関又は公権力による介入又は妨害（運送人又は第18条に規定する何れかの者の責めに帰し得ない拘留、アレスト又は差押を含む）

(e)　同盟罷業、作業所閉鎖、作業の停止又は妨害

(f)　船舶上の火災

CHAPTER 5. LIABILITY OF THE CARRIER FOR LOSS, DAMAGE OR DELAY　369

(g) Latent defects not discoverable by due diligence ;

(h) Act or omission of the shipper, the documentary shipper, the controlling party, or any other person for whose acts the shipper or the documentary shipper is liable pursuant to article 33 or 34 ;

(i) Loading, handling, stowing, or unloading of the goods performed pursuant to an agreement in accordance with article 13, paragraph 2, unless the carrier or a performing party performs such activity on behalf of the shipper, the documentary shipper or the consignee ;

(j) Wastage in bulk or weight or any other loss or damage arising from inherent defect, quality, or vice of the goods ;

(k) Insufficiency or defective condition of packing or marking not performed by or on behalf of the carrier ;

(l) Saving or attempting to save life at sea ;

(m) Reasonable measures to save or attempt to save property at sea;

(n) Reasonable measures to avoid or attempt to avoid damage to the environment ; or

(o) Acts of the carrier in pursuance of the powers conferred by articles 15 and 16.

(g) 相当の注意を尽くしても発見することのできない隠れた欠陥

(h) 荷送人、書類上の荷送人、運送品処分権者、又は第33条若しくは第34条によってその者の行為について荷送人若しくは書類上の荷送人が責任を負うことになる者の作為又は不作為

(i) 第13条第2項による合意に従って行われた物品の船積、取扱、積付又は荷揚。ただし、運送人又は履行者が、荷送人、書類上の荷送人、又は荷受人を代理してそれらの行為を行った場合を除く。

(j) 物品の隠れた欠陥、特殊な性質又は固有の欠陥から生じる容積若しくは重量の減少又はその他の滅失又は損傷

(k) 運送人により又は運送人を代理してされたのではない荷造又は記号の不十分又は不完全な状態

(l) 海上における人命の救助又は救助の企図

(m) 海上における財産の救助又は救助の企図のための合理的な手段

(n) 環境への被害の回避又は回避の企図のための合理的な手段

(o) 第15条及び第16条により与えられる権限に基づく運送人の行為

4. Notwithstanding paragraph 3 of this article, the carrier is liable for all or part of the loss, damage, or delay :

　　(a)　If the claimant proves that the fault of the carrier or of a person referred to in article 18 caused or contributed to the event or circumstance on which the carrier relies ; or

　　(b)　If the claimant proves that an event or circumstance not listed in paragraph 3 of this article contributed to the loss, damage, or delay, and the carrier cannot prove that this event or circumstance is not attributable to its fault or to the fault of any person referred to in article 18.

5.　The carrier is also liable, notwithstanding paragraph 3 of this article, for all or part of the loss, damage, or delay if :

　　(a)　The claimant proves that the loss, damage, or delay was or was probably caused by or contributed to by (i) the unseaworthiness of the ship; (ii) the improper crewing, equipping, and supplying of the ship ; or (iii) the fact that the holds or other parts of the ship in which the goods are carried, or any containers supplied by the carrier in or upon which the goods are carried, were not fit and safe for reception, carriage, and preservation of the goods ; and

　　(b)　The carrier is unable to prove either that : (i) none of the

4　本条第3項の規定にかかわらず、以下の何れかに該当するときは、運送人は、滅失、損傷又は延着の全部又は一部について責任を負う。

(a)　請求者が、運送人又は第18条に規定する者の過失が、運送人が責任を免れる根拠とする事象の原因となった又はそれに寄与したことを証明したとき

(b)　請求者が、本条第3項に掲げる以外の事象が滅失、損傷又は遅延に寄与したことを証明したとき。ただし、運送人が、当該事象が自己の過失又は第18条に規定する何れかの者の過失に帰し得ないことを証明した場合は、この限りでない。

5　本条第3項の規定にかかわらず、更に以下の双方に該当するときは、運送人は、滅失、損傷又は延着の全部又は一部について責任を負う。

(a)　請求者が、(i) 船舶の不堪航性、(ii) 船舶に関する船員の乗組、艤装及び需品の補給の不適切、又は (iii) 船倉その他船内の物品を積み込む全ての場所又は物品をその内部若しくは上部に積み込むコンテナで運送人が提供したものが物品の受入、運送及び保存に適する良好且つ安全な状態でなかったという事実が、滅失、損傷又は延着の原因となった若しくはそれらに寄与したこと又はおそらく原因となっ

events or circumstances referred to in subparagraph 5 (a) of this article caused the loss, damage, or delay; or (ii) that it complied with its obligation to exercise due diligence pursuant to article 14.

  6. When the carrier is relieved of part of its liability pursuant to this article, the carrier is liable only for that part of the loss, damage or delay that is attributable to the event or circumstance for which it is liable pursuant to this article.

Article 18. Liability of the carrier for other persons

  The carrier is liable for the breach of its obligations under this Convention caused by the acts or omissions of:
  (a) Any performing party;
  (b) The master or crew of the ship;
  (c) Employees of the carrier or a performing party; or
  (d) Any other person that performs or undertakes to perform any of the carrier's obligations under the contract of carriage, to the extent that the person acts, either directly or indirectly, at the carrier's request or under the carrier's supervision or control.

た若しくはそれらに寄与したことを証明した場合であって、
(b) 運送人が、(i) 本条第5項 (a) 号に規定する何れの事象も滅失、損傷又は延着の原因でなかったこと、又は (ii) 自己が第14条に規定する相当の注意を尽くす義務を果たしたこと、の何れも証明できないとき
6 運送人が本条により責任の一部を免れる場合、運送人は、本条により運送人が責任を負う事象に帰すべき滅失、損傷又は延着部分のみについて責任を負う。

第18条　運送人の代償責任
運送人は、以下の何れかの者の作為又は不作為により生じた本条約上の義務の違反について責任を負う。
(a) 履行者
(b) 船長又は船員
(c) 運送人又は履行者の被用者
(d) 運送契約に基づく運送人の義務の何れかを履行し又はその履行を引き受けるその他の者（ただし、その者が、直接又は間接に、運送人の要請により又は運送人の監視若しくは監督の下で行為にする範囲に限る。）

Article 19. Liability of maritime performing parties

1. A maritime performing party is subject to the obligations and liabilities imposed on the carrier under this Convention and is entitled to the carrier's defences and limits of liability as provided for in this Convention if :

　(a)　The maritime performing party received the goods for carriage in a Contracting State, or delivered them in a Contracting State, or performed its activities with respect to the goods in a port in a Contracting State ; and

　(b)　The occurrence that caused the loss, damage or delay took place : (i) during the period between the arrival of the goods at the port of loading of the ship and their departure from the port of discharge from the ship and either (ii) while the maritime performing party had custody of the goods ; or (iii) at any other time to the extent that it was participating in the performance of any of the activities contemplated by the contract of carriage.

　2.　If the carrier agrees to assume obligations other than those imposed on the carrier under this Convention, or agrees that the limits of its liability are higher than the limits specified under this Convention, a maritime performing party is not bound by this agreement unless it expressly agrees to

第19条　海事履行者の責任

1　海事履行者は、以下に規定する場合には、本条約により運送人に課される義務及び責任を負い、且つ、本条約に規定する運送人の抗弁及び責任制限を援用することができる。

(a)　海事履行者が、締約国内で運送のため物品を受け取ったか、締約国内で物品を引き渡したか、又は、締約国の港において物品に関する行為をした場合であって、

(b)　滅失、損傷又は遅延の原因となった事象が、(i) 船舶の船積港への物品の到着から船舶の荷揚港からの物品の搬出までの期間において、(ii) 海事履行者が物品を保管している時、又は (iii) その他海事履行者が運送契約により想定される何らかの行為を行うことに関与している時に生じたとき。

2　運送人が、本条約により運送人に課される義務以外の義務を引き受けることに合意した場合又は本条約に規定する責任制限よりも高額の責任制限に合意した場合には、海事履行者は、当該合意に拘束されない。ただし、当該義務又は当該高額の責任制限を承認することに明示的に同意したときは、この限りでない。

accept such obligations or such higher limits.

3. A maritime performing party is liable for the breach of its obligations under this Convention caused by the acts or omissions of any person to which it has entrusted the performance of any of the carrier's obligations under the contract of carriage under the conditions set out in paragraph 1 of this article.

4. Nothing in this Convention imposes liability on the master or crew of the ship or on an employee of the carrier or of a maritime performing party.

Article 20. Joint and several liability

1. If the carrier and one or more maritime performing parties are liable for the loss of, damage to, or delay in delivery of the goods, their liability is joint and several but only up to the limits provided for under this Convention.

2. Without prejudice to article 61, the aggregate liability of all such persons shall not exceed the overall limits of liability under this Convention.

Article 21. Delay

Delay in delivery occurs when the goods are not delivered at the place of destination provided for in the contract of carriage within the time

3 海事履行者は、本条第1項に規定する条件の下で、自己が運送契約に基づく運送人の何らかの義務の履行を委託した者の作為又は不作為によって生じた本条約上の海事履行者の義務の違反について責任を負う。

4 本条約は、船長若しくは船員又は運送人若しくは海事履行者の被用者に何ら責任を課すものではない。

第20条　共同且つ各別の責任

1 運送人又は一若しくは複数の海事履行者が物品の滅失、損傷又は延着について責任を負うときは、それらの者は共同して且つ各別に責任を負う。ただし、本条約が規定する制限額を限度とする。

2 それらの者の責任の総額は、本条約に基づく責任限度額の総額を超えることができない。ただし、第61条の規定の適用を妨げない。

第21条　延着

延着は、物品が合意された期間内に運送契約に規定された仕向地で引き渡されなかった場合に生ずるものとする。

agreed.

Article 22. Calculation of compensation

 1. Subject to article 59, the compensation payable by the carrier for loss of or damage to the goods is calculated by reference to the value of such goods at the place and time of delivery established in accordance with article 43.

 2. The value of the goods is fixed according to the commodity exchange price or, if there is no such price, according to their market price or, if there is no commodity exchange price or market price, by reference to the normal value of the goods of the same kind and quality at the place of delivery.

 3. In case of loss of or damage to the goods, the carrier is not liable for payment of any compensation beyond what is provided for in paragraphs 1 and 2 of this article except when the carrier and the shipper have agreed to calculate compensation in a different manner within the limits of chapter 16.

Article 23. Notice in case of loss, damage or delay

 1. The carrier is presumed, in absence of proof to the contrary, to have delivered the goods according to their description in the contract particulars unless notice of loss of or damage

第22条　賠償額の計算

1　第59条に従うことを条件として、運送人が物品の滅失又は損傷に関して支払う賠償額は、第43条に従って定められた引渡の時及び場所における当該物品の価額を参照して算定する。

2　物品の価額は、商品取引所の相場に従って決定し、そのような相場がないときは市場価格に従って決定し、商品取引所の相場も市場価格もないときは引渡地における同種且つ同品質の物品の正常な価額を参照して決定する。

3　物品の滅失又は損傷の場合には、運送人及び荷送人が第16章の限度内で異なる方式で賠償額を計算することに合意した場合を除き、運送人は、本条第1項及び第2項に規定する以上の賠償額を支払う義務を負わない。

第23条　滅失、損傷又は延着の場合の通知

1　運送人は、物品の引渡の前若しくは引渡の時に、又は滅失若しくは損傷が外観上明らかでない場合には引渡後引渡地における7営業日以内に、滅失若しくは損傷の概況

to the goods, indicating the general nature of such loss or damage, was given to the carrier or the performing party that delivered the goods before or at the time of the delivery, or, if the loss or damage is not apparent, within seven working days at the place of delivery after the delivery of the goods.

    2. Failure to provide the notice referred to in this article to the carrier or the performing party shall not affect the right to claim compensation for loss of or damage to the goods under this Convention, nor shall it affect the allocation of the burden of proof set out in article 17.

    3. The notice referred to in this article is not required in respect of loss or damage that is ascertained in a joint inspection of the goods by the person to which they have been delivered and the carrier or the maritime performing party against which liability is being asserted.

    4. No compensation in respect of delay is payable unless notice of loss due to delay was given to the carrier within twenty-one consecutive days of delivery of the goods.

    5. When the notice referred to in this article is given to the performing party that delivered the goods, it has the same e f f ect as if that notice was given to the carrier, and notice given to the carrier has the same effect as a notice given to a maritime

を示す通知が運送人又は物品を引き渡した履行者に対してなされなかったときは、反証のない限り、契約明細に記載されたとおりの状態で物品を引き渡したものと推定される。

2 本条に規定する通知を運送人又は履行者に対して行わなかったことは、本条約に基づく物品の滅失又は損傷に対する損害賠償請求権にも、第17条に規定する証明責任の分配にも影響を与えるものではない。

3 本条に規定する通知は、引渡を受けた者と責任が追求される運送人又は海事履行者による共同の検査において確認された物品の滅失又は損傷については、要求されない。

4 延着による損失の通知が物品の引渡日から21連続日以内に運送人になされた場合を除き、延着に関する賠償義務は生じない。

5 本条に規定する通知が物品を引き渡した履行者になされたときは、当該通知は、運送人になされたのと同じ効果を有し、また、運送人になされた通知は、海事履行者になされたのと同じ効果を有する。

performing party.

6. In the case of any actual or apprehended loss or damage, the parties to the dispute shall give all reasonable facilities to each other for inspecting and tallying the goods and shall provide access to records and documents relevant to the carriage of the goods.

CHAPTER 6. ADDITIONAL PROVISIONS RELATING TO PARTICULAR STAGES OF CARRIAGE

Article 24. Deviation

When pursuant to applicable law a deviation constitutes a breach of the carrier's obligations, such deviation of itself shall not deprive the carrier or a maritime performing party of any defence or limitation of this Convention, except to the extent provided in article 61.

Article 25. Deck cargo on ships

1. Goods may be carried on the deck of a ship only if :

(a) Such carriage is required by law ;

(b) They are carried in or on containers or vehicles that are fit for deck carriage, and the decks are specially fitted to carry such containers or vehicles ; or

(c) The carriage on deck is

6 滅失又は損傷が現に生じ又はその疑いがあるときは、紛争の当事者は、互いに物品の検査及び数量確認のために全ての合理的な便宜を与え、物品の運送に関係する記録及び書類を利用できるようにしなければならない。

第6章 特定の運送段階に関する補足規定

第24条 離路

適用ある法によれば離路が運送人の義務違反を構成するときであっても、第61条に規定する範囲を除き、本条約による運送人又は海事履行者の抗弁又は責任制限の権利は、当該離路自体によっては奪われないものとする。

第25条 甲板積貨物

1 物品は、以下の何れかに該当する場合にのみ、甲板積で運送することができる。

(a) 当該運送が法により要求される場合

(b) 物品が甲板積での運送に適したコンテナ又は車輌の内部又は上部に積み込まれて運送され、且つ、甲板が当該コンテナ又は車輌の運送に具体的に適合してい

in accordance with the contract of carriage, or the customs, usages or practices of the trade in question.

    2.   The provisions of this Convention relating to the liability of the carrier apply to the loss of, damage to or delay in the delivery of goods carried on deck pursuant to paragraph 1 of this article, but the carrier is not liable for loss of or damage to such goods, or delay in their delivery, caused by the special risks involved in their carriage on deck when the goods are carried in accordance with subparagraphs 1 (a) or (c) of this article.

    3.   If the goods have been carried on deck in cases other than those permitted pursuant to paragraph 1 of this article, the carrier is liable for loss of or damage to the goods or delay in their delivery that is exclusively caused by their carriage on deck, and is not entitled to the defences provided for in article 17.

    4.   The carrier is not entitled to invoke subparagraph 1 (c) of this article against a third party that has acquired a negotiable transport document or a negotiable electronic transport record in good faith, unless the contract particulars state that the goods may be carried on deck.

    5.   If the carrier and shipper expressly agreed that the goods would be carried under deck, the carrier is not entitled to the benefit of the

る場合

(c) 甲板積での運送が、運送契約に基づく場合又は問題となる取引の慣習、慣行若しくは実務に基づく場合

2　運送人の責任に関する本条約の規定は、本条第1項に従い甲板積で運送された物品の滅失、損傷又は延着にも適用される。ただし、運送人は、物品が本条第1項（a）号又は（c）号に従って運送された場合には、甲板積での運送に関する特別の危険により生じた物品の滅失、損傷又は延着につき責任を負わない。

3　本条第1項に従って許された場合を除き、物品が甲板積で運送されたときは、運送人は、もっぱら甲板積での運送を原因とする物品の滅失、損傷又は引渡の遅延について責任を負い、第17条に規定する抗弁を援用できない。

4　運送人は、善意で譲渡可能運送書類又は譲渡可能電子的運送記録を取得した第三者に対して、本条第1項（c）号を援用することができない。ただし、契約明細において物品が甲板積で運送され得る旨規定している場合を除く。

5　運送人と荷送人が物品を甲板の下で運送することを明示的に合意していたときは、運送人は、物品の滅失、損傷又は延着が甲板積での運送に起因する限り、当該滅失、損傷又は延着につき責任を制限できないものとする。

limitation of liability for any loss of, damage to or delay in the delivery of the goods to the extent that such loss, damage, or delay resulted from their carriage on deck.

Article 26. Carriage preceding or subsequent to seacarriage

　　　When loss of or damage to goods, or an event or circumstance causing a delay in their delivery, occurs during the carrier's period of responsibility but solely before their loading onto the ship or solely after their discharge from the ship, the provisions of this Convention do not prevail over those provisions of another international instrument that, at the time of such loss, damage or event or circumstance causing delay：

　　　(a)　Pursuant to the provisions of such international instrument would have applied to all or any of the carrier's activities if the shipper had made a separate and direct contract with the carrier in respect of the particular stage of carriage where the loss of, or damage to goods, or an event or circumstance causing delay in their delivery occurred；

　　　(b)　Specifically provide for the carrier's liability, limitation of liability, or time for suit；and

　　　(c)　Cannot be departed from by contract either at all or to the detriment of the shipper under that in-

第26条　海上運送の前後の運送

物品の滅失若しくは損傷又はその延着の原因となる事象が運送人の責任期間内に生じた場合であっても、それらが船舶への船積前又は船舶からの荷揚後においてのみ生じたときは、本条約の規定は、他の国際的規則の規定であって当該滅失若しくは損傷又は延着の原因となる事象発生の時点において以下の全てに該当するものに優先しない。

(a) 荷送人が、物品の滅失若しくは損傷又はその延着の原因となる事象が発生した運送段階について、運送人と別個に且つ直接の契約を結んでいたとすれば、当該国際的規則の規定により、運送人の全部又は一部の行為に対し適用されること

(b) 運送人の責任、責任制限又は出訴期間について具体的に規定していること

(c) 当該国際的規則において、契約によりそれに反する特約が全くできない又は荷送人に不利な特約ができないとされていること

strument.

CHAPTER 7. OBLIGATIONS OF THE SHIPPER TO THE CARRIER

Article 27. Delivery for carriage

1. Unless otherwise agreed in the contract of carriage, the shipper shall deliver the goods ready for carriage. In any event, the shipper shall deliver the goods in such condition that they will withstand the intended carriage, including their loading, handling, stowing, lashing and securing, and unloading, and that they will not cause harm to persons or property.

2. The shipper shall properly and carefully perform any obligation assumed under an agreement made pursuant to article 13, paragraph 2.

3. When a container is packed or a vehicle is loaded by the shipper, the shipper shall properly and carefully stow, lash and secure the contents in or on the container or vehicle, and in such a way that they will not cause harm to persons or property.

Article 28. Cooperation of the shipper and the carrier in providing information and instructions

The carrier and the shipper shall respond to requests from each other to provide information and in-

第7章 荷送人の運送人に対する義務

第27条 運送のための引渡

1 荷送人は、運送契約において別段の定めがない限り、運送のための準備が整った状態で物品を引き渡さなければならない。荷送人は、いかなる場合においても、予定された運送（積込、取扱、積付、固縛及び荷揚を含む）に堪え且つ人及び財産に対し害を及ぼさない状態で物品を引き渡さなければならない。

2 荷送人は、第13条第2項に従ってなされた合意によって引き受けた義務を適切に且つ注意を尽くして履行しなければならない。

3 荷送人により、コンテナ内に積み込まれ又は車輛に積み込まれるときは、荷送人は、コンテナ又は車輛の内部又は上部への内容物の積付及び固縛を、人又は財産に対して害を及ぼさないように、適切に且つ注意を尽くして行わなければならない。

第28条 情報及び指示の提供についての荷送人と運送人の協力

運送人と荷送人は、物品の適切な取扱及び運送のために必要な情報及び指示の提供要請に対し、情報が要請を受けた当事者により保有されている場合又

structions required for the proper handling and carriage of the goods if the information is in the requested party's possession or the instructions are within the requested party's reasonable ability to provide and they are not otherwise reasonably available to the requesting party.

Article 29. Shipper's obligation to provide information, instructions and documents

1. The shipper shall provide to the carrier in a timely manner such information, instructions and documents relating to the goods that are not otherwise reasonably available to the carrier, and that are reasonably necessary：

(a) For the proper handling and carriage of the goods, including precautions to be taken by the carrier or a performing party；and

(b) For the carrier to comply with law, regulations or other requirements of public authorities in connection with the intended carriage, provided that the carrier notifies the shipper in a timely manner of the information, instructions and documents it requires.

2. Nothing in this article affects any specific obligation to provide certain information, instructions and documents related to the goods pursuant to law, regulations or other require-

は指示が要請を受けた当事者の合理的提供能力の範囲内である場合であって、要請した当事者がその他の方法で合理的に入手不可能であるときは、互いに応答しなければならない。

第29条　荷送人の情報、指示及び書類の提供義務

1　荷送人は、運送人に対し、運送人がその他の方法で合理的に入手不可能であり、且つ以下の目的のために合理的に必要である、物品に関する情報、指示及び書類を、適時に提供しなければならない。

(a) 物品の適切な取扱及び運送（運送人又は履行者が取るべき予防措置を含む）

(b) 予定された運送に関連する法令又はその他の公的機関の規制を運送人が遵守すること（ただし、運送人が、荷送人に対し、自己が要求する情報、指示及び書類を適時に通知することを条件とする）

2　本条は、予定された運送に関連する法令又はその他の公的機関の規制に基づく、物品に関する情報、指示及び書類を提供する具体的義務には、影響を及ぼさない。

ments of public authorities in connection with the intended carriage.

Article 30. Basis of shipper's liability to the carrier

1. The shipper is liable for loss or damage sustained by the carrier if the carrier proves that such loss or damage was caused by a breach of the shipper's obligations under this Convention.

2. Except in respect of loss or damage caused by a breach by the shipper of its obligations pursuant to articles 31, paragraph 2, and 32, the shipper is relieved of all or part of its liability if the cause or one of the causes of the loss or damage is not attributable to its fault or to the fault of any person referred to in article 34.

3. When the shipper is relieved of part of its liability pursuant to this article, the shipper is liable only for that part of the loss or damage that is attributable to its fault or to the fault of any person referred to in article 34.

Article 31. Information for compilation of contract particulars

1. The shipper shall provide to the carrier, in a timely manner, accurate information required for the compilation of the contract particulars and the issuance of the transport documents or electronic transport records, including the particulars referred to in

第30条 荷送人の運送人に対する責任原因

1 運送人が、自己が蒙った損失又は損害が本条約上の荷送人の義務の違反を原因とすることを証明したときは、荷送人は、当該損失又は損害について責任を負う。

2 第31条第2項及び第32条の規定に基づく荷送人の義務の違反を原因とする損失又は損害に関するものを除き、荷送人は、損失又は損害の原因の全部又は一部が自己の過失又は第34条に規定する者の過失に帰し得ないときは、その責任の全部又は一部を免れる。

3 荷送人が本条により責任の一部を免れる場合、荷送人は、自己の過失又は第34条に規定する者の過失に帰すべき部分の損失又は損害のみについて責任を負う。

第31条 契約明細作成のための情報

1 荷送人は、運送人に対し、契約明細の作成及び運送書類又は電子的運送記録の発行のために必要となる正確な情報（第36条第1項に規定する明細、契約明細において荷送人として特定されるべき当事者の名称、特定していれば荷受人の名称、及び特定していれば運送

article 36, paragraph 1 ; the name of the party to be identified as the shipper in the contract particulars; the name of the consignee, if any ; and the name of the person to whose order the transport document or electronic transport record is to be issued, if any. 　　2.　　The shipper is deemed to have guaranteed the accuracy at the time of receipt by the carrier of the information that is provided according to paragraph 1 of this article. The shipper shall indemnify the carrier against loss or damage resulting from the inaccuracy of such information.	書類又は電子的運送記録の指図人の名称を含む）を、適時に提供しなければならない。 2　荷送人は、運送人が本条第1項に従って提供された情報を受け取った時点において、その正確性について保証したものとみなされる。荷送人は、運送人に対し、当該情報の不正確性に起因する損失又は損害について補償しなければならない。
Article 32. Special rules on dangerous goods 　　When goods by their nature or character are, or reasonably appear likely to become, a danger to persons, property or the environment： 　　(a)　The shipper shall inform the carrier of the dangerous nature or character of the goods in a timely manner before they are delivered to the carrier or a performing party. If the shipper fails to do so and the carrier or performing party does not otherwise have knowledge of their dangerous nature or character, the shipper is liable to the carrier for loss or damage resulting from such failure to inform；and 　　(b)　The shipper shall mark or label dangerous goods in accor-	第32条　危険物に関する特則 物品の性質若しくは特性が、人、財産又は環境に対して危険であるか又は危険となる可能性があると合理的に判断されるときは、 　(a)　荷送人は、運送人に対し、物品の危険な性質又は特性を、物品が運送人又は履行者に引き渡される前の適時に通知しなければならない。荷送人が通知を怠り、且つ運送人又は履行者が別途当該危険な性質又は特性を知らなかった場合には、荷送人は、運送人に対し、当該通知の懈怠に起因する損失又は損害について責任を負い、 　(b)　荷送人は、予定された物品運送の各段階に適用される法令又はその他の公的機関の規制に従って、危険物に記号を付し又はラ

dance with any law, regulations or other requirements of public authorities that apply during any stage of the intended carriage of the goods. If the shipper fails to do so, it is liable to the carrier for loss or damage resulting from such failure.

Article 33. Assumption of shipper's rights andobligations by the documentary shipper

    1. A documentary shipper is subject to the obligations and liabilities imposed on the shipper pursuant to this chapter and pursuant to article 55, and is entitled to the shipper's rights and defences provided by this chapter and by chapter 13.

    2. Paragraph 1 of this article does not affect the obligations, liabilities, rights or defences of the shipper.

Article 34. Liability of the shipper for other persons

    The shipper is liable for the breach of its obligations under this Convention caused by the acts or omissions of any person, including employees, agents and subcontractors, to which it has entrusted the performance of any of its obligations, but the shipper is not liable for acts or omissions of the carrier or a performing party acting on behalf of the carrier, to which the shipper has entrusted the

ベルを貼付しなければならない。荷送人がこれらを怠った場合には、荷送人は、運送人に対し、当該懈怠に起因する損失又は損害について責任を負う。

第33条　書類上の荷送人による荷送人の権利及び義務の引受け

1　書類上の荷送人は、本章及び第55条の規定により荷送人に課される義務と責任を負い、本章及び第13章に規定する権利及び抗弁を援用することができる。

2　本条第1項は、荷送人の義務、責任、権利又は抗弁には影響を及ぼさない。

第34条　荷送人の代償責任

荷送人は、自己の義務の履行を委託した者（荷送人の被用者、代理人及び下請人を含む）の作為又は不作為を原因とする本条約上の義務の違反について責任を負う。ただし、荷送人は、荷送人からその義務の履行を委託された、運送人又は運送人の代理人として行為した履行者の作為又は不作為については、責任を負わない。

performance of its obligations.

CHAPTER 8. TRANSPORT DOCUMENTS AND ELECTRONIC TRANSPORT RECORDS

Article 35. Issuance of the transport document or the electronictransport record

  Unless the shipper and the carrier have agreed not to use a transport document or an electronic transport record, or it is the custom, usage or practice of the trade not to use one, upon delivery of the goods for carriage to the carrier or performing party, the shipper or, if the shipper consents, the documentary shipper, is entitled to obtain from the carrier, at the shipper's option：

  (a) A non-negotiable transport document or, subject to article 8, subparagraph (a), a non-negotiable electronic transport record；or

  (b) An appropriate negotiable transport document or, subject to article 8, subparagraph (a), a negotiable electronic transport record, unless the shipper and the carrier have agreed not to use a negotiable transport document or negotiable electronic transport record, or it is the custom, usage or practice of the trade not to use one.

第 8 章　運送書類及び電子的運送記録

第35条　運送書類又は電子的運送記録の発行

　荷送人及び運送人が運送書類若しくは電子的運送記録を使用しないことを合意した場合又は取引慣習、慣行若しくは実務上それらが使用されない場合を除き、荷送人又は荷送人が同意する場合には書類上の荷送人は、運送人に対し、運送人又は履行者に対し運送のため物品を引き渡す際に、荷送人の選択により以下の何れかの交付を請求ことができる。

　(a)　譲渡不能運送書類、又は、第8条（a）号に従うことを条件として、譲渡不能電子的運送記録

　(b)　適当な譲渡可能運送書類、又は、第8条（a）号に従うことを条件として、譲渡可能電子的運送記録。ただし、荷送人及び運送人が譲渡可能運送書類若しくは譲渡可能電子的運送記録を使用しないことを合意した場合又は取引慣習、慣行若しくは実務上それらが使用されない場合を除く。

Article 36. Contract particulars

1. The contract particulars in the transport document or electronic transport record referred to in article 35 shall include the following information, as furnished by the shipper :

(a) A description of the goods as appropriate for the transport ;

(b) The leading marks necessary for identification of the goods ;

(c) The number of packages or pieces, or the quantity of goods ; and

(d) The weight of the goods, if furnished by the shipper.

2. The contract particulars in the transport document or electronic transport record referred to in article 35 shall also include :

(a) A statement of the apparent order and condition of the goods at the time the carrier or a performing party receives them for carriage ;

(b) The name and address of the carrier ;

(c) The date on which the carrier or a performing party received the goods, or on which the goods were loaded on board the ship, or on which the transport document or electronic transport record was issued ; and

(d) If the transport document is negotiable, the number of originals of the negotiable transport document, when more than one original is issued.

第36条　契約明細

1　第35条に規定する運送書類又は電子的運送記録上の契約明細は、荷送人により通告された以下の全ての情報を含まなければならない。

(a) 運送を行うために適切と認められる物品の記載

(b) 物品の識別のために必要な主たる記号

(c) 包若しくは単位の数又は物品の数量

(d) 荷送人から通告された場合には物品の重量

2　第35条に規定する運送書類又は電子的運送記録上の契約明細は、以下の全ての事項をも含まなければならない。

(a) 運送人又は履行者が運送のため物品を受け取った時における、その外観上の状態に関する記載

(b) 運送人の名称及び住所

(c) 運送人又は履行者が物品を受け取った日付、物品が船積された日付、又は運送書類若しくは電子的運送記録が発行された日付

(d) 運送書類が譲渡可能な場合であって、複数の運送書類が発行されるときは、譲渡可能運送書類の原本の数

3. The contract particulars in the transport document or electronic transport record referred to in article 35 shall further include :

　　(a)　The name and address of the consignee, if named by the shipper ;

　　(b)　The name of a ship, if specified in the contract of carriage ;

　　(c)　The place of receipt and, if known to the carrier, the place of delivery ; and

　　(d)　The port of loading and the port of discharge, if specified in the contract of carriage.

　　4.　For the purposes of this article, the phrase "apparent order and condition of the goods" in subparagraph 2 (a) of this article refers to the order and condition of the goods based on :

　　(a)　A reasonable external inspection of the goods as packaged at the time the shipper delivers them to the carrier or a performing party ; and

　　(b)　Any additional inspection that the carrier or a performing party actually performs before issuing the transport document or electronic transport record.

Article 37. Identity of the carrier

　　1.　If a carrier is identified by name in the contract particulars, any other information in the transport document or electronic transport record

3　第35条に規定する運送書類又は電子的運送記録上の契約明細は、更に以下の全ての事項をも含まなければならない。

(a) 荷送人が指名したときは、荷受人の名称及び住所

(b) 運送契約で特定されているときは、船舶の名称

(c) 受取地、並びに、運送人に知れているときは、引渡地

(d) 運送契約で特定されているときは、船積港及び荷揚港

4　本条において、本条第2項（a）号にいう「物品の外観上の状態」とは、以下の検査に基づく物品の状態をいう。

(a) 荷送人が物品を運送人又は履行者に引き渡した時点における、梱包された物品の外観の合理的検査、及び

(b) 運送書類又は電子的運送記録を発行する前に運送人又は履行者が現実に実施した追加的な検査

第37条　運送人の特定

1　運送人が契約明細中の名称により特定されるときは、運送人の特定に関する運送書類又は電子的運送記録上のその他の全ての情報は、

CHAPTER 8. TRANSPORT DOCUMENTS AND ELECTRONIC TRANSPORT RECORDS

relating to the identity of the carrier shall have no effect to the extent that it is inconsistent with that identification.

    2.   If no person is identified in the contract particulars as the carrier as required pursuant to article 36, subparagraph 2 (b), but the contract particulars indicate that the goods have been loaded on board a named ship, the registered owner of that ship is presumed to be the carrier, unless it proves that the ship was under a bareboat charter at the time of the carriage and it identifies this bareboat charterer and indicates its address, in which case this bareboat charterer is presumed to be the carrier. Alternatively, the registered owner may rebut the presumption of being the carrier by identifying the carrier and indicating its address. The bareboat charterer may rebut any presumption of being the carrier in the same manner.

    3.   Nothing in this article prevents the claimant from proving that any person other than a person identified in the contract particulars or pursuant to paragraph 2 of this article is the carrier.

Article 38. Signature

    1.   A transport document shall be signed by the carrier or a person acting on its behalf.

    2.   An electronic transport record shall include the electronic sig-

---

当該特定と矛盾する限りにおいて、無効とする。

2　契約明細が第36条第2項（b）号に従って運送人を特定していない場合であって、契約明細が特定の名称の船舶に物品が船積されたことを示しているときは、当該船舶の登録船主を運送人と推定する。ただし、登録船主が、当該船舶につき運送時に裸傭船契約が存在していたことを証明し、裸傭船者を特定し且つその住所を示したときは、裸傭船者を運送人と推定する。登録船主は、前文に代えて、運送人を特定し且つその住所を示すことにより、自己に対する運送人の推定を覆すこともできる。裸傭船者は、同様の方法により、自己に対する運送人の推定を覆すことができる。

3　本条の規定は、請求者が、契約明細の上で又は本条第2項により運送人と特定された者以外の者が運送人であると証明することを妨げない。

第38条　署名

1　運送書類は、運送人又は運送人の代理人として行為する者により署名されなければならない。

2　電子的運送記録は、運送人又は運送人の代理人として行為する者の

nature of the carrier or a person acting on its behalf. Such electronic signature shall identify the signatory in relation to the electronic transport record and indicate the carrier's authorization of the electronic transport record.

Article 39. Deficiencies in the contract particulars

1. The absence or inaccuracy of one or more of the contract particulars referred to in article 36, paragraphs 1, 2 or 3, does not of itself affect the legal character or validity of the transport document or of the electronic transport record.

2. If the contract particulars include the date but fail to indicate its significance, the date is deemed to be :

(a) The date on which all of the goods indicated in the transport document or electronic transport record were loaded on board the ship, if the contract particulars indicate that the goods have been loaded on board a ship ; or

(b) The date on which the carrier or a performing party received the goods, if the contract particulars do not indicate that the goods have been loaded on board a ship.

3. If the contract particulars fail to state the apparent order and condition of the goods at the time the carrier or a performing party receives

電子署名を含まなければならない。当該電子署名は、当該電子的運送記録に関する署名者を特定し、且つ、当該電子的運送記録に関する運送人の授権を示すものでなければならない。

第39条 契約明細の不備

1 第36条第1項乃至第3項に規定する契約明細の一又は複数の事項の欠如又は不正確性は、それ自体では運送書類又は電子的運送記録の法的性質又は効力に影響を及ぼさない。

2 契約明細が日付を含んでいるものの、その意味を欠いている場合には、当該日付は、以下の意味を有するものとみなす。

(a) 契約明細に物品が船積された旨記載されている場合には、運送書類又は電子的運送記録に記載された全ての物品が船積された日

(b) 契約明細に物品が船積された旨記載されていない場合には、運送人又は履行者が物品を受け取った日

3 契約明細が、運送人又は履行者が物品を受け取った時点でのその外観上の状態に関する記載を欠いているときは、契約明細は、運送人又は履行者が物品を受け取った時点において当該物品が外観上良好な状態であったと記載しているものとみなす。

them, the contract particulars are deemed to have stated that the goods were in apparent good order and condition at the time the carrier or a performing party received them.

Article 40. Qualifying the information relating tothe goods in the contract particulars

    1.   The carrier shall qualify the information referred to in article 36, paragraph 1, to indicate that the carrier does not assume responsibility for the accuracy of the information furnished by the shipper if：

    (a)   The carrier has actual knowledge that any material statement in the transport document or electronic transport record is false or misleading; or

    (b)   The carrier has reasonable grounds to believe that a material statement in the transport document or electronic transport record is false or misleading.

    2.   Without prejudice to paragraph 1 of this article, the carrier may qualify the information referred to in article 36, paragraph 1, in the circumstances and in the manner set out in paragraphs 3 and 4 of this article to indicate that the carrier does not assume responsibility for the accuracy of the information furnished by the shipper.

第40条　契約明細中の物品に関する情報に対する留保

1　運送人は、以下の何れかの場合には、第36条第1項に規定する情報について留保を付して、荷送人から通告された情報の正確性について運送人が責任を負わないことを示さなければならない。
　(a)　運送人が、運送書類又は電子的運送記録の重要な記載が誤りであるか又は誤解を招くものであることを現実に知っているとき
　(b)　運送人が、運送書類又は電子的運送記録の重要な記載が誤りであるか又は誤解を招くものであると信じる合理的な根拠を有するとき
2　運送人は、本条第3項及び4項に規定する場合には、当該各項に規定する方法により第36条第1項に規定する情報について留保を付して、荷送人から通告された情報の正確性について運送人が責任を負わないことを示すことができる。ただし、本条第1項の規定の適用を妨げない。

3. When the goods are not delivered for carriage to the carrier or a performing party in a closed container or vehicle, or when they are delivered in a closed container or vehicle and the carrier or a performing party actually inspects them, the carrier may qualify the information referred to in article 36, paragraph 1, if :

(a) The carrier had no physically practicable or commercially reasonable means of checking the information furnished by the shipper, in which case it may indicate which information it was unable to check ; or

(b) The carrier has reasonable grounds to believe the information furnished by the shipper to be inaccurate, in which case it may include a clause providing what it reasonably considers accurate information.

4. When the goods are delivered for carriage to the carrier or a performing party in a closed container or vehicle, the carrier may qualify the information referred to in :

(a) Article 36, subparagraphs 1 (a), (b), or (c), if :

(i) The goods inside the container or vehicle have not actually been inspected by the carrier or a performing party ; and

(ii) Neither the carrier nor performing party otherwise has actual knowledge of its contents before issuing the transport document or the elec-

3 物品が閉扉されたコンテナ若しくは車輌に積み込まれて運送人若しくは履行者に対し運送のため引き渡されたのではない場合、又は閉扉されたコンテナ若しくは車輌に積み込まれて引き渡されているが運送人若しくは履行者が現実に物品を検査する場合であって、以下に規定するときは、運送人は、第36条第1項に規定する情報について留保を付することができる。

(a) 運送人が荷送人から通告された情報を確認する物理的見地から実務的な又は商業的見地から合理的な方法がないとき。このとき運送人は、どの情報を確認できなかったかを示すことができる。

(b) 運送人が荷送人から通告された情報が不正確であると信じる合理的な根拠を有するとき。このとき運送人は、自己が正確な情報と合理的に考える内容を規定する条項を含めることができる。

4 物品が閉扉されたコンテナ又は車輌に積み込まれて運送人又は履行者に対し運送のため引き渡された場合であって、以下に規定するときは、運送人は、以下に規定する情報について留保を付することができる。

(a) 第36条第1項(a)号、(b)号又は(c)号については、以下に規定するとき

(i) 運送人又は履行者がコンテナ

tronic transport record ; and

　　(b)　Article 36, subparagraph 1 (d), if :

　　　(i)　Neither the carrier nor performing party weighed the container or vehicle, and the shipper and the carrier had not agreed prior to the shipment that the container or vehicle would be weighed and the weight would be included in the contract particulars ; or

　　　(ii)　There was no physically practicable or commercially reasonable means of checking the weight of the container or vehicle.

Article 41. Evidentiary effect of the contract particulars

　　Except to the extent that the contract particulars have been qualified in the circumstances and in the manner set out in article 40 :

　　(a)　A transport document or an electronic transport record is prima facie evidence of the carrier's receipt of the goods as stated in the contract particulars ;

　　(b)　Proof to the contrary by the carrier in respect of any contract

又は車輌内の物品を実際に検査しておらず、且つ、

　　(ii) 運送人も履行者も、運送書類又は電子的運送記録が発行される前に、当該物品の内容について別途現実に知らないとき

(b) 第36条第1項（d）号については、以下の何れかに規定するとき

　　(i) 運送人も履行者もコンテナ又は車輌の重量を量っておらず、荷送人及び運送人がコンテナ又は車輌の重量を量ってその重量を契約明細に含ませることを発送前に合意していないとき

　　(ii) コンテナ又は車輌の重量を確認する物理的見地から実務的な又は商業的見地から合理的な方法がないとき

第41条　契約明細の証拠的効力

契約明細について、第40条に規定する場合に、同条に規定する方法により留保が付される場合を除き、

(a) 運送書類又は電子的運送記録は、運送人が契約明細に記載された物品を受け取ったことの一応の証拠であり、且つ、

(b) 以下の何れかに含まれる契約明細については、運送人は、契約明細と異なる事実を証明することができない。

　　(i) 善意で行動した第三者に譲渡された、譲渡可能運送書類又

particulars shall not be admissible, when such contract particulars are included in :

　(i)　A negotiable transport document or a negotiable electronic transport record that is transferred to a third party acting in good faith ; or

　(ii)　A non-negotiable transport document that indicates that it must be surrendered in order to obtain delivery of the goods and is transferred to the consignee acting in good faith ;

　(c)　Proof to the contrary by the carrier shall not be admissible against a consignee that in good faith has acted in reliance on any of the following contract particulars included in a non-negotiable transport document or a non-negotiable electronic transport record :

　(i)　The contract particulars referred to in article 36, paragraph 1, when such contract particulars are furnished by the carrier ;

　(ii)　The number, type and identifying numbers of the containers, but not the identifying numbers of the container seals ; and

　(iii)　The contract particulars referred to in article 36, paragraph 2.

Article 42. "Freight prepaid"

If the contract particulars contain the statement "freight prepaid" or a statement of a similar nature, the carrier cannot assert against the holder or

は譲渡可能電子的運送記録

　(ii)　善意で行動した荷受人に譲渡された、物品の引渡を受けるにはその提出を要する旨が示された譲渡不能運送書類

(c)　譲渡不能運送書類又は譲渡不能電子的運送記録に含まれる以下の何れかの契約明細を信頼して善意で行動した荷受人に対しては、運送人は、当該契約明細と異なる事実を証明することができない。

　(i)　第36条第1項に規定する契約明細（ただし、当該契約明細が運送人により記載された場合に限る）

　(ii)　コンテナの数、種類及び識別番号（ただし、コンテナシールの識別番号を含まない）

　(iii)　第36条第2項に規定する契約明細

第42条 「運賃前払済」

契約明細が「運賃前払済」又はこれに類似する記載を含む場合には、運送人は、所持人又は荷受人に対して、運賃が支払われていない事実を主張するこ

the consignee the fact that the freight has not been paid. This article does not apply if the holder or the consignee is also the shipper.

とができない。本条は、所持人又は荷受人が荷送人でもある場合には、適用されない。

CHAPTER 9. DELIVERY OF THE GOODS

第9章　物品の引渡

Article 43. Obligation to accept delivery

When the goods have arrived at their destination, the consignee that demands delivery of the goods under the contract of carriage shall accept delivery of the goods at the time or within the time period and at the location agreed in the contract of carriage or, failing such agreement, at the time and location at which, having regard to the terms of the contract, the customs, usages or practices of the trade and the circumstances of the carriage, delivery could reasonably be expected.

第43条　引渡を受ける義務

物品が仕向地に到着したときは、運送契約に基づき引渡を請求した荷受人は、運送契約において合意された時又は期間内及び場所において、又は、当該合意がない場合は、契約条項、取引慣習、慣行及び実務、並びに運送に関する状況を考慮して引渡が合理的に期待される時及び場所において、物品の引渡を受けなければならない。

Article 44. Obligation to acknowledge receipt

On request of the carrier or the performing party that delivers the goods, the consignee shall acknowledge receipt of the goods from the carrier or the performing party in the manner that is customary at the place of delivery. The carrier may refuse delivery if the consignee refuses to acknowledge such receipt.

第44条　受領を確認する義務

物品を引き渡す運送人又は履行者の要請があるときは、荷受人は、引渡地における慣習的方法により、運送人又は履行者から物品を受領したことを確認しなければならない。荷受人が受領の確認を拒絶する場合には、運送人は引渡を拒絶することができる。

Article 45. Delivery when no negotiable transport document or negotiable electronic transport record is issued	第 45 条　譲渡可能運送書類又は譲渡可能電子的運送記録が発行されていない場合の引渡
When neither a negotiable transport document nor a negotiable electronic transport record has been issued :	譲渡可能運送書類又は譲渡可能電子的運送記録が発行されていない場合には、引渡は以下の規定によるものとする。
(a) The carrier shall deliver the goods to the consignee at the time and location referred to in article 43. The carrier may refuse delivery if the person claiming to be the consignee does not properly identify itself as the consignee on the request of the carrier ;	(a) 運送人は、第 43 条に規定する時及び場所において、荷受人に対し物品を引き渡さなければならない。荷受人と主張する者が運送人の要請に応じて自己が荷受人であることを適切に証明しないときは、運送人は引渡を拒絶することができる。
(b) If the name and address of the consignee are not referred to in the contract particulars, the controlling party shall prior to or upon the arrival of the goods at the place of destination advise the carrier of such name and address ;	(b) 契約明細に荷受人の名称及び住所が規定されていない場合には、運送品処分権者は、運送人に対し、物品が仕向地に到着する前又は到着時に、荷受人の名称及び住所を通知しなければならない。
(c) Without prejudice to article 48, paragraph 1, if the goods are not deliverable because (i) the consignee, after having received a notice of arrival, does not, at the time or within the time period referred to in article 43, claim delivery of the goods from the carrier after their arrival at the place of destination, (ii) the carrier refuses delivery because the person claiming to be the consignee does not properly identify itself as the consignee, or (iii) the carrier is, after reasonable effort, unable to locate the consignee in order	(c) (i)荷受人が、到着通知を受け取ったにもかかわらず、物品の仕向地到着後も運送人に対し第 43 条に規定する時又は期間内にその引渡を請求しない、(ii) 運送人が、荷受人であると主張する者が自己が荷受人であることを適切に証明しないという理由で、引渡を拒絶する、又は (iii) 運送人が、合理的な努力にもかかわらず引渡の指示を受けるための荷受人の所在を突き止めることができないという理由で、物品の引渡ができない場合

to request delivery instructions, the carrier may so advise the controlling party and request instructions in respect of the delivery of the goods. If, after reasonable effort, the carrier is unable to locate the controlling party, the carrier may so advise the shipper and request instructions in respect of the delivery of the goods. If, after reasonable effort, the carrier is unable to locate the shipper, the carrier may so advise the documentary shipper and request instructions in respect of the delivery of the goods;

    (d) The carrier that delivers the goods upon instruction of the controlling party, the shipper or the documentary shipper pursuant to subparagraph (c) of this article is discharged from its obligations to deliver the goods under the contract of carriage.

Article 46. Delivery when a non-negotiable transportdocument that requires surrender is issued

    When a non-negotiable transport document has been issued that indicates that it shall be surrendered in order to obtain delivery of the goods:

    (a) The carrier shall deliver the goods at the time and location referred to in article 43 to the consignee upon the consignee properly identi-

には、運送人は、運送品処分権者に対し、その旨を通知し、物品の引渡につき指示を求めることができる。ただし、第48条第1項の適用を妨げない。運送人が、合理的な努力にもかかわらず運送品処分権者の所在を突き止めることができない場合には、運送人は、荷送人に対し、その旨を通知し、物品の引渡につき指示を求めることができる。運送人が、合理的な努力にもかかわらず荷送人の所在を突き止めることができない場合には、運送人は、書類上の荷送人に対し、その旨を通知し、物品の引渡につき指示を求めることができる。

(d) 本条 (c) 号に基づいて、運送品処分権者、荷送人又は書類上の荷送人の指示に従って物品を引き渡した運送人は、運送契約に基づく物品の引渡義務を免れる。

第46条　提出を要する譲渡不能運送書類が発行された場合の引渡

物品の引渡を受けるにはその提出を要する旨が示された譲渡不能運送書類が発行されている場合には、引渡は以下の規定によるものとする。

(a) 運送人は、荷受人が運送人の要請に対して適切に身分を証明し、且つ譲渡不能書類が提出されたときは、第43条に規定する時及び場所において、荷受人

fying itself on the request of the carrier and surrender of the non-negotiable document. The carrier may refuse delivery if the person claiming to be the consignee fails to properly identify itself on the request of the carrier, and shall refuse delivery if the non negotiable document is not surrendered. If more than one original of the non negotiable document has been issued, the surrender of one original will suffice and the other originals cease to have any effect or validity ;

　　　(b)　Without prejudice to article 48, paragraph 1, if the goods are not deliverable because (i) the consignee, after having received a notice of arrival, does not, at the time or within the time period referred to in article 43, claim delivery of the goods from the carrier after their arrival at the place of destination, (ii) the carrier refuses delivery because the person claiming to be the consignee does not properly identify itself as the consignee or does not surrender the document, or (iii) the carrier is, after reasonable effort, unable to locate the consignee in order to request delivery instructions, the carrier may so advise the shipper and request instructions in respect of the delivery of the goods. If, after reasonable effort, the carrier is unable to locate the shipper, the carrier may so advise the documentary shipper and request instructions in respect of the

に対し物品を引渡さなければならない。運送人は、荷受人であると主張する者が運送人の要請に応じて自己が荷受人であることを適切に証明しないときは、引渡を拒絶することができ、譲渡不能書類が提出されないときは、引渡を拒絶しなければならない。複数の譲渡不能書類原本が発行されている場合には、1通の原本の提出で十分であり、その他の原本は無効となる。

(b)　(i) 荷受人が、到着通知を受け取ったにもかかわらず、物品の仕向地到着後も運送人に対し第43条に規定する時又は期間内にその引渡を請求しない、(ii) 運送人が、荷受人であると主張する者が自己が荷受人であることを適切に証明しない若しくは書類を提出しないという理由で、引渡を拒絶する、又は(iii) 運送人が、合理的な努力にもかかわらず引渡の指示を受けるための荷受人の所在を突き止めることができないという理由で、物品の引渡ができない場合には、運送人は、荷送人に対し、その旨を通知し、物品の引渡につき指示を求めることができる。ただし、第48条第1項の適用を妨げない。運送人が、合理的な努力にもかかわらず荷送人の所在を突き止めることができない場合には、運送人は、書類上の荷送人に対し、その旨

delivery of the goods;

(c) The carrier that delivers the goods upon instruction of the shipper or the documentary shipper pursuant to subparagraph (b) of this article is discharged from its obligation to deliver the goods under the contract of carriage, irrespective of whether the non-negotiable transport document has been surrendered to it.

Article 47. Delivery when a negotiable transport document or negotiable electronic transport record is issued

1. When a negotiable transport document or a negotiable electronic transport record has been issued:

(a) The holder of the negotiable transport document or negotiable electronic transport record is entitled to claim delivery of the goods from the carrier after they have arrived at the place of destination, in which event the carrier shall deliver the goods at the time and location referred to in article 43 to the holder:

(i) Upon surrender of the negotiable transport document and, if the holder is one of the persons referred to in article 1, subparagraph 10 (a) (i), upon the holder properly identifying itself; or

(ii) Upon demonstration by the holder, in accordance with the procedures referred to in article 9, para-

を通知し、物品の引渡につき指示を求めることができる。

(c) 本条 (b) 号に基づいて、荷送人又は書類上の荷送人の指示に従って物品を引き渡した運送人は、譲渡不能運送書類が運送人に提出されたか否かにかかわらず、運送契約に基づく物品の引渡義務を免れる。

第47条 譲渡可能運送書類又は譲渡可能電子的運送記録が発行されている場合の引渡

1 譲渡可能運送書類又は譲渡可能電子的運送記録が発行されている場合には、引渡は以下の規定によるものとする。

(a) 譲渡可能運送書類又は譲渡可能電子的運送記録の所持人は、物品の仕向地到着後運送人に対しその引渡を請求することができる。この場合、運送人は、以下の何れかの条件がみたされた場合に、第43条に規定する時及び場所において、当該所持人に対し物品を引き渡さなければならない。

(i) 譲渡可能運送書類が提出され、且つ、所持人が第1条第10項 (a) (i) 号に規定する者の一である場合には、所持人が適切に自己の身分を証明したとき

(ii) 第9条第1項に規定する手続に従って、所持人が譲渡可能

graph 1, that it is the holder of the negotiable electronic transport record ;

　　(b)　The carrier shall refuse delivery if the requirements of subparagraph (a) (i) or (a) (ii) of this paragraph are not met ;

　　(c)　If more than one original of the negotiable transport document has been issued, and the number of originals is stated in that document, the surrender of one original will suffice and the other originals cease to have any effect or validity. When a negotiable electronic transport record has been used, such electronic transport record ceases to have any effect or validity upon delivery to the holder in accordance with the procedures required by article 9, paragraph 1.

　　2.　Without prejudice to article 48, paragraph 1, if the negotiable transport document or the negotiable electronic transport record expressly states that the goods may be delivered without the surrender of the transport document or the electronic transport record, the following rules apply :

　　(a)　If the goods are not deliverable because (i) the holder, after having received a notice of arrival, does not, at the time or within the time period referred to in article 43, claim delivery of the goods from the carrier after their arrival at the place of destination, (ii) the carrier refuses delivery because the person claiming to be a hold-

電子的運送記録の所持人であることを証明したとき

(b)　運送人は、(a) (i) 号又は (a) (ii) 号の条件がみたされない場合には、引渡を拒絶しなければならない。

(c)　複数の譲渡可能運送書類原本が発行されている場合であって、原本の数が当該書類に記載されているときは、1通の原本の提出で十分であり、その他の原本は無効となる。譲渡可能電子的運送記録が使用された場合には、第9条第1項で要求される手続に従って所持人に引き渡されることにより、当該電子的運送記録は無効となる。

2　譲渡可能運送書類又は譲渡可能電子的運送記録において、運送書類又は電子的運送記録の提出なく物品が引き渡され得る旨明記されている場合には、以下の規定が適用される。ただし、第48条第1項の適用を妨げない。

(a)　(i) 所持人が、到着通知を受け取ったにもかかわらず、物品の仕向地到着後も運送人に対し第43条に規定する時又は期間内にその引渡を請求しない、(ii) 運送人が、所持人であると主張する者が自己が第1条第10項 (a) (i) 号に規定する者の一であることを適切に証明しないという理由で、引渡を拒絶する、又は (iii) 運送人が、合理的な努力にもかかわ

er does not properly identify itself as one of the persons referred to in article 1, subparagraph 10 (a) (i), or (iii) the carrier is, after reasonable effort, unable to locate the holder in order to request delivery instructions, the carrier may so advise the shipper and request instructions in respect of the delivery of the goods. If, after reasonable effort, the carrier is unable to locate the shipper, the carrier may so advise the documentary shipper and request instructions in respect of the delivery of the goods;

(b) The carrier that delivers the goods upon instruction of the shipper or the documentary shipper in accordance with subparagraph 2 (a) of this article is discharged from its obligation to deliver the goods under the contract of carriage to the holder, irrespective of whether the negotiable transport document has been surrendered to it, or the person claiming delivery under a negotiable electronic transport record has demonstrated, in accordance with the procedures referred to in article 9, paragraph 1, that it is the holder;

(c) The person giving instructions under subparagraph 2 (a) of this article shall indemnify the carrier against loss arising from its being held liable to the holder under subparagraph 2 (e) of this article. The carrier may refuse to follow those instructions

らず引渡の指示を受けるための所持人の所在を突き止めることができないという理由で、物品の引渡ができない場合には、運送人は、荷送人に対し、その旨を通知し、物品の引渡につき指示を求めることができる。運送人が、合理的な努力にもかかわらず荷送人の所在を突き止めることができない場合には、運送人は、書類上の荷送人に対し、その旨を通知し、物品の引渡につき指示を求めることができる。

(b) 本条第2項 (a) 号に基づいて、荷送人又は書類上の荷送人の指図に従って物品を引き渡した運送人は、譲渡可能運送書類が運送人に提出されたか否かにかかわらず、また、譲渡可能電子的運送記録に基づいて引渡を請求する者が第9条第1項に規定する手続に従って自己が所持人であることを証明したか否かにかかわらず、運送契約に基づく所持人に対する物品の引渡義務を免れる。

(c) 本条第2項 (a) 号に基づく指示を与える者は、運送人に対し、本条第2項 (e) 号により運送人が所持人に対して負う責任から生ずる損失につき補償しなければならない。その者が、運送人が合理的に要求する適切な担保を提供しない場合、運送人は、その指示に従うことを拒

if the person fails to provide adequate security as the carrier may reasonably request ;

(d) A person that becomes a holder of the negotiable transport document or the negotiable electronic transport record after the carrier has delivered the goods pursuant to subparagraph 2 (b) of this article, but pursuant to contractual or other arrangements made before such delivery acquires rights against the carrier under the contract of carriage, other than the right to claim delivery of the goods ;

(e) Notwithstanding subparagraphs 2 (b) and 2 (d) of this article, a holder that becomes a holder after such delivery, and that did not have and could not reasonably have had knowledge of such delivery at the time it became a holder, acquires the rights incorporated in the negotiable transport document or negotiable electronic transport record. When the contract particulars state the expected time of arrival of the goods, or indicate how to obtain information as to whether the goods have been delivered, it is presumed that the holder at the time that it became a holder had or could reasonably have had knowledge of the delivery of the goods.

絶することができる。

(d) 本条第2項 (b) 号に従い運送人が物品を引き渡した後に、しかし、当該引渡の前になされた契約又はその他の取極に従って、譲渡可能運送書類又は譲渡可能電子的運送記録の所持人となった者は、物品の引渡を請求する権利以外の、運送契約に基づく運送人に対する権利を取得する。

(e) 本条第2項 (b) 号及び (d) 号にかかわらず、当該引渡の後に所持人となり、且つ、所持人となった時点で当該引渡がされていたことを知らずまた合理的に知り得なかった所持人は、譲渡可能運送書類又は譲渡可能電子的運送記録に表章された権利を取得する。契約明細に物品の予定到着時が記載されている場合、又は、契約明細に物品が引き渡されたかどうかの情報を得る方法が示されている場合には、所持人は、所持人となった時点において、物品の引渡を知り又は合理的に知り得たものと推定する。

CHAPTER 9. DELIVERY OF THE GOODS

Article 48. Goods remaining undelivered

1. For the purposes of this article, goods shall be deemed to have remained undelivered only if, after their arrival at the place of destination:

   (a) The consignee does not accept delivery of the goods pursuant to this chapter at the time and location referred to in article 43;

   (b) The controlling party, the holder, the shipper or the documentary shipper cannot be found or does not give the carrier adequate instructions pursuant to articles 45, 46 and 47;

   (c) The carrier is entitled or required to refuse delivery pursuant to articles 44, 45, 46 and 47;

   (d) The carrier is not allowed to deliver the goods to the consignee pursuant to the law or regulations of the place at which delivery is requested; or

   (e) The goods are otherwise undeliverable by the carrier.

2. Without prejudice to any other rights that the carrier may have against the shipper, controlling party or consignee, if the goods have remained undelivered, the carrier may, at the risk and expense of the person entitled to the goods, take such action in respect of the goods as circumstances may reasonably require, including:

   (a) To store the goods at

第48条　引渡未了の物品

1　本条においては、物品は、仕向地到着後、以下の何れかの場合に限り引渡未了であるとみなされる。

　(a)　荷受人が、第43条に規定する時及び場所において、本章に従って物品の引渡を受けないとき

　(b)　運送品処分権者、所持人、荷送人又は書類上の荷送人が発見できず、又はそれらの者が第45条ないし第47条に従った適切な指示を運送人に与えないとき

　(c)　運送人が第44条ないし第47条に従って、引渡を拒絶できるとき、又は拒絶しなければならないとき

　(d)　運送人が、引渡が要請されている地の法令により、物品を荷受人に対し引き渡すことが許されないとき

　(e)　その他運送人が物品を引き渡すことが不可能であるとき

2　物品が引渡未了の場合には、運送人は、物品に対する権利を有する者の危険及び費用により、当該物品につき、以下に規定する全ての措置を含め、関連状況から合理的に要求される措置をとることができる。ただし、それにより、運送人が荷送人、運送品処分権者又は荷受人に対して有するその他の権利は、害されない。

　(a)　適切な場所に物品を保管すること

any suitable place;

 (b) To unpack the goods if they are packed in containers or vehicles, or to act otherwise in respect of the goods, including by moving them; and

 (c) To cause the goods to be sold or destroyed in accordance with the practices or pursuant to the law or regulations of the place where the goods are located at the time.

 3. The carrier may exercise the rights under paragraph 2 of this article only after it has given reasonable notice of the intended action under paragraph 2 of this article to the person stated in the contract particulars as the person, if any, to be notified of the arrival of the goods at the place of destination, and to one of the following persons in the order indicated, if known to the carrier: the consignee, the controlling party or the shipper.

 4. If the goods are sold pursuant to subparagraph 2 (c) of this article, the carrier shall hold the proceeds of the sale for the benefit of the person entitled to the goods, subject to the deduction of any costs incurred by the carrier and any other amounts that are due to the carrier in connection with the carriage of those goods.

 5. The carrier shall not be liable for loss of or damage to goods that occurs during the time that they remain undelivered pursuant to this ar-

(b)　物品がコンテナ若しくは車輛に積み込まれているときは、これを開扉すること、又はその他物品に関する措置（物品の移動を含む）をとること

(c)　物品が現に所在する場所の実務により又は法令に従って、物品を売却又は破壊すること

3　運送人は、仕向地への物品の到着通知を受けるべき者として契約明細に記載された者がいる場合にはその者に対して、更に、荷受人、運送品処分権者、又は荷送人を運送人が知っている場合にはここに示された優先順位によりこれらの者の一人に対して、本条第２項に基づきとろうとする措置につき合理的な通知を与えた後にのみ、本条第２項の権利を行使することができる。

4　本条第２項（c）号に従い物品を売却した場合は、運送人は、物品に対する権利を有する者のために売却代金を保管しなければならない。ただし、運送人に生じた一切の費用及び当該物品の運送に関連して運送人に支払われるべきその他一切の額を控除することを妨げない。

5　運送人は、本条により引渡未了である期間内に生じた物品の滅失又は損傷について責任を負わない。ただし、請求者が、関連状況に応じて物品を保存するための合理的な手段を運送人が怠ったことに起因して当該滅失又は損傷が生じた

ticle unless the claimant proves that such loss or damage resulted from the failure by the carrier to take steps that would have been reasonable in the circumstances to preserve the goods and that the carrier knew or ought to have known that the loss or damage to the goods would result from its failure to take such steps.

Article 49. Retention of goods

　　Nothing in this Convention affects a right of the carrier or a performing party that may exist pursuant to the contract of carriage or the applicable law to retain the goods to secure the payment of sums due.

こと、並びに、当該手段を怠ることに起因して物品の滅失又は損傷が生ずることを運送人が知り又は知りうべかりしことを証明した場合には、この限りでない。

第49条　物品の留置

　本条約は、運送契約又は適用ある法に基づき存在しうる、運送人又は履行者が弁済期にある債務の支払を担保するため物品を留置する権利に対しては、何らの影響を及ぼさない。

CHAPTER 10. RIGHTS OF THE CONTROLLING PARTY

Article 50. Exercise and extent of right of control

　　1.　The right of control may be exercised only by the controlling party and is limited to：

　　(a)　The right to give or modify instructions in respect of the goods that do not constitute a variation of the contract of carriage；

　　(b)　The right to obtain delivery of the goods at a scheduled port of call or, in respect of inland carriage, any place en route；and

　　(c)　The right to replace the

第10章　運送品処分権者の権利

第50条　運送品処分権の行使及び範囲

1　運送品処分権は、運送品処分権者のみにより行使されるものとし、その内容は以下に規定する権利に限る。

　(a)　運送契約の変更に当たらない範囲で、物品に関する指図を与え又は変更する権利

　(b)　予定された寄港地において、又は陸上運送に関しては経由地において、物品の引渡を受ける権利

　(c)　荷受人を、運送品処分権者を含

consignee by any other person including the controlling party.

 2. The right of control exists during the entire period of responsibility of the carrier, as provided in article 12, and ceases when that period expires.

Article 51. Identity of the controlling party andtransfer of the right of control

 1. Except in the cases referred to in paragraphs 2, 3 and 4 of this article：

 (a) The shipper is the controlling party unless the shipper, when the contract of carriage is concluded, designates the consignee, the documentary shipper or another person as the controlling party；

 (b) The controlling party is entitled to transfer the right of control to another person. The transfer becomes effective with respect to the carrier upon its notification of the transfer by the transferor, and the transferee becomes the controlling party；and

 (c) The controlling party shall properly identify itself when it exercises the right of control.

 2. When a non-negotiable transport document has been issued that indicates that it shall be surrendered in order to obtain delivery of the goods：

 (a) The shipper is the controlling party and may transfer the

む他の者に代替する権利

2　運送品処分権は、第12条に規定する運送人の全責任期間中に存在し、当該期間が終了した時に消滅する。

第51条　運送品処分権者の特定及び運送品処分権の譲渡

1　本条第2項ないし第4項に規定する場合を除き、以下の規定が適用される。
　(a)　荷送人が、運送品処分権者である。ただし、荷送人が、運送契約を締結した時に、荷受人、書類上の荷送人又はその他の者を運送品処分権者として指定したときは、この限りでない。
　(b)　運送品処分権者は、運送品処分権を他の者に譲渡することができる。譲渡は、譲渡人による譲渡通知により、運送人との関係で効力を生じ、譲受人が運送品処分権者となる。
　(c)　運送品処分権者が権利を行使するときは、適切にその身分を証明しなければならない。
2　物品の引渡を受けるにはその提出を要する旨が示された譲渡不能運送書類が発行されている場合には、以下の規定が適用される。
　(a)　荷送人が、運送品処分権者であり、裏書することなく書類を譲渡することにより、運送品処分権を運送書類に記名された荷受

right of control to the consignee named in the transport document by transferring the document to that person without endorsement. If more than one original of the document was issued, all originals shall be transferred in order to effect a transfer of the right of control ; and

　　　(b)　In order to exercise its right of control, the controlling party shall produce the document and properly identify itself. If more than one original of the document was issued, all originals shall be produced, failing which the right of control cannot be exercised.

　　3.　When a negotiable transport document is issued :

　　　(a)　The holder or, if more than one original of the negotiable transport document is issued, the holder of all originals is the controlling party ;

　　　(b)　The holder may transfer the right of control by transferring the negotiable transport document to another person in accordance with article 57. If more than one original of that document was issued, all originals shall be transferred to that person in order to effect a transfer of the right of control ; and

　　　(c)　In order to exercise the right of control, the holder shall produce the negotiable transport document to the carrier, and if the holder is

人に譲渡することができる。複数の書類原本が発行されている場合には、運送品処分権を有効に譲渡するには全ての原本を譲渡しなければならない。

　(b)　運送品処分権を行使するためには、運送品処分権者は、書類を提示し、且つ、適切に身分を証明しなければならない。複数の書類原本が発行されている場合には、全ての原本が提示されなければならず、そうでない場合には、運送品処分権を行使することはできない。

3　譲渡可能運送書類が発行されている場合には、以下の規定が適用される。

　(a)　所持人が、又は複数の譲渡可能運送書類原本が発行されている場合には全ての原本の所持人が、運送品処分権者である。

　(b)　所持人は、第57条に従って譲渡可能運送書類を譲渡することにより、運送品処分権を他の者に譲渡することができる。複数の当該書類原本が発行されている場合には、運送品処分権を有効に譲渡するには全ての原本を譲渡しなければならない。

　(c)　運送品処分権を行使するためには、所持人は、運送人に対し譲渡可能運送書類を提示しなければならず、且つ、所持人が第1条第10号（a）（i）に規定する者の一である場合には、適切に身分を証明しなければならな

one of the persons referred to in article 1, subparagraph 10 (a) (i), the holder shall properly identify itself. If more than one original of the document was issued, all originals shall be produced, failing which the right of control cannot be exercised.

  4. When a negotiable electronic transport record is issued :

  (a) The holder is the controlling party ;

  (b) The holder may transfer the right of control to another person by transferring the negotiable electronic transport record in accordance with the procedures referred to in article 9, paragraph 1 ; and

  (c) In order to exercise the right of control, the holder shall demonstrate, in accordance with the procedures referred to in article 9, paragraph 1, that it is the holder.

Article 52. Carrier's execution of instructions

  1. Subject to paragraphs 2 and 3 of this article, the carrier shall execute the instructions referred to in article 50 if :

  (a) The person giving such instructions is entitled to exercise the right of control ;

  (b) The instructions can reasonably be executed according to their terms at the moment that they

い。複数の書類原本が発行されている場合には、全ての原本が提示されなければならず、そうでない場合には、運送品処分権を行使することはできない。

4 譲渡可能電子的運送記録が発行されている場合には、以下の規定が適用される。

(a) 所持人が、運送品処分権者である。

(b) 所持人は、第9条第1項に規定する手続に従って譲渡可能電子的運送記録を譲渡することにより、運送品処分権を他の者に譲渡することができる。

(c) 運送品処分権を行使するためには、所持人は、第9条1項に規定する手続に従って、自己が所持人であることを証明しなければならない。

第52条　指図の運送人による実行

1 運送人は、以下の何れにも該当する場合には、第2項及び第3項の規定に従うことを条件として、第50条に規定する指図を実行しなければならない。

(a) 当該指図をする者が、運送品処分権を行使できる者であること

(b) 指図が、運送人に到達した時点において、その内容に従い合理的に実行可能であること

reach the carrier ; and

(c) The instructions will not interfere with the normal operations of the carrier, including its delivery practices.

2. In any event, the controlling party shall reimburse the carrier for any reasonable additional expense that the carrier may incur and shall indemnify the carrier against loss or damage that the carrier may suffer as a result of diligently executing any instruction pursuant to this article, including compensation that the carrier may become liable to pay for loss of or damage to other goods being carried.

3. The carrier is entitled to obtain security from the controlling party for the amount of additional expense, loss or damage that the carrier reasonably expects will arise in connection with the execution of an instruction pursuant to this article. The carrier may refuse to carry out the instructions if no such security is provided.

4. The carrier's liability for loss of or damage to the goods or for delay in delivery resulting from its failure to comply with the instructions of the controlling party in breach of its obligation pursuant to paragraph 1 of this article shall be subject to articles 17 to 23, and the amount of the compensation payable by the carrier shall be subject to articles 59 to 61.

(c) 指図が、引渡の実務を含む運送人の通常の業務執行を妨げないこと

2 いかなる場合においても、運送品処分権者は、運送人に対し、本条に従って指図を忠実に実行した結果として運送人に生じた合理的な追加的費用を補填し、その結果として運送人が蒙った損失又は損害（運送中の他の物品の減失又は損傷について運送人が支払責任を負うことになった損害賠償を含む）を補償しなければならない。

3 運送人は、本条に従って指図を実行する関連で生じると運送人が合理的に予測する追加的な費用、損失又は損害に相当する額について、運送品処分権者から担保の提供を受けることができる。担保が提供されない場合には、運送人は、指図の実行を拒絶することができる。

4 本条第1項に規定する義務に違反して運送品処分権者の指図に従わなかったことに起因する、物品の減失、損傷又は延着についての運送人の責任は、第17条ないし第23条の規定に従い、運送人により支払われるべき損害賠償額は、第59条ないし第61条の規定に従う。

Article 53. Deemed delivery

Goods that are delivered pursuant to an instruction in accordance with article 52, paragraph 1, are deemed to be delivered at the place of destination, and the provisions of chapter 9 relating to such delivery apply to such goods.

Article 54. Variations to the contract of carriage

1. The controlling party is the only person that may agree with the carrier to variations to the contract of carriage other than those referred to in article 50, subparagraphs 1 (b) and (c).

2. Variations to the contract of carriage, including those referred to in article 50, subparagraphs 1 (b) and (c), shall be stated in a negotiable transport document or in a non-negotiable transport document that requires surrender, or incorporated in a negotiable electronic transport record, or, upon the request of the controlling party, shall be stated in a non-negotiable transport document or incorporated in a non-negotiable electronic transport record. If so stated or incorporated, such variations shall be signed in accordance with article 38.

第53条　みなし引渡

第52条第1項に基づく指図に従って引き渡された物品は、仕向地において引き渡されたとみなされ、当該引渡に関しては、第9章の各規定が、当該物品に適用される。

第54条　運送契約の変更

1　運送品処分権者は、第50条第1項（b）号及び（c）号に規定する以外の運送契約の変更について、運送人と同意することができる唯一の者である。

2　運送契約の変更（第50条第1項（b）号及び（c）号に規定する変更を含む）は、譲渡可能運送書類若しくは提出を要する譲渡不能運送書類に記載されるか、若しくは譲渡可能電子的運送記録に記録されなければならず、又は、運送品処分権者が要請した場合には、譲渡不能運送書類に記載されるか、若しくは譲渡不能電子的運送記録に記録されなければならない。変更が記載又は記録された場合には、その変更には第38条に従い署名がされなければならない。

Article 55. Providing additional information, instructions or documents to carrier

1. The controlling party, on request of the carrier or a performing party, shall provide in a timely manner information, instructions or documents relating to the goods not yet provided by the shipper and not otherwise reasonably available to the carrier that the carrier may reasonably need to perform its obligations under the contract of carriage.

2. If the carrier, after reasonable effort, is unable to locate the controlling party or the controlling party is unable to provide adequate information, instructions or documents to the carrier, the shipper shall provide them. If the carrier, after reasonable effort, is unable to locate the shipper, the documentary shipper shall provide such information, instructions or documents.

Article 56. Variation by agreement

The parties to the contract of carriage may vary the e f f ect of articles 50, subparagraphs 1 (b) and (c), 50, paragraph 2, and 52. The parties may also restrict or exclude the transferability of the right of control referred to in article 51, subparagraph 1 (b).

第55条 運送人に対する追加的な情報、指示又は書類の提供

1 運送品処分権者は、運送人又は履行者の要請がある場合には、運送人が運送契約上の義務を履行するために合理的に必要である、物品に関する情報、指示又は書類であって、荷送人から提供を受けておらず、その他の方法で運送人が合理的に入手できないものを、適時に提供しなければならない。

2 運送人が合理的な努力をしたにもかかわらず運送品処分権者の所在を突き止めることができない場合、又は、運送品処分権者が運送人に対し適切な情報、指示又は書類を提供できない場合には、荷送人が、それらを提供する義務を負う。運送人が合理的な努力をしたにもかかわらず荷送人の所在を突き止めることができない場合には、書類上の荷送人が、当該情報、指示又は書類を提供する義務を負う。

第56条 合意による変更

運送契約の当事者は、第50条第1項(b)号及び(c)号、第50条第2項並びに第52条の規定の効果を変更することができる。当事者は、第51条第1項(b)号に規定する運送品処分権の譲渡性を制限し又は排除することもできる。

CHAPTER 11. TRANSFER OF RIGHTS

Article 57. When a negotiable transport document or negotiable electronic transport record is issued

1. When a negotiable transport document is issued, the holder may transfer the rights incorporated in the document by transferring it to another person :

(a) Duly endorsed either to such other person or in blank, if an order document ; or

(b) Without endorsement, if : (i) a bearer document or a blank endorsed document ; or (ii) a document made out to the order of a named person and the transfer is between the first holder and the named person.

2. When a negotiable electronic transport record is issued, its holder may transfer the rights incorporated in it, whether it be made out to order or to the order of a named person, by transferring the electronic transport record in accordance with the procedures referred to in article 9, paragraph 1.

Article 58. Liability of holder

1. Without prejudice to article 55, a holder that is not the shipper and that does not exercise any right under the contract of carriage does not

第11章　権利の譲渡

第57条　譲渡可能運送書類又は譲渡可能電子的運送記録が発行されている場合

1　譲渡可能運送書類が発行されている場合には、所持人は、以下の方法で当該書類を他の者に譲渡することにより、当該書類に表章されている権利を譲渡することができる。

(a) 指図式書類の場合には、当該他の者宛の又は白地式の適式な裏書

(b) (i) 持参人式書類若しくは白地式裏書がなされている書類、又は (ii) 記名者による指図式書類であって最初の所持人と当該記名者との間の譲渡の場合には、裏書不要

2　譲渡可能電子的運送記録が発行されている場合には、その所持人は、それが指図式であるか記名者による指図式であるかにかかわらず、第9条第1項に規定する手続に従って当該電子的運送記録を譲渡することにより、当該電子的運送記録に表章されている権利を譲渡することができる。

第58条　所持人の責任

1　荷送人ではなく、且つ、運送契約上のいかなる権利も行使していない所持人は、所持人であることのみを理由としては、運送契約に基

assume any liability under the contract of carriage solely by reason of being a holder.

 2. A holder that is not the shipper and that exercises any right under the contract of carriage assumes any liabilities imposed on it under the contract of carriage to the extent that such liabilities are incorporated in or ascertainable from the negotiable transport document or the negotiable electronic transport record.

 3. For the purposes of paragraphs 1 and 2 of this article, a holder that is not the shipper does not exercise any right under the contract of carriage solely because：

  (a) It agrees with the carrier, pursuant to article 10, to replace a negotiable transport document by a negotiable electronic transport record or to replace a negotiable electronic transport record by a negotiable transport document；or

  (b) It transfers its rights pursuant to article 57.

CHAPTER 12. LIMITS OF LIABILITY

Article 59. Limits of liability

 1. Subject to articles 60 and 61, paragraph 1, the carrier's liability for breaches of its obligations under this Convention is limited to 875 units

づくいかなる責任も引き受けない。ただし、第55条の規定の適用を妨げない。

2　荷送人ではなく、且つ、運送契約上の何らかの権利を行使した所持人は、譲渡可能運送書類又は譲渡可能電子的運送記録に表章され又はそれらから確認し得る限度において、運送契約に基づき荷送人に課せられる責任を負う。

3　本条第1項及び第2項の適用上、荷送人でない所持人は、以下の何れかのみを理由として運送契約上の権利を行使したとされることはない。

(a)　第10条の規定に基づいて、運送人との間で、譲渡可能運送書類を譲渡可能電子的運送記録に代替する旨又は譲渡可能電子的運送記録を譲渡可能運送書類に代替する旨合意したこと

(b)　第57条の規定に基づいてその権利を譲渡したこと

第12章　責任制限

第59条　責任制限

1　第60条及び第61条1項に従うことを条件として、本条約に基づく義務の違反に対する運送人の責任は、1包若しくは1船積単位につ

of account per package or other shipping unit, or 3 units of account per kilogram of the gross weight of the goods that are the subject of the claim or dispute, whichever amount is the higher, except when the value of the goods has been declared by the shipper and included in the contract particulars, or when a higher amount than the amount of limitation of liability set out in this article has been agreed upon between the carrier and the shipper.

  2. When goods are carried in or on a container, pallet or similar article of transport used to consolidate goods, or in or on a vehicle, the packages or shipping units enumerated in the contract particulars as packed in or on such article of transport or vehicle are deemed packages or shipping units. If not so enumerated, the goods in or on such article of transport or vehicle are deemed one shipping unit.

  3. The unit of account referred to in this article is the Special Drawing Right as defined by the International Monetary Fund. The amounts referred to in this article are to be converted into the national currency of a State according to the value of such currency at the date of judgement or award or the date agreed upon by the parties. The value of a national currency, in terms of the Special Drawing Right, of a Contracting State that is a member of the International Monetary

き875計算単位又は請求若しくは紛争の対象となっている物品の総重量1キログラムにつき3計算単位のいずれか高い方の額を限度とする。ただし、物品の価額が荷送人によって通告され契約明細に含められた場合、又は運送人と荷送人によって本条に規定する額よりも高額の責任限度額が合意された場合には、この限りではない。

2 物品が、物品をまとめるために使用されるコンテナ、パレット若しくはこれらに類似の輸送用器具、又は車輌の内部又は上部に積み込まれて運送される場合、当該輸送用器具又は車輌の内部又は上部に積み込まれたものとして契約明細に記載された包又は船積単位が、包又は船積単位とみなされる。そのような記載がない場合、当該輸送用器具又は車輌の内部又は上部に積み込まれた物品が、1船積単位とみなされる。

3 本条に規定する計算単位は、国際通貨基金により定められる特別引出権とする。本条に規定する額は、判決若しくは仲裁判断の日又は当事者が合意した日における国内通貨の価値によって当該通貨に換算される。国際通貨基金の加盟国である締約国の通貨の特別引出権表示による価値は、国際通貨基金の操作及び取引のために国際通貨基金の適用する評価方法であって換算の日において効力を有しているものにより計算する。国際通貨基

Fund is to be calculated in accordance with the method of valuation applied by the International Monetary Fund in effect at the date in question for its operations and transactions. The value of a national currency, in terms of the Special Drawing Right, of a Contracting State that is not a member of the International Monetary Fund is to be calculated in a manner to be determined by that State.

金の加盟国でない締約国の通貨の特別引出権表示による価値は、当該国の定める方法により計算する。

Article 60. Limits of liability for loss caused by delay

Subject to article 61, paragraph 2, compensation for loss of or damage to the goods due to delay shall be calculated in accordance with article 22 and liability for economic loss due to delay is limited to an amount equivalent to two and one-half times the freight payable on the goods delayed. The total amount payable pursuant to this article and article 59, paragraph 1, may not exceed the limit that would be established pursuant to article 59, paragraph 1, in respect of the total loss of the goods concerned.

第60条　延着を原因として生じた損害についての責任制限

第61条第2項に従うことを条件として、延着により生じた物品の滅失又は損傷についての損害賠償は第22条の規定に従って計算されるものとし、延着により生じた経済的損失についての責任は、延着した物品につき支払われるべき運賃額の2.5倍相当額に制限されるものとする。本条及び第59条第1項の規定に基づき賠償すべき総額は、当該物品の全部滅失に関して第59条第1項に従って定められる制限額を超えてはならない。

Article 61. Loss of the benefit of limitation of liability

1. Neither the carrier nor any of the persons referred to in article 18 is entitled to the benefit of the limitation of liability as provided in article 59, or as provided in the contract of car-

第61条　責任制限の利益の喪失

1　本条約上の運送人の義務の違反に起因する損失が、責任制限の権利を主張する者自身の、当該損失を生じさせる意図をもって、又は無謀に且つ当該損失が生じる蓋然性のあることを認識して行った作為

riage, if the claimant proves that the loss resulting from the breach of the carrier's obligation under this Convention was attributable to a personal act or omission of the person claiming a right to limit done with the intent to cause such loss or recklessly and with knowledge that such loss would probably result.

 2. Neither the carrier nor any of the persons mentioned in article 18 is entitled to the benefit of the limitation of liability as provided in article 60 if the claimant proves that the delay in delivery resulted from a personal act or omission of the person claiming a right to limit done with the intent to cause the loss due to delay or recklessly and with knowledge that such loss would probably result.

CHAPTER 13. TIME FOR SUIT

Article 62. Period of time for suit

 1. No judicial or arbitral proceedings in respect of claims or disputes arising from a breach of an obligation under this Convention may be instituted after the expiration of a period of two years.

 2. The period referred to in paragraph 1 of this article commences on the day on which the carrier has delivered the goods or, in cases in which no goods have been delivered or only

若しくは不作為に帰すべきものであることを、請求者が証明したときは、運送人及び第18条に規定する全ての者は、第59条又は運送契約に規定された責任制限の利益を受けることができない。

2 延着が、責任制限の権利を主張する者自身の、延着による損失を生じさせる意図をもって、又は無謀に且つ当該損失が生じる蓋然性のあることを認識して行った作為若しくは不作為に起因したものであることを、請求者が証明したときは、運送人及び第18条に規定する全ての者は、第60条に規定された責任制限の利益を受けることができない。

第13章 出訴期間

第62条 出訴期間

1 本条約上の義務違反から生じる請求又は紛争に関する訴訟手続又は仲裁手続は、2年の期間満了後には開始することができない。

2 本条第1項に規定する期間は、運送人が物品を引き渡した日から起算し、物品が全部引き渡されなかった場合又は一部のみ引き渡された場合には、物品が引き渡されるべきであった最後の日から起算する。期間の起算の初日は、算入

part of the goods have been delivered, on the last day on which the goods should have been delivered. The day on which the period commences is not included in the period.

  3. Notwithstanding the expiration of the period set out in paragraph 1 of this article, one party may rely on its claim as a defence or for the purpose of set-off against a claim asserted by the other party.

Article 63. Extension of time for suit

  The period provided in article 62 shall not be subject to suspension or interruption, but the person against which a claim is made may at any time during the running of the period extend that period by a declaration to the claimant. This period may be further extended by another declaration or declarations.

Article 64. Action for indemnity

  An action for indemnity by a person held liable may be instituted after the expiration of the period provided in article 62 if the indemnity action is instituted within the later of：

  (a) The time allowed by the applicable law in the jurisdiction where proceedings are instituted；or

  (b) Ninety days commencing from the day when the person instituting the action for indemnity has either settled the claim or been served

しない。

3 本条第1項に規定する期間の満了後であっても、当事者は、自己の請求を、他方当事者が主張する請求に対する抗弁として又は当該請求と相殺する目的で主張することができる。

第63条　出訴期間の延長

第62条に規定する期間は、停止又は中断されない。ただし、請求の相手方は、期間進行中いつでも、請求者に対する宣言により当該期間を延長することができる。この期間は、別の宣言によりさらに延長することもできる。

第64条　求償の訴え

責任を負うとされた者による求償の訴えは、以下に規定するうちより遅い期間の満了以前に提起される場合には、第62条に規定する期間の満了後であっても提起することができる。

 (a) 手続が開始される管轄地の適用法により許容される期間
 (b) 求償の訴えを提起する者が損害賠償の支払を行った日又はその者が自己に対する訴えにおいて訴状の送達を受けた日の何れか早い日から起算して90日間

with process in the action against itself, whichever is earlier.

Article 65. Actions against the person identified as the carrier

An action against the bareboat charterer or the person identified as the carrier pursuant to article 37, paragraph 2, may be instituted after the expiration of the period provided in article 62 if the action is instituted within the later of:

(a) The time allowed by the applicable law in the jurisdiction where proceedings are instituted; or

(b) Ninety days commencing from the day when the carrier has been identified, or the registered owner or bareboat charterer has rebutted the presumption that it is the carrier, pursuant to article 37, paragraph 2.

CHAPTER 14. JURISDICTION

Article 66. Actions against the carrier

Unless the contract of carriage contains an exclusive choice of court agreement that complies with article 67 or 72, the plaintiff has the right to institute judicial proceedings under this Convention against the carrier:

(a) In a competent court within the jurisdiction of which is situated one of the following places:

(i) The domicile of the car-

第65条 運送人と特定された者に対する訴え

裸傭船者又は第37条第2項により運送人と特定された者に対する訴えは、以下に規定するうちより遅い期間の満了以前に提起される場合には、第62条に規定する期間の満了後であっても提起することができる。

(a) 手続が開始される管轄地の適用法により許容される期間

(b) 第37条第2項に従い、運送人が特定された日、又は登録船主若しくは裸傭船者が自己が運送人である旨の推定を覆した日から起算して90日間

第14章 裁判管轄

第66条 運送人に対する訴え

運送契約が第67条又は第72条に適合する専属的管轄合意を含む場合を除き、原告は、運送人に対し、以下の何れかの裁判所において、本条約に基づく訴訟手続を開始する権利を有する。

(a) 以下の何れかの場所の一を管轄地域とする権限ある裁判所
(i) 運送人のドミサイル
(ii) 運送契約で合意された受取地
(iii) 運送契約で合意された引渡地

rier;

 (ii) The place of receipt agreed in the contract of carriage;

 (iii) The place of delivery agreed in the contract of carriage; or

 (iv) The port where the goods are initially loaded on a ship or the port where the goods are finally discharged from a ship; or

(b) In a competent court or courts designated by an agreement between the shipper and the carrier for the purpose of deciding claims against the carrier that may arise under this Convention.

Article 67. Choice of court agreements

 1. The jurisdiction of a court chosen in accordance with article 66, paragraph (b), is exclusive for disputes between the parties to the contract only if the parties so agree and the agreement conferring jurisdiction:

 (a) Is contained in a volume contract that clearly states the names and addresses of the parties and either (i) is individually negotiated or (ii) contains a prominent statement that there is an exclusive choice of court agreement and specifies the sections of the volume contract containing that agreement; and

 (b) Clearly designates the courts of one Contracting State or one or more specific courts of one Contracting State.

(iv) 物品が最初に船舶に船積された港若しくは物品が最後に船舶から荷揚された港

(b) 本条約の下で生じうる運送人に対する請求につき決定するため荷送人及び運送人の合意により指定された権限ある裁判所

第67条　管轄合意

1　第66条(b)号に従って選択された裁判所の管轄権は、当事者がそれを専属的とする合意をし、且つ当該合意が以下に規定する双方の要件を満たす場合のみ、合意した契約当事者間の紛争につき専属的管轄を有する。

(a) 当事者の名称及び住所が明記されていて、(i) 個別に交渉がされたか、又は (ii) 専属的管轄合意がある旨の顕著な記載があり、専属管轄合意を含む当該数量契約の条項が特定された、数量契約の中に含まれているものであること

(b) 一締約国の裁判所又は一締約国の一若しくは複数の特定の裁判所を明確に指定していること

2. A person that is not a party to the volume contract is bound by an exclusive choice of court agreement concluded in accordance with paragraph 1 of this article only if :

(a) The court is in one of the places designated in article 66, paragraph (a) ;

(b) That agreement is contained in the transport document or electronic transport record ;

(c) That person is given timely and adequate notice of the court where the action shall be brought and that the jurisdiction of that court is exclusive ; and

(d) The law of the court seized recognizes that that person may be bound by the exclusive choice of court agreement.

Article 68. Actions against the maritime performing party

The plaintiff has the right to institute judicial proceedings under this Convention against the maritime performing party in a competent court within the jurisdiction of which is situated one of the following places :

(a) The domicile of the maritime performing party ; or

(b) The port where the goods are received by the maritime performing party, the port where the goods are delivered by the maritime performing party or the port in which

2　数量契約の当事者ではない者は、以下の全ての要件を満たす場合にのみ、本条第１項に従って締結された専属的管轄合意に拘束される。

(a) 当該裁判所が、第66条 (a) 号により指定される場所の一つに所在すること

(b) 当該合意が、運送書類又は電子的運送記録に含まれていること

(c) その者が、訴えが提起されるべき裁判所及びその裁判所の管轄権は専属的であることについて適時に適切な通知を受けたこと

(d) 受訴裁判所の法が、その者が専属的管轄合意に拘束されることを認めていること

第68条　海事履行者に対する訴え

原告は、海事履行者に対し、以下の何れかの場所を管轄地域とする権限ある裁判所において、本条約に基づく訴訟手続を開始する権利を有する。

(a) 海事履行者のドミサイル

(b) 海事履行者が物品を受け取った港、海事履行者が物品を引き渡した港、又は、海事履行者が物品に関する行為をした港

the maritime performing party performs its activities with respect to the goods.

Article 69. No additional bases of jurisdiction

Subject to articles 71 and 72, no judicial proceedings under this Convention against the carrier or a maritime performing party may be instituted in a court not designated pursuant to articles 66 or 68.

Article 70. Arrest and provisional or protective measures

Nothing in this Convention affects jurisdiction with regard to provisional or protective measures, including arrest. A court in a State in which a provisional or protective measure was taken does not have jurisdiction to determine the case upon its merits unless:

(a) The requirements of this chapter are fulfilled; or

(b) An international convention that applies in that State so provides.

Article 71. Consolidation and removal of actions

1. Except when there is an exclusive choice of court agreement that is binding pursuant to articles 67 or 72, if a single action is brought against both the carrier and the mari-

第69条 他の裁判管轄原因の不存在

第71条及び第72条に従うことを条件として、本条約に基づく運送人又は海事履行者に対する訴訟手続は、第66条又は第68条により指定されていない裁判所では開始することができない。

第70条 アレスト及び暫定又は保全的措置

本条約は、暫定的又は保全的措置（アレストを含む）に関する管轄には影響を及ぼさない。暫定的又は保全的措置がとられた国の裁判所は、以下に規定する何れかの場合を除き、当該事件の本案についての管轄権を有しない。

(a) 本章の要件を満たす場合

(b) 当該国に適用される国際条約が管轄権を認める場合

第71条 訴えの併合及び却下

1　第67条又は第72条により拘束力ある専属的管轄合意がある場合を除き、単一の事象から運送人及び海事履行者双方に対し単一の訴えが提起される場合、当該訴えは、第66条及び第68条の両方により

time performing party arising out of a single occurrence, the action may be instituted only in a court designated pursuant to both article 66 and article 68. If there is no such court, such action may be instituted in a court designated pursuant to article 68, subparagraph (b), if there is such a court.

 2. Except when there is an exclusive choice of court agreement that is binding pursuant to articles 67 or 72, a carrier or a maritime performing party that institutes an action seeking a declaration of non-liability or any other action that would deprive a person of its right to select the forum pursuant to article 66 or 68 shall, at the request of the defendant, withdraw that action once the defendant has chosen a court designated pursuant to article 66 or 68, whichever is applicable, where the action may be recommenced.

Article 72. Agreement after a dispute has arisen and jurisdiction when the defendant has entered an appearance

 1. After a dispute has arisen, the parties to the dispute may agree to resolve it in any competent court.

 2. A competent court before which a defendant appears, without contesting jurisdiction in accordance with the rules of that court, has jurisdiction.

指定される裁判所においてのみ提起することができる。そのような裁判所がない場合、当該訴えは、第 68 条（b）号により指定される裁判所があるときは、当該裁判所において提起することができる。

2　第 67 条又は第 72 条により拘束力ある専属的管轄合意がある場合を除き、債務不存在確認の訴えその他第 66 条又は第 68 条に従って法廷地を選択する権利を奪うこととなる訴えを提起した運送人又は海事履行者は、被告が、第 66 条又は第 68 条の適用ある規定により指定される裁判所を、当該訴えが再度提起される裁判所として選択したときは、被告の要請により、訴えを取り下げなければならない。

第 72 条　紛争発生後の合意及び被告が出頭した場合の管轄

1　紛争当事者は、紛争発生後は、当該紛争を解決する権限ある裁判所について自由に合意することができる。

2　被告が管轄につき当該裁判所の規則に従って異議を述べずに出頭した権限ある裁判所は、管轄権を有する。

Article 73. Recognition and enforcement

1. A decision made in one Contracting State by a court having jurisdiction under this Convention shall be recognized and enforced in another Contracting State in accordance with the law of such latter Contracting State when both States have made a declaration in accordance with article 74.

2. A court may refuse recognition and enforcement based on the grounds for the refusal of recognition and enforcement available pursuant to its law.

3. This chapter shall not affect the application of the rules of a regional economic integration organization that is a party to this Convention, as concerns the recognition or enforcement of judgements as between member States of the regional economic integration organization, whether adopted before or after this Convention.

Article 74. Application of chapter 14

The provisions of this chapter shall bind only Contracting States that declare in accordance with article 91 that they will be bound by them.

CHAPTER 15. ARBITRATION

Article 75. Arbitration agreements

1. Subject to this chapter,

第73条　承認及び執行

1　本条約により管轄権を有する締約国の裁判所によってされた決定は、他の締約国において、両締約国が第74条の宣言を行っている場合には、当該他の締約国の法律に従って、承認及び執行がされなければならない。

2　裁判所は、当該裁判所の法による承認及び執行拒絶事由に基づく場合には、承認及び執行を拒絶することができる。

3　本条約との採択の先後を問わず、本章は、本条約の当事者である地域的経済統合組織の加盟国間の判決の承認又は執行に関する、当該地域的経済統合組織の規則の適用には、影響を及ぼさない。

第74条　第14章の適用

本章の規定は、第91条に従いこれに拘束される旨を宣言した締約国に対してのみ、拘束力を有する。

第15章　仲裁

第75条　仲裁合意

1　本章の規定に従うことを条件とし

parties may agree that any dispute that may arise relating to the carriage of goods under this Convention shall be referred to arbitration. 　2.　The arbitration proceedings shall, at the option of the person asserting a claim against the carrier, take place at： 　　(a)　Any place designated for that purpose in the arbitration agreement；or 　　(b)　Any other place situated in a State where any of the following places is located： 　　　(i)　The domicile of the carrier； 　　　(ii)　The place of receipt agreed in the contract of carriage； 　　　(iii)　The place of delivery agreed in the contract of carriage；or 　　　(iv)　The port where the goods are initially loaded on a ship or the port where the goods are finally discharged from a ship. 　　3.　The designation of the place of arbitration in the agreement is binding for disputes between the parties to the agreement if the agreement is contained in a volume contract that clearly states the names and addresses of the parties and either： 　　(a)　Is individually negotiated；or 　　(b)　Contains a prominent statement that there is an arbitration agreement and specifies the sections of	て、当事者は、本条約に基づく物品運送に関連して生じうる一切の紛争を仲裁に付託する旨合意することができる。 2　仲裁手続は、運送人に対し請求する者の選択により、以下の何れかの場所において開始されなければならない。 (a)　仲裁合意で指定された場所 (b)　以下の何れかの場所の所在国内のその他一切の場所 　(i)　運送人のドミサイル 　(ii)　運送契約で合意された受取地 　(iii)　運送契約で合意された引渡地 　(iv)　物品が最初に船舶に船積された港若しくは物品が最後に船舶から荷揚された港 3　合意による仲裁地の指定は、それが当事者の名称及び住所を明記した数量契約の中に含まれている場合で、以下の何れかの要件を満たすときに、合意した当事者間の紛争につき拘束力がある。 (a)　個別に交渉がされたこと (b)　仲裁合意がある旨の顕著な記載があり、仲裁合意を含む当該数量契約の条項が特定されていること

the volume contract containing the arbitration agreement.

    4. When an arbitration agreement has been concluded in accordance with paragraph 3 of this article, a person that is not a party to the volume contract is bound by the designation of the place of arbitration in that agreement only if :

    (a) The place of arbitration designated in the agreement is situated in one of the places referred to in subparagraph 2 (b) of this article ;

    (b) The agreement is contained in the transport document or electronic transport record ;

    (c) The person to be bound is given timely and adequate notice of the place of arbitration ; and

    (d) Applicable law permits that person to be bound by the arbitration agreement.

    5. The provisions of paragraphs 1, 2, 3 and 4 of this article are deemed to be part of every arbitration clause or agreement, and any term of such clause or agreement to the extent that it is inconsistent therewith is void.

Article 76. Arbitration agreement in non-linertransportation

    1. Nothing in this Convention affects the enforceability of an arbitration agreement in a contract of carriage in non-liner transportation to which this Convention or the provi-

4　本条第3項に従った仲裁合意が締結された場合、数量契約の当事者ではない者は、以下の全ての要件を満たす場合にのみ、当該合意の仲裁地の指定に拘束される。

（a）当該合意で指定された仲裁の場所が、本条第2項（b）号に規定される場所の一つに所在すること

（b）当該合意が、運送書類又は電子的運送記録に記載されていること

（c）その者が、仲裁地について適時に適切な通知を受けたこと

（d）適用ある法が、その者が仲裁合意に拘束されることを認めていること

5　本条第1項ないし第4項の規定は、全ての仲裁条項又は仲裁合意の一部とみなされ、これと矛盾する仲裁条項又は仲裁合意の一切の規定は、無効とする。

第76条　不定期船輸送における仲裁合意

1　本条約は、以下の何れかの理由により本条約又は本条約の規定が適用される不定期船輸送における運送契約中の仲裁合意の効力には、影響を及ぼさない。

sions of this Convention apply by reason of :

　　(a) The application of article 7 ; or

　　(b) The parties' voluntary incorporation of this Convention in a contract of carriage that would not otherwise be subject to this Convention.

　　2. Notwithstanding paragraph 1 of this article, an arbitration agreement in a transport document or electronic transport record to which this Convention applies by reason of the application of article 7 is subject to this chapter unless such a transport document or electronic transport record :

　　(a) Identifies the parties to and the date of the charterparty or other contract excluded from the application of this Convention by reason of the application of article 6 ; and

　　(b) Incorporates by specific reference the clause in the charterparty or other contract that contains the terms of the arbitration agreement.

Article 77. Agreement to arbitrate after a dispute hasarisen

　　Notwithstanding the provisions of this chapter and chapter 14, after a dispute has arisen the parties to the dispute may agree to resolve it by arbitration in any place.

(a) 第7条の適用による場合
(b) 当事者が、本来は本条約の適用の対象でない運送契約に、任意に本条約を合体した場合

2　本条第1項にかかわらず、第7条の適用により本条約が適用される運送書類又は電子的運送記録中の仲裁合意は、本章の規定に従う。ただし、当該運送書類又は電子的運送記録が以下の双方の条件を満たす場合には、その限りでない。

(a) 第6条の適用により本条約の適用除外である傭船契約又はその他の契約の当事者及び日付を特定していること
(b) 傭船契約又はその他の契約における仲裁合意を含む条項を特定して参照して合体していること

第77条　紛争発生後の仲裁合意

本章及び第14章の規定にかかわらず、紛争当事者は、紛争発生後は、当該紛争を解決する仲裁の場所について自由に合意することができる。

CHAPTER 16. VALIDITY OF CONTRACTUAL TERMS

Article 78. Application of chapter 15

The provisions of this chapter shall bind only Contracting States that declare in accordance with article 91 that they will be bound by them.

CHAPTER 16. VALIDITY OF CONTRACTUAL TERMS

Article 79. General provisions

1. Unless otherwise provided in this Convention, any term in a contract of carriage is void to the extent that it:

    (a) Directly or indirectly excludes or limits the obligations of the carrier or a maritime performing party under this Convention;

    (b) Directly or indirectly excludes or limits the liability of the carrier or a maritime performing party for breach of an obligation under this Convention; or

    (c) Assigns a benefit of insurance of the goods in favour of the carrier or a person referred to in article 18.

2. Unless otherwise provided in this Convention, any term in a contract of carriage is void to the extent that it:

    (a) Directly or indirectly excludes, limits or increases the obligations under this Convention of the shipper, consignee, controlling party, hold-

第78条　第15章の適用

本章の規定は、第91条に従いこれに拘束される旨を宣言した締約国に対してのみ、拘束力を有する。

第16章　契約条項の有効性

第79条　総則

1　本条約で別に規定する場合を除き、以下の何れかに該当する運送契約の条項は無効とする。

　(a) 直接又は間接に、運送人又は海事履行者の本条約上の義務を排除又は制限する場合

　(b) 直接又は間接に、運送人又は海事履行者の本条約上の義務違反に対する責任を排除又は制限する場合

　(c) 運送人又は第18条で規定する者のために物品の保険の利益を譲渡する場合

2　本条約で別に規定する場合を除き、以下の何れかに該当する運送契約の条項は無効とする。

　(a) 直接又は間接に、荷送人、荷受人、運送品処分権者、所持人又は書類上の荷送人の本条約上の義務を排除、制限、又は加重する場合

er or documentary shipper ; or

　　(b)　Directly or indirectly excludes, limits or increases the liability of the shipper, consignee, controlling party, holder or documentary shipper for breach of any of its obligations under this Convention.

Article 80. Special rules for volume contracts

　　1.　Notwithstanding article 79, as between the carrier and the shipper, a volume contract to which this Convention applies may provide for greater or lesser rights, obligations and liabilities than those imposed by this Convention.

　　2.　A derogation pursuant to paragraph 1 of this article is binding only when :

　　(a)　The volume contract contains a prominent statement that it derogates from this Convention ;

　　(b)　The volume contract is (i) individually negotiated or (ii) prominently specifies the sections of the volume contract containing the derogations ;

　　(c)　The shipper is given an opportunity and notice of the opportunity to conclude a contract of carriage on terms and conditions that comply with this Convention without any derogation under this article ; and

　　(d)　The derogation is neither (i) incorporated by reference from

　　(b)　直接又は間接に、荷送人、荷受人、運送品処分権者、所持人又は書類上の荷送人の本条約上の義務違反に対する責任を排除、制限、又は加重する場合

第80条　数量契約に関する特則

1　第79条にかかわらず、運送人及び荷送人の間では、本条約が適用される数量契約において、本条約で課されるより加重又は軽減された権利、義務及び責任を規定することができる。

2　本条第1項に規定する本条約からの逸脱は、以下に規定する要件を全て満たす場合にのみ拘束力を有する。

　(a)　当該数量契約が、本条約からの逸脱がある旨の顕著な記載を含むこと

　(b)　当該数量契約が、(i) 個別に交渉がされたか、又は (ii) 本条約からの逸脱を含む当該数量契約の条項を顕著に特定していること

　(c)　荷送人が、本条に基づく本条約からの逸脱がなく本条約に依拠した条件での運送契約を締結する機会を与えられ、且つ、その機会がある旨の通知を受けていること

　(d)　本条約からの逸脱が、(i) 他の書類を参照する方式で合体されものではなく、且つ、(ii) 交渉の

another document nor (ii) included in a contract of adhesion that is not subject to negotiation.

 3. A carrier's public schedule of prices and services, transport document, electronic transport record or similar document is not a volume contract pursuant to paragraph 1 of this article, but a volume contract may incorporate such documents by reference as terms of the contract.

 4. Paragraph 1 of this article does not apply to rights and obligations provided in articles 14, subparagraphs (a) and (b), 29 and 32 or to liability arising from the breach thereof, nor does it apply to any liability arising from an act or omission referred to in article 61.

 5. The terms of the volume contract that derogate from this Convention, if the volume contract satisfies the requirements of paragraph 2 of this article, apply between the carrier and any person other than the shipper provided that：

  (a) Such person received information that prominently states that the volume contract derogates from this Convention and gave its express consent to be bound by such derogations ; and

  (b) Such consent is not solely set forth in a carrier's public schedule of prices and services, transport document or electronic transport

対象でない附合契約に含まれるものではないこと

3　運送人が公表する価格及びサービスの明細書、運送書類、電子的運送記録、又は類似の書類は、本条第1項に規定する数量契約ではない。ただし、数量契約は、契約条項としてそれら書類を参照して合体することができる。

4　本条第1項は、第14条(a)号及び(b)号、第29条並びに第32条に規定する権利及び義務、又はそれらの義務の違反から生じる責任には適用されず、第61条に規定する作為又は不作為から生じる責任にも適用されない。

5　本条約を逸脱する数量契約の条項は、それが本条約第2項の要件を満たしている場合であって、以下の全ての要件を満たすときは、運送人と荷送人以外の者との間で適用される。

(a)　その者が、数量契約に本条約からの逸脱がある旨が顕著に記載された情報を受領し、且つ、当該逸脱に拘束されることに明示的に同意を与えたこと

(b)　当該同意が、運送人が公表する価格及びサービスの明細書、運送書類又は電子的運送記録のみに記載されているものでないこと

record.

6. The party claiming the benefit of the derogation bears the burden of proof that the conditions for derogation have been fulfilled.

Article 81. Special rules for live animals and certainother goods

Notwithstanding article 79 and without prejudice to article 80, the contract of carriage may exclude or limit the obligations or the liability of both the carrier and a maritime performing party if :

(a) The goods are live animals, but any such exclusion or limitation will not be effective if the claimant proves that the loss of or damage to the goods, or delay in delivery, resulted from an act or omission of the carrier or of a person referred to in article 18, done with the intent to cause such loss of or damage to the goods or such loss due to delay or done recklessly and with knowledge that such loss or damage or such loss due to delay would probably result ; or

(b) The character or condition of the goods or the circumstances and terms and conditions under which the carriage is to be performed are such as reasonably to justify a special agreement, provided that such contract of carriage is not related to ordinary commercial shipments made in the ordinary course of trade and that no ne-

6　逸脱による利益を主張する者は、当該逸脱に関する要件を満たしていることの証明責任を負う。

第81条　生動物及びその他特定の物品に関する特則

第79条の規定にかかわらず、以下の場合には、運送契約は、運送人及び海事履行者双方の義務又は責任を排除又は制限することができる。ただし、第80条の適用を妨げない。

(a) 物品が生動物である場合。ただし、当該排除又は制限は、物品の滅失、損傷又は延着が、運送人又は第18条に規定する者の、当該滅失若しくは損傷又は当該延着による損失を生じさせる意図をもって、又は無謀に且つ当該滅失若しくは損傷又は当該延着による損失が生じる蓋然性があることを認識して行った作為又は不作為に起因することを、請求者が立証した場合には、効力を有しない。

(b) 物品の性状若しくは状態又は運送が履行される状況及び条件が、特別な合意を合理的に正当化するものである場合。ただし、当該運送契約が通常の取引過程における通常の商業輸送に関係しておらず、且つ、譲渡可能運送書類又は譲渡可能電子的運送記録が物品の運送のために発行されない場合に限る。

gotiable transport document or negotiable electronic transport record is issued for the carriage of the goods.

CHAPTER 17. MATTERS NOT GOVERNED BY THIS CONVENTION

Article 82. International conventions governing thecarriage of goods by other modes of transport

Nothing in this Convention affects the application of any of the following international conventions in force at the time this Convention enters into force, including any future amendment to such conventions, that regulate the liability of the carrier for loss of or damage to the goods :

(a) Any convention governing the carriage of goods by air to the extent that such convention according to its provisions applies to any part of the contract of carriage ;

(b) Any convention governing the carriage of goods by road to the extent that such convention according to its provisions applies to the carriage of goods that remain loaded on a road cargo vehicle carried on board a ship ;

(c) Any convention governing the carriage of goods by rail to the extent that such convention according to its provisions applies to carriage of goods by sea as a supplement to the

第17章　本条約で規律しない事項

第82条　他の運送手段による物品運送を規律する国際条約

本条約は、物品の滅失又は損傷に対する運送人の責任を規律する、本条約の発効時に既に発効している以下の何れかの国際条約（当該条約の将来の改正を含む）の適用には、一切影響を及ぼさない。

(a) 航空物品運送を規律する条約。ただし、当該条約が、その規定により、運送契約の何れかの部分に適用される場合に限る。

(b) 道路物品運送を規律する条約。ただし、当該条約が、その規定により、貨物自動車に積み込まれたまま船舶上で運送される物品の運送に適用される場合に限る。

(c) 鉄道物品運送を規律する条約。ただし、当該条約が、その規定により、鉄道運送の補完としての海上物品運送に適用される場合に限る。

(d) 内水物品運送を規律する条約。ただし、当該条約が、その規定により、内水及び海上の両方で積替なしで運送される物品の運送に適用される場合に限る。

carriage by rail ; or

(d) Any convention governing the carriage of goods by inland waterways to the extent that such convention according to its provisions applies to a carriage of goods without trans-shipment both by inland waterways and sea.

Article 83. Global limitation of liability
Nothing in this Convention affects the application of any international convention or national law regulating the global limitation of liability of vessel owners.

Article 84. General average
Nothing in this Convention affects the application of terms in the contract of carriage or provisions of national law regarding the adjustment of general average.

Article 85. Passengers and luggage
This Convention does not apply to a contract of carriage for passengers and their luggage.

Article 86. Damage caused by nuclear incident
No liability arises under this Convention for damage caused by a nuclear incident if the operator of a nuclear installation is liable for such damage :

(a) Under the Paris Con-

第83条　国際的責任制限
本条約は、船舶所有者の国際的な責任制限を規律する国際条約又は国内法の適用には、一切影響を及ぼさない。

第84条　共同海損に関する規定
本条約は、共同海損の精算に関する運送契約条項又は国内法規定の適用には、一切影響を及ぼさない。

第85条　乗客及び手荷物
本条約は、乗客及びその手荷物の運送契約には適用しない。

第86条　原子力事故を原因とする損害
原子力施設の運営者が、以下の条約又は国内法に基づいて、原子力事故を原因とする損害について責任を負う場合には、本条約は、当該損害についてのいかなる責任も生じさせない。

(a) 1964年1月28日の追加議定書

vention on Third Party Liability in the Field of Nuclear Energy of 29 July 1960 as amended by the Additional Protocol of 28 January 1964 and by the Protocols of 16 November 1982 and 12 February 2004, the Vienna Convention on Civil Liability for Nuclear Damage of 21 May 1963 as amended by the Joint Protocol Relating to the Application of the Vienna Convention and the Paris Convention of 21 September 1988 and as amended by the Protocol to Amend the 1963 Vienna Convention on Civil Liability for Nuclear Damage of 12 September 1997, or the Convention on Supplementary Compensation for Nuclear Damage of 12 September 1997, including any amendment to these conventions and any future convention in respect of the liability of the operator of a nuclear installation for damage caused by a nuclear incident ; or

(b) Under national law applicable to the liability for such damage, provided that such law is in all respects as favourable to persons that may suffer damage as either the Paris or Vienna Conventions or the Convention on Supplementary Compensation for Nuclear Damage.

並びに1982年11月16日及び2004年2月12日の各議定書によって改正された、1960年7月29日の原子力の分野における第三者に対する責任に関するパリ条約、1988年9月21日のウィーン条約及びパリ条約の適用に関する合同議定書によって改正され、1997年9月12日の原子力損害に対する民事責任に関する1963年ウィーン条約を改正する議定書によって改正された、1963年5月21日の原子力損害に対する民事責任に関するウィーン条約、又は、1997年9月12日の原子力損害に関する補完的補償に関する条約（これらの条約の全ての修正及び原子力事故を原因とする損害に対する原子力施設の運営者の責任に関する将来の全ての条約を含む）

(b) 当該損害に対する責任に適用ある国内法。ただし、当該国内法が、全ての点において、パリ条約、ウィーン条約、又は原子力損害に関する補完的補償に関する条約と同等以上に被害者に有利である場合に限る。

CHAPTER 18. FINAL CLAUSES

Article 87. Depositary

The Secretary-General of the

第18章　最終規定

第87条　寄託者

国際連合事務総長は、ここに、本条約

United Nations is hereby designated as the depositary of this Convention.

Article 88. Signature, ratification, acceptance, approval or accession

　　1.　This Convention is open for signature by all States at Rotterdam, the Netherlands, on 23 September 2009, and thereafter at the Headquarters of the United Nations in New York.

　　2.　This Convention is subject to ratification, acceptance or approval by the signatory States.

　　3.　This Convention is open for accession by all States that are not signatory States as from the date it is open for signature.

　　4.　Instruments of ratification, acceptance, approval and accession are to be deposited with the Secretary-General of the United Nations.

Article 89. Denunciation of other conventions

　　1.　A State that ratifies, accepts, approves or accedes to this Convention and is a party to the International Convention for the Unification of certain Rules relating to Bills of Lading signed at Brussels on 25 August 1924；to the Protocol signed on 23 February 1968 to amend the International Convention for the Unification of certain Rules relating to Bills of Lading signed at Brussels on 25 August 1924；or to the Protocol to amend the International

の寄託者として指名される。

第88条　署名、批准、受諾、承認又は加入

1　本条約は、2009年9月23日オランダのロッテルダムにおいて、その後はニューヨークの国際連合本部において、全ての国による署名のために開放する。

2　本条約は、署名国によって、批准され、受諾され、又は承認されなければならない。

3　本条約は、署名のために開放された日から、署名国でない全ての国による加入のために開放しておく。

4　批准書、受諾書、承認書及び加入書は、国際連合事務総長に寄託する。

第89条　他の条約の廃棄

1　本条約を批准、受諾、承認又は本条約に加入する国であって、千九百二十四年八月二十五日にブラッセルで署名された船荷証券に関するある規則の統一のための国際条約、1968年2月23日に署名された千九百二十四年八月二十五日にブラッセルで署名された船荷証券に関するある規則の統一のための国際条約を改正する議定書、又は1979年12月21日にブラッセルで署名された千九百六十八年二月二十三日の議定書によって

Convention for the Unification of certain Rules relating to Bills of Lading as Modified by the Amending Protocol of 23 February 1968, signed at Brussels on 21 December 1979 shall at the same time denounce that Convention and the protocol or protocols thereto to which it is a party by notifying the Government of Belgium to that effect, with a declaration that the denunciation is to take effect as from the date when this Convention enters into force in respect of that State.

  2. A State that ratifies, accepts, approves or accedes to this Convention and is a party to the United Nations Convention on the Carriage of Goods by Sea concluded at Hamburg on 31 March 1978 shall at the same time denounce that Convention by notifying the Secretary-General of the United Nations to that effect, with a declaration that the denunciation is to take effect as from the date when this Convention enters into force in respect of that State.

  3. For the purposes of this article, ratifications, acceptances, approvals and accessions in respect of this Convention by States parties to the instruments listed in paragraphs 1 and 2 of this article that are notified to the depositary after this Convention has entered into force are not effective until such denunciations as may be required on the part of those States in respect of

改正された千九百二十四年八月二十五日の船荷証券に関するある規則の統一のための国際条約を改正する議定書の当事国となっている国は、ベルギー政府に通報することにより、自己が当事国となっている同条約及びその議定書を同時に廃棄しなければならず、その際、廃棄は当該国につき本条約が効力を生ずる日から効力を生ずるとの宣言をしなければならない。

2 本条約を批准、受諾、承認又は本条約に加入する国であって1978年3月31日ハンブルグで作成された海上物品運送に関する国際連合条約の当事国となっている国は、国際連合事務総長に通報することにより、同条約を同時に廃棄しなければならず、その際、廃棄は当該国につき本条約が効力を生ずる日から効力を生ずるとの宣言をしなければならない。

3 本条の適用上、本条第1項及び第2項に掲げる条約の当事国による、本条約が発効した後に寄託者に通報された本条約の批准、受諾、承認及び本条約への加入は、それらの条約について当該国側に求められる廃棄が効力を生ずる時まで、その効力を生じない。本条約の寄託者は、この点に関して必要な調整を確保するため、本条第1項に規定する条約の寄託者であるベルギー政府と協議する。

these instruments have become effective. The depositary of this Convention shall consult with the Government of Belgium, as the depositary of the instruments referred to in paragraph 1 of this article, so as to ensure necessary coordination in this respect.

Article 90. Reservations

No reservation is permitted to this Convention.

Article 91. Procedure and effect of declarations

1. The declarations permitted by articles 74 and 78 may be made at any time. The initial declarations permitted by article 92, paragraph 1, and article 93, paragraph 2, shall be made at the time of signature, ratification, acceptance, approval or accession. No other declaration is permitted under this Convention.

2. Declarations made at the time of signature are subject to confirmation upon ratification, acceptance or approval.

3. Declarations and their confirmations are to be in writing and to be formally notified to the depositary.

4. A declaration takes effect simultaneously with the entry into force of this Convention in respect of the State concerned. However, a declaration of which the depositary receives

第90条　留保

本条約においては、留保は認められない。

第91条　宣言の手続及び効果

1　第74条及び第78条で認められる宣言は、いつでもこれを行うことができる。第92条第1項及び第93条第2項で認められる最初の宣言は、署名、批准、受諾、承認又は加入の際に、これを行わなければならない。その他の宣言は、本条約においては、認められない。

2　署名の時に行われた宣言は、批准、受諾又は承認の時に確認されなければならない。

3　宣言及びその確認は、書面によるものとし、正式に寄託者に通報する。

4　宣言は、それを行った国についての本条約の効力発生と同時にその効力を生ずる。ただし、寄託者が当該国についての本条約の発効後に正式の通報を受領した宣言は、寄託者がそれを受領した日の後6か月の期間が満了する日の属する月の翌月の初日に効力を生ずる。

formal notification after such entry into force takes effect on the first day of the month following the expiration of six months after the date of its receipt by the depositary.

  5. Any State that makes a declaration under this Convention may withdraw it at any time by a formal notification in writing addressed to the depositary. The withdrawal of a declaration, or its modification where permitted by this Convention, takes effect on the first day of the month following the expiration of six months after the date of the receipt of the notification by the depositary.

Article 92. Effect in domestic territorial units

  1. If a Contracting State has two or more territorial units in which different systems of law are applicable in relation to the matters dealt with in this Convention, it may, at the time of signature, ratification, acceptance, approval or accession, declare that this Convention is to extend to all its territorial units or only to one or more of them, and may amend its declaration by submitting another declaration at any time.

  2. These declarations are to be notified to the depositary and are to state expressly the territorial units to which the Convention extends.

  3. When a Contracting State

5 本条約の下での宣言を行った国は、寄託者に宛てた書面による正式の通報により、いつでも当該宣言を撤回することができる。宣言の撤回、又は本条約によりそれが認められる場合にはその変更は、寄託者が通報を受領した日の後6か月の期間が満了する日の属する月の翌月の初日に効力を生ずる。

第92条　不統一法国における効力

1 締約国は、本条約が対象とする事項に関してそれぞれ異なる法制が適用される二以上の地域を領域内に有する場合には、署名、批准、受諾、承認又は加入の時に、本条約を自国の領域内の全ての地域について適用するか又は一若しくは二以上の地域についてのみ適用するかを宣言することができるものとし、いつでも別の宣言を行うことにより、その宣言を修正することができる。

2 前項に規定する宣言は、寄託者に通報するものとし、本条約が適用される地域を明示する。

3 本条約が本条に基づく宣言により締約国の一又は二以上の地域に適用されるが、その全ての地域には

has declared pursuant to this article that this Convention extends to one or more but not all of its territorial units, a place located in a territorial unit to which this Convention does not extend is not considered to be in a Contracting State for the purposes of this Convention.

4. If a Contracting State makes no declaration pursuant to paragraph 1 of this article, the Convention is to extend to all territorial units of that State.

Article 93. Participation by regional economicintegration organizations

1. A regional economic integration organization that is constituted by sovereign States and has competence over certain matters governed by this Convention may similarly sign, ratify, accept, approve or accede to this Convention. The regional economic integration organization shall in that case have the rights and obligations of a Contracting State, to the extent that that organization has competence over matters governed by this Convention. When the number of Contracting States is relevant in this Convention, the regional economic integration organization does not count as a Contracting State in addition to its member States which are Contracting States.

2. The regional economic integration organization shall, at the

及んでいない場合には、本条約が適用されない地域に所在する場所は、本条約の適用上、締約国には所在しないものとみなす。

4 締約国が本条第1項に規定する宣言を行わない場合には、本条約は、当該締約国の全ての地域について適用する。

第93条 地域的経済統合組織による参加

1 主権国家により構成され、本条約により規律されるある事項について権限を有する地域的経済統合組織は、同様に、本条約を署名、批准、受諾、承認又は本条約に加入することができる。その場合、地域的経済統合組織は、本条約により規律される事項について権限を有する範囲で、締約国としての権利を有し義務を負う。本条約で締約国の数が関係する場合は、地域的経済統合組織は、本条約の締約国である加盟国の数に加えて締約国の数に参入しない。

2 地域的経済統合組織は、署名、批准、受諾、承認又は加入の時に、寄託者に対し、本条約により規律される事項であって加盟国から当該組織に権限が委譲された事項を特定する宣言を行うものとする。

time of signature, ratification, acceptance, approval or accession, make a declaration to the depositary specifying the matters governed by this Convention in respect of which competence has been transferred to that organization by its member States. The regional economic integration organization shall promptly notify the depositary of any changes to the distribution of competence, including new transfers of competence, specified in the declaration pursuant to this paragraph.

 3. Any reference to a "Contracting State" or "Contracting States" in this Convention applies equally to a regional economic integration organization when the context so requires.

Article 94. Entry into force

 1. This Convention enters into force on the first day of the month following the expiration of one year after the date of deposit of the twentieth instrument of ratification, acceptance, approval or accession.

 2. For each State that becomes a Contracting State to this Convention after the date of the deposit of the twentieth instrument of ratification, acceptance, approval or accession, this Convention enters into force on the first day of the month following the expiration of one year after the deposit of the appropriate instrument on behalf of that State.

地域的経済統合組織は、本項による宣言で特定された権限配分の変更（新たな権限の委譲を含む）について、速やかに寄託者に通報しなければならない。

3　本条約における「締約国」の語は、文脈上要求される限り、地域的経済統合組織にも同様に適用される。

第94条　発効

1　本条約は、第20番目の批准書、受諾書、承認書又は加入書が寄託された日の後1年の期間が満了する日の属する月の翌月の初日に効力を生ずる。

2　本条約の第20番目の批准書、受諾書、承認書又は加入書の寄託の日より後に、本条約の締約国になる国については、本条約は、当該国のための適切な文書が寄託された後1年の期間が満了する日の属する月の翌月の初日に効力を生ずる。

3. Each Contracting State shall apply this Convention to contracts of carriage concluded on or after the date of the entry into force of this Convention in respect of that State.

Article 95. Revision and amendment

1. At the request of not less than one third of the Contracting States to this Convention, the depositary shall convene a conference of the Contracting States for revising or amending it.

2. Any instrument of ratification, acceptance, approval or accession deposited after the entry into force of an amendment to this Convention is deemed to apply to the Convention as amended.

Article 96. Denunciation of this Convention

1. A Contracting State may denounce this Convention at any time by means of a notification in writing addressed to the depositary.

2. The denunciation takes effect on the first day of the month following the expiration of one year after the notification is received by the depositary. If a longer period is specified in the notification, the denunciation takes effect upon the expiration of such longer period after the notification is received by the depositary.

3　各締約国は、当該国について本条約が効力を生じた日以後に締結された運送契約に本条約を適用しなければならない。

第95条　修正及び改正

1　本条約の締約国の3分の1以上の要請により、寄託者は、本条約の修正又は改正のための締約国会議を招集しなければならない。

2　本条約の改正が効力を生じた後に寄託された批准書、受諾書、承認書又は加入書は、改正後の条約を適用するものとみなす。

第96条　本条約の廃棄

1　締約国は、寄託者に宛てた書面による通報により、いつでも本条約を廃棄することができる。

2　廃棄は、寄託者が通報を受領した後1年の期間が満了する日の属する月の翌月の初日に効力を生ずる。通報において一層長い期間が指定されている場合には、廃棄は、寄託者が当該通報を受領した後その一層長い期間が満了した時に効力を生ずる。

DONE at New York, this eleventh day of December two thousand and eight, in a single original, of which the Arabic, Chinese, English, French, Russian and Spanish texts are equally authentic. IN WITNESS WHEREOF the undersigned plenipotentiaries, being duly authorized by their respective Governments, have signed this Convention.	2008年12月11日にニューヨークで、ひとしく正文であるアラビア語、中国語、英語、フランス語、ロシア語及びスペイン語により原本一通を作成した。 以上の証拠として、下名の全権委員は、各自の政府から正当に委任を受けて本条約に署名した。 （池山明義　仮訳　2011年4月）

アジア太平洋地域における
ロッテルダム・ルールズ

2014年 2月10日 初版第1刷発行

編著者 藤 田 友 敬

発行者 藤 本 眞 三

発行所 株式会社 商 事 法 務
〒103-0025 東京都中央区日本橋茅場町 3-9-10
TEL 03-5614-5643・FAX 03-3664-8844〔営業部〕
TEL 03-5614-5649〔書籍出版部〕
http://www.shojihomu.co.jp/

落丁・乱丁本はお取り替えいたします。　印刷／広研印刷㈱
© 2014 Tomotaka Fujita　　　　　　　Printed in Japan
　　　　　　　　　　　　Shojihomu Co., Ltd.
ISBN978-4-7857-2145-9
＊定価はカバーに表示してあります。